◆浙江省2013年度软科学研究计划项目“浙江省出口非洲市场产品竞争力研究：以埃塞俄比亚、塞拉利昂和埃及为例”（计划编号：2013C25092）研究成果

◆列入“2013年浙江省重点软科学研究项目”，浙江省软科学研究计划项目基金资助项目

中国出口非洲市场产品竞争力研究

Study on the Competitiveness of China's Export Products in the African Market

程鉴冰 著

序　言

中非经贸关系具有十分悠久的历史。如果从双方的间接贸易算起，已经有 3000 多年的历史。1949 年中华人民共和国的成立和 1960 年非洲许多主权国家的独立，为中非经贸关系的发展带来了新的机遇，中非贸易规模日益扩大。1950 年，中非双边贸易额仅为 1214 万美元，1960 年达到 1 亿美元，1980 年超过 10 亿美元。中非合作论坛的召开，使中非经贸关系的发展驶入了快车道。中非贸易额在 2000 年超过 100 亿美元，2008 年突破了 1000 亿美元，2013 年已经达到 2103 亿美元，是 1960 年的 2000 多倍。中国也连续 5 年成为非洲第一大贸易伙伴国。

在中非贸易规模扩大的同时，中非贸易结构逐步优化，双方具有比较优势的产品相继进入对方市场。20 世纪 80 年代至 90 年代，中国对非洲出口商品以轻工业品、食品、化工品、土畜产等为主。2000 年以来，机械设备、汽车、电子产品等机电产品出口显著增长，商品质量和技术含量大幅提高。目前，机电产品占中国对非出口总额的比例已超过 50%。在非洲对中国出口方面，棉花、磷酸盐等初级产品曾经是主要商品。近年来，非洲的钢材、铜材、化肥、电子产品等工业制成品陆续进入中国市场。同时，非洲农产品对中国的出口增长也在加快。埃及的柑橘、南非的葡萄酒、加纳的可可豆、乌干达的咖啡、突尼斯的橄榄油、埃塞俄比亚的芝麻等特色产品，逐渐为中国消费者熟悉和喜爱。

展望未来，中非经贸合作前景广阔。

首先，中国是世界上最大的发展中国家，而非洲是世界上发展中国家最为集中的大陆，发展中国家的共同属性，决定了双方具有共同的发展利益，这是中非经贸关系长期稳定发展的根本前提。

其次，中非经济互补性仍然很强。当前，中国和非洲同处于工业化、城市化进程中，市场需求旺盛，中非贸易具有很大潜力。就中国而言，非洲原油、矿产、钢材、农产品等商品对华出口，对促进中国经济发展和提高居民生活水平发挥着积极作用。就非洲而言，中国的产品和技术适合非洲发展的需要，中国巨大的市场也为非洲产品提供了广阔的市场空间。特别是，中国经济的持续快速发展为非洲资源性产品提供了稳定的出口市场。同时，物美价廉的中国商品进入非洲，可以帮助非洲提高民众的生活水平。

再者，中非双方都有继续深化和发展经贸合作的共识。改革开放以来，中国经济高速发展，经济总量已经居世界第二，中国经济发展的成功经验不但引起非洲国家的强烈兴趣，中国坚持互不干涉内政、平等互利的合作理念也得到了非洲国家的普遍认可。更重要的是，非洲已经在与中国的经贸合作中获得了实实在在的好处。

第四，经过半个世纪的经贸合作实践，中非双方已经积累了许多成功的经验，尤其是中非合作论坛的设立，为中非经贸关系的发展提供了组织和机制保障。

但是，我们必须看到，随着中非经贸关系的深入发展，也出现了一些问题。例如，大批中国企业跨出国门，进军非洲，它们对于非洲（包括非洲的经济、市场、法律、文化和社会习俗等）缺乏必要的了解；有些企业注重眼前利益，不关心长期发展战略；更有甚者，极少数不法商人贩卖劣质商品，影响了中国企业和产品在非洲的声誉和形象。上述现象尽管只是个别现象，但是不利于中非经贸关系的健康发展，因此我们必须引起高度重视。

为了解决上述问题，我们必须采取各种有效措施。例如，政府应该加强领导和监管，指导中国企业和商人在非洲的经贸活动；研究机构和高校应该向涉非企业提供咨询和研究成果，帮助中国企业更好地了解和融入非洲。从这个角度讲，本书作者程鉴冰博士试图通过自己的研究成果，帮助中国企业更好地了解非洲，更好地在非洲从事贸易活动是不无意义的。

本书基于中国与非洲相关国家之间的贸易数据，特别是与南非、埃塞俄比亚、塞拉利昂和埃及的贸易状况，对中国出口非洲市场产品的竞争力进行深入研究，内容包括非洲目标市场概况，中国出口非洲市场的产品结构、市场份额、质量状况、案例分析，中国出口非洲市场产品质量标准规制比较，中国出口非洲市场产品的竞争力评价等；作者还对如何提升中国出口非洲市场产品的竞争力提出了有益的政策建议。

本书不但是中国涉非企业一本很好的生产和经营方面的参考书，也为研究人员、高等院校相关专业师生提供了学习和研究的辅导资料。

上海师范大学人文学院教授、博士生导师、
中国亚非学会副会长、中国非洲史研究会副会长
舒运国
2015 年 1 月 5 日

前　言

自国际金融危机以来，世界经济复苏进程艰难曲折，不确定性和不平衡性成为世界经济发展的重要特征，各国政策相应地步入持续的调整之中。未来世界经济形势有望进一步改善，整体经济复苏步伐将会加快。但世界经济面临的困难和风险不容忽视，经济形势可能会出现曲折反复。

回顾2013年中国对非洲贸易情况，中非经贸合作已经初步形成多层次、宽领域、全覆盖的格局，成为双方实现自身经济发展不可或缺的组成部分。经过50余年的发展，中非贸易规模明显扩大。中国已连续5年成为非洲第一大贸易伙伴国，双边贸易额1965年只有2.5亿美元，到2013年已突破2000亿美元，达到2103亿美元。

2013年3月习近平主席对坦桑尼亚、南非、刚果共和国进行的国事访问，以及2014年5月李克强总理对埃塞俄比亚、尼日利亚、安哥拉、肯尼亚四国和非盟总部进行的访问，必将有力地促进中非双方经济发展的优势互补，起到明显的“双赢”效果。中非传统友谊将更加深厚，经贸领域合作成果也将更加斐然。

通过回顾相关文献，不难发现，国内外对中非问题的研究起步较晚，大多局限于中非关系和中非贸易这两个方面。但随着中非贸易的发展，中非问题和中非贸易必将受到更多、更全面的关注，尤其是，对作为新兴市场之一的非洲市场出口竞争力的研究意义重大。

据统计，近年来，中国出口市场实施多元化战略成效显著，对非洲、东盟、拉美、中东等新兴市场出口持续增长，缓解了过度依赖欧美等传统市场导致的贸易失衡。

特别是，由于欧美发达国家经济增速放缓的周期可能较长，未来出口进一步增长的空间有限，而新兴市场国家未来经济增长的空间相对较大，且目前在中国出口市场中的份额占比较低，预示着增长空间广阔，因而未来中国出口市场的拓展可能主要将依赖新兴市场国家。这也预示着，中国出口产品对发达经济体的依赖程度可能会有所降低，对新兴市场的依赖程度则可能会逐步提高。

此外，国家鼓励企业实施市场多元化战略，支持企业开拓新兴市场业务，帮助企业规避多种政治和商业风险，促进企业对新兴市场的出口额连年攀升。近年来，中国贸易主体格局更趋合理，民营企业进出口增长较快，国有和外资企业比重回落，这将助推出口非洲市场的进一步发展。

随着非洲地区等新兴市场的开拓，一方面是新兴市场对中国低端产品的需求旺盛，另一方面是产品低价低质带来的风险；而且，新兴市场的法律法规，产品安全、卫生、环保标准规制对中国中小企业提出了新的挑战；发达经济体与不发达经济体争夺非洲市场占有率，也对中国的非洲出口贸易构成了竞争。

因此，本书的主要内容为：

首先，在导论（第 1 章）、文献综述（第 2 章）的基础上，简述出口目标市场非洲的经贸现状、特点与走势（第 3 章）。

其次，描述中国出口非洲市场产品发展现状。这部分内容分为：微观层次的中国出口非洲市场产品结构（第 4 章）；中国出口非洲产品市场份额（第 5 章）；中国出口非洲市场产品质量状况（第 6 章）；并精选了一部分中国对非贸易的经典案例（第 7 章）进行分析。

第三，探索中国出口非洲市场产品的宏观制度环境因素及其风险因素。这部分内容分为：从宏观层次就中国出口非洲市场的质量标准规制制度环境进行分析比较（第 8 章）；并对中国出口非洲市场产品的风险进行分析（第 9 章）。

第四，基于中观视角对中国出口非洲市场产品竞争力进行综合评价（第 10 章）。

最后，对提升中国出口非洲市场产品竞争力策略进行探讨（第 11 章），并给出总结与展望（第 12 章）。

在对以上几个方面的研究中，通过收集现有文献数据资料，主要跟踪近 5 年来中国出口非洲部分国家的产品结构、市场份额和产品质量统计资料，分析非洲部分国家标准规制的建立和发展状况，探讨中国出口非洲市场产品存在的贸易风险，在测算中国出口非洲市场产品竞争力指数的基础上，提出增强中国出口非洲市场产品竞争力的政策建议。

当今世界正经历着一场伟大的“数据革命”，并迎来了快速发展、充满变革的大数据时代。各类交易、交互、传感等方面的电子化数据，正以几何级速度激增，生产、生活方式更加多种多样、多姿多彩，强劲推动着人类生产生活方式的变革。未来的政府官方统计将会致力于充分运用信息技术、云计算等新技术，来采集、处理、传输、公布统计数据。为此，本书第 3 章主要以数据列表的方式出现，为后面章节的研究作铺垫。

本书注重理论、政策与实践相结合，将局部均衡分析与一般均衡分析、微观分析与宏观分析、理论分析与实证分析相融合，精选了中国对非洲国际贸易中的大量经典案例，进行理论分析与实证检验。

本书主要面向对非洲进出口贸易企业以及理论和政策研究者，愿本书的出版能为中非贸易的长足发展略尽绵薄之力。

程鉴冰

2015 年 1 月 5 日

目　录

1　导　论 …… 1

1.1　研究意义 …… 1
1.2　研究背景 …… 2
1.3　研究方法 …… 3
1.4　数据来源 …… 4
1.5　产品分类 …… 4
1.6　框架结构 …… 5

2　产品国际竞争力与中非贸易理论 …… 6

2.1　国际竞争力研究 …… 6
2.1.1　宏观视角的国际竞争力研究 …… 6
2.1.2　中观视角的国际竞争力研究 …… 7
2.1.3　微观视角的国际竞争力研究 …… 9
2.2　产品国际竞争力评价体系研究 …… 10
2.2.1　产品国际竞争力评价方法 …… 10
2.2.2　产品国际竞争力影响因素 …… 11
2.2.3　产品国际竞争力评价体系 …… 13
2.3　主要产品国际竞争力指标及其局限性 …… 14
2.3.1　显示性比较优势指数 …… 15
2.3.2　贸易竞争力指数 …… 15
2.3.3　国际市场占有率 …… 16
2.3.4　出口业绩相对指数 …… 17
2.4　中国产品的国际竞争力和竞争方式 …… 18
2.4.1　从产品技术含量视角来考察产品的国际竞争力和竞争方式 …… 18
2.4.2　从产品内分工视角来考察产品的国际竞争力和竞争方式 …… 18
2.4.3　从产品贸易微观结构视角来分析产品的国际竞争力和竞争方式 …… 18

2.5 中非经贸合作及其政策的国际比较 …… 19
2.5.1 工业制成品出口和矿业初级产品进口 …… 19
2.5.2 中非经贸合作进入快速发展轨道 …… 19
2.5.3 中非关系及中国与其他地区关系的内涵与外延 …… 20
2.5.4 中、美、欧对非政策比较 …… 20

3 非洲目标市场概况 …… 22

3.1 非洲目标市场经济指标 …… 22
3.1.1 非洲国内生产总值、国民收入 …… 23
3.1.2 非洲国内生产总值产业比重分配 …… 28
3.2 非洲目标市场贸易指标 …… 38
3.2.1 非洲主要产业出口比重 …… 38
3.2.2 非洲主要产业进口比重 …… 49
3.3 非洲目标市场进出口贸易伙伴及产品结构 …… 59
3.3.1 进口贸易伙伴及产品结构 …… 59
3.3.2 出口贸易伙伴及产品结构 …… 61
3.4 非洲目标市场总体走势 …… 63
3.4.1 中非贸易总体走势 …… 63
3.4.2 国家和地区出口市场占有率 …… 66
3.4.3 国家和地区进口市场占有率 …… 70
3.5 非洲目标市场商品贸易特点 …… 74
3.5.1 非洲进出口贸易额、份额及顺差 …… 74
3.5.2 非洲制成品进口、贸易对象国 …… 74
3.5.3 非洲初级产品出口、贸易产品结构 …… 74

4 中国出口非洲市场产品结构 …… 76

4.1 中国及其出口非洲市场产品总体结构 …… 76
4.1.1 中国进出口贸易分析 …… 76
4.1.2 中国工业制成品出口贸易分析 …… 79
4.1.3 中国对非洲进出口产品结构分析 …… 86
4.2 中国出口南非市场的产品结构及其分布 …… 87
4.2.1 南非对外贸易商品构成与市场分布 …… 87
4.2.2 南非自中国进口的产品结构与区域分布 …… 91
4.3 中国出口埃塞俄比亚市场的产品结构及其特点 …… 94
4.3.1 中国出口埃塞俄比亚市场产品结构 …… 94
4.3.2 中国出口埃塞俄比亚市场产品特点 …… 94
4.4 中国出口塞拉利昂市场的产品结构及其特点 …… 95

4.4.1 中国出口塞拉利昂市场产品结构 …… 95
4.4.2 中国出口塞拉利昂市场产品特点 …… 95
4.5 中国出口埃及市场的产品结构及其特点 …… 96
4.5.1 中国出口埃及市场产品结构 …… 96
4.5.2 中国出口埃及市场产品特点 …… 96

5 中国出口非洲产品市场份额 …… 98

5.1 中国出口非洲产品总体市场份额 …… 98
5.1.1 中国同各国(地区)海关货物进出口总额 …… 98
5.1.2 中国同非洲进出口贸易总额 …… 99
5.1.3 中国同非洲各国进出口贸易额 …… 101
5.2 中国出口南非产品市场份额 …… 106
5.2.1 南非货物贸易概况 …… 106
5.2.2 中南双边贸易概况 …… 107
5.2.3 中国出口南非产品市场占有率 …… 108
5.3 中国出口埃塞俄比亚产品市场份额 …… 108
5.3.1 中国出口埃塞俄比亚产品数额分析 …… 108
5.3.2 中国出口埃塞俄比亚产品区域分布 …… 109
5.3.3 中国出口埃塞俄比亚产品市场占有率 …… 111
5.4 中国出口塞拉利昂产品市场份额 …… 112
5.4.1 中国出口塞拉利昂产品数额分析 …… 112
5.4.2 中国出口塞拉利昂产品区域分布 …… 113
5.4.3 中国出口塞拉利昂产品市场占有率 …… 115
5.5 中国出口埃及产品市场份额 …… 115
5.5.1 中国出口埃及产品数额分析 …… 115
5.5.2 中国出口埃及产品区域分布 …… 116
5.5.3 中国出口埃及产品市场占有率 …… 118

6 中国出口非洲产品质量状况 …… 120

6.1 中国出口南非产品质量状况 …… 120
6.1.1 中国出口南非产品质量综述 …… 120
6.1.2 中国出口南非专业市场分析 …… 122
6.2 中国出口埃塞俄比亚产品质量状况 …… 123
6.2.1 中国出口埃塞俄比亚产品质量综述 …… 123
6.2.2 中国出口埃塞俄比亚 HS 类产品质量状况 …… 124
6.2.3 中国出口埃塞俄比亚产品装运前检验统计 …… 127
6.3 中国出口塞拉利昂产品质量状况 …… 128

6.3.1 中国出口塞拉利昂产品质量综述 …… 128
6.3.2 中国出口塞拉利昂 HS 类产品质量状况 …… 129
6.3.3 中国出口塞拉利昂产品装运前检验统计 …… 132
6.4 中国出口埃及产品质量状况 …… 133
6.4.1 中国出口埃及产品质量综述 …… 133
6.4.2 中国出口埃及 HS 类产品质量状况 …… 134
6.4.3 中国出口埃及产品装运前检验统计 …… 139

7 中国出口非洲产品案例分析 …… 141

7.1 中国出口南非市场产品案例分析 …… 141
7.1.1 出口南非花生产品案例:产品含水率、分级、包装和标识法规草案 …… 141
7.1.2 出口南非苹果产品案例:植物检疫要求 …… 141
7.1.3 出口南非不锈钢产品案例:反倾销、反补贴 …… 142
7.2 中国出口埃塞俄比亚市场产品案例分析 …… 144
7.2.1 安全、生化、计量与性能案例 …… 145
7.2.2 包装、标签、产地、品牌与证书案例 …… 151
7.2.3 价格评估案例 …… 153
7.3 中国出口塞拉利昂市场产品案例分析 …… 157
7.3.1 安全、卫生与品质案例 …… 157
7.3.2 包装与标识案例 …… 159
7.3.3 价格与技术文件案例 …… 160
7.4 中国出口埃及市场产品案例分析 …… 161
7.4.1 理化、安全、卫生与疫情案例 …… 161
7.4.2 标识、包装与认证标志案例 …… 168
7.4.3 价格、证书、产地及知识产权案例 …… 170

8 非洲技术性贸易措施的比较制度分析 …… 177

8.1 南非技术性贸易措施 …… 177
8.1.1 南非进出口管理制度 …… 177
8.1.2 南非标准、认证与标签规定 …… 179
8.1.3 南非技术性贸易措施分析 …… 183
8.2 埃塞俄比亚技术性贸易措施 …… 184
8.2.1 埃塞俄比亚进出口管理制度 …… 184
8.2.2 埃塞俄比亚标准、认证与标签规定 …… 186
8.2.3 埃塞俄比亚技术性贸易措施分析 …… 187
8.3 塞拉利昂技术性贸易措施 …… 189

8.3.1 塞拉利昂进出口管理制度 …… 189
8.3.2 塞拉利昂标准、认证与标签规定 …… 190
8.3.3 塞拉利昂技术性贸易措施分析 …… 190
8.4 埃及技术性贸易措施 …… 192
8.4.1 埃及进出口管理制度 …… 192
8.4.2 埃及标准、认证与标签规定 …… 194
8.4.3 埃及技术性贸易措施分析 …… 195
8.5 全球化背景下的技术性贸易措施 …… 199
8.5.1 经济一体化背景下的技术性贸易措施 …… 199
8.5.2 技术性贸易措施对国际贸易竞争力的影响 …… 200
8.5.3 非洲区域经济一体化及其技术性贸易壁垒 …… 202

9 中国对非洲市场出口贸易风险分析 …… 206

9.1 非洲各国经济发展不平衡风险 …… 206
9.1.1 非洲各国面临的经济困境及其发展 …… 206
9.1.2 非洲最发达的国家 …… 208
9.1.3 非洲最不发达的国家 …… 209
9.2 出口产品对非洲市场的低规模比重风险 …… 211
9.2.1 对非贸易占中国进出口贸易总额的份额 …… 211
9.2.2 中国出口贸易在非洲市场的占有率 …… 211
9.2.3 最优消费选择与IC分析 …… 212
9.3 出口非洲市场产品结构单一性风险 …… 213
9.3.1 南非自中国进口主要商品构成 …… 213
9.3.2 阿尔及利亚自中国进口主要商品构成 …… 216
9.3.3 摩洛哥自中国进口主要商品构成 …… 217
9.3.4 产品结构调整与PPF分析 …… 219
9.4 对非洲贸易伙伴的高集中度风险 …… 220
9.4.1 中国对非贸易主要集中于少数非洲国家 …… 220
9.4.2 中国在非洲的主要进口来源国 …… 221
9.4.3 中国对非洲出口的主要目的国 …… 222
9.5 出口非洲市场贸易摩擦风险 …… 223
9.5.1 中国与非洲国家的贸易摩擦进入高发期 …… 223
9.5.2 南非对中国产品发起的贸易救济措施调查 …… 224
9.5.3 埃及对中国产品发起的贸易救济措施调查 …… 224

10 中国出口非洲产品竞争力综合评价 …… 226

10.1 中国出口非洲市场产业内贸易指数 …… 226

10.1.1 产业内贸易指数模型 …… 226
10.1.2 中国出口非洲市场产业内贸易指数的实证分析 …… 229
10.2 中国出口非洲市场产品贸易竞争力指数 …… 231
10.2.1 贸易竞争力指数模型 …… 231
10.2.2 中国出口非洲市场产品贸易竞争力指数的实证分析 …… 235
10.3 中国出口非洲市场产品国际市场占有率 …… 240
10.3.1 国际市场占有率模型 …… 240
10.3.2 中国出口非洲市场产品国际市场占有率的实证分析 …… 242
10.4 中国出口非洲市场产品质量竞争力指数 …… 245
10.4.1 质量竞争力指数模型 …… 245
10.4.2 中国出口非洲市场产品质量竞争力指数的实证分析 …… 248
10.5 中国出口价格变动指数 …… 250
10.5.1 价格指数与价格变动指数 …… 250
10.5.2 出口商品同比价格指数 …… 251

11 提升中国出口非洲市场产品竞争力策略探讨 …… 259

11.1 拓展中非经济合作领域，构建区域性产业价值链 …… 259
11.1.1 充分利用中非经济互补互惠，创造中非贸易合作双赢局面 …… 259
11.1.2 拓展中国在全球产业价值链上的升值空间 …… 260
11.2 实施中非贸易资源战略，提升中非国际地位 …… 261
11.2.1 非洲资源新格局下中国企业的战略选择 …… 261
11.2.2 促进中非资源互补，优化中非贸易结构 …… 263
11.2.3 通过中非贸易，提升中非国际地位 …… 264
11.3 优化中国企业出口非洲产品的结构、质量与市场营销 …… 264
11.3.1 调整中国出口非洲市场产品结构 …… 264
11.3.2 提升中国企业出口非洲市场产品质量 …… 265
11.3.3 实施中国企业出口非洲市场营销策略 …… 267
11.4 出口非洲市场产品质量标准规制战略抉择 …… 268
11.4.1 经济全球化浪潮把标准化推上国家战略地位 …… 268
11.4.2 对欧盟、美国、日本等发达经济体标准化战略的借鉴 …… 270
11.4.3 中国出口非洲市场技术标准战略的抉择 …… 274
11.5 地缘经济发展战略视角的非洲市场深度开发 …… 277
11.5.1 全球层次上拓展非洲潜在的地缘经济空间 …… 277
11.5.2 中国地缘经济的主要挑战与威胁 …… 278
11.5.3 中国地缘经济的战略选择 …… 281

12 总结与展望 …… 284

12.1 主要结论 …… 284
12.2 政策建议 …… 290
12.3 研究展望 …… 294

参考文献 …… 300

索 引 …… 307

后 记 …… 309

1 导 论

1.1 研究意义

从1956年埃及率先与中国建交以来，一大批非洲国家先后与中国建立了外交关系，开启了中国与非洲国家政治、经贸合作的新纪元。在政治友好的基础上，双方贸易往来也日渐频繁和深入，受到历届领导人的高度重视。中非贸易往来经过半个多世纪的发展，从最初中国单方面向非洲提供发展援助，到更多地强调开展互利性经济技术合作和更加平等的贸易往来，合作规模不断扩大，合作领域不断拓宽。即使在面对全球化挑战的新形势下，双方合作也保持了稳定增长。

2000年10月创立的中非合作论坛，将新形势下中非伙伴关系推上了全面、快速、稳定发展的新阶段。

2013年3月，习近平主席对坦桑尼亚、南非、刚果共和国进行了国事访问。中非传统友谊更加深厚，各领域合作成绩愈加突出。双方逐渐把对方的发展视为自身发展的重要机遇，并进一步加强了合作的意愿。习近平主席这次访非，对全面深化中国同非洲往访国的双边关系、加强发展中国家的团结合作、推动中非关系迈上新台阶具有重要意义。习近平主席访问非洲也昭示着中国的发展离不开世界、离不开非洲，世界和非洲的繁荣稳定也需要中国。中非虽然远隔重洋，但双方的合作是坦诚的。联结双方的不仅是深厚的传统友谊、密切的利益纽带，还有双方各自的梦想。13亿多中国人民正致力于实现中华民族伟大复兴的中国梦，10亿多非洲人民正致力于实现联合自强、发展振兴的非洲梦。中非人民将加强团结合作、加强相互支持和帮助，努力实现各自的梦想，并同国际社会一道，推动实现持久和平、共同繁荣的世界梦，为人类和平与发展的崇高事业做出新的更大的贡献！

2014年5月，李克强总理又对埃塞俄比亚、尼日利亚、安哥拉、肯尼亚四国和非盟总部进行了访问。非洲地域广袤，资源丰富，是世界上发展中国家最集中的大陆，而中国是世界上人口最多、面积最大的发展中国家。回首50余年前（1963年年底至1964年年初），周恩来总理连续访问非洲10国，提出了中国处理同非洲及阿拉伯国家关系的“五项立场”和中国对外经济技术援助的“八项原则”，为中非关系发展奠定了坚实的基础。2014 年 5 月，李克强总理再访非洲，用实际行动证明中非人民相互支持、相互帮助，双方结下的友谊牢不可破。

实践证明，开展中非合作有助于双方经济发展的优势互补，取得明显的“双赢”效果。一方面，非洲素有“世界资源宝库”之美誉，黄金、天然钻石、铝矾土、铂、钯等的储量世界第一，铬、铜、钴、二氧化钛等的储量也相当丰富。另一方面，非洲还是一个拥有 10 亿多人口的大市场。丰富的资源加上巨大的市场潜力，对中国的海外资源获取和商品销售来说具有十分重大的意义。对非洲国家而言，中国不仅能够提供与非洲国家经济发展相适应的商品、技术和管理，而且长期以来一直向非洲提供力所能及的经济援助，中国日益增长的对非投资对于资金严重匮乏的非洲国家而言无疑是雪中送炭。可以说，中非贸易已成为双方经济和利益的重要依托。

通过回顾相关文献，可以发现，国内外对中非问题的研究起步较晚，大多局限于中非关系和中非贸易这两个方面。随着中非贸易的发展，中非问题和中非贸易必将受到更多、更全面的关注。本书运用近几年来中国对非洲进出口贸易数据，从总体贸易状况和进出口结构对中非贸易进行分析，同时探讨了中国出口非洲市场产品的质量状况和市场份额，对中国出口非洲市场产品的质量规制进行比较，对中国出口非洲市场产品进行风险分析，并对中国出口非洲市场产品竞争力进行评价，最后讨论提升中国出口非洲市场产品竞争力的策略。

1.2 研究背景

中国出口贸易的传统市场泛指美国、欧盟和日本等国家和地区，新兴市场则泛指非传统市场的发展中国家和地区。

统计表明，近年来中国出口市场多元化战略成效显著，对非洲、东盟、拉美、中东等新兴市场出口持续增长，缓解了过度依赖欧美传统市场导致的贸易失衡。

由于欧美发达国家经济增速放缓的周期可能较长，未来出口进一步增长的空间有限，而新兴市场国家未来经济增长的空间相对较大，且目前在中国出口市场中的份额占比较低，预示着增长空间广阔，因而未来中国出口市场的拓展可能主要将依赖新兴市场国家。这也预示着，中国出口产品对发达经济体的依赖程度可能会有所降低，对新兴市场的依赖程度则有可能逐步提高。

此外，国家鼓励企业实施市场多元化战略，支持企业开拓新兴市场业务，帮助企业规避多种政治和商业风险，促进企业对新兴市场的出口额连年攀升。近年来，中国贸易主体格局更趋合理，民营企业进出口增长较快，国有和外资企业比重回落，这将助推出口非洲市场的进一步发展。

但是，事物总是有正反两方面的因素。由于工业化国家出现衰退而导致的对进口产品的需求减弱，通过出口环节对新兴市场的很多国家产生了比较大的影响。经济全球化的不断发展，使很多新兴市场国家对出口的依赖度比过去20年或者30年都要高得多。

随着非洲地区等新兴市场的不断开拓，一方面是新兴市场对中国低端产品的需求旺盛，另一方面是产品低价低质带来的风险；而且，新兴市场的法律法规、产品安全卫生环保标准规制等对中国中小企业提出了新的挑战；发达经济体与不发达经济体争夺非洲市场占有率，也对中国出口非洲贸易构成了竞争。因此，对中非贸易问题进行全面研究不乏意义。

1.3 研究方法

本书借鉴国际贸易理论来研究具体的商品、服务和生产要素的国际交换，分析工具主要采用微观经济分析方法。关于生产者和消费者行为的基本假定及对市场均衡的定义等与微观经济学相一致。

本书基于微观经济学理论，狭义的研究对象涉及商品（或货物）的跨国流动，广义的研究对象既包括商品贸易，也包括要素贸易。本书既论及了关于国际间资源配置的研究，又论及了贸易壁垒对社会经济福利的影响。

本书分析方法的特点是不涉及货币因素，分析框架的贸易理论模型大都假定世界上只有两国、两种商品（或两部门）、两种要素，且多采用一般均衡分析方法。

本书理论模型涉及生产可能性曲线、社会无差异曲线、一般均衡和局部均衡等。

本书在对非贸易国际竞争力的研究中，分别从宏观、中观、微观三个层次展开。宏观研究主要从国家之间以及国际、区域之间的国际贸易方向进行研究；中观研究则根据迈克尔·波特的国家竞争优势等理论对中国的对非贸易竞争力状况进行分析；微观研究中则以企业及其生产的产品作为研究对象。

本书在对中国出口非洲市场产品竞争力的竞争力指数进行测算中，主要采用产业内贸易指数、贸易竞争力指数、国际市场占有率、产品质量竞争力指数等进行测算，以期达到客观评价中国出口非洲市场产品竞争力的目的。

本书分析中，注重理论、政策与实践相结合，并将局部均衡分析与一般均衡分析、微观分析与宏观分析、理论分析与实证分析有机融合。此外，本书精选了中国对非洲国际贸易中的大量经典案例进行理论分析验证。

本书结合近5年中国对非洲总体贸易水平、进出口结构和产品质量的数据分析，以及贸易竞争力等指数测算的分析，从非洲国家经济和地缘关系、中非贸易发展现状、中非贸易风险分析到非洲市场标准规制比较等方面，以南非、埃塞俄比亚、塞拉利昂和埃及等出口市场为例，对中国出口非洲市场产品竞争力进行分析研究。

1.4 数据来源

本书使用的数据主要来自联合国贸易和发展会议及中华人民共和国海关总署、商务部以及国家统计局数据库相关统计资料。

此外，近年来，中国积极开辟非洲、中东等新兴市场，中非贸易额明显增长。随着双边贸易的进一步深化，非洲国家对中国产品质量的要求逐步提高，成为影响中非贸易进一步发展的一个重要因素。为确保从中国进口货物的质量，部分非洲国家对中国出口产品提出装船前检验要求，主要包括产品检验、价格核实、监督装载等3项内容。目前已和中国签订协议，要求实施装运前检验的非洲国家有埃塞俄比亚、塞拉利昂、埃及，出口阿尔及利亚的商品则要求实施检验并由检验检疫机构出具品质等方面的检验合格证书。按照双边协定，出口到上述国家的工业产品都应实施装运前检验，商品范围不受《出入境检验检疫机构实施检验检疫的进出境商品目录》(简称《进出境商品目录》)的限制。对在《进出境商品目录》内的商品，法定检验与装运前检验一并办理，一次报检、一次检验、一次收费。

为此，本书在研究中还根据国家质量监督检验检疫总局相关网站信息，选择性地采用一些出口非洲地区的埃塞俄比亚、塞拉利昂和埃及等国的装运前检验数据库的相关统计资料。

由于南非是中国出口非洲市场最大的非洲国家，是中国在非洲地区的最大贸易伙伴，所以本书选择南非作为非洲代表性国家之一进行分析与研究。这样一来，本书有代表性地选择了北非的埃及、东非的埃塞俄比亚、西非的塞拉利昂、南部非洲的南非进行研究。

此外，由于国家相关统计网站对南非、阿尔及利亚和摩洛哥贸易统计数据相对连续和完整，因此在9.3.2节和9.3.3节中，笔者将增加对阿尔及利亚和摩洛哥自中国进口的主要商品构成的讨论内容。

1.5 产品分类

本书较多地论及了微观视角的企业及其所生产的产品状况。

本书所述及的列入进出口统计的货物均根据《中华人民共和国海关统计商品目录》(以下简称《商品目录》)归类统计。该目录1980—1991年是以联合国《国际贸易标准分类》第2次修订本为基础编制的。1992年起《商品目录》改为以海关合作理事会(世界海关组织，WCO)制定的《商品名称及编码协调制度》(Harmonized Commodity Description and Coding System)(以下简称《协调制度》)为基础，结合中国实际进出口货物情况编制而成，并自1992年1月1日起实施。其中1992—1995

年版目录是以 1992 年版《协调制度》为基础编定的；1996—2001 年版目录是以 1996 年版《协调制度》为基础编定的；2002—2006 年版目录是以 2002 年版《协调制度》为基础编定的；2010 年、2011 年版目录则均是以 2007 年 1 月 1 日在世界范围内实施的 2007 年版《协调制度》为基础编制而成的。《协调制度》是在《海关合作理事会分类目录》（CCCN）和联合国编制的《国际贸易标准分类》（SITC）的基础上，参考国际间其他主要的税则、统计、运输等分类目录制定的一个多用途的国际贸易商品分类目录，具有严密的逻辑性和科学性。自 1988 年问世以来，已为国际上广泛采用。截至 2004 年 10 月，已有 200 个国家和地区以《协调制度》为基础编制本国的税则及统计目录。采用《协调制度》有利于国际贸易统计资料的收集、对比与分析，方便贸易咨询和谈判，方便国际贸易单证的统一，加速数据的传递，避免国际贸易交往中因采用不同的商品分类而导致贸易成本的增加，对促进国际贸易的发展具有重要意义。2011 年版目录所列商品分为 22 类 98 章（其中第 77 章空缺，以备将来使用），计有 7900 余个八位数商品编号。第 1 章至第 97 章的前六位数编码及其商品名称与《协调制度》完全一致，第七、第八位数编码是根据中国关税、统计和贸易管理的需要增设的，第 98 章则仅根据中国海关统计的需要增设。本目录还根据海关合作理事会建议书的内容，为每一个八位数编码商品设置了国际标准计量单位。

按 1 位数的标准国际贸易分类包括 10 大类商品。其中，0～4 类商品为初级产品；6 和 8 类商品大多为劳动密集型的制成品；5、7 和 9 类商品为资本密集型制成品。具体产品分类方法以《联合国国际贸易标准分类》第三次修订标准为基础。

装运前检验论及的产品按照国家质量监督检验检疫总局、海关总署发布的《进出境商品目录》分类，并对应于相应的年份。

1.6 框架结构

本书共分 12 章，研究框架和主要结构如下：

第 1 章，导论；第 2 章，产品国际竞争力与中非贸易理论；第 3 章，非洲目标市场概况；第 4 章，中国出口非洲市场产品结构；第 5 章，中国出口非洲产品市场份额；第 6 章，中国出口非洲产品质量状况；第 7 章，中国出口非洲产品案例分析；第 8 章，非洲技术性贸易措施的比较制度分析；第 9 章，中国对非洲市场出口贸易风险分析；第 10 章，中国出口非洲市场产品竞争力综合评价；第 11 章，提升中国出口非洲市场产品竞争力策略探讨；第 12 章，总结与展望。

2 产品国际竞争力与中非贸易理论

在展开中国对非洲出口贸易竞争力的系统研究之前，有必要对前人在相关研究领域的研究成果作一简要回顾。

2.1 国际竞争力研究

将竞争力作为一个专有名词进行系统研究，大约始于20世纪80年代。受经济全球化的影响，世界上许多国家日益关注竞争力的研究，竞争力理论也作为一种思想方法在经济领域被广泛应用。

关于国际竞争力的研究，学术界主要从宏观、中观、微观三个角度切入。宏观研究角度主要从国际贸易的方向展开，中观研究角度主要以迈克尔·波特的国家竞争优势理论为代表，微观研究角度主要以企业的某种能力作为研究对象。

2.1.1 宏观视角的国际竞争力研究

1. 从国际贸易角度来研究

从国际贸易角度对国际竞争力的研究大多认为，一国的竞争力体现在对外贸易的竞争力上，因此，一国的国际竞争力可以用其外贸竞争力来衡量。

（1）亚当·斯密的绝对优势理论。该理论提供了具有不同优势的国家之间的分工和交换的理论基础，认为国际分工的基础是有利的自然禀赋或后天的有利条件，每个国家的自然禀赋和后天的条件各有不同，为国际分工提供了基础。亚当·斯密在1776年出版的《国民财富的性质和原因的研究》（简称《国富论》）一书中猛烈地抨击了重商主义，系统地提出了绝对优势理论（Theory of Absolute Advantage），成为自由贸易理论的倡导者和鼻祖。

（2）大卫·李嘉图的比较优势理论。该理论认为国际贸易产生的原因在于生产成本的相对差别，只要各国之间存在生产技术上的相对差别，就会出现生产成本和产品价格的相对差异，从而使各国在不同的产品上具有比较优势，各国就能通过国际分工和国际贸易获得比较利益。大卫·李嘉图的代表作是1817年完成的《政治经济学及赋税原理》。李嘉图继承和发展了亚当·斯密创立的劳动价值理论，并将其作为比较优势理论的基础。

（3）赫克歇尔和俄林提出的要素禀赋理论。该理论用生产要素的丰缺程度来解释国际贸易产生的原因，认为商品价格的绝对差异源于生产要素的供给不同及不同产品在生产过程中所使用的要素比例不同。赫克歇尔—俄林理论（H－O理论）又称要素禀赋说，由瑞典经济学家赫克歇尔首先提出，后又由他的学生俄林（1977年诺贝尔经济学奖获得者）加以发展。俄林在1933年出版的《区际贸易和国际贸易》一书中系统地提出了自己的贸易学说，标志着要素禀赋说的诞生。赫克歇尔—俄林模型是现代国际贸易理论的新开端，与李嘉图的比较成本说模型并列为国际贸易理论的两大基本模型。

（4）国际贸易新要素理论。二战后，随着新科技革命和国际贸易结构的变化，国际贸易的研究转向从人力资本、研究与开发、信息等新要素来研究国际贸易优势。国际贸易新要素理论包括人力资本说、研发学说、技术进步论以及信息贸易理论等。

归纳起来，这种国际竞争力理论认为，对外贸易国际竞争力的强弱取决于一个国家或地区的劳动、资源禀赋、人力资本、研发、信息、技术进步以及规模经济等方面的差异，如果一个国家或地区相对于别国或地区拥有更大的优势，则它在贸易中具有更强的竞争力。

2. 从国家角度来研究

1985年，美国总统产业竞争力委员会将国家竞争力定义为："在自由和公平的市场环境下，生产经得住国际市场检验的产品和服务的同时，保持和扩大其国民实际收入的能力。"

世界经济论坛（WEF）和瑞士洛桑国际管理学院（IMD）则通过揭示竞争力的构成要素及要素间的相互关系来研究国际竞争力。WEF认为，国际竞争力是决定一个国家生产力的一系列要素、政策和制度的集合。IMD于1996年发表了《世界国际竞争力年鉴》，将国际竞争力定义为："一国或一公司在国际市场上均衡地生产出比其竞争对手更多财富的能力。"

此外，瑞士洛桑国际管理学院还发布《世界竞争力年度报告》。瑞士洛桑国际管理学院是欧洲最著名的商学院之一，自1989年以来，该机构每年都会对世界主要国家或地区的竞争力进行分析和排名。IMD通过对全球58个国家和地区进行经济、金融和社会领域的统计，将分析结果分为经济表现、政府效率、企业效率和基础设施四大类，然后按照研发质量、资本市场流动性、高速宽带互联网的国内渗透等维度进行国家排名。2010年，IMD还增加了债务压力测试，以判断哪些国家的债务占GDP的水平最高，以及它们清偿这些债务所需的最高年限。

2.1.2 中观视角的国际竞争力研究

学术界从中观角度把国际竞争力界定为一个产业的某种能力。1990年，迈克尔·波特在《国家竞争优势》一书中首次从产业角度来定义国际竞争力，认为一个国家某种产业的竞争力有四个因素，即生产要素、需求条件、相关产业的表现以及企业的战略结构、竞争对手的表现，此外还存在政府与机会两大影响因素。

1. 产业国际竞争力理论

从产业层次研究国际竞争力问题始于美国经济学家迈克尔·波特。在《竞争策略》（1980，1998）、《竞争优势》（1985，1998）、《国家竞争优势》（1990，1998）等书中，波特采用了完全不同于传统的第一、第二、第三产业的定义方法，将产业定义为生产直接相互竞争产品或服务的企业集合。根据这一定义，在“章”、“项”或“目”层次上的产品都可被视为产业，比如谷物、塑料、家具、钢铁、航空器、汽车等。波特认为国与国的产业竞争是商业环境方面的竞争，国际竞争力即一国能否为本国企业获得良好的商业环境和竞争优势的能力。后来，世界经济论坛将国际竞争力具体定义为：“一国或一公司在世界市场上均衡地生产出比其竞争对手更多财富的能力。”

产业国际竞争力理论承认各国各产业间存在比较优势，认为比较优势对国际产业分工的格局有决定性影响，分析各国特定产业的国际竞争态势必须建立在研究比较优势的基础上，只有在这个基础上才能认清影响这些特定产业国际竞争力的主要因素。产业国际竞争力理论最具创新意义之处是提出了“国家钻石”（national diamond）模型，认为一国的特定产业是否具有国际竞争优势，取决于生产某种产品所需投入的“要素条件”，某种产品或服务的国内外市场的“需求条件”，“相关及辅助产业”的发展水平状况，“企业策略、结构与竞争”所赖以存在的国家环境状况，打破现存竞争环境和秩序的“机遇”，“政府”的政策行为等六个方面。其中，前四个方面是内生决定因素，后两个方面是外生决定因素。

国家竞争优势理论，又称国家竞争优势钻石理论、钻石理论。国家竞争优势理论基本原理：（1）根据 H—O 理论，多数国家必定会有相对优势。如果国家在某一产品上的相对优势不是可持续的，那么这一相对优势就不是这个国家的竞争优势。（2）国家竞争优势理论有四个点，组成一个四边形，通常被称为波特的国家竞争优势钻石，它们是要素条件、需求条件、相关产业和公司竞争。

2. 波特国家钻石模型的修正、补充与发展

波特的国家钻石模型后来被邓宁（1990，1993）等人修正与补充，产生出各种模型，如波特—邓宁钻石模型（Porter-Dunning Diamond Model）、双重钻石模型（Double Diamond Model）、多因素钻石模型（Multiple Linked-Diamonds Model）、一般化的双重钻石模型（Generalized Double Diamond Model）等。

波特的钻石模型很好地解释了发达国家经济的国际竞争力来源问题，但是，对于欠发达国家或发展中国家而言，它们的现实经济并不必然地具备与波特钻石模型相称的国内经济环境，因此不得不靠自身不断地去为提高本国国际竞争力创造条件，20世纪后半期韩国和中国台湾地区的经济发展就证明了这一点。因此，这就对国际竞争力研究提出了以下问题：欠发达国家或发展中国家的国际竞争力又是由什么决定的？

这些国家在经济发展中又如何去提高本国的国际竞争力？韩国汉城国立大学学者乔东逊（Cho D. Sung，1994）以韩国经济发展为研究对象，提出了九要素模型（Nine-Factor Model），认为国际竞争力的决定因素可分为两大类：（1）物质要素，包括资源禀赋、商业环境、相关和支持产业、国内需求，这些因素相互作用，共同决定一国特定时间内的国际竞争力水平。（2）人力要素，包括工人、政治家和官僚、企业家、职业经理人，他们创造和控制着物质要素，促进或阻碍一国经济的发展和国际竞争力的提高。此外，机遇作为一个外部要素，与上述要素共同构成了一国的国际竞争力。

3. 国际竞争力评估与学术研究机构

产业国际竞争力理论的提出推动了有关各国进行国际竞争力评估的热潮，出现了不少学术研究机构，其中最为权威的是世界经济论坛和瑞士洛桑国际管理学院。1980年，世界经济论坛就开始对国际竞争力进行讨论，并于1986年形成一套相对完整的研究和评价体系，同年发表的研究报告也引起了世界各国的关注。除了这两大机构外，从事国际竞争力评估的主要机构还有美国的商业风险评比公司、日本的经济新闻经济研究中心、韩国的产业研究院和大宇经济研究所等。上述各机构都有自己完整的评价指标和侧重点。比如，美国的商业风险评比公司主要对世界主要国家的国际竞争力进行评估；日本的经济新闻经济研究中心主要对经济合作与发展组织（OECD）成员国家和地区进行国际竞争力评价和分析；而韩国的两个研究机构，除了对经济合作与发展组织成员国家和地区的国际竞争力进行评价外，还重点对亚洲的新兴工业国家与地区，如新加坡、马来西亚、中国台湾地区及本国进行评估。

4. 国内产业国际竞争力研究

中国国内关于产业国际竞争力的研究起步于20世纪90年代，目前最为权威的研究机构是中国人民大学竞争力评价与研究中心。10多年来，在政府相关部门的支持和该中心的推动下，国内有关国际竞争力的研究工作已经推向产业竞争力、科技竞争力、城市竞争力、企业竞争力等多个领域。在实践中，国际竞争力的研究也已经突破世界各国竞争力排名、国家综合竞争实力的范围，具体到部门、行业、企业、地区、城市、乡或镇竞争力等层次上。例如，近年关于产业国际竞争力的研究报告和出版物就有《中国煤炭行业的产业国际竞争力分析》（徐殿文，2006）、《中国汽车产业、企业、产品国际竞争力评价研究》（王今，2005）、《中国电子信息产业国际竞争力评价研究报告》（安筱鹏，2005）、《“入世”后过渡期中国重点产业竞争力评价》（冯飞，2005）、《全球竞争——FDI与中国产业国际竞争力》（杨丹辉，2004）、《中国畜牧业国际竞争力研究》（余鸣，2002）、《中国蔬菜产业的国际竞争力研究》（刘雪，2002）、《产业国际竞争力状况与加入世界贸易组织分析》（金碚，2001），以及钢铁、纺织品、软件、旅行社等竞争力分析。此外，国内还先后召开过第一、第二届中国产业国际竞争力研讨会。

2.1.3 微观视角的国际竞争力研究

从微观层次对国际竞争力进行的研究，则是把国际竞争力的研究方向定为企业的某种能力。Cohen 和 Zyman（1989）从基于市场的角度来研究国际竞争力，认为一家企业是否有竞争力，在于这家企业能否在建立和保持市场地位的同时获得利润。Hide Yamashita（1990）认为，竞争力是企业在公平竞争的市场经济中保持长期而稳定的竞争优势的能力。

另外，Peter J. Buckley（1992）认为竞争力是一个比较宽泛的动态概念，他把竞争力定义为将潜力转化为业绩的过程，一个竞争潜力、竞争过程和竞争业绩相互作用的过程。IMD（1996）还提出了关于国际竞争力的计算公式，即：竞争力资产×竞争力过程＝国际竞争力。

2.2 产品国际竞争力评价体系研究

在上一节对国际竞争力评价方法进行综述的基础上，本节从产品层次上对影响产品国际竞争力的因素和衡量指标进行分析和判断，最后建立较为完善的产品国际竞争力评价体系。

2.2.1 产品国际竞争力评价方法

目前，国内关于产品国际竞争力评价指标体系的建立多是依据产业和国家的指标体系，主要有以下几种。

（1）中国社会科学院裴长洪（1998，2002）设立了两类指标：一类是说明国际竞争力结果的显示性指标；另一类是解释具有国际竞争力原因的分析性指标。显示性指标包括贸易专业化系数指标（TSC 指标）、出口绩效相对系数、固定市场份额模型（CMS）指标 、显示性比较优势指标（RCA 指标）、市场占有率指标、销售利润率、产品增值率等。分析性指标又可以分为直接原因指标和间接原因指标。直接原因指标可以分成三大类：第一类指标是与生产率有关的各项指标，如劳动生产率、成本、价格、企业规模；第二类指标是与市场营销有关的各项指标，如品牌商标、广告费用、分销渠道等；第三类指标是与企业的组织管理有关的各项指标，如售后服务网点和全球质量保证体系等。间接原因指标也可以分成三大类：第一类指标是申请技术专利指标、研究开发费用占生产总成本比重的指标、工程技术人员的数量以及职工队伍素质等反映高等生产要素的若干指标；第二类指标是相关产业的产值以及供货商的销售额在经济活动中的比重等反映相对竞争优势的指标；第三类指标是产品系列化指标。

（2）原国家计划委员会课题组（1998）设计出一套评价指标体系，这套指标体系分为三级，其中竞争实力、竞争能力、竞争潜力和竞争环境为一级指标，一级指标又可细分为二级和三级指标。竞争实力包括人力、财力和技术创新实力三个二级指标，竞争潜力包括比较优势和后发优势两个二级指标。竞争能力包括市场化能力、资源转化能力、技术创新能力三个二级指标。竞争环境包括产业竞争动力环境、产业竞争压力环境和产业竞争活力环境三个二级指标，这三个指标均为定性指标。

(3) 厦门大学周星和付英 (2000) 在世界经济论坛和瑞士洛桑国际管理学院对国际竞争力研究的基础上，提出产业国际竞争力在理论上应等于产业竞争力资产与产业竞争力过程之积。其中，资产指产业现状、拥有的资源条件，主要取决于一国的资源条件或产业发展的有利条件；过程指产业素质变化及产业结构变动，主要取决于企业的策略行为和政府的支持力度。

(4) 中国社会科学院张金昌 (2002) 设计了用进出口数据评价产业国际竞争力的指标体系。该指标体系由三组指标构成：一是反映市场占有率的指标，主要有市场渗透率指数、出口贡献率指标和出口增长优势指数；二是反映净出口（贸易盈余）的指标，主要有贸易竞争力指数、相对竞争力指数和贸易分工指数；三是反映出口所占比例的指标，主要有显示性比较优势指数、显示性竞争优势指数和净出口显示性比较优势指数。这些指标可以单独使用，也可以结合起来使用，但在使用中需要注意指标本身的局限性。从以上对有关国际竞争力评价指标体系的综述来看，主要是针对产业进行竞争力分析。产品的国际竞争力在某种程度上可以借鉴产业国际竞争力的分析范式。在对产品国际竞争力进行评价时，可以采用逆向思维方法，从产业国际竞争力的最终表现形式入手，分析其中的影响因素，进而探讨影响这些因素的更深层次的因素，同时注重各种因素之间的关联性和相互作用对最终产品国际竞争力的影响，通过层层深入的分析方法打开产品国际竞争力的“黑箱”，最终揭示其内部机理及内外因素之间的相互关系。

2.2.2　产品国际竞争力影响因素

1. 产品国际竞争力决定因素的判断原则

从现有的大量实证研究结果来看，在判断竞争力的决定因素时应遵循的基本原则有：

(1) 内外因共同决定，以内因为主。从总体上看，竞争力的决定因素无非来自于外部环境和内部条件两个方面。按照马克思主义唯物辩证法关于内因外因关系的原理，内因决定着事物的本质，外因是事物发展变化的条件，外因通过内因起作用。所以，在识别和分析产品竞争力的决定因素时，应当把影响竞争力的内部因素作为基本准则，内因是决定竞争力的主要自变量，外因只是次要的或辅助性的自变量，以此来真正揭示产品竞争力的主要来源。

(2) 产品竞争力由“资产”与“过程”共同决定。根据前文中提到的世界经济论坛和瑞士洛桑国际管理学院总结的关于竞争力决定因素的一般规律，可以得出：竞争力＝竞争力资产×竞争力过程。

这里，所谓的“资产”是指固有的（如自然资源）或创造的（如基础设施）条件；所谓的“过程”是指将资产转化为经济结果（如通过制造），然后通过国际化（在国际市场测量的结果）所产生出来的竞争力。按照这一定义，“资产”是产生和提升竞争力的必要基础，“过程”是一种将资产转换为竞争能力的动力。

2. 决定产品国际竞争力的主要因素

根据上述基本原则，我们可以把影响产品竞争力的决定因素划分为基础因素、核心因素和环境因素，这三者之间存在一定的关联性。

（1）基础因素。基础因素是指影响产品竞争力的基本要素，主要包括自然资源、资金丰裕程度、劳动力资源及基础设施等其他因素。一个国家或地区在自然条件上有一定的得天独厚的资源禀赋优势是产品竞争力的重要来源。资源禀赋是基础条件，为产品生产提供了原材料，也是产业及产品竞争力形成的基本条件。根据产业竞争力理论，一国产业竞争力的提升有赖于其比较优势的发挥。某产业所占有的自然资源的稀缺性，决定着该产业的产品在国际竞争中享有天然的比较优势地位，其他竞争对手无法与之竞争。资金丰裕程度决定着产品所在产业的投资能力，也相应地影响着其生产规模的扩大，竞争力的形成离不开相应的资金供应。劳动力资源对劳动密集型产业的产品竞争力有很大的影响。

（2）核心因素。核心因素是指在产品竞争力形成中起关键作用的那些因素，主要包括技术创新、产业组织结构等。

20 世纪 80 年代以来形成的新经济增长理论认为，技术创新是经济增长的主要因素。技术创新有利于提高生产率，降低成本，有利于实现产品差异化战略，提高产品竞争力。在经济全球化和知识经济的背景下，技术创新对产业竞争力的形式和提升具有更为突出的作用，所以技术创新在产品的竞争力中扮演着关键角色。

此外，产业组织结构也影响着产品竞争力的形成。产品竞争力虽然不完全取决于生产规模，但没有一定规模的产业在国际上是很难形成竞争力的。这种规模效应一方面有助于扩大市场覆盖面，降低销售成本；另一方面，能使该产业有足够的力量进行技术开发，推动产品的更新换代和技术升级。

（3）环境因素。环境因素是指来自外部的、对产品竞争力的形成和提升具有较强作用的因素，主要有市场竞争环境、政府作用及制度环境等。在外部环境中，研究者主要探讨了市场环境的作用。

经济学理论与现实实践反复证明了一条规律，即没有竞争就没有竞争力。竞争能促进产业生产效率的提高，促进企业进行技术创新及资源的有效、合理配置等。在竞争市场中，产品国际竞争力通常表现为国际市场上占有率的提高，或者替代进口能力的提升。而扩大出口或替代进口，在世界自由贸易的背景下只能通过市场机制引导本国产业结构依据比较优势进行调整，即以比较优势为基础来提高产品的国际竞争力。

（4）基础因素、核心因素和环境因素三者的关系。根据以上分析，产品竞争力的决定因素主要由基础因素、核心因素和环境因素组成，基础因素和核心因素对产业竞争力的作用具有直接性，也可把它们称为直接因素。在直接因素中，核心因素起主导作用，基础因素起辅助作用。环境因素是间接因素，间接因素通过直接因素作用于产业竞争力，它们之间的关系可描绘成如图 2-1 所示。

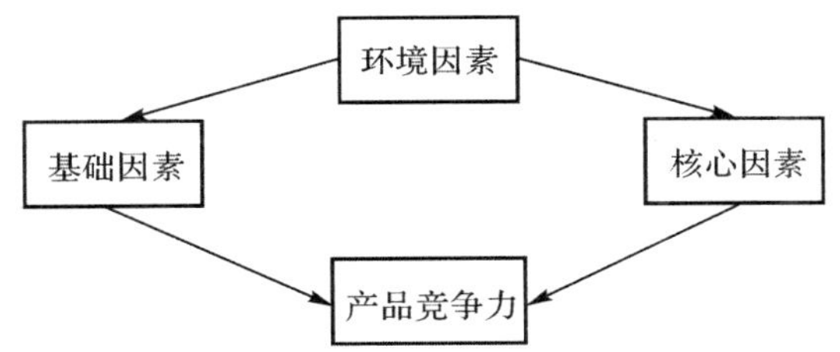

图 2-1 基础因素、核心因素、环境因素和产品竞争之间的关系

2.2.3 产品国际竞争力评价体系

评价产品国际竞争力的方法有很多，可以从不同的角度进行评价，如加权综合法、投入产出分析法、基于因素筛选的综合评价法、人均 GDP 评价法、产业产出购买力评价法、贸易竞争指数以及 WEF 评价法等。通常，利用进出口数据评价一国产品国际竞争力较有说服力。

1. 进出口与国际竞争力的关系

产业的竞争力最终要表现在产品的贸易绩效上，而且进出口是反映一国产品国际竞争力的非常重要的指标，因此对贸易绩效的分析可以反映产品竞争力的程度。出口不仅可以带来外汇收入，提高本国居民的支出能力，还能提升本国居民的就业水平和生产能力，从而形成新的国际竞争优势。一些学者从国际贸易的角度出发，将国际竞争力定义为出口份额及其增长。此外，由国民经济学宏观均衡模型可以得出，一国收入按照支出法计算，是由居民消费、投资、政府消费和进出口余额组成的。国内总收支可以由进出口表示，进出口余额等于国内收入与国内支出之差。又因为国际竞争力的高低可以通过国际贸易差额和收入来反映，所以国际竞争力可以由收入和进出口差额来反映。同时，许多学者通过经验数据分析也证明，在 GDP 或人均 GDP（生活水平）增长与出口份额增长之间存在着很强的正相关性。也就是说，进出口和国际竞争力的评价指标之间存在着密切的关系。

2. 产品国际竞争力评价体系的构建

因为竞争力的研究有多个层次，但产业的国际竞争力是通过企业来实现的，而企业竞争最终是通过产品的市场竞争来实现的，所以通过产品在国际市场上的贸易表现，便可以看出一国相关行业的综合实力。但我们研究产品国际竞争力的目的不仅仅是客观描述特定产业的产品的国际市场实际竞争结果，而且要发现决定或影响对象国特定产业的国际竞争力的各种因素，即寻找决定产品国际市场竞争力实际结果及未来趋势的原因。为了更好地分析产品的国际竞争力，有必要首先界定产品国际竞争力的分析范式。我们在分析现有的产业国际竞争力的范式，如波特的钻石分析模型等的基础上，借鉴已有的因素分析框架，从生产要素方面来考虑影响产品国际竞争力的因素，主要包括资源禀赋、技术、规模优势等。根据以上研究，从以下几个方面来构建产品国际竞争力的研究模型，如图 2-2 所示。

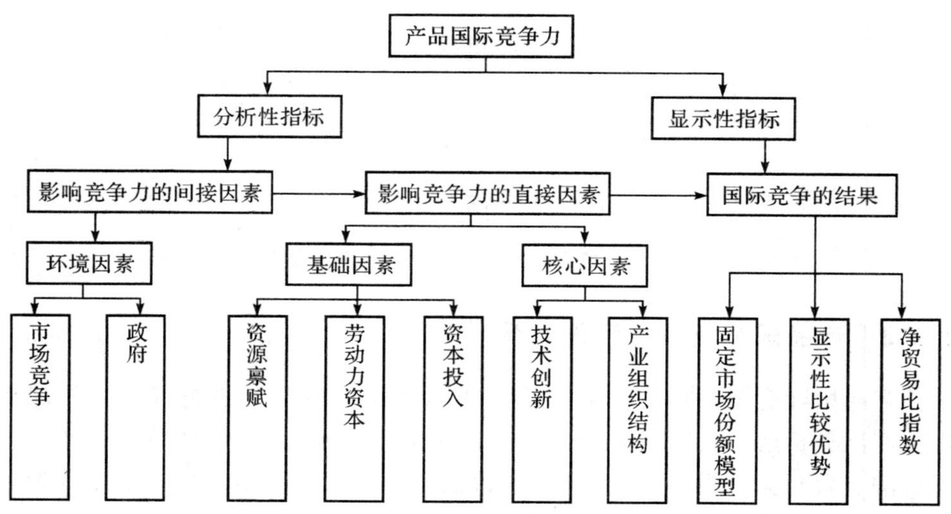

图 2-2 显示性指标与分析性指标及其关系

（1）显示性指标。显示性指标主要从竞争力差距的表现入手，是竞争结果直接表现出来的，表现为产品国际竞争力在国际市场上的实现程度。

（2）分析性指标。分析性指标是通过竞争力决定因素方面的差异表现出来的，属于原因导向性指标，它解释了具有国际竞争力的原因。这类指标或反映了决定产品在国际市场上的竞争结果的变量因素，或解释了为什么各国产品在国际市场上会有不同的竞争力。但在对两类指标分析时，都应分别包含比较优势和绝对优势两种性质的指标（郑丹青、赵克，2010）。

2.3 主要产品国际竞争力指标及其局限性

在描述一个国家或地区的产品的国际竞争力时，人们往往会通过产品的国际竞争力指标来加以论证与说明，这些指标常见的有显示性比较优势指数（Revealed Comparative Advantage Index，RCA）、贸易竞争力指数（Normalized Trade Balance，NTB；也称贸易特化指数、贸易专业化系数）、国际市场占有率（International Market Share，IMS）和出口业绩相对指数（Index of Relative Export Performance，IREP）等。关于产品国际竞争力的评价指标在学术界有不同的观点，使用较多的是显示性比较优势指数和贸易竞争力指数（许继琴、金贤锋，2006）。然而，使用这些指标数据来直接反映产品的国际竞争力时存在一定的不足，这些不足有时会导致根据指标数据得出的结论与事实产生较大的背离，甚至不能真实地反映产品本身的实际国际竞争力，因此，王小顺（2010）认为，在应用产品竞争力指标进行数量分析时，应注意其局限性和正确运用问题。

2.3.1 显示性比较优势指数

显示性比较优势指数（RCA）是巴拉萨（Balassa）于1965年提出的，常被用来分析一国某类产品对世界各国或目标市场的比较优势。其中，用于分析一国某类产品在世界市场中的比较优势的RCA定义为：j国出口的i商品的显示性比较优势由i商品占j国总出口的比重相对于世界出口的i商品在世界总出口中的比重来衡量。显示性比较优势指数的计算公式为：

$$RCA_{ij} = (X_{ij}/X_{tj}) / (X_{iw}/X_{tw}) \tag{2-1}$$

式中：

RCA_{ij}表示j国i产品的显示性比较优势指数；X_{ij}表示j国i产品的出口值；X_{tj}表示j国全部产品的出口值；X_{iw}表示世界上i产品的出口总值；X_{tw}表示世界所有产品的出口总值；$i=1, 2, \cdots, n$表示不同的产品；$j=1, 2, \cdots, m$表示不同的国家。

一般认为，如果显示性比较优势指数大于1，说明j国i商品出口额在本国出口总额中所占的比重超过全世界i商品出口额占世界总出口额的比重，显示出j国在i产品上拥有较强的出口竞争优势，表明该国在i产品的生产上具有显示比较优势。显示性比较优势指数的数值越大，表明比较优势越明显。

如果显示性比较优势指数小于1，说明j国i商品出口额在本国出口总额中所占的比重低于全世界i商品出口额占世界总出口额的比重，即低于世界的平均比重，显示出j国在i产品上不拥有出口竞争优势，表明该国在i产品的生产上具有显示比较劣势。显示性比较优势指数的数值越小，表明比较劣势越明显。

显示性比较优势指数的数值为0，表明j国在i产品上没有出口。

利用显示性比较优势指数来间接反映各国生产领域的比较优势基于两个假设：其一，生产的比较优势决定出口的结构，即商品的贸易模式能够反映相对成本的不同；其二，人们对各类商品的消费偏好相同。然而，在现实世界中，j国产品的出口规模和结构往往受产业与贸易政策的影响，有些产品的生产与出口实行鼓励政策，有些产品的出口则实行限制或禁止政策，当这些政策与世界各国的政策不一致时，必然会使显示性比较优势指数的数值偏高或偏低，从而高估鼓励出口的产品的竞争能力，低估限制与禁止出口的产品的竞争能力。此外，由于显示性比较优势指数的计算只考虑产品的出口竞争能力，而没有考虑对进口同类产品的竞争能力，所以不能完整反映j国在i产品上的国际竞争力；同时，该指标也不能从整体上反映该国全部产品整体上的出口竞争力。

2.3.2 贸易竞争力指数

RCA是从一国产品的出口角度来考察出口产品的比较优势的，要反映出口产品的竞争力还需要从净出口的角度进行考察。巴伦斯（Balance）于1988年提出的贸易竞争力指数（NTB）不但考虑到了出口，而且考虑到了一国进口对出口的影响，是又一个应用广泛的衡量出口商品竞争力的指数。在国外，大多数学者将其称为可比净出口指数，其计算方法是：将对象产品的净出口额除以进出口贸易总额。

$$NTB=(X_{ij}-M_{ij})/(X_{ij}+M_{ij}) \tag{2-2}$$

式中：

NTB 表示贸易竞争力指数；X_{ij} 表示 j 国在 i 产品上的出口额；M_{ij} 表示 j 国在 i 产品上的进口额。

一般认为，如果贸易竞争力指数大于0，则表示该国是 i 产品的净出口国，该国 i 产品的生产率高于世界总体水平，具有贸易竞争优势。其数值越大，则优势越大。

如果贸易竞争力指数小于0，则表示该国是 i 产品的净进口国，该国 i 产品的生产率低于世界总体水平，不具有贸易竞争优势。其数值越小，则劣势越大。

如果贸易竞争力指数等于1，则表示该国 i 产品只出口、不进口，实行完全的出口专业化，即该国在 i 产品生产与出口上具有很强的竞争能力；如果贸易竞争力指数等于−1，则表示该国 i 产品只进口、不出口，实行完全的进口专业化，该国在 i 产品生产与出口上不具有竞争能力；贸易竞争力指数从0趋向1，说明竞争优势日益明显，竞争力不断增强；贸易竞争力指数从0趋向−1，说明贸易竞争劣势在增强，贸易竞争力不断下降。

贸易竞争力指数的计算不仅考虑到了该国 i 产品的出口竞争能力，也考虑到了进口竞争能力，且不受计量单位与价格变动的影响。但该指标与RCA一样，j 国 i 产品NTB值的大小也受该国在 i 产品上实行的贸易政策的影响。如果出口采取出口鼓励政策，进口采取进口限制甚至禁止政策，则会高估 i 产品的实际国际竞争能力，甚至不能真实反映 i 产品的国际竞争能力；如果该国采取相反的贸易政策，则会低估 i 产品的国际竞争能力。同时，由于各国对同一产品的消费偏好不同，也会使该指标反映的 i 产品的国际竞争力与实际的国际竞争力发生偏离。

2.3.3 国际市场占有率

国际市场占有率又称为出口市场占有率（Export Market Share）。j 国 i 产品的国际市场占有率用该国 i 产品在一定时期内的出口额占世界各国 i 产品的同期出口总额的比重来表示。Smirlock（1985），Salvacruz（1996），黄伟、张阿玲、张晓华（2005）等，对此作过相关研究。用公式表示为：

$$IMS_{ij}=X_{ij}/X_{iw} \tag{2-3}$$

式中：

IMS_{ij} 表示 j 国 i 产品的国际市场占有率；X_{ij} 表示 j 国 i 产品在一定时期的出口额；X_{iw} 表示世界各国同一时期内在 i 产品上的出口总额；$i=1,2,\cdots,n$，表示不同的产品；$j=1,2,\cdots,m$，表示不同的国家。

在用国际市场占有率来反映产品的出口竞争能力时，需要对同一国家不同时间的国际市场占有率进行纵向对比，才能反映该国 i 产品竞争力的变化。也就是说，用计算期 i 产品的国际市场占有率减去前期 i 产品的国际市场占有率，如为负数，则表示计算期相对于前期来说，该国 i 产品的国际竞争力下降了；如为正数，则表示该国 i

产品的国际竞争力在计算期相对于前期来说，竞争力上升了。也可将该国 i 产品的国际市场占有率与同期他国 i 产品的国际市场占有率作横向对比，如大于他国，则表示该国 i 产品的国际竞争力相对于他国 i 产品有较强的竞争力；反之，则表示竞争力较弱。

一般来说，在用该指标描述某产品的国际竞争力时，首先必须进行横向或纵向的比较；其次，该指标数值的大小同样与各国对 i 产品实行的出口贸易政策直接有关；再次，该指标数值的大小与国家的大小有关；最后，该指标只是间接反映产品的出口竞争能力，并没有考虑到进口竞争能力。

2.3.4 出口业绩相对指数

国内研究者王小顺（2010）等将出口业绩相对指数定义为，j 国 i 产品的出口额占 i 产品世界总出口额的比重与 j 国总出口额占世界总出口额的比重之比。用公式表示为：

$$IREP_{ij} = (X_{ij}/X_{iw}) / (X_{tj}/X_{tw}) \tag{2-4}$$

式中：

$IREP_{ij}$ 表示 j 国 i 产品的出口业绩相对指数；X_{ij} 表示 j 国 i 产品的出口值；X_{tj} 表示 j 国全部产品的出口值；X_{iw} 表示世界上 i 产品的出口总值；X_{tw} 表示世界所有产品的出口总值；$i=1, 2, \cdots, n$，表示不同的产品；$j=1, 2, \cdots, m$，表示不同的国家。

从上式中可以看出，j 国 i 产品的出口业绩相对指数是 j 国在一定时期内的 i 产品的出口额占世界同期该产品出口总额的比重与 j 国全部产品出口总额占同期世界全部产品出口总额比重之比。该指标与显示性比较优势指数只是计算形式上的区别，同一资料计算出的结果相同，其所说明的问题与存在的缺陷与显示性比较优势指数也相同。

其他用于反映产品竞争力的指标也多少存在与上述指标相类似的不足，在此不一一说明。

通过上述分析可以看出，目前常用的反映产品国际竞争力的指标，在反映产品本身的实际竞争力时，实际上假定了各国实行自由贸易，各国对同一产品的消费偏好相同，以及一国产品进出口结构取决于产品的成本比较优势。这显然与现实存在差异，这种差异甚至是很大的，差异越大，通过贸易国际竞争力指标反映的情况与产品本身实际竞争力优势的差异也就越大，甚至于不能完全说明实际情况。因此，在运用这些指标时应考虑到贸易政策的影响程度，同时应将指标分析与分组分析结合运用，使静态分析、动态分析与综合分析相结合。此外，为了反映一国本土企业的产品竞争能力，可以对显示性比较优势指数（RCA）、贸易竞争力指数（NTB）、国际市场占有率（IMS）和出口业绩相对指数（IREP）等的计算公式进行一些修正，以便使分析能较为客观、真实地评价一个国家或地区的产品的国际竞争力。

2.4 中国产品的国际竞争力和竞争方式

产品的国际竞争力和竞争方式是一国经济竞争力和经济增长方式在国际市场上的直接体现。中国产品的国际竞争力和竞争方式一直是国际经贸领域研究中的一个重点和热点话题。早期学术研究主要采用 Balassa（1965）的显示性比较优势指数来测度一国出口产品的国际竞争力，但该指标无法反映产品的国际竞争方式。近年来，国内外对产品国际竞争力的研究更加关注产品究竟以何种方式参与国际市场竞争。概括而言，大致有以下三大类研究。

2.4.1 从产品技术含量视角来考察产品的国际竞争力和竞争方式

Lall 等（2006）提出以产品技术复杂程度来度量产品背后的技术含量。他将产品技术复杂程度定义为出口这种产品的所有国家的人均收入的加权平均，权重为各国该产品出口占世界总出口的份额。这一方法经过不同的学者（Rodrik，2006；Hausmann 等，2007；樊纲等，2006；杨汝岱、姚洋，2008；杜修立、王国维，2007）加以修正完善后，成为测算各国产品国际竞争力和竞争方式的重要方法。这一方法的优点是能间接反映产品国际竞争背后的技术含量，但由于每年各种产品的出口国往往是变动的，因此导致了各种产品的技术含量每年会出现动态变化。即使一国产品的技术含量不变甚至提升了，由于更多的低收入出口国出口该产品，也可能使该国产品的技术含量出现下降 。

2.4.2 从产品内分工视角来考察产品的国际竞争力和竞争方式

随着国际分工的深化，国际分工出现了从产业间分工到产业内分工，再到产品内分工的发展过程。一国产品在产业价值链中所处的环节及所获得的附加值成为反映一国产品国际竞争力和竞争方式的重要内容。唐海燕、张会清（2009）以发展中国家与发达国家出口结构相似度指标来间接反映该国与全球价值链高端环节的相对距离。还有不少学者借助投入—产出表来推测中国产品的国内技术含量或国内增值率（姚洋、张晔，2006；张小蒂、孙景蔚，2006；Koopman 等，2008）。由于不同产品的价值链属性存在差异，准确度量一国产品所处的价值链位置非常困难，现有文献对产品在价值链提升的研究还停留在理论假说和个案分析层面。此外，由于投入—产出表通常每隔 5 年才统计一次，周期较长使测算结果可靠性下降，且各国的投入—产出表不易获得，横向比较也较难操作。

2.4.3 从产品贸易微观结构视角来分析产品的国际竞争力和竞争方式

这一方法以异质性贸易理论为基础，通过将产品出口分解为广度边际和深度边际，以反映产品贸易增长的不同微观路径。例如，Hummels 和 Klneow（2005）将产品深度进一步分解为产品价格和数量，把二元边际扩展为三元边际。这种方法的优点是通过对产品贸易增长进行结构性的分解，有助于分析一国产品贸易增长的微观来源。

上述三类对产品的国际竞争力和竞争方式的研究虽然视角各异，但几乎都对产品自身的潜在竞争力进行了研究，而忽视了产品国际竞争力实际上是对同一市场同类产品相互竞争这一事实的考察。一国的产品竞争路径和升级选择往往是多种因素共同作用的结果，单纯从产品自身而忽视来自市场的影响来考察产品的国际竞争问题显然不够全面。现实中产品是否有竞争力，主要取决于消费者的产品认知价值，即通常俗称的"性价比"。从消费心理学角度来说，消费者受各种因素影响而产生对产品内在价值的心理评判，并做出是否购买产品的决定。市场占有率是同类产品竞争结果的最直接体现。显然，产品市场占有率高，表明该产品在同类产品中拥有更高的消费者认知价值。由此，可定义高市场占有率产品为高度认知价值产品；中等市场占有率产品为中度认知价值产品；低市场占有率产品为低度认知价值产品。显然，产品认知价值与产品价格高低无关，不同层次的产品都存在产品的认知价值。陈丽丽（2013）通过将产品价格和产品的市场占有率相结合，来综合反映产品的现实国际竞争力和竞争路径演变。

2.5 中非经贸合作及其政策的国际比较

2.5.1 工业制成品出口和矿业初级产品进口

"入世"以来，中国对外贸易的快速增长，尤其是部分工业制成品出口和矿业初级产品进口的猛增，已引起了国外研究机构、媒体或相关人士的关注。一些机构或相关人士认为中国已经不是一个发展中国家，中国的出口产品已经对国外同类产品构成很大的威胁。中国目前的产业国际竞争力、出口产品的比较优势、哪些产业已强大到足以与发达国家同类产业匹敌或处于优势地位的程度等，都亟待借助产业国际竞争力等理论进行分析（林珏，2006）。

分析非洲与中国的贸易产品结构，可见非洲从中国进口的产品主要是工业制成品，非洲出口至中国的产品则主要为初级产品（朴英姬，2003）。

然而，中国出口产品在劳动密集型领域具有一定的国际竞争力；在资本技术密集型领域，出口产品的国际竞争力水平起步却比较低，但是近年来发展得很快；出口价格总体上呈现出不断下降的趋势，反映出贸易条件需要改善（汪素芹，2005）。

2.5.2 中非经贸合作进入快速发展轨道

中国与非洲国家之间的经济互补性较强，中非贸易取得了长足进展，最近几年中国对外贸易发展地理分布的突出特点就是，对新兴市场贸易增长遥遥领先于对发达国家贸易增长。在新兴市场中，又以对非洲贸易增长最快，明显超过同期中国对外贸易总额增长幅度，中国与非洲的经贸合作也向贸易之外的投资、工程外包等其他形式扩展。在未来很长时间内，中国将继续同非洲国家发展平等互信、合作共赢、密切交流的新型战略伙伴关系，推动中非贸易合作进一步深化（宫云平，2008）。

但是，尽管中非贸易经过半个世纪的发展，近年来以40%左右的增速呈现快速上升的态势，中国与非洲的贸易占各自对外贸易总额比重较低、中国与非洲国家和地区的贸易水平不均衡、进出口结构单一等问题也不容忽视（王爱虎、李燕，2012）。

国际金融危机对世界政治、经济格局带来了严重冲击，世界呈现出经济大动荡、体系大变革、格局大调整的发展趋势。国际形势的变化不可避免地对非洲大陆产生了影响，从而迫使非洲加快一体化进程，推动非洲国家之间开展经济合作，以促进非洲国家的经济发展。这些特点也是非洲国家追求联合自强、自主发展的成果。中国应抓住机遇，继续加强和深化中非相互之间的全面合作（舒运国，2010）。

2.5.3　中非关系及中国与其他地区关系的内涵与外延

从历史和现实的角度看，中非关系和中美关系、欧非关系的内涵与外延具有不同特点。

中非交往历史悠久，历史上一直以和平方式在平等的基础上开展交流，尽管这种交流缺乏持久性和经常性；近代以后，欧洲与非洲建立了十分紧密的关系，但这种关系建立在暴力的基础上，而且是一种不平等关系，因此双方之间存在许多矛盾和斗争。进入现代以来，发展中国家的共同属性把中非关系推上了新台阶，在双方共同努力下，新型战略伙伴关系的建立将使中非关系不断向前发展。欧洲有关国家在战后虽然失去了宗主国地位，但是仍对非洲保持着很大的影响，由于欧洲的传统思维依旧存在，欧非之间建立真正的平等关系还需时日。中非关系与欧非关系都是重要的国际关系，寻找和扩大共同点，加强合作，是中国、欧洲、非洲处理彼此关系的大势所趋（舒运国，2008）。

中美两国是发展中国家和发达国家中最活跃的经济体，随着2001年年底中国加入WTO，两国经贸关系在广度和深度上都获得了长足发展。与此同时，中美之间的贸易摩擦也日益加剧，逐渐成为双边经贸关系进一步发展的重要障碍。可以预见，随着中美之间货物和服务贸易市场的进一步开放及产业结构的调整升级，中美贸易摩擦可能还会进一步扩大，并呈现出不断加剧的发展趋势（崔日明、李兵，2011）。针对中美外贸竞争力的研究主要有《中美外贸竞争力实证分析——基于显示性比较优势指数和产业内贸易指数的比较分析》（吕婕、林芸，2010）等。

2.5.4　中、美、欧对非政策比较

冷战结束后，尤其是“9·11”事件后，发展与安全之间的相互依赖日益深化，发展政策的安全化与安全政策的发展化趋势日益明显，西方学者就此提出了“发展—安全关联”概念。出于对中非关系快速发展的复杂反应，以美欧为代表的西方国家开

始利用“发展—安全关联”政策对中国施压，要求与中国就非洲问题展开合作。与此同时，中非关系的快速发展也使得从“发展—安全关联”视角思考中、美、欧对非政策的潜在冲突和协作空间成为一种必要。中国更强调发展与安全并行的对非政策，而欧盟的对非政策正处于从以发展政策为主导向以安全政策为主导的过渡时期，美国则强化了其以安全政策为主导的对非政策。不同的政策方法可能导致中、美、欧未来在非政策上出现更多的冲突，但同时也潜含着更大的协作空间，继而为中非关系和中、美、欧关系提供了新的增长点（张春，2009）。

随着全球经济一体化进程不断向前发展，国家间相互依存的程度进一步加深，国家安全的概念和性质发生了质的变化，安全观也正在改变，单一的国家安全观正在被综合的安全观所取代。

3 非洲目标市场概况

本章主要研究目标市场非洲的经济、贸易、贸易伙伴、总体市场走势及主要的商品贸易特点，为后面的章节作铺垫，内容则以对国际权威机构和国家权威部门统计数据的回顾为主，以数据篇幅为主，以文字篇幅为辅，来体现互联网催生的大数据时代特征。

众所周知，西方殖民主义统治给非洲大陆刻下了深深的负面烙印。但是，第二次世界大战以来，伴随着国际分工形式由垂直型向水平型过渡，以及殖民统治力量的日渐削弱，非洲国家不断地联合自强、自主发展，取得了丰硕的成果。

3.1 非洲目标市场经济指标

这里，我们先来回顾一下国际分工各个阶段的主要特点。

在国际分工的萌芽阶段（16 世纪至 18 世纪中叶），出现了宗主国和殖民地国家之间的最初国际分工形式。

在国际分工的形成阶段（18 世纪 60 年代至 19 世纪 60 年代），分工进一步深化、宗主国和殖民地之间的分工进一步加强。宗主国成为工业国，广大亚非拉殖民地成为农业国和原料供应国。

在国际分工的发展阶段（19 世纪中叶至第二次世界大战），一方面，宗主国与殖民地之间垂直型国际分工①继续向纵深发展，分工中心由英国变为一组国家。工业生产集中在占世界人口少数的欧洲、北美和日本；粮食和原料的生产集中在占世界人口大多数的亚洲、非洲、拉丁美洲国家；使得亚、非、拉国家变为畸形的单一经济国家，少数几种初级产品对发达国家市场存在高度依赖。另一方面，在工业国之间形成了水平型的国际分工②。

在国际分工的深化阶段（二战后），国际分工格局发生了很大变化。国际间工业

---

① 所谓的垂直型国际分工，主要是指发达国家进口原材料、出口工业制成品，发展中国家进口工业制成品、出口原材料的国际分工。

② 所谓的水平型国际分工，主要是指各国在工业生产之间的专业化协作。

部门内部分工逐步增强；区域性经济集团内部分工加强；国际分工从有形商品领域向无形商品领域发展；知识经济成为新型国际分工的重要基础。其特点是：(1) 国际分工格局发生变化，以自然资源为基础的国际分工发展为以现代工艺、技术为基础的分工，工业国与工业国之间的分工处于主导地位，工业国与农业国、矿业国之间的分工逐步削弱；(2) 国际分工形式由垂直型向水平型过渡；(3) 国际分工机制发生变化，宗主国对亚、非、拉国家的殖民统治力量削弱，跨国公司的作用加强，出现有组织的协议式国际分工，区域性经贸集团成员国之间的分工关系加强。

3.1.1 非洲国内生产总值、国民收入

近年来，尽管非洲地区存在利比亚战争等因素和南非经济发展放缓等情况，但是，2013 年非洲地区的国内生产总值仍然实现了 3.9%的增长率。表 3-1、表 3-2 反映了非洲各国经济发展水平，主要体现为国内生产总值和人均国民收入。

2011 年，非洲国内生产总值居前 15 位的国家和地区依次是：尼日利亚（41354154 万美元）、南非（40180222 万美元）、埃及（23600074 万美元）、阿尔及利亚（19907086 万美元）、安哥拉（10411586 万美元）、摩洛哥（9921134 万美元）、苏丹（6399713 万美元）、突尼斯（4643462 万美元）、加纳（3956497 万美元）、肯尼亚（3362068 万美元）、埃塞俄比亚（2992124 万美元）、喀麦隆（2548692 万美元）、科特迪瓦（2407381 万美元）、坦桑尼亚（2387417 万美元）、赞比亚（1920404 万美元）。

2012 年，非洲国内生产总值居前 15 位的国家和地区依次是：尼日利亚（45961593 万美元）、南非（38431267 万美元）、埃及（26283191 万美元）、阿尔及利亚（20578880 万美元）、安哥拉（11414703 万美元）、摩洛哥（9598157 万美元）、苏丹（5876880 万美元）、突尼斯（4566204 万美元）、埃塞俄比亚（4171784 万美元）、加纳（4071078 万美元）、肯尼亚（4069716 万美元）、坦桑尼亚（2824243 万美元）、喀麦隆（2532159 万美元）、科特迪瓦（2468037 万美元）、赞比亚（2059028 万美元）。

表 3-1 全面反映了 2001—2012 年非洲国家和地区国内生产总值情况。

2011 年，非洲人均国民收入居前 15 位的国家和地区依次是：赤道几内亚（11670 美元）、塞舌尔（11340 美元）、加蓬（8840 美元）、毛里求斯（8140 美元）、博茨瓦那（6940 美元）、南非（6820 美元）、纳米比亚（5010 美元）、阿尔及利亚（4450 美元）、突尼斯（4020 美元）、安哥拉（3970 美元）、佛得角（3640 美元）、摩洛哥（2960 美元）、斯威士兰（2830 美元）、埃及（2720 美元）、刚果（布）（2200 美元）。

2012 年，非洲人均国民收入居前 15 位的国家和地区依次是：赤道几内亚（13560 美元）、塞舌尔（12180 美元）、加蓬（10040 美元）、毛里求斯（8570 美元）、博茨瓦那（7650 美元）、南非（7460 美元）、纳米比亚（5610 美元）、阿尔及利亚（5020 美元）、安哥拉（4580 美元）、突尼斯（4150 美元）、佛得角（3830 美元）、埃及（2980 美元）、摩洛哥（2960 美元）、斯威士兰（2860 美元）、刚果（布）（2550 美元）。

表 3-1　2001—2012 年非洲国家和地区国内生产总值

（单位：万美元）

年份 国家或地区	2001	2002	2003	2004	2005	2006	2007	2008	2009	2010	2011	2012
阿尔及利亚	5474472	5676029	6786383	8532500	10319865	11702666	13497787	17100016	13721180	16120730	19907086	20578880
安哥拉	893608	1249735	1418895	1964086	2823370	4178949	6044889	8417809	7549242	8247089	10411586	11414703
贝宁	249927	280766	355723	405087	435802	470509	550628	663356	658513	655842	729490	755729
博茨瓦那	548965	543886	751154	895749	993122	1012699	1093903	1111304	1010684	1374671	1529242	1450434
布隆迪	87679	82539	78465	91526	111725	127318	135608	161163	173978	202686	235565	247238
喀麦隆	963311	1087978	1362181	1577536	1658792	1795310	2043178	2373554	2216501	2249330	2548692	2532159
加那利群岛												
佛得角	62414	67934	89138	102256	109045	123688	151393	178933	171182	166431	186482	182702
中非	93183	99139	113975	127008	135030	147372	169813	198537	198173	198601	221270	218418
塞卜泰(休达)												
乍得	170935	198762	273667	441493	664666	742210	863871	1035193	925348	1065771	1215638	1288707
科摩罗	22012	25116	32447	36242	38704	40318	46495	53013	53520	54338	61037	59590
刚果(布)	279426	301999	349587	464863	608700	773126	839469	1185902	959354	1200788	1442561	1367793
吉布提	57242	59112	62204	66607	70863	76887	84792	98250	104910	112860	123910	
埃及	9763201	8785068	8292368	7884519	8968572	10748403	13047782	16281818	18898409	21888781	23600074	26283191
赤道几内亚	173612	214676	295236	524084	821737	960318	1257494	1547089	1035629	1226142	1680689	1769739
埃塞俄比亚	808050	770703	846574	994557	1217392	1500080	1897561	2558666	2817008	2628874	2992124	4171784
加蓬	471285	493150	605488	717814	866574	954598	1157086	1568539	1203127	1450703	1875956	1837708
冈比亚	68741	57824	48704	57879	62417	65507	79887	96577	90063	95181	89828	90743
加纳	531487	616620	763272	888142	1073188	2041024	2475761	2852802	2597856	3217421	3956497	4071078
几内亚	283344	294964	344644	366635	293707	282135	413417	451582	460992	473596	506736	563162
几内亚比绍	38427	40667	46541	52265	57285	57852	69072	84289	83253	83539	96776	82232
科特迪瓦	1054529	1148666	1373748	1548109	1636344	1736730	1979571	2341425	2304163	2292078	2407381	2468037
肯尼亚	1298599	1314774	1490450	1609532	1873790	2250414	2723674	3046549	3058037	3219815	3362068	4069716
利比里亚	51500	53600	40900	46700	54200	60403	73903	85004	115515	129270	153775	173382

续表

国家或地区＼年份	2001	2002	2003	2004	2005	2006	2007	2008	2009	2010	2011	2012
利比亚	2842032	1984252	2406250	3338462	4400000	5648438	7180328	9316770	6236045			
马达加斯加	452958	439725	547403	436393	503858	551524	734291	939433	858956	883704	991178	997512
马拉维	171650	266516	242466	262513	275500	311679	364782	427677	503064	539862	562100	426379
马里	262974	334282	436244	487418	530532	612264	714539	873769	896448	942227	1067592	1038772
毛里塔尼亚	129554	132442	156307	183345	218444	304072	335676	379024	302702	367138	427323	419905
毛里求斯	453654	476730	560984	638569	628380	673154	779206	964108	883466	971833	1125056	1048604
摩洛哥	3772467	4041611	4982265	5694802	5952386	6563711	7522632	8888297	9090840	9077067	9921134	9598157
莫桑比克	407505	420133	466620	569799	657852	709591	803564	989100	967404	927445	1256844	1424372
纳米比亚	354680	336124	493129	660697	726130	797868	881161	882993	885920	1106591	1262310	1307228
尼日尔	194533	217048	273142	305290	340513	364673	429136	540336	539712	571859	641184	677319
尼日利亚	4413801	5911687	6765584	8784540	11224832	14542980	16645120	20806472	16948127	36635133	41354154	45961593
留尼汪												
卢旺达	167469	167745	184598	208919	258129	311119	373815	471174	525268	562451	635412	710300
圣多美和普林西比	7646	9071	9799	10676	11381	12418	14426	18346	19647	20104	24829	26340
塞内加尔	487760	533386	685895	803134	870702	935871	1128460	1338635	1281299	1293243	1444068	1404576
塞舌尔	61843	69808	70310	83932	91910	101642	103364	96721	84742	96997	107458	112875
塞拉利昂	107948	123900	137144	143121	162785	188743	215794	250438	245453	257547	293875	379603
索马里												
南非	11847899	11110086	16821933	21909294	24705156	26100704	28617183	27314175	28398555	36324073	40180222	38431267
西撒哈拉	33469030	35016420	43513660	53012840	62187870							
苏丹	1318287	1480342	1764627	2145789	2652499	3515925	4545646	5408239	5283999	6484993	6399713	5876880
坦桑尼亚	1038356	1080560	1165913	1282580	1414192	1433123	1682555	2071509	2136817	2291500	2387417	2824243
多哥	133233	147463	167369	193707	211515	220281	252346	315954	316300	317295	368578	381383
突尼斯	2206603	2314162	2745308	3118306	3228296	3437724	3884871	4473695	4360757	4437774	4643462	4566204
乌干达	584050	617856	633670	794036	901383	994260	1229281	1423903	1482449	1603100	1549332	2003224

续表

国家或地区 \ 年份	2001	2002	2003	2004	2005	2006	2007	2008	2009	2010	2011	2012
布基纳法索	281285	320559	420569	483855	546271	584467	675582	835071	834816	920929	1039576	1072630
刚果(金)	469182	554447	567013	651103	719114	882378	1001385	1167533	1120401	1313878	1570047	1720398
赞比亚	365382	371128	434184	543918	717856	1070220	1154142	1464079	1280503	1619020	1920404	2059028
津巴布韦	677738	634212	572759	580560	575522	544390	529195	441570	613324	743331	886543	980236
莱索托	70643	65680	96918	123420	136841	142884	159748	163067	171684	220384	252453	244757
梅利利亚												
斯威士兰	134933	122422	185402	242061	258408	294792	305382	301977	316132	369105	396908	374447
厄立特里亚	75237	72932	87025	110905	109843	121116	131797	138019	185670	211704	260774	309184
马约特岛												

资料来源:中华人民共和国国家统计局。

表注:留空格处为无统计数据可供查询,余表同。

表 3-2 全面反映了 2001—2012 年的非洲人均国民收入状况。

表 3-2 2001—2012 年非洲国家和地区人均国民收入

（单位：美元/人）

年份 国家或地区	2001	2002	2003	2004	2005	2006	2007	2008	2009	2010	2011	2012
阿尔及利亚	1640	1700	1890	2200	2660	3030	3510	4090	4170	4350	4450	5020
安哥拉	470	640	730	950	1270	1770	2560	3270	3800	3870	3970	4580
贝宁	360	350	400	470	530	560	600	670	710	710	720	750
博茨瓦那	3060	2760	3190	3740	4730	5250	5620	5710	5270	5840	6940	7650
布隆迪	120	120	110	120	130	150	160	180	190	200	220	240
喀麦隆	580	570	660	800	900	960	990	1100	1150	1130	1150	1170
加那利群岛												
佛得角	1460	1390	1610	2020	2330	2510	2990	3410	3570	3520	3640	3830
中非	260	260	260	310	340	370	400	440	480	490	500	510
塞卜泰（休达）												
乍得	150	70	180	320	480	660	730	820	840	920	900	970
科摩罗	410	410	470	560	650	670	690	740	800	810	830	840
刚果（布）	630	680	700	780	970	1210	1390	1850	1950	2210	2200	2550
吉布提	780	800	890	980	1030	1050	1100	1200	1270			
埃及	1500	1410	1340	1280	1290	1440	1630	1960	2270	2550	2720	2980
赤道几内亚	1640	2140	2170	3290	5250	6910	9750	9490	13020	9840	11670	13560
埃塞俄比亚	120	120	110	130	160	180	220	270	320	340	350	380
加蓬	3330	3420	3590	3980	5080	5420	6360	7510	7860	8270	8840	10040
冈比亚	600	480	420	430	410	420	460	530	570	580	510	510
加纳	300	280	320	390	470	610	820	1170	1200	1260	1420	1550
几内亚	340	330	320	360	340	300	310	340	390	400	410	440
几内亚比绍	240	290	300	340	390	400	440	510	540	540	570	510
科特迪瓦	620	600	660	800	900	940	990	1110	1200	1210	1140	1220
肯尼亚	400	390	410	460	520	570	650	730	780	800	810	860
利比里亚	140	150	80	90	120	140	160	190	240	270	330	370
利比亚		4810	4890	5120	6660	8710	10900	13260	12930			
马达加斯加	260	230	280	290	290	280	330	400	410	420	420	430
马拉维	140	160	190	220	220	220	250	290	320	310	340	320
马里	240	250	310	380	440	470	500	580	620	660	670	660
毛里塔尼亚	470	500	510	590	690	830	930	1060	1000	980	980	1110
毛里求斯	3890	3880	4220	4990	5360	5600	6120	6910	7260	7730	8140	8570
摩洛哥	1330	1310	1480	1760	1980	2150	2270	2570	2800	2830	2960	2960
莫桑比克	230	230	230	260	290	300	330	370	420	430	450	510
纳米比亚	1890	1890	2170	2760	3390	3880	4120	4280	4190	4370	5010	5610
尼日尔	170	170	190	220	250	270	280	330	340	370	370	390
尼日利亚	310	350	410	610	660	840	970	1160	1160	1460	1710	2490

续表

国家或地区 \ 年份	2001	2002	2003	2004	2005	2006	2007	2008	2009	2010	2011	2012
留尼汪												
卢旺达	210	210	200	220	260	300	350	420	470	510	560	600
圣多美和普林西比	320	330	630	710	740	800	850	970	1080	1140	1240	1310
塞内加尔	490	470	550	670	770	800	870	980	1030	1040	1030	1030
塞舌尔	7210	6840	7440	8810	10540	11920	12370	11260	10350	10270	11340	12180
塞拉利昂	160	220	300	300	310	330	370	420	440	450	480	580
索马里												
南非	2830	2610	2840	3600	4810	5420	5690	5750	5630	5990	6820	7460
西撒哈拉	479	469	512	605	746							
苏丹	340	360	410	470	570	710	880	1040	1120	1200	1380	1500
坦桑尼亚	310	310	330	360	380	390	410	450	500	530	540	570
多哥	270	260	290	330	370	390	410	400	450	460	470	500
突尼斯	2290	2210	2500	2930	3200	3370	3560	3890	4100	4150	4020	4150
乌干达	240	240	240	270	290	330	370	420	450	470	460	480
布基纳法索	240	240	290	340	410	440	450	510	550	600	620	670
刚果（金）	80	90	110	120	130	140	150	170	180	190	200	230
赞比亚	320	330	370	410	490	620	750	970	1060	1080	1180	1350
津巴布韦	510	470	410	430	430	420	400	320	380	470	590	650
莱索托	640	580	640	750	910	980	1020	1070	1090	1170	1250	1380
梅利利亚												
斯威士兰	1480	1260	1340	1710	2390	2560	2720	2770	2670	2650	2830	2860
厄立特里亚	180	180	170	200	230	240	240	230	270	310	390	450
马约特岛												

资料来源： 中华人民共和国国家统计局。

3.1.2 非洲国内生产总值产业比重分配

对外贸易依存度＝［进出口总额/国内生产总值（GDP）或国民生产总值（GNP)］×100%，本部分主要描述了非洲各大产业对外贸易依存度情况。

1. 非洲货物和服务贸易

二战后，随着国际贸易环境的变化，国际货物贸易得到空前发展。初级产品贸易相对下降，而工业制成品贸易不断提高。发达国家和地区，尤其是美国、欧盟和日本，仍是国际贸易的最主要力量。发展中国家在国际贸易中的地位总体上并没有提高，而且发展中国家的发展也很不平衡，亚洲（特别是东亚）在二战后贸易发展迅速，而非洲的贸易发展却相当缓慢。

服务与货物的最大区别在于服务基本上是无形的，较难以通过海关来统计。然而尽管如此，服务贸易仍然发展迅速，由于服务贸易建立在服务业的基础之上，相对于货物贸易来说，服务贸易更加集中在发达国家。欧、美、日等发达国家和地区是主要的服务贸易出口国或出口地，而非洲等发展中经济体大多是服务贸易的进口国。

2011 年，非洲货物和服务出口占国内生产总值比重 50%以上的居前 9 位的国家和地区依次是：刚果（布）（87.28%）、赤道几内亚（85.64%）、刚果（金）（70.02%）、斯威士兰（66.57%）、安哥拉（64.98%）、毛里塔尼亚（64.69%）、加蓬（58.29%）、津巴布韦（53.81%）、毛里求斯（53.43%）。

表 3-3 全面反映了 2001—2011 年非洲货物和服务出口占国内生产总值比重情况。

表 3-3　2001—2011 年非洲货物和服务出口占国内生产总值比重

（单位：%）

国家或地区 \ 年份	2001	2002	2003	2004	2005	2006	2007	2008	2009	2010	2011
阿尔及利亚	36.69	35.5	38.25	40.05	47.21	48.81	47.07	47.97	35.37	38.44	38.74
安哥拉	75.39	68.29	68.43	70.14	86.02	79.84	76.4	78.1	55.06	62.41	64.98
贝宁	22.35	22.22	20.98	20.03	21.57	18.48	19.54	19.78	15.78	15.11	14.98
博茨瓦那	48.66	52.16	48.83	49.61	52.92	52.25	53.69	52.73	37.06	35.77	44.35
布隆迪	5.18	4.69	6.38	6.95	8.2	7.28	7.26	9.49	6.8	8.92	9.35
喀麦隆	27.5	25	23.96	22.71	24.47	29.3	31.02	31.07	23.54	25.49	29.49
加那利群岛											
佛得角	26.89	29.75	28.64	28.93	33.67	40.43	31.54	32.1	27.01	28.91	31.47
中非	17.16	15.96	18.24	14	13.23	14.92	15.13	11.7	9.54	10.4	11.43
塞卜泰（休达）											
乍得	14.67	12.69	24.63	51.01	49.05	47.58	44.5	42.7	35.14	36.85	40.39
科摩罗	15.52	15.73	17.52	15.11	14.14	14.2	14.73	13.91	14.67	15.63	15.32
刚果（布）	77.42	81.52	80.81	80.53	84.16	84.16	78.53	75.15	70.42	85.12	87.28
吉布提	37.3	38.57	39.91	36.97	40.62	39.89	57.09				
埃及	17.48	18.32	21.8	28.23	30.34	29.95	30.25	33.04	24.96	21.35	20.57
赤道几内亚	101.35	99.62	96.85	90.13	87.42	86.76	81.89	95.87	82.84	84.78	85.64
埃塞俄比亚	12.12	12.75	13.46	15.02	15.27	14.04	12.87	11.61	10.69	13.85	17
加蓬	59.03	53.56	55.34	62.2	64.74	61.93	62.25	63.84	52.5	53.85	58.29
冈比亚	21.82	27.16	31.09	34.22	32.76	33.85	28.89	23.45	25.35	23.49	28.86
加纳	45.23	42.62	40.68	39.3	36.45	25.19	24.52	25.03	29.29	29.48	44.12
几内亚	28.58	26.48	25.96	24.63	34.79	40.59	28.76	34.93	26.54	28.35	30.25
几内亚比绍	18.39	15.5	16.25	15.95	17.29	14.81	17.27	15.89	15.51	16.5	26.47
科特迪瓦	41.84	50.03	45.84	48.56	51.05	52.65	47.82	46.51	42.2	40.65	43.74
肯尼亚	22.93	24.9	24.09	26.61	28.51	27.11	26.78	27.61	24.15	27.8	29.11
利比里亚	28.56	35.71	91.51	26.46	23.82	30.81	32.37	34.39	15.26	19.15	27.5
利比亚	31.86	46.21	62.39	63.26	66.43	71.3	67.56	67.38			
马达加斯加	29.08	16.01	23.09	32.64	28.22	29.73	30.32	26.59	28.48	23.76	26.06
马拉维	27.99	20.8	26.7	24.96	24.05	22.62	28.33	28.19	24.65	29.38	29.59
马里	33.3	31.88	26.42	25.38	25.62	30.77	26.18	29.2	23.74	25.99	26.25
毛里塔尼亚	29.4	28.34	21.45	25.65	30.72	47.81	43.18	55.77	45	56.29	64.69
毛里求斯	68.46	61.82	56.68	54.02	59.85	59.56	57.86	52.93	48.96	52.49	53.43

续表

国家或地区 \ 年份	2001	2002	2003	2004	2005	2006	2007	2008	2009	2010	2011
摩洛哥	29.41	30.15	28.66	29.37	32.31	34.2	35.75	37.48	28.7	33.24	35.58
莫桑比克	23.39	27.34	28.89	30.88	31.73	38.36	35.35	32.27	27.68	31.21	30.74
纳米比亚	41.17	46	43.39	39.81	40.45	39.85	50.73	53.16	47.3	47.49	41
尼日尔	16.92	15.91	15.2	17.36	16.6	16.41	17.43	17.73	20.32	22.2	20.89
尼日利亚	45.45	35.97	39.79	30.16	31.66	43.11	33.73	39.88	30.77	24.47	31.19
留尼汪											
卢旺达	8.48	7.04	8.45	11.12	11.42	11.06	11.16	14.46	10.14	10.05	13.47
圣多美和普林西比	14.49	16.45	17.71	14.06	13.87	13.73	9.28	9.54	9.98	12.56	11.82
塞内加尔	28.73	28.55	26.62	27.14	27.02	25.63	25.45	26.13	24.33	24.87	25.17
塞舌尔	34.87	32.65	39.07	34.66	36.96	37.44	35.19	44.49	46.3	40.6	44.97
塞拉利昂	7.92	8.65	14.07	16.67	17.82	16.84	15.61	13.53	13.5	16.81	16.29
索马里											
南非	30.13	32.92	27.88	26.42	27.38	30.01	31.48	35.88	27.31	27.36	29.28
西撒哈拉	31.76	32.46	31.59	32.44	32.74						
苏丹	11.4	13.98	14.83	17.76	19.21	19.43	22.1	24.29	16.06	19.98	18.49
坦桑尼亚	17.01	17.58	18.56	19.65	20.82	22.56	24.24	25.14	23.23	27.83	31.06
多哥	33.8	36.52	43.37	38.56	40.04	38.2	37.92	35.54	36.74	40.16	40.19
突尼斯	42.82	40.78	39.48	42.22	44.93	46.03	51.18	56.32	45.67	50.11	48.85
乌干达	11.52	11.21	11.39	12.7	14.18	15.28	16.73	24.28	24.13	20.48	21.49
布基纳法索	9.24	9.18	8.71	11.33	9.74	11.35	10.57	9.88	12.61	17.05	21.14
刚果（金）	18.63	21.1	26.64	30.68	33.62	34.21	65.16	61.3	45.08	68.18	70.02
赞比亚	28.14	28.5	28.34	37.78	34.57	38.49	40.91	35.37	35.01	46.78	46.04
津巴布韦	34.96	31.83	32.4	34.47	33.55	35.96	37.79	41.47	29.31	47.64	53.81
莱索托	53.85	66.17	60.07	56.37	48.87	53.55	52.1	56.02	45.59	44.05	46.78
梅利利亚											
斯威士兰	85.44	95.71	100.95	84.93	87.07	76.62	75.67	59.36	58.84	55.89	66.57
厄立特里亚	10.81	11.78	6.44	5.78	6.17	6.9	5.77	4.43	4.53	4.79	14.38
马约特岛											

资料来源： 中华人民共和国国家统计局。

此外，不难发现，战后非洲发展中国家的货物贸易还具有在世界贸易中占比小、发达国家贸易对象比重下降、制成品出口比重提高但集中在少数国家、贸易增长不平衡等特点。

2011年，非洲货物和服务进口占国内生产总值比重50%以上的居前19位的国家和地区依次是：莱索托（105.9%）、塞舌尔（97.71%）、津巴布韦（95.77%）、利比里亚（92.82%）、刚果（金）（78.91%）、毛里塔尼亚（74.76%）、斯威士兰（74.69%）、毛里求斯（66.36%）、莫桑比克（60.42%）、佛得角（60.28%）、圣多美和普林西比（59.24%）、赤道几内亚（57.69%）、多哥（57.4%）、突尼斯（55.85%）、塞拉利昂（53.63%）、科摩罗（51.79%）、坦桑尼亚（50.22%）、博茨瓦那（50.13%）、纳米比亚（50.1%）。

表 3-4 全面反映了 2001—2011 年非洲货物和服务进口占国内生产总值比重情况。

表 3-4 2001—2011 年非洲货物和服务进口占国内生产总值比重

（单位：%）

国家或地区 \ 年份	2001	2002	2003	2004	2005	2006	2007	2008	2009	2010	2011
阿尔及利亚	22.02	25.63	23.88	25.65	24.07	21.92	24.87	28.71	35.95	31.42	28.74
安哥拉	74.95	56.67	62.03	54.08	53.64	38.97	43.52	51.23	55.4	42.95	43.31
贝宁	30.89	30.96	31.06	28.63	28.55	27.74	28.36	27.5	25.1	24.65	26.96
博茨瓦那	38.87	39.68	37.01	41.38	35.58	34.08	40.08	49.91	48.82	43.17	50.13
布隆迪	15.78	16.99	20.99	24.62	33.44	46.87	34.22	37.93	43.12	39.18	37.67
喀麦隆	29.32	26.17	23.41	24.49	26.39	27.74	29.53	33.12	28.34	28.86	32.24
加那利群岛											
佛得角	56.25	62.66	61.55	62.88	59.33	65.1	61.73	58.3	52.89	58.01	60.28
中非	22.57	20.15	18	19.25	21.5	21.97	22.68	21.87	21.42	22.57	21.86
塞卜泰（休达）											
乍得	49.66	113.66	58.75	50.76	42.95	48.33	40.23	37.59	41.98	42.35	40.8
科摩罗	30.79	30.76	31.19	32.98	35.75	38.61	41.33	48.28	48.18	50.45	51.79
刚果（布）	53.31	53.94	76.05	50.84	54.51	65.62	53.52	47	50.21	54.7	34.81
吉布提	45.77	43.75	49.07	54.17	50.96	57.33	77.15				
埃及	22.33	22.67	24.38	29.59	32.61	31.57	34.83	38.64	31.6	26.13	24.69
赤道几内亚	92.09	52.34	76.42	54.99	43.61	33.1	30.29	44.94	71.96	62.01	57.69
埃塞俄比亚	23.96	26.9	27.72	31.92	35.87	36.99	32.41	31.43	29.22	33.73	32.14
加蓬	33.04	34.34	31.08	32.02	27.7	31.81	32.88	27.02	35	31.72	30.74
冈比亚	25.11	32.49	37.77	48.76	49.56	47.21	42.07	39.88	41.7	42.11	47.16
加纳	64.81	54.87	56.61	60.37	61.72	40.73	40.83	44.48	42.3	45.9	49.7
几内亚	30.02	28.97	25.19	25.82	35.11	42.62	36.42	40.08	30.79	36.53	48.12
几内亚比绍	24.82	21.64	22.82	24.3	26.53	30.15	30.98	29.92	32.13	31.9	34.66
科特迪瓦	33.46	33.4	34.91	39.35	43.59	42.36	41.94	38.8	34.14	36.08	40.56
肯尼亚	33.02	30.27	30.05	32.87	35.97	37.83	37.7	41.75	37.48	40.06	46.02
利比里亚	29.47	29.82	38.68	67.4	76.25	142.74	121.39	144.73	76.43	82.13	92.82
利比亚	19.96	35.19	36.67	32.12	28.3	25.46	29.35	27.47			
马达加斯加	32.29	22.57	32.07	47.48	45.56	45.77	52.07	57.02	52.2	36.99	37.11
马拉维	39.13	34.15	40.6	43.19	52.19	47.11	40.26	48.91	38.96	44.94	39.5
马里	50.27	39.22	37.36	37.76	37.31	38.54	35.58	43	31.37	39.88	36.09
毛里塔尼亚	46.63	42.27	46.81	66.61	82.48	51.99	61.19	77.49	59.99	69.3	74.76
毛里求斯	62.53	58.78	55.39	56.39	65.86	70.48	67.17	66.1	58.32	63.77	66.36
摩洛哥	31.94	32.26	31.49	34.32	37.92	39.68	44.86	50.87	39.69	43.07	48.69
莫桑比克	38.48	48.85	47.62	41.79	43.94	47.22	45.15	46.35	45.06	48.86	60.42
纳米比亚	47.67	48.08	52.47	42.08	40.31	41.56	52.04	54.63	56.1	54.83	50.1
尼日尔	24.61	26.49	24.79	27.91	30.8	29.51	29.93	35.69	46.86	49.09	47.77
尼日利亚	36.36	27.42	35.43	18.29	19.09	21.5	30.73	25.09	31.03	17.9	21.37

续表

年份 国家或地区	2001	2002	2003	2004	2005	2006	2007	2008	2009	2010	2011
留尼汪											
卢旺达	24.28	23.71	23.55	24.76	25.22	25.28	25.56	30.19	29.53	30.59	30.84
圣多美和普林西比	59.19	50.24	54.35	51.76	52.93	71.14	63.66	61.91	52.3	59.95	59.24
塞内加尔	37.76	38.97	38.74	39.77	42.42	43.1	47.85	52.43	41.16	40.24	41.69
塞舌尔	76.63	59.99	58.74	59.18	73.44	73.98	82.7	91.88	93.57	101.5	97.71
塞拉利昂	27.87	30.18	32.32	29.47	29.71	25.02	24.7	25.71	27.93	34.51	53.63
索马里											
南非	26.08	29.09	25.54	26.72	27.85	32.45	34.21	38.94	28.19	27.56	29.9
西撒哈拉	31.75	32.87	31.43	33.69	34.57						
苏丹	12.8	17.42	17.17	20.03	28.4	27.17	22.89	19.75	20.12	17.44	16.35
坦桑尼亚	21.28	19.84	22.81	26.07	29.73	35.7	41.1	38.79	35.15	38.57	50.22
多哥	48.48	49.08	59.12	57.87	58.66	56.12	54.49	52	52.35	57.31	57.4
突尼斯	46.74	44.56	42.91	44.73	45.32	47.91	53.09	59.38	48.37	54.87	55.85
乌干达	23.81	25.06	25.2	22.76	24.81	28.36	30.05	31.98	34.26	33.4	39.97
布基纳法索	23.13	21.7	22.02	25.8	25.79	25.26	24.93	26.4	27.79	24.88	28.58
刚果（金）	20.04	25	28.42	34.41	45.15	40.66	68.55	76.39	60.91	77.77	78.91
赞比亚	44.33	41.65	41.38	39.98	36.66	30.11	39.19	37.27	32.16	34.89	37.03
津巴布韦	32.94	34.97	38.05	41.57	42.5	46.86	46.39	68.05	59.7	78.48	95.77
莱索托	136.54	143.71	139.37	129.78	120.87	119.09	118	120.53	112.37	110.56	105.9
梅利利亚											
斯威士兰	98.48	101.03	101.9	87.47	91.19	79.01	76.96	68.68	75.41	71.34	74.69
厄立特里亚	61.26	64.81	67.57	59.8	54.94	38.36	28.79	26.13	23.44	23.35	23.15
马约特岛											

资料来源：中华人民共和国国家统计局。

非洲发展中国家的服务贸易长期处于逆差地位，而且服务贸易逆差超过货物贸易逆差，使经常项目长期处于逆差地位。此外，非洲国家高度依赖服务的进口。

2. 非洲的工业和农业

第二次世界大战前，国际分工的形式以工业制成品生产国与初级产品生产国之间的分工为主；第二次世界大战后，工业制成品生产国之间的分工形式成为战后国际分工的主要形式。一方面是发达国家与发展中国家之间高精尖工业和一般工业的分工，即资本、技术密集型工业和劳动、技能密集型工业的分工；另一方面是发达国家之间在相同技术水平上产业内部的分工。

在国际分工中，作为发展中经济体的非洲与世界经济一样，也经历了由产业间垂直分工到产业内水平分工，再到产品内国际分工的历程。由于生产力水平较低，非洲长期来以出口农产品和矿产等初级产品、进口工业制成品为主。

2011 年，非洲农业增加值占国内生产总值比重 28%以上的居前 15 位的国家和地区依次是：塞拉利昂（56.7%）、中非（54.9%）、乍得（53.1%）、埃塞俄比亚（45.6%）、刚果（金）（45.5%）、利比里亚（44.5%）、布隆迪（40.3%）、马里（39.2%）、尼日尔（38.2%）、布基纳法索（33.8%）、卢旺达（32.1%）、多哥（31.3%）、莫桑比克（30.8%）、马拉维（30.2%）、肯尼亚（28.5%）。

表 3-5 全面反映了 2001—2011 年非洲农业增加值占国内生产总值比重情况。

表 3-5　2001—2011 年非洲农业增加值占国内生产总值比重

（单位：%）

国家或地区 \ 年份	2001	2002	2003	2004	2005	2006	2007	2008	2009	2010	2011
阿尔及利亚	10.2	9.8	10.3	9.9	8	7.7	7.7	6.7	9.5	8.6	8.3
安哥拉	8.2	9.4	9.5	9.2	8.5	7.7	7.9	6.6	10.2	9.8	9.3
贝宁	34.5	33.8	32.1	32.3	32.3	32.4	31.3	32.3	32.4	32.4	
博茨瓦那	2.8	2.6	3	2.5	2	2.3	2.5	2.8	3.3	3.2	2.8
布隆迪	46.4	45.8	46.4	45.4	44.5	44.3	37.3	40.6	40.5	40.4	40.3
喀麦隆	22.2	22.1	21.7	20.5	19.5	19.9	19.7	19.6			
加那利群岛											
佛得角	10.3	9.5	9.3	8.9	8	7.5	8.5	7.8	8.3	8	7.8
中非	53.4	53.6	56.9	55.7	54.9	55.2	54.3	55.7	54.6	54.2	54.9
塞卜泰（休达）											
乍得	41.8	39.4	33.6	23.5	54.8	56.7	56	55.9	47.9	53.4	53.1
科摩罗	50	50.2	50.5	50.9	51	45.2	45.3	45.8	46.3		
刚果（布）	5.8	6.3	6.3	5.5	4.5	4	4.3	3.7	4.5	3.8	3.4
吉布提	3.5	3.6	3.6	3.6	3.5	3.5	3.9				
埃及	16.6	16.5	16.3	15.2	14.9	14.1	14.1	13.2	13.7	14	14.5
赤道几内亚	7.2	6.4	5.5	4.1	2.6	2.8	2.7	2	3.2		
埃塞俄比亚	46.6	42.5	40.9	43.2	45.6	46.8	46.4	49.4	49.6	45.6	45.6
加蓬	6.4	6.1	6.1	5.6	4.9	4.9	4.8	4.1	5.4	4.1	3.8
冈比亚	25.4	24.1	26.7	26.8	27.1	21.8	20.5	25.2	26.2	29	18.9
加纳	39.3	39.2	40.2	41.5	40.9	30.4	29.1	31	31.8	29.8	25.3
几内亚	23.2	23.4	22.3	25.1	24.2	23.8	25.3	24.9	25.9	22	22.1
几内亚比绍	51.4	57.3	57.8	55.2	54.9	54.7	53.1	55.5			
科特迪瓦	24.7	25.7	25.6	23.2	22.8	22.9	23.9	25	24.7	22.8	24.3
肯尼亚	31.3	29.1	29	28	27.2	26.8	25	25.8	27.2	25.1	28.5
利比里亚	77.4	80.1	73.5	66.1	67	63.8	65.6	67.3	58	44.8	44.5
利比亚		5.2	4.3	3	2.3	2	2.1	1.9			
马达加斯加	27.9	31.7	29.2	28.8	28.3	27.5	25.7	24.8	29.1		
马拉维	38.8	36.7	35.2	34.9	33.1	31.6	31.8	30.7	32.1	30.1	30.2
马里	37.8	35	38.8	36.4	36.6	36.9	36.5	39.7	38.9	40.6	39.2
毛里塔尼亚	35.8	35.1	37.1	35.5	30.5	22.9	25.6	18	20.9	17.3	15.5
毛里求斯	7.3	6.3	6.3	6.4	6	5	4.4	4	3.8	3.6	3.6
摩洛哥	16.6	16.5	17.3	16.3	14.7	16.9	13.7	14.6	16.4	15.4	15.5
莫桑比克	22.5	27.8	27.3	26.7	26.4	27.1	27	28.5	28.8	30.3	30.8

续表

年份 国家或地区	2001	2002	2003	2004	2005	2006	2007	2008	2009	2010	2011
纳米比亚	10.5	10.9	10.9	9.7	11.3	10.5	9.4	8	7.9	8	8.7
尼日尔	40	39.6	39.6	20.1	24.7	42.9	41	43.2	39.2	40.9	38.2
尼日利亚	33.8	48.6	42.7	34.2	32.8	32	32.7	32.9	37.1	24	22.8
留尼汪											
卢旺达	37.3	35.4	38.3	38.6	38.4	38.4	35.6	32.4	33.9	32.2	32.1
圣多美和普林西比	20.1	20.4	21.5	23	17.3	15.8					
塞内加尔	18.5	15.5	17.2	15.7	16.8	15	13.8	15.9	17.3	17.7	15.7
塞舌尔	2.8	2.9	2.6	3.5	3.3	3	2.7	2.6	2.3	2.3	2.2
塞拉利昂	48.7	49.6	49.6	51.8	52.5	52.9	54.8	56.4	58.2	56.1	56.7
索马里											
南非	3.5	4.2	3.4	3.1	2.7	2.9	3	3	2.9	2.6	2.5
西撒哈拉	19	18.7	18.1	16.4	16.7						
苏丹	42.9	41.9	38.3	34.6	31.5	29.8	26.7	25.9	27	24.9	24.5
坦桑尼亚	32.9	32.5	32.5	33.3	31.8	30.4	30	29.7	28.8	28.1	27.7
多哥	37.7	38.2	35.8	36.2	39.4	35.9	35.8	40.8	32.9	31	31.3
突尼斯	10.7	9.3	10.4	11	10.1	10.2	9.4	8.5	9.1	8	8.9
乌干达	29.7	24.9	26.1	22.9	26.7	25.6	23.6	22.7	25.1	25.7	24.7
布基纳法索	37	38.6	37.1	34.5	39	36.7	32.7	40.2	35.6	35.4	33.8
刚果（金）	59.7	51	51	50.3	48.4	47.7	45.9	44.1	47.4	46.1	45.5
赞比亚	22	22.1	22.8	23.4	22.8	21.6	20.8	21	21.6	20.4	19.5
津巴布韦	17.3	14	16.6	19.6	18.6	20.3	21.6	19.4	19.3	17.8	15.6
莱索托	12.8	10.1	9.9	9.6	9	8.3	7.9	8.3	8	9.8	8.8
梅利利亚											
斯威士兰	10.5	10.3	9.4	8.9	8.8	7.8	8	7.9	7.9	7.9	7.5
厄立特里亚	16.2	15.1	12.9	11.6	24.2	26.1	25.4	17.4	14.5		
马约特岛											

资料来源： 中华人民共和国国家统计局。

2011年，非洲工业增加值占国内生产总值比重在30%以上的居前15位的国家和地区依次是：刚果（布）（76.6%）、加蓬（64%）、安哥拉（62.1%）、阿尔及利亚（50.9%）、毛里塔尼亚（50.1%）、斯威士兰（47.7%）、几内亚（44.8%）、博茨瓦那（40.2%）、埃及（37.6%）、赞比亚（37.4%）、津巴布韦（36.2%）、莱索托（33.7%）、突尼斯（31.3%）、科特迪瓦（30.3%）、摩洛哥（30.2%）。

表3-6全面反映了2001—2011年非洲工业增加值占国内生产总值比重情况。

表 3-6 2001—2011 年非洲工业增加值占国内生产总值比重

（单位：%）

年份 国家或地区	2001	2002	2003	2004	2005	2006	2007	2008	2009	2010	2011
阿尔及利亚		52.1	53.5	54.9	59.7	60.5	58.6	59.5	48.9	51.4	50.9
安哥拉	64.9	58.7	60.5	64	67.1	67.5	66.6	67.5	59	59.9	62.1
贝宁	13.3	13.6	13.7	13.3	13.3	13	13	12.6	13	13.2	
博茨瓦那	48.5	47	43.3	43.6	47.6	48	46.5	42	30.8	40.1	40.2
布隆迪	16.5	16.7	17	17.7	18.5	16.7	18	16	16.6	16.7	16.9
喀麦隆	32.6	32	30.7	30.7	30.4	31.4	31	32.8			
加那利群岛											
佛得角	17.3	17.4	16.9	16.5	17.1	17.1	16.9	18.8	19.3	18.1	17.8
中非	14.3	14	13.7	14.1	14.3	14.2	14.4	13.4	13.7	13.8	13.8
塞卜泰（休达）											
乍得	13.6	14.8	24.4	47.1	9.4	10.2	9.9	10.7	13.6	12.3	13.1
科摩罗	11.7	11.6	12.7	12.2	11	11.8	11.9	12	12.1		
刚果（布）	65.5	63.3	61.2	65.9	71.9	75.5	73.2	77.4	71.1	75.4	76.6
吉布提	15.7	16	16.2	16.6	16.6	16.4	16.9				
埃及	33.3	34.4	35.2	36.5	35.9	38.4	36.3	37.5	37.3	37.5	37.6
赤道几内亚	88.5	88.7	89.2	92.1	94.4	94.4	94.6	95.7	92.6		
埃塞俄比亚	13.1	14	14.2	14.2	13.1	12.8	12.7	11.2	10.5	10.4	10.7
加蓬	51.3	51.7	52	55.3	61.4	61.2	60.3	64.3	53.2	59.7	64
冈比亚	14.8	15.8	14.8	13.6	14.1	14.5	13.7	13.5	12.5	12.3	13.5
加纳	28.1	28.2	27.8	27.1	27.5	20.8	20.7	20.4	19	19.1	25.6
几内亚	34	33.9	34.1	32.8	34.8	39.9	39.5	42.4	40.3	44.8	44.8
几内亚比绍	12.8	13.1	13	13.2	14.3	14	13.1	12.9			
科特迪瓦	24.1	22.9	21.6	23.1	25.9	25.9	25.3	26.1	25.5	27.2	30.3
肯尼亚	17.2	17.4	17.6	18.2	19.1	18.5	18.5	19.8	18.7	18.6	17.6
利比里亚	4.2	3.3	4.2	7.9	7.3	7.7	7.9	7.1	5	5	8.3
利比亚		66.1	75.1	68.6	75.5	78.5	76.4	78.2			
马达加斯加	14.6	14.4	15.4	15.9	15.8	16.1	16.3	16.2	16		
马拉维	16.7	17.8	19.1	17.6	17.3	17.2	17.9	19.1	18.5	19.9	19.3
马里	26.4	27.5	23.6	23.9	24.2	24	24.2	20.1	21	20.1	22.4
毛里塔尼亚	28.3	26.3	24.3	27.3	33.2	46.5	39.6	38.6	36.9	45.5	50.1
毛里求斯	31.2	30.6	30.3	29.1	27.6	25.8	26.2	27.4	27.2	26.3	25.5
摩洛哥	27.6	27.3	27.9	28.5	28.2	27.2	27.3	30.3	28.6	29.7	30.2
莫桑比克	25.8	23.1	25.4	26.7	24.8	25.7	25.2	23.9	23	22.4	21.7
纳米比亚	30.9	32.3	28.3	29.4	29.2	34.6	35.6	38.2	32.6	29.4	28.4
尼日尔	17	17	17.1	17.8	15.4	11.3	13.2	14.2	15.1	15.6	16.1
尼日利亚	40.9	30.5	36.8	42.1	43.5	41.9	40.7	41.5	34.2	25.8	27.8
留尼汪											
卢旺达	14.2	13.9	12.8	13.9	14.1	13.8	13.9	14.8	14.4	15	16.4

续表

年份 国家或地区	2001	2002	2003	2004	2005	2006	2007	2008	2009	2010	2011
圣多美和普林西比	16.4	16.7	17.3	20.6	20.1	16.9					
塞内加尔	24.5	25.5	24.4	24.8	23.6	23.9	24.1	22.9	23.3	23.4	24.9
塞舌尔	28.3	30.2	27.5	14.8	16.4	16.2	16.1	15.6	14	14	14.4
塞拉利昂	8.5	9.5	11.1	12.6	12	11.1	10.1	8.3	6.9	8.1	8.3
索马里											
南非	32.3	32.6	31.7	31.3	31.2	31.2	31.3	32.3	31	29.8	29.2
西撒哈拉	30.7	30.7	30.8	31.6	31.8						
苏丹	18.7	20.5	22.4	25.8	27.7	27.8	30.6	33	24.1	28.3	28.1
坦桑尼亚	19.3	21.1	22.5	22.3	22.7	22.9	23.3	23.1	24.3	24.7	25.1
多哥	17.2	18.4	18.4	17.1	17.2	18.4	18.7	18.2	16	16.6	15.8
突尼斯	30	29.9	28.6	28.4	29.2	29.7	31.4	33.8	30.3	31.1	31.3
乌干达	22.6	24.4	24.2	22.1	25	24.2	26.6	27.4	26.8	27	27.5
布基纳法索	19.5	17.5	21.2	21.2	18	17.6	18.8	15.6	18.1	23	24.3
刚果（金）	20.2	21.5	21.5	21.4	22.6	22.5	22.9	22.9	20	22.4	22
赞比亚	25.4	26	26.8	28	29.2	31.9	33.1	33.8	34.2	36	37.4
津巴布韦	22.3	20.9	21.3	26.4	28.7	32.3	33.1	31.1	32.3	35.3	36.2
莱索托	32.8	34	33	32.5	33.1	37	37.2	38.7	33.8	31	33.7
梅利利亚											
斯威士兰	45.4	44.7	46.8	46.4	44.7	46.7	46.5	46.4	46.1	49.9	47.7
厄立特里亚	19.9	21.2	21.4	21.3	21.9	19.3	20.1	26.9	22.4		
马约特岛											

资料来源：中华人民共和国国家统计局。

3. 非洲的服务业

二战结束以来，随着科学技术革命的发展，各国经济结构，尤其是发达国家的经济结构发生了很大的变化。在三次产业中，第一、第二产业发展相对减慢，第三产业则发展迅速，在国民经济中的比重不断提高。

2011 年，非洲服务业增加值占国内生产总值比重 50%以上的居前 16 位的国家和地区依次是：塞舌尔（84.2%）、佛得角（71.8%）、毛里求斯（70.6%）、南非（68.3%）、冈比亚（67.7%）、纳米比亚（63.1%）、塞内加尔（61.4%）、突尼斯（59.8%）、莱索托（57.5%）、摩洛哥（55.1%）、肯尼亚（53.9%）、多哥（52.8%）、博茨瓦那（51.7%）、卢旺达（51.6%）、乌干达（51.2%）、马拉维（50.5%）。

表 3-7 反映了 2001—2011 年基于第三产业的非洲服务业占国内生产总值比重情况。

表 3-7 2001—2011 年非洲服务业增加值占国内生产总值比重

（单位：%）

国家或地区＼年份	2001	2002	2003	2004	2005	2006	2007	2008	2009	2010	2011
阿尔及利亚		36.9	34.7	33.5	30.5	29.7	30.7	31	31	31	
安哥拉	27	24	24.3	25.3	24.4	24.8	25.6	25.9	30.8	30.2	28.6
贝宁	52.1	52.7	54.2	54.4	54.4	54.6	55.7	55.2	54.6	54.3	
博茨瓦那	41	43.1	48	47	48	44.2	45.4	45.4	56.9	52.5	51.7
布隆迪	38	38.6	36.9	37	37.1	39.8	44.9	46.4	44.2	46.6	47
喀麦隆	45.2	45.8	47.6	48.9	50.1	48.8	49.3	47.6			
加那利群岛											
佛得角	74.8	74.9	75.1	75.1	75.3	75.6	77.1	75.1	72.9	72.1	71.8
中非	27.3	26.6	24.6	30.7	31.4	30.6	31.3	32.7	28.3		
塞卜泰（休达）											
乍得	44.6	45.7	42	29.4	27.3	27.8	33.2	37.5	39.6		
科摩罗	38.3	38.3	36.7	36.9	38	43	42.8	42.2	41.6		
刚果（布）	28.7	30.4	32.6	28.6	23.6	20.5	22.4	18.9	24.4	20.8	20
吉布提	80.8	80.4	80.2	79.8	79.9	80.1	79.3				
埃及	50.1	49.1	48.4	48.3	49.2	47.5	49.6	49.3	49	48.5	49.3
赤道几内亚	4.3	4.9	5.3	3.8	3	2.9	2.7	2.3	4.2		
埃塞俄比亚	39.3	42.6	44	41.8	40.3	39.4	40.5	43.1	38.5	43	43.1
加蓬	42.3	42.2	41.9	39.1	33.8	33.9	34.9	31.7	41.5	36.2	32.2
冈比亚	59.8	60.1	58.4	59.6	58.9	63.7	65.8	61.3	61.3	58.7	67.7
加纳	32.5	32.6	32	31.4	31.6	48.8	50.2	48.6	49.2	50.9	48.6
几内亚	42.8	42.7	43.6	42.2	41.1	36.3	35.1	32.7	33.8	33.2	33.1
几内亚比绍	35.8	29.6	29.2	31.6	30.8	31.3	33.8	31.6			
科特迪瓦	51.2	51.4	52.8	53.7	51.3	51.2	50.9	48.9	49.9	50	45.4
肯尼亚	51.4	53.5	53.4	53.7	53.7	54.8	56.5	54.4	54.2	56.3	53.9
利比里亚	18.3	16.6	22.3	26	25.7	28.5	26.5	25.6	37	37.9	36.7
利比亚		28.7	20.6	28.4	22.2	19.5	21.5	19.9			
马达加斯加	57.5	53.9	55.4	55.3	55.9	56.4	58.1	59	54.9		
马拉维	44.5	45.5	44.9	47.9	50.3	51.2	50.3	50.2	49.4	49.9	50.5
马里	35.8	37.4	37.6	39.8	39.3	39.1	39.3	39.8	39.8		
毛里塔尼亚	35.9	38.6	38.7	37.2	36.3	30.5	34.8	40.6	42.2	37.2	34.4
毛里求斯	61.5	63.1	63.4	64.4	66.4	66.9	68.6	67.8	68.2	69.8	70.6
摩洛哥	55.9	56.1	54.8	55.2	57.1	56	59	55	55	55	55.1
莫桑比克	51.7	49	45.9	46.6	48.9	47.2	47.9	47.6	47.8	47.5	46.4
纳米比亚	58.6	56.7	60.7	60.8	59.5	54.9	55	53.7	59.5	62.5	63.1
尼日尔	43	43.4	43.2								
尼日利亚	21.6	20.9	20.5	23.7	23.7	26.1	26.6	27.9			
留尼汪											
卢旺达	48.5	50.7	48.9	47.6	47.6	47.8	50.4	52.8	51.7	52.8	51.6

续表

年份 国家或地区	2001	2002	2003	2004	2005	2006	2007	2008	2009	2010	2011
圣多美和普林西比	63.5	63	61.2	56.4	62.7	67.3					
塞内加尔	57	59	58.2	59.2	59.6	62.2	63	62.3	61	60.2	61.4
塞舌尔	68.9	66.9	69.8	81.8	80.4	80.8	81.2	81.8	83.7	83.8	84.2
塞拉利昂	42.7	40.9	39.3	35.6	35.6	36	35.1	35.4	34.9	35.8	35
索马里											
南非	64.2	63.2	64.9	65.6	66.2	66	65.7	64.7	66.1	67.6	68.3
西撒哈拉	50.3	50.6	51.2	52	51.6						
苏丹	38.4	37.6	39.4	39.6	40.8	42.4	42.7	41	48.8	46.8	47.4
坦桑尼亚	47.8	46.5	45	44.3	45.5	46.7	46.7	47.2	46.9	47.2	47.2
多哥	45.1	43.4	45.8	46.6	43.4	45.7	45.5	41	51.1	52.3	52.8
突尼斯	59.4	60.8	61.1	60.6	60.7	60.1	59.2	57.7	60.6	61	59.8
乌干达	47.7	50.7	49.7	55	48.3	50.2	49.8	49.9	49.5	50.3	51.2
布基纳法索	43.5	43.9	41.7	44.3	43	45.7	48.5	44.2	46.3	41.7	41.9
刚果（金）	20.1	27.5	27.5	28.3	29	29.8	31.2	32.9	32.6	31.4	32.6
赞比亚	52.5	51.9	50.5	48.6	48	46.5	46.1	45.2	44.2	43.6	43.2
津巴布韦	60.4	65.1	62.1	54	52.7	47.4	45.3	49.5	48.3	47	47.4
莱索托	54.4	55.9	57.1	57.9	57.9	56.8	56.4	54.7	59.4	59.2	57.5
梅利利亚											
斯威士兰	44.1	45	43.8	44.7	46.5	45.5	45.5	45.7	46	45.5	44.8
厄立特里亚	63.9	63.7	65.7	67.1	53.9	54.6	54.5	55.8	63		
马约特岛											

资料来源： 中华人民共和国国家统计局。

3.2 非洲目标市场贸易指标

第二次世界大战前，国际分工以殖民地宗主国与殖民地国家之间的分工为主，分工的内容也以工业部门和农业部门之间的分工为主，这使初级产品在国际贸易中占有很大的比重，以致二战前初级产品比重一直高于工业制成品比重。第二次世界大战后，由于国际分工的形式以发达工业国之间的分工为主，分工内容也由部门之间分工为主转向部门内分工为主，使工业制成品在世界商品生产中所占比重迅速增加，从而改变了以往国际贸易的商品结构，使工业制成品的比重超过了初级产品的比重。

非洲活跃的经济形态主要得益于丰富的资源：石油、天然气、矿产和农业资源等。

3.2.1 非洲主要产业出口比重

从表 3-8、表 3-9、表 3-10、表 3-11、表 3-12 中可见，非洲主要出口产品为初级产品。

1. 非洲的农业原材料出口

非洲素有“高原大陆”之称，地势由东南向西北倾斜，约占世界陆地总面积的20%。但是，沙漠面积约占非洲大陆面积的40%，撒哈拉沙漠面积777万平方千米，为世界之最。非洲气候地处热带，95%以上地区属热带和亚热带气候，年平均温度在20℃以上，只有南北两端和局部山区的年平均温度低于20℃。

农业是非洲最重要的经济部门。非洲除南非、利比亚等11国外，其余都是以农业为主的国家，农业产值约占全非洲国民生产总值的20%。2011年，农业原材料出口占货物出口比重超过30%的国家有布基纳法索、马里、喀麦隆和中非。非洲还是世界热带和亚热带作物的重要产地，许多产品在世界上占有极重要的地位。

非洲注重发展出口经济作物，但较多国家的粮食不能实现自给。非洲虽有发展农业生产的良好条件，但在长期的殖民统治下，许多国家都是单一种植，把物力、财力、人力集中在供出口的经济作物生产上，粮食生产落后，很多国家和地区粮食不能实现自给，每年需要进口大量粮食。

非洲的土地所有制形式具有多样性。非洲的土地所有制形式主要有三种：一是前资本主义的土地所有制，包括盛行于撒哈拉沙漠以南的部落所有制和普遍存在于北非、东北非的地主所有制，在部分热带丛林及高山地带，还存在着原始公社所有制；二是欧洲殖民者入侵后，霸占了大片肥沃土地，雇用当地劳动力，经营种植园或农场，形成了资本主义土地所有制；三是国家独立后，有的实行土地国有化，有的进行土地改革，并成立了一些合作社，出现了一种新的土地所有制形式——国家所有制和集体所有制。

非洲农业生产水平低。非洲许多国家还盛行迁移农业，多数地区的耕作方式和技术都非常落后，现代化水平极低，受自然条件制约较严重，使农业生产水平低而不稳。非洲粮食单产不足世界平均数的一半，咖啡、棉花等也只有世界单产水平的66.67%左右。①

非洲畜牧业地位突出，但生产水平低。畜牧业是非洲的重要经济部门之一，博茨瓦纳、毛里塔尼亚、索马里、纳米比亚等同都以畜牧业为主。但是，畜牧业生产率和商品率都很低，屠宰头重、出肉率、产奶量等都属于世界最低水平。

非洲林业发展较快，但利用不合理。非洲森林面积达6.4亿公顷，占世界的17%，森林覆盖率为21%，是世界重要的热带木材产区之一。近年来林业发展较快，木材采伐量的增长超过世界平均速度。但利用不合理，所产木材很多用作薪柴，工业用材很少，并多以原木形式出口。因此，非洲林业发展潜力相对较大。

2011年，非洲农业原材料出口占货物出口比重超10%以上的居前6位的国家和地区依次是：布基纳法索（51.72%）、马里（39.83%）、喀麦隆（31.56%）、中非（31.48%）、科特迪瓦（13.45%）、津巴布韦（10.23%）。

---

① 资料来源：北京农业信息网，http://www.agri.ac.cn.

表 3-8 反映了 2001—2011 年非洲农业原材料出口占货物出口比重情况。

表 3-8　2001—2011 年非洲农业原材料出口占货物出口比重

（单位：%）

年份 国家或地区	2001	2002	2003	2004	2005	2006	2007	2008	2009	2010	2011
阿尔及利亚	0.05	0.02	0.02	0.01	0	0.01	0.01	0.01	0.01	0.02	0.02
安哥拉											
贝宁	62.71	59.25	74.17	72.41	64.33	44.25	47.88	38.39	31.41	23.56	
博茨瓦那	0.45	0.33	0.12	0.28	0.16	0.15	0.17	0.29	0.17	0.19	0.18
布隆迪	0.84	1.52	0.65	1.16	4.23	6.49	6.37	5.75	4.81	4.9	4.99
喀麦隆	21.25	10.02	9.68	12.04	13	16.26	14.27	30.8	26.57	14.8	31.56
加那利群岛											
佛得角	27.94	0	5.9	0	0	0	0		0.04		0
中非	27.94	27.52	25.42	44.65	43.17	27.31	48.82	51.37	31.61	36.4	31.48
塞卜泰（休达）											
乍得	0.86	0.78	0.64	0.54							
科摩罗	0.05	0.01	0.09	0.03	0.07	0.02		0.46	0.07		
刚果（布）	4.06	4.29	4.16	3.61			2.89	1.9	1.4	1.3	
吉布提	1.73	1.62	2.04	1.65					0.01		
埃及	5.29	8.15	6.96	7.14	2.33	1.53	1.62	1.66	2.19	3.01	2.76
赤道几内亚	2.5	2.63	2.57	2.3							
埃塞俄比亚	23.22	15.04	25.87	12.17	15.3	17.28	20.41	14.1	11.92	9.02	8.62
加蓬	11.13	9.35	45.5	9.82	7.53	6.71	8.37	5.57	8.88		
冈比亚	4.35	2.37	7.34	1.2	4.28	3.94	6.23	4.17	1.03	1.52	2.18
加纳	11.05	2.11	9.95	4.64	7.21	4.02	9.89	8.96	5.67	6.95	4.86
几内亚	0.22	0.83	1.71	1.69	2.26	3.43	1.64	4.91			
几内亚比绍	0.7	0.76	1.1	0.11	0.21						
科特迪瓦	11.18	8.4	9.08	9.03	8.27	8.02	8.87	8.75	5.67	9.65	13.45
肯尼亚	12.98	10.76	10.85	15.88	10.01	12.01	12.08	13.9	13.18	10.93	
利比里亚	1.22	1.14	1.18	1							
利比亚	3.71	3.51	5.35	6.17			0	0.01	0	0	
马达加斯加	3.91	3.89	3.6	3.16	6.88	4.37	3.42	2.84	5.19	3.17	2.13
马拉维	2.48	2.75	2	5.62	3.8	3.33	3.82	4.12	3.82	3.35	5.1
马里	42.89	63.34	79.54	73.54	68.92	64.6	55.64	42.41		47.98	39.83
毛里塔尼亚	0	0	0	0.02	0		0	0.02	0.02	0.1	0.02
毛里求斯	0.54	0.47	0.4	0.48	0.17	0.47	0.53	0.61	0.93	0.52	0.48
摩洛哥	1.42	1.64	1.76	1.67	1.84	1.71	1.5	0.99	1.56	1.73	1.11
莫桑比克	4.03	4.21	5.13	4.34	5.11	3.45	2.79	3.53	3.14	4.36	5.14
纳米比亚	0.92	1	1.35	0.75	0.71	0.66	0.51	0.43	0.39	0.72	0.72
尼日尔	3.46	3.64	3.34	3.86	4.98	4.94	4.38	3.1	1.97	2.79	2.32
尼日利亚	0.01	0.28	0.01	3.02		0.36	0.76	0.93	1.14	1.63	6.13

续表

年份 国家或地区	2001	2002	2003	2004	2005	2006	2007	2008	2009	2010	2011
留尼汪											
卢旺达	3.2	5.26	7.64	2.76	4.42	3.68	4.35	2.15	1.37	3.08	4.03
圣多美和普林西比	0.02	0.08	0.15	0.31	0.47	0.56	0.77	0.51	0.67	0.67	0.13
塞内加尔	2.33	5.2	3.45	2.78	2.11	5.25	2.94	1.57	1.1	1.43	1.59
塞舌尔	0	0	0	0	0	0	0	0.04			
塞拉利昂	4.8	0.79	4.51	4.16							
索马里	3.07		4.66								
南非	2.63	3.01	2.77	2.22	1.98	1.76	1.71	1.75	1.92	1.95	2.08
西撒哈拉	4.18	3.81	5.42	15.47							
苏丹	3.94	5.48	6.03	4.23	4.84	2.38		1.42	1.39	1.14	1.28
坦桑尼亚	13.19	11.06	13.01	14.82	15.87	10.79	9.44	9.34	9.32	7.42	5.59
多哥	11.17	16.28	16.9	15.63	8.92		9.3	7.09	3.36	4.64	9.75
突尼斯	0.71	0.72	0.78	0.68	0.64	0.62	0.48	0.47	0.49	0.5	0.47
乌干达	16.58	10.5	12.92	17.35	13.25	8.9	8.08	5.76	7.64	7.25	7.46
布基纳法索	60.36	61.9	73	75.88	75.41		68.26	56.58	60.46	55.88	51.72
刚果（金）		8.4	9.21								
赞比亚	4.5	5.09	5.2	9.73	5.57	2.78	1.34	1.09	1.39	0.97	1.88
津巴布韦	9.93	12.37		15.73	8.2	14.85	11.81	19.84	23.1	7	10.23
莱索托	2.91	5.07	0.38	0.74				9.09	3.45		
梅利利亚											
斯威士兰	13.11	8.35	8.56	6.74	8.87	9.19	7.14				
厄立特里亚	20.1	31.28	25.99	1.39							
马约特岛	0.86	0.23	0.67	0.2	0.15	0.01	0.07	0.04	0.01		

资料来源：中华人民共和国国家统计局。

2. 非洲的食品出口

2011 年，非洲食品出口占货物出口比重超 30%以上的居前 15 位的国家和地区是：圣多美和普林西比、佛得角、冈比亚、埃塞俄比亚、马拉维、布隆迪、乌干达、科特迪瓦、卢旺达、喀麦隆、布基纳法索、马达加斯加、塞内加尔、毛里求斯和坦桑尼亚等。其中，圣多美和普林西比占 96%、佛得角占 83.7%、冈比亚占 81.7%、埃塞俄比亚占 78.4%、马拉维占 75.7%、布隆迪占 73.9%、乌干达占 54%以及科特迪瓦占 50.7%。而且，主要出口产品是可可和咖啡等。

随着中非双方经贸合作关系的深入发展，在非洲有望成为中国领先企业主要制造基地的同时，非洲或许也将成为中国食品供应的主要来源地之一。

表 3-9 反映了 2001—2011 年非洲食品出口占货物出口比重情况。

表 3-9　2001—2011 年非洲食品出口占货物出口比重

（单位：%）

年份 国家或地区	2001	2002	2003	2004	2005	2006	2007	2008	2009	2010	2011
阿尔及利亚	0.1	0.2	0.2	0.2	0.2	0.2	0.2	0.2	0.3	0.6	0.5
安哥拉											
贝宁	20.1	32.8	18.6	18.3	25.9	40.6	38	30.1	49.3	60.8	
博茨瓦那	3.1	3.5	2.4	2.5	2.6	2.7	2.8	2.9	5.1	5.1	2.2
布隆迪	87.8	93.1	91	92.2	86.8	86.3	53.1	64.8	67.5	81.4	73.9
喀麦隆	16.8	20.6	19.7	18.8	17.1	12	11.5	32.3	47.8	24.4	40.1
加那利群岛											
佛得角	3.5	6.1	6.4	10.4	44.2	62.1	40.8		72.6	81.6	83.7
中非	2.7	1.7	1.4	1.9	0.8	0.2	2.7	1.4	3.6	1.5	1.2
塞卜泰（休达）											
乍得											
科摩罗	96	97.2	97.5	96.3	86.9	86.2	13.8	69.7	72.7		
刚果（布）							0.4	0.4	0.4	0.5	
吉布提									0.4		
埃及	9.9	8.7	8.6	9.7	8.7	6.6	7.9	10.7	17.4	17.2	15
赤道几内亚											
埃塞俄比亚	60.7	69.3	62	75.4	78.7	76.5	62.1	75.3	77.5	78.5	78.4
加蓬	0.8	0.6	4.5	1.2	1.1	0.8	0.6	0.4	0.8		
冈比亚	91.9	75.7	63.3	55.9	78.4	81.1	81.6	59.6	53	77.5	81.7
加纳	44.9		71.6	71.6	51.7	61	62.5	63.5	61	60.7	27
几内亚	2.5	2		2.8	10.6	11.1	3.9	2.5			
几内亚比绍			95.4	98.8	98.7						
科特迪瓦	53.6	58.8	55	45.4	38.3	35.2	39.6	40.6	48.2	49.5	50.7
肯尼亚	60	32.1	42.7	52	37.7	42.7	43.3	44.2	44	47.9	
利比里亚											
利比亚							0	0	0	0	
马达加斯加	47.9	61.4	53.3	37.3	32	34.7	31.5	21	28.8	26.7	34.7
马拉维	86.9	85.1	86.3	78.3	79.5	82.9	85.6	85.8	86.7	76.4	75.7
马里	29.3	18.2	11.4	13.9	12	22.6	28	28.1		29.8	23.9
毛里塔尼亚	23.8	23.2	29.8	32.9	24.8		13.3	12.5	23.7	57.8	20.4
毛里求斯	24.4	26.1	24.8	25.9	30.8	26.6	27.5	26.7	32.7	37.2	33.2
摩洛哥	21	21.5	21.5	19	21.2	19.3	19.1	17.4	23	19	17.3
莫桑比克	22.7	26.7	17	16	14	15.3	11.1	14.7	23.3	15.7	20.5
纳米比亚	36.3	37.5	48.3	29.7	31.2	25.9	23.9	22.5	24	25.3	24.7
尼日尔	45	37.4	35.2	44.9	34.3	36	28.6	43	30.8	21.1	12.3
尼日利亚	0	0.6	0			0.1	1.6	1.3	4.5	3.3	1.8
留尼汪											
卢旺达	56.7	0.1	61.4	58.9	56.5	61.5	44.7	8.3	49.8	52.4	41.8

续表

年份 国家或地区	2001	2002	2003	2004	2005	2006	2007	2008	2009	2010	2011
圣多美和普林西比	98	96.6	94.9	94.3	94.9	94.5	95	92.5	92.4	94.6	96
塞内加尔	46.1	15.6	37.1	35	28.8	43.8	37.1	20.6	29.5	28.6	33.8
塞舌尔	98.9	96.4	99.7	99.5	90.8	93.2	97.8	58.5			
塞拉利昂		91.6									
索马里											
南非	9	10.6	9.9	8.8	8.5	7.1	6.6	7.3	10.2	8.7	8
西撒哈拉	13.1	14.3	15.3								
苏丹	10.6	18.3	10.2	10.2	6.8	5.6		2.9	5.6	3.8	6.7
坦桑尼亚	61.1	61.3	61	54.6	57.7	53.1	48.8	37.4	35.5	31.9	32.2
多哥	18.2	23.2	15.5	24	21.5		15.7	17.6	12.3	14.2	11.4
突尼斯	7.9	6.8	6.9	11.1	10.4	11.8	9.5	8.9	9.2	7.7	10.1
乌干达	71.3	76.1	71.8	68.8	70.6	62.3	66.1	63	62.5	66.8	54
布基纳法索	22.5	19.6	18.7	18.5	16.5		24.1	33.2	26.8	33.3	38.5
刚果（金）											
赞比亚	9.5	9.5	10.5	15.6	13.2	6	7.4	5.6	7.5	5.9	6.9
津巴布韦	56.6	25.8		30.9	30.1	14.9	16.9	18.1	19.3	20.1	26.3
莱索托	14.3	7.1	8.6	4.7				13.5	8.9		
梅利利亚											
斯威士兰	36.8	14	14.7	13.5	18.5	25.6	21.1				
厄立特里亚	26.1	39.3	42								
马约特岛	10	18.1	27.7	22.5	19.4	14.6	14	14.1	15.8		

资料来源：中华人民共和国国家统计局。

3. 非洲的燃料出口

从非洲的出口商品结构来看，占出口比重较大的商品依次是燃料、制造品、农产品、矿产和金属，等等。其中，燃料（主要是原油）出口所占的比重较大，超过了一半。从历年的变化情况来看，非洲燃料出口所占的比重较为稳定，2000 年，燃料出口所占的比重为 48.91%，到 2011 年，所占的比重增加到 51.08%，仅提高了 2.17 个百分点。

2011 年，非洲燃料出口占货物出口比重居前 10 位的国家和地区依次是：阿尔及利亚（97.2%）、苏丹（90.9%）、尼日利亚（89.1%）、加纳（54.1%）、埃及（30.9%）、科特迪瓦（25.7%）、莫桑比克（16.3%）、塞内加尔（16.3%）、突尼斯（14.6%）和南非（11.2%）。

表 3-10 反映了 2001—2011 年非洲燃料出口占货物出口比重情况。

表 3-10　2001—2011 年非洲燃料出口占货物出口比重

（单位：%）

国家或地区 \ 年份	2001	2002	2003	2004	2005	2006	2007	2008	2009	2010	2011
阿尔及利亚	96.6	96.1	97.3	97.4	98	97.9	97.8	97.6	97.7	97.3	97.2
安哥拉											
贝宁	0	0.2	0	0	0	0.4	3.1	0.3	0	0	
博茨瓦那	0.1	0	0	0	0.1	0.1	0.2	0.3	0.3	0.4	0.4
布隆迪			0.6	0	0.1	0	5.7	1.4	1.9	2.3	0
喀麦隆	51.9	49.2	48.8	46.7	49.6	61.6	58.7	1.2	0.9	49.5	0.6
加那利群岛											
佛得角					0	0	0				0
中非	0.1	0	0	0.2	0.4	0		0			0.6
塞卜泰（休达）											
乍得											
科摩罗	0								0		
刚果（布）							87	84.1	70.7	67.7	
吉布提									6.5		
埃及	40.5	33.7	43.8	43	51.3	56.4	52.5	44.4	28.9	29.8	30.9
赤道几内亚											
埃塞俄比亚	0	0	0	0			0	0	0	0	0
加蓬	83	83.8	17.6	76.2	84	85.6	83.4	89.2	83.1		
冈比亚	0.1	0.5	0.8					0.5	0	0.4	0
加纳	11.2		0.1	3.1	3.4	0.7	1.3	2.4	4.2	0.3	54.1
几内亚	1	0.1		0.3	0	0.3	1	1.5			
几内亚比绍				0.8							
科特迪瓦	15	11.4	9.3	18.6	27.8	37	32.7	37.4	30	24.1	25.7
肯尼亚	0.1	30.9	19.3	0.9	18.4	7.1	4.3	2.1	4.2	4.3	
利比里亚											
利比亚							96.6	96.7	97.9	97.7	
马达加斯加	1.2	2	4.3	1.8	1.1	5.5	4.7	5.8	4.9	6.7	6.8
马拉维	0.1	0	0.1	0.3	0	0.1	0	0	0.1	0.2	0.1
马里	4.2	3.6	1.3	0.8	1.6	2.3	1.9	6		0.1	0.2
毛里塔尼亚							25.7	21.7		0	5.1
毛里求斯	0	0	0.1	0.1	0	0.1	0.1	0	0	0	0
摩洛哥	4.2	2.8	1.1	2	2.4	1.9	2.3	2.2	2.3	1.1	2.6
莫桑比克	8.3	13.3	13	12.4	14.9	14.7	15.5	10.9	17.5	19.7	16.3
纳米比亚	0.7	0.7	1	0.5	0.4	0.5	0.4	0.5	0.8	1.3	1.3
尼日尔	2.1	1.4	1.5	2.4	2.4	2.2	2.6	1.6	1.2	1.9	1.1
尼日利亚	99.7	94	97.9	0.9	1.3	98.2	93.7	91.7	90.4	87.1	89.1
留尼汪											
卢旺达	0	0	0	0	0	0	0	0.4	0	0	0

续表

国家或地区 \ 年份	2001	2002	2003	2004	2005	2006	2007	2008	2009	2010	2011
圣多美和普林西比	0	0	0				0	0	0		0
塞内加尔	17.8	0	20.1	19.4	21.1	0	19.4	34.3	24	26.1	16.3
塞舌尔	0	0	0	0	0	0	0	0			
塞拉利昂	2.7	3.4		2.4							
索马里	1	1.1	1.4	1.6	2.2						
南非	11.6	12	9.8	9.1	10.3	9.4	10.4	9.5	11.1	9.9	11.2
西撒哈拉	0	7.4	9.8	34	15.5						
苏丹	83.9	72.4	81.2	83.6	87.3	91.1		94.4	92.1	94.4	90.9
坦桑尼亚	0.2	0.1	0.1	0.2	0.2	0.2	0.9	2.9	1	2.5	1.2
多哥	0.4	0.5	0.3	0.4	1.2		0	7.9	0	0.1	0.9
突尼斯	9.2	9.4	10	9.6	13	13	16.2	17.3	13.6	14.2	14.6
乌干达	2.9	4.2	3.2	2.4	1.9	5	1.4	1.3	1.4	1.2	5.8
布基纳法索	0	0	0	0	0		0	0	0	0.1	0
刚果（金）											
赞比亚	1	0.8	1.4	1.8	0.7	0.6	0.5	0.7	0.9	0.5	0.5
津巴布韦	0.7	1.2	87.2	1.6	0.3	39.1	0.6	1.3	0.9	1.6	0.9
莱索托	0	0	0.1	0				0.4	0		
梅利利亚											
斯威士兰	0.8	0.7	0.7	0.7	0.6	0.9	1.3				
厄立特里亚	0	0	0								
马约特岛	0	0	0.2	1.5	0.2	0.5	0.7	0.7	0.6		

资料来源：中华人民共和国国家统计局。

4. 非洲的制成品出口

非洲国家虽长期受殖民主义统治，但却有丰富的自然资源。它们大量出口原材料（矿产、木材、农作物等）来获取收益。但它们同时又在进口工业制成品，而这些工业制成品中很多正是由它们出口的原材料制成的。这导致了以下不利因素：一是出口产品附加值低形成的进出口价格剪刀差；二是资源消耗型经济不利于可持续发展；三是不利于形成本国现代化的民族工业。

2011 年，非洲制成品出口占货物出口比重居前 15 位的国家和地区依次是：博茨瓦那（88.4%）、突尼斯（73.2%）、多哥（69.6%）、毛里求斯（64.5%）、马达加斯加（45.6%）、纳米比亚（45.4%）、埃及（45.1%）、塞内加尔（44.1%）、南非（43.4%）、乌干达（31.5%）、坦桑尼亚（25.1%）、津巴布韦（23.1%）、喀麦隆（21.2%）、佛得角（15.3%）和加纳（12.2%）。

表 3-11 反映了 2001—2011 年非洲制成品出口占货物出口比重情况。

表 3-11　2001—2011 年非洲制成品出口占货物出口比重

（单位：%）

国家或地区 \ 年份	2001	2002	2003	2004	2005	2006	2007	2008	2009	2010	2011
阿尔及利亚	2.9	3.2	2.1	2	1.3	1.2	1.5	1.6	1.6	1.8	2
安哥拉											
贝宁	5.5	7.6	7.1	8.9	9.2	14.1	9.9	29.5	18.6	14.7	
博茨瓦那	90.6	90.9	86.4	85.6	85.3	79.9	73.3	76.3	78	79.5	88.4
布隆迪	0.8	1.9	6.4	5.1	6.2	1.3	31.3	18.1	20.6	5.9	
喀麦隆	3.8	5.2	5.2	3.5	3.1	3	9.1	23.4	17.8	7.5	21.2
加那利群岛											
佛得角	95.7	93.8	87.7	89.5	55.8	37.6	58.8		26.7	17.5	15.3
中非	49	48.7	36.6	16.5	37.8	48.1	21.8	11.2	2.7	3.2	4.2
塞卜泰（休达）											
乍得											
科摩罗	3.7	2.6	2.3	3	12.9	13.4	6.3				
刚果（布）							9.7	13.6	27.5	30.5	
吉布提									90.7		
埃及	32.7	35.4	31	30.5	23.6	21.2	18.8	36.5	43.8	43.4	45.1
赤道几内亚											
埃塞俄比亚	13.4	14.3	11.4	3.8	4.6	5.4	13.8	9	8.7	8.9	10.4
加蓬	3.6	4.4	24.3	7	3.7	3.7	4	2.6	4.2		
冈比亚	3.2	21.5	27	42.1	16.9	14.1	11.7	20.9	39.1	10.4	6.9
加纳	16.3		14.4	11.5	32.5	30.9	21.2	18.6	24.7	20.7	12.2
几内亚	28.1	25.3		17.4	12	2.7	11.2	31.9			
几内亚比绍			3.5	0.2	0.1						
科特迪瓦	19.4	20.7	20.5	19.4	18.7	15.2	14.2	12	15.1	16.2	9.8
肯尼亚	23.3	24	24.2	25.7	31.9	35.7	37.3	36.5	36.6	34.7	
利比里亚											
利比亚							3.4	3.2	2.1	2.3	
马达加斯加	44.4	27.3	31	46.7	47.1	41.2	56.8	66.6	57.2	48.2	45.6
马拉维	10.2	11.8	11.5	15.4	16.3	12.9	10.5	10	8.5	9	9
马里	21.2	14.1	6.9	10.4	12	9.4	12.8	21.8		20.2	
毛里塔尼亚				0	0		0	0	0	0	0
毛里求斯	74.2	72.6	73.6	68.1	57.3	64.1	61.9	57.3	64.2	60.2	64.5
摩洛哥	64.8	65.9	68.6	69.1	65.8	67.8	66.8	63.9	64.7	66.3	
莫桑比克	6.7	6.6	9.1	4.9	6.5	5	5.9	6.1	11.7	2	7.5
纳米比亚	51.7	49.2	40.9	49.1	54.8	46.5	39.7	44.7	47.2	44.3	45.4
尼日尔	7	8.9	7.2	8.3	14.8	14.7	7.3	6.6	4.8	14.1	6.4
尼日利亚	0.3	5	2.1			1.3	2.2	5.5	3.6	6.7	2.5
留尼汪											
卢旺达	2.7	23.8	4.3	3.8	3.4	3.3	4.5	6.7	16.6	7.6	10.5

续表

国家或地区 \ 年份	2001	2002	2003	2004	2005	2006	2007	2008	2009	2010	2011
圣多美和普林西比	2	3	4.9	5.3	4.5	4.9	4.2	7	3	4.7	
塞内加尔	28.8	69.6	34.3	38.5	43.4	44	36.4	39.2	41.3	40.1	44.1
塞舌尔	5.1	3.5	0.3	0.5	9.1	6.8	2.2	2.4			
塞拉利昂		7.5									
索马里											
南非	53.5	62.2	58.2	57.6	56.7	52.9	51.6	52.2	47.5	46.6	43.4
西撒哈拉	33.5	37.4	33.2								
苏丹	1.2	2.2	0.4	0.1	0.1	0		0.4	0.4		
坦桑尼亚	16.6	14.9	15.7	16.6	14	18.5	23.1	31	24.6	24.1	25.1
多哥	49.7	43.2	58	47.3	58.1		62.2	52.6	53.8	70.1	69.6
突尼斯	80.7	81.3	80.9	77.6	74.9	73.3	69.8	71.6	75.4	76	73.2
乌干达	5.5	5.5	11.7	11	11.5	21.3	22.1	27.4	25.6	22.8	31.5
布基纳法索	17.1	18.5	8.2	5.4	7.7		7.4	9.8	12.1	9.1	8.3
刚果（金）											
赞比亚	14.3	14.4	15.3	9.8	8.8	5.8	7.3	6.7	8.4	6.3	10
津巴布韦	14.6	38.4		28.5	38.1	24	50.3	40.2	34.3	36.4	23.1
莱索托	82.7	87.4	90.7	94.5				74.4	83.7		
梅利利亚											
斯威士兰	48.5	76.4	75.5	51	71.5	63.9	69.8				
厄立特里亚	50.7	24.6	30.3								
马约特岛	86.2	81.6	70.6	75.4	80	84.2	73.5	84.8	76.7		

资料来源： 中华人民共和国国家统计局。

5. 非洲的矿物和金属出口

长期的殖民主义统治，使非洲成为世界上经济发展水平最低的地区之一。非洲国家在政治上取得独立以后，民族经济获得不同程度的发展，但大多数国家的工业基础仍很薄弱。片面发展一种或几种面向出口的农产品和矿产品等初级产品，成为发达国家的原料供应地和工业品市场，以及历史上遗留下来的单一经济形态，还未得到根本性的扭转。因此，非洲实现经济独立并加速社会经济发展的任务仍十分艰巨。

2011 年，非洲矿物和金属出口占货物出口比重居前 10 位的国家和地区依次是：赞比亚（80.7%）、尼日尔（75.9%）、中非（62.2%）、莫桑比克（50.6%）、卢旺达（43.2%）、津巴布韦（39.5%）、坦桑尼亚（35.4%）、南非（35.1%）、纳米比亚（27.6%）以及马达加斯加（10.3%）。

表 3-12 反映了 2001—2011 年非洲矿物和金属出口占货物出口比重情况。

表 3-12　2001—2011 年非洲矿物和金属出口占货物出口比重

（单位：%）

国家或地区 \ 年份	2001	2002	2003	2004	2005	2006	2007	2008	2009	2010	2011
阿尔及利亚	0.3	0.4	0.4	0.4	0.5	0.7	0.5	0.6	0.5	0.3	0.3
安哥拉											
贝宁	0.1	0.1	0.2	0.4	0.5	0.7	1.2	1.8	0.7	0.9	
博茨瓦那	5.5	4.9	10.7	11.2	11.5	16.8	23.3	19.3	16.1	14.5	8.4
布隆迪	10.3	3.4	1.3	1.5	2.6	5.9	3.1	9.3	4.8	5.2	
喀麦隆	5.4	4.3	4.2	5.1	5.5	4.9	4.9	10.1	5.4	3	5.2
加那利群岛											
佛得角		0	0	0.1	0	0.3	0		0.7	0.9	0.9
中非	20.2	22.1	36.6	36.8	17.8	15.7	26.6	35.8	62	58.7	62.2
塞卜泰（休达）											
乍得											
科摩罗	0	0		0.7	0.1						
刚果（布）							0	0	0	0	
吉布提									0.3		
埃及	4.6	4.6	3.2	3.6	2.8	2.3	2.8	6.5	7.4	6.3	6.1
赤道几内亚											
埃塞俄比亚	2.7	1.3	0.7	1.1	1	0.6	3	0.6	0.8	1.1	1.2
加蓬	1.5	1.8	8.1	5.5	3.6	3.1	3.6	2.2	3		
冈比亚	0		1.6	0.7	0.3	0.9	0.5	14.9	6.8	9.7	9.2
加纳	16.5		3.9	2.1	5	3.1	4.9	6.4	4.2	11.2	1.8
几内亚	68	71.6		77.6	74.6	56.7	82.2	59.2			
几内亚比绍			0	0.1	0.6						
科特迪瓦	0.2	0.2	0.2	0.2	0.2	0.2	0.4	0.6	0.4	0.3	0.2
肯尼亚	3.5	2.2	3	5.5	1.9	2.5	2.9	3.2	2	2	
利比里亚											
利比亚							0	0	0	0	
马达加斯加	1.3	1.4	1.4	2.5	3.9	3.6	3.3	3.2	3	9.5	10.3
马拉维	0.2	0.3	0.1	0.3	0.2	0.1	0	0	0.8	11.1	8.8
马里	0.1	0.1	0.1	0.1	0.1	0.2	0.8	0.8		0.7	
毛里塔尼亚	58.9	61.9	57.9	59.8	68.6		55.4	59.9	67.8	30.4	8.8
毛里求斯	0.2	0.2	0.3	0.4	0.5	0.8	0.7	0.9	0.7	0.4	0.7
摩洛哥	8.5	8.2	7.1	8.2	8.8	9.3	10.3	15.5	8.4	11.7	
莫桑比克	54.9	45.1	54.9	61.6	59.4	59.9	64	57.3	3.9	54.4	50.6
纳米比亚	9.4	10.9	7.3	20.5	11.5	26	35	31.3	26.8	27.8	27.6
尼日尔	41.2	45.4	50.3	52.1	52.9	52.5	68.9	68.5	59.8	59.6	75.9
尼日利亚	0	0	0			0	0.4	0.3	0.2	1.1	0.3
留尼汪											
卢旺达	37.5	35.1	26.6	34.2	35.7	31.5	46.4	47.6	25.2	36.9	43.2

续表

年份 国家或地区	2001	2002	2003	2004	2005	2006	2007	2008	2009	2010	2011
圣多美和普林西比	0		0	0.1	0.1		0	0	0	0	
塞内加尔	4.5	9.4	3.4	3.9	2.8	6.9	4.1	4.3	3.4	3.8	4.1
塞舌尔	0	0	0	0	0	0	0	0			
塞拉利昂		0.1									
索马里											
南非	22.9	11.3	19.2	22.2	22.4	28.6	29.5	29.1	29.3	32.7	35.1
西撒哈拉	7.2	7.5	9.7								
苏丹	0.2	0.3	0.4	0.6	0.4	0.4		0.7	0.3		
坦桑尼亚	8.8	12.5	10.1	13.7	11.9	17.3	17.6	16.8	24.6	33.7	35.4
多哥	20.5	16.7	9.2	12.7	10.3		12.8	14.8	30.3	10.7	8.3
突尼斯	1.4	1.4	1.3	1.1	1.2	1.2	1.4	1.7	1.2	1.6	1.7
乌干达	3.7	2.1	0.4	0.4	2.7	2.4	2.3	2.2	2.5	1.9	1.1
布基纳法索	0	0.1	0	0.2	0.3		0.2	0.4	0.6	1.6	1.5
刚果（金）											
赞比亚	70.5	69.8	67.5	63.1	71.7	84.8	83	85.4	81.1	86	80.7
津巴布韦	18.1	22.1		23.2	23.2	7.2	19.9	20.6	22.3	34.9	39.5
莱索托	0.1	0.1	0.1	0				2.5	0.1		
梅利利亚											
斯威士兰	0.4	0.2	0.2	0.2	0.4	0.2	0.5				
厄立特里亚	3	4.8	1.8								
马约特岛	0	0	0.6	0.4	0.1	0.3	0	0.3	6.6		

资料来源：中华人民共和国国家统计局。

3.2.2 非洲主要产业进口比重

比较表 3-13、表 3-14、表 3-15、表 3-16、表 3-17 可见，非洲主要进口产品仍为工业制成品。

1. 非洲的农业原材料进口

2011 年，非洲农业原材料进口占货物进口比重居前 7 位的国家和地区依次是：尼日利亚（4.2%）、埃及（3%）、毛里求斯（3%）、尼日尔（2.6%）、中非（2.1%）、摩洛哥（2.1%）和突尼斯（2%）。

表 3-13 反映了 2001—2011 年非洲农业原材料进口占货物进口比重情况。

表 3-13　2001—2011 年非洲农业原材料进口占货物进口比重

（单位：%）

国家或地区＼年份	2001	2002	2003	2004	2005	2006	2007	2008	2009	2010	2011
阿尔及利亚	2.4	2.1	2.4	1.9	1.7	2.1	2.3	1.6	1.5	1.6	1.5
安哥拉											
贝宁	5.1	5.3	4	3.7	4.2	4.6	3.5	3.6	3.5	3.6	
博茨瓦那	0.8	0.8	0.8	0.8	0.9	0.7	0.9	0.8	0.9	0.8	0.7
布隆迪	2.5	2.5	1.3	1.1	1.4	1	0.9	1.6	1.4	1.4	0.7
喀麦隆	1.1	1.2	1.6	1.7	1.8	1.7	1.4	1.9	2.2	1.6	1.9
加那利群岛											
佛得角	2.5	2.2	2.5	1.9	1.8	1.4	1.4	1.7	1.3	1.3	1
中非	4.1	3.7	5.4	32.4	27.4	42.3	1.5	2.5	2.3	2.1	2.1
塞卜泰（休达）											
乍得											
科摩罗	0.8	0.9	0.8	0.7	0.3	0.3	0.2	0.4	0.6		
刚果（布）							0.4	0.6	0.6	0.4	
吉布提									0.6		
埃及	4.5	4.4	4.6	5.2	4.1	3.9	3.7	3.3	3.4	3.2	3
赤道几内亚											
埃塞俄比亚	1	0.9	0.7	0.9	0.9	1.6	0.9	1.2	0.5	0.5	0.6
加蓬	0.6	0.6	0.4	0.6	0.1	0.4	0.6	0.4	0.4		
冈比亚	1.6	2.3	2.2	1.9	1.4	2.1	1.9	2.1	1.3	0.7	0.7
加纳	1.9	1.8	1.7	1.3	1.1	1.2	1.1	1	1.3	1.1	0.9
几内亚	1.1	1.2		0.8	0.4	0.4	0.4	0.4			
几内亚比绍			0.4	0.2	0.6						
科特迪瓦	0.9	1	0.6	0.5	0.5	0.6	0.6	0.6	0.8	0.9	0.9
肯尼亚	2.1	2.2	2.1	2.1	1.7	1.9	1.9	1.3	1.4	1.5	
利比里亚											
利比亚			0.7	0.6			0.2	0.5	0.6	0.8	
马达加斯加	0.7	0.2	0.4	0.7	0.4	1	1	0.6	0.6	1	1.1
马拉维	1.7	1.1	1.3	1.1	1	1	1	0.8	1	1.1	1.2
马里	0.7	0.6	0.7	0.6	0.5	0.4	0.5	0.4		0.5	0.5
毛里塔尼亚	0.3	0.3	0.7	0.3	0.2	0.6	0.5	0.5	0.5	0.5	0.5
毛里求斯	2.4	2.1	2	2.3	1.9	2.1	2.5	2.6	2.4	2.2	3
摩洛哥	3.2	3.3	3.3	3	2.8	2.9	2.6	2.1	2.2	2.2	2.1
莫桑比克	0.7	0.8	1.1	1.2	1	1	0.9	1	1.2	1	0.8
纳米比亚	0.6	1.3	0.7	0.6	0.7	0.6	0.6	0.7	0.5	0.6	0.7
尼日尔	3.4	3	4.3	3	4	4.5	4.7	4.7	3.2	2.1	2.6
尼日利亚	2.6	1	0.6			0.7	0.9	1.2	1	0.8	4.2
留尼汪											
卢旺达	3	3.6	4	3.7	2.3	2.2	1.9	2.4	1.6		1.5

续表

国家或地区＼年份	2001	2002	2003	2004	2005	2006	2007	2008	2009	2010	2011
圣多美和普林西比	0.3	0.8	1	1.1	0.9	0.8	0.5	0.5	0.9	0.8	0.8
塞内加尔	1.9	1.8	1.8	2	1.6	1.6	1.5	1.3	1.5	1.5	1.6
塞舌尔	0.7	1.1	1.4	0.7	1	1.3	1.2	2.1			
塞拉利昂		7.6									
索马里											
南非	1.4	1.5	1.4	1.3	1.1	1	0.9	0.9	0.9	0.9	0.9
西撒哈拉	1.7	1.5	1.3								
苏丹	1	0.9	0.9	0.7	0.7	0.4	0.3	0.2	1.1	0.7	0.4
坦桑尼亚	2.2	2.5	1.9	1.7	1.1	0.8	0.8	0.8	0.9	0.9	0.7
多哥	1.3	1.2	0.7	0.8	0.8		1.1	1.2	1.3	1.4	1.3
突尼斯	2.9	2.9	2.8	2.8	2.6	2.3	2.2	1.9	2	2.1	2
乌干达	2.5	2.6	2	1.9	1.6	1.4	1	1	1	1.1	1.1
布基纳法索	0.9	0.7	0.7	0.7	0.6		0.7	0.7	0.7	0.7	0.7
刚果（金）											
赞比亚	2.1	1.9	1.2	1.1	1.3	0.8	0.4	0.4	0.7	0.6	0.5
津巴布韦	1.5	1.9		1.8	2.4	1	1.2	0.5	0.4	0.4	0.4
莱索托	0.9	0.8	0.8	0.9				1.9	1.8		
梅利利亚											
斯威士兰	2.7	2.2	1.9	1.2	0.9	0.9	1				
厄立特里亚	0.5	1.5	0.9								
马约特岛	1.9	1.4	1.9	1.4	1.5	1.3	1.1	1.3	1		

资料来源： 中华人民共和国国家统计局。

2. 非洲的食品进口

2011 年，非洲食品进口占货物进口比重居前 15 位的国家和地区依次是：圣多美和普林西比（32.4%）、冈比亚（32.2%）、中非（31.2%）、尼日利亚（30.6%）、佛得角（25.4%）、喀麦隆（25.1%）、科特迪瓦（25.1%）、布隆迪（24.7%）、埃及（23.7%）、塞内加尔（23%）、阿尔及利亚（22.8%）、毛里求斯（21.3%）、苏丹（18%）、马达加斯加（17.9%）和卢旺达（17.1%）。

表 3-14 反映了 2001—2011 年非洲食品进口占货物进口比重情况。

表 3-14　2001—2011 年非洲食品进口占货物进口比重

（单位：%）

国家或地区＼年份	2001	2002	2003	2004	2005	2006	2007	2008	2009	2010	2011
阿尔及利亚	26.1	25.1	22.4	21.9	19.3	19.2	19.8	21.4	16.3	16.3	22.8
安哥拉											
贝宁	20.4	23.9	24.2	24.6	29.9	30.7	31.2	36.1	31.1	31.9	
博茨瓦那	13.9	15.5	13.9	14.4	13.8	13.7	13.1	12	13.1	12.4	10.5

续表

国家或地区 \ 年份	2001	2002	2003	2004	2005	2006	2007	2008	2009	2010	2011
布隆迪	13.1	11.2	15.6	9	6.5	22.2	12.4	11.2	12.5	13.7	24.7
喀麦隆	15.5	18.1	17.6	18.3	18	18	14.9	23.8	26.8	17.7	25.1
加那利群岛											
佛得角	33.7	29.8	30.8	30.2	30.5	29.2	25.7	27.7	29.4	27.7	25.4
中非	27	22.2	23.4	16.5	17.2	0.5	18.6	25.9	39.3	28.1	31.2
塞卜泰（休达）											
乍得											
科摩罗	38.5	40.2	38	43.9	34.2	28.2	19.5	41.1	38.2		
刚果（布）							5.6	8.2	8.8	7	
吉布提									29.3		
埃及	25.9	27.7	24.9	22.5	20.1	19	20.3	17.2	17.2	19.1	23.7
赤道几内亚											
埃塞俄比亚	14.5	11.3	21.5	12.3	10.6	8.5	7	14.3	10.9	11	14.8
加蓬	18.3	15.9	15.6	24.2	19.1	16.6	18.1	17.5	17.1		
冈比亚	41.8	38.2	37.6	40.8	37.7	31.2	31	29.8	34.3	35.2	32.2
加纳	18.2	20.1	16.1	20.8	13.9	13.4	14.4	14.8	16.3	15.3	14.3
几内亚	23.5	23.1		19.3	15.8	25.6	16.9	13.2			
几内亚比绍			62.4	39.2	50.7						
科特迪瓦	21.1	22.6	22.5	17.2	14.6	17.3	17.4	19.6	23.2	19.2	25.1
肯尼亚	13.4	12.2	12.2	10.4	9.5	9.2	11	11.6	15.4	12	
利比里亚											
利比亚			17	16.8			16.1	16.4	11.7	12.1	
马达加斯加	14.4	15.9	18.3	14.6	15.4	14.5	14.6	10.6	10.7	13.6	17.9
马拉维	11.6	23.5	17.3	17.4	18.2	15.1	10.6	12	13.1	13.6	13.2
马里	14.3	17.7	18	13.7	16.5	17.3	14.8	12.4		11.6	13.7
毛里塔尼亚	18.4	21.8	24.4	10.8	10.2	25	25.5	28.2	29.1	19.4	14.5
毛里求斯	15.8	19	17.5	17.5	16.7	16.5	18.9	20.9	21.6	21.1	21.3
摩洛哥	14.4	14	11	10.9	10.6	9.3	12.3	11.8	11.2	11.4	12.6
莫桑比克	13.3	11.8	13.6	14.7	15	13.8	17.8	14.2	15.4	11.6	12.3
纳米比亚	13.1	12.5	14.9	18.6	17.9	16.2	15.4	13.9	14.8	14.9	14.1
尼日尔	45.4	37.9	33.3	31	34.2	27.8	23.6	24.9	15.5	15.1	15.8
尼日利亚	21.7	19.6	15.5			18	20.1	9.8	11.8	10.2	30.6
留尼汪											
卢旺达	20.7	16.3	11.7	15.8	13	14.9	15.4	11.7	13.2		17.1
圣多美和普林西比	36.6	41.7	38.4	38.7	38.4	30.6	28.3	27.3	35.9	29.8	32.4
塞内加尔	26.8	26.1	29.6	28.3	28.1	23.4	25.1	25.9	24.2	22.4	23
塞舌尔	22.6	30.4	30.2	27.3	21.5	24	22.1	17.2			
塞拉利昂		22.5									
索马里											

续表

国家或地区 \ 年份	2001	2002	2003	2004	2005	2006	2007	2008	2009	2010	2011
南非	4.4	5	5	5	4.4	4.4	5.2	5.3	6.5	5.8	6.1
西撒哈拉	12	12.6	11.9								
苏丹	19.3	18.7	16.4	14.4	12.5	11.9	5.3	7.5	14.9	25.9	18
坦桑尼亚	15.2	13.8	13.5	15	9.6	12.1	11.7	7.8	8.9	10	9.9
多哥	22.8	22.1	17.1	18.1	15.5		14.6	14.2	14.5	15.7	16.9
突尼斯	8.3	10.2	8.4	8.6	8.5	8.2	9.8	10.2	8.6	9.3	11.3
乌干达	12.2	14	16.2	16.3	15.9	13.6	12.5	13	12.4	12.4	13.5
布基纳法索	21.9	21.3	19.1	17.6	18.3		16	16.7	15.7	15.1	16.6
刚果（金）											
赞比亚	9.1	13.1	12.7	6.6	6.2	7.6	5.2	5.6	6.5	4.7	5.1
津巴布韦	3.9	11.1		18.7	9.6	17.7	11	16.9	22.4	18.1	15
莱索托	26.9	23.1	19.3	15.6				20.2	28.1		
梅利利亚											
斯威士兰	17.3	17.6	16.4	16.4	16.8	15.5	20.5				
厄立特里亚	30	30.9	45.6								
马约特岛	24.3	27	26.1	21.5	22.4	19.9	18.3	20	23.3		

资料来源：中华人民共和国国家统计局。

3. 非洲的燃料进口

2011 年，非洲燃料进口占货物进口比重居前 15 位的国家和地区依次是：坦桑尼亚（32.1%）、塞内加尔（31.8%）、马里（29.3%）、布隆迪（29%）、科特迪瓦（28.6%）、毛里塔尼亚（27.7%）、摩洛哥（25.3%）、莫桑比克（23.6%）、布基纳法索（23.6%）、乌干达（23.4%）、马达加斯加（22.4%）、冈比亚（22%）、毛里求斯（21.7%）、南非（21.4%）和佛得角（19.3%）。

表 3-15 反映了 2001—2011 年非洲燃料进口占货物进口比重情况。

表 3-15　2001—2011 年非洲燃料进口占货物进口比重

（单位：%）

国家或地区 \ 年份	2001	2002	2003	2004	2005	2006	2007	2008	2009	2010	2011
阿尔及利亚	1.4	1.2	0.8	0.9	1	1.1	1.1	1.4	1.1	2.1	2.3
安哥拉											
贝宁	17.3	17.4	20.1	23	20.4	21.6	20.4	14.8	16.7	20.7	
博茨瓦那	6.5	5.9	4.4	11.6	13.7	17.2	15.6	16.9	13.2	14.7	16.4
布隆迪	12.5	12.9	18.5	16.5	8.5	1	28	3.4	2.4	2.1	29
喀麦隆	18.4	14.8	11.6	17.8	26.4	30.8	33.4	2.9	3.5	27.5	3
加那利群岛											
佛得角	5.6	6.2	13.1	7.6	8.9	8.9	11.1	11.2	11.6	11.9	19.3

续表

年份 国家或地区	2001	2002	2003	2004	2005	2006	2007	2008	2009	2010	2011
中非	5.1	11	11	13.8	16.9	0	0.9	1.3	0.6	1	0.8
塞卜泰（休达）											
乍得											
科摩罗	3.2	1	2.3	0.6	12.5	5.6	0.7	0.4	0.4		
刚果（布）							4.3	5.4	2.5	5.7	
吉布提									6.5		
埃及	4.9	4	5.2	8.6	13.5	16.4	14.8	11.1	9.9	13.4	14.9
赤道几内亚											
埃塞俄比亚	17.5	12.4	12	14.9	15.1	19.9	13.3	23.2	15.9	18.6	17.8
加蓬	6.2	1.9	2.9	3.2	3.7	4	4.9	4.8	7.3		
冈比亚	7.2	10.8	10.6	14.3	16.1	17.4	16.9	19.9	15.6	20.5	22
加纳	22.7	8.6	18.6	1.6	13.6	13.8	12.4	13.8	3	1	0.9
几内亚	18.6	21.7		24.7	1.9	24.6	26.1	33			
几内亚比绍			1.2	11.8	16.6						
科特迪瓦	26.3	20.5	17.3	23.2	28	31.8	30.2	35.7	25	23.7	28.6
肯尼亚	20.9	16.7	23.1	24.3	22.9	24.2	21.3	27.2	21.4	22.1	
利比里亚											
利比亚			0.6	0.7			1	1.2	0.9	1.1	
马达加斯加	22.4	34.2	16	13.8	15.9	18.7	16.6	13.3	10.4	15.2	22.4
马拉维	16.7	11.1	11.5	11.8	10.5	11.4	13.8	9.7	10.4	10	8.7
马里	19	17.5	17.6	21.1	24.2	24	22.2	21.4		26	29.3
毛里塔尼亚	24	22.1	16.5	6.4	10	26.9	30.5	35	20.1	26.4	27.7
毛里求斯	11.2	10.4	11	13.2	16.5	16.8	18.4	21.5	15.8	19.3	21.7
摩洛哥	17.7	15.6	15.7	16.7	21.5	21.7	20.1	22.4	20.6	23.1	25.3
莫桑比克	3.9	9.5	16.2	15.5	6.6	16.9	16.2	20.2	15.4	19.9	23.6
纳米比亚	10.3	12.1	10.4	3.7	2.1	3.2	10.5	13.7	7.8	9.2	9.1
尼日尔	13	13.7	16.9	14.5	14.7	14.4	17	16.4	11.9	12.5	17.8
尼日利亚	2.2	1.3	16			2.9	1.8	1.6	1	1.4	10
留尼汪											
卢旺达	14.3	16.2	15.5	14.8	12.2	11.6	7.8	6.2	8.1		8.3
圣多美和普林西比	14.3	11.7	10.8	14.7	20.2	20.2	20.3	23.1	15.4	16.1	16
塞内加尔	16.8	35.9	18.6	18.3	22.9	25.9	26.7	27.7	23.2	29.9	31.8
塞舌尔	0	14.5	16.1	26.3	23.5	26.7	25.3	12.4			
塞拉利昂		39.7									
索马里											
南非	14.8	12.5	11.9	14.5	14.3	18.4	18.6	22.4	21.5	19.7	21.4
西撒哈拉	14.3	11.9	13.6								
苏丹	2.2	4.8	3.1	1.6	4.9	5	0.3	0.1	4	6.5	9.9
坦桑尼亚	12.9	11.7	19	16.5	22.3	24	29.9	29.4	22.6	27.6	32.1

续表

年份 国家或地区	2001	2002	2003	2004	2005	2006	2007	2008	2009	2010	2011
多哥	15.9	15.1	18.8	23	29		27	25.8	15	13.9	15.5
突尼斯	9.6	9.4	10.8	10.3	13.7	14.8	12.9	16.9	11.5	12.6	14.8
乌干达	16.2	16.3	13.7	14.2	19.5	21.1	18.7	19.1	17.5	20	23.4
布基纳法索	20.6	16.9	16.8	16.1	19.9		21.9	23.9	23.6	22	23.6
刚果（金）											
赞比亚	7	6.6	8.3	11.4	10.5	15.1	12.1	16	13.9	11.6	7.4
津巴布韦	42.5	8.3		13.7	15.1	22.2	17	11.2	12.9	16	14.6
莱索托	5.9	7.4	6.5	6.4				10.5	10.8		
梅利利亚											
斯威士兰	10.8	9.6	8.3	8.4	11.7	14.5	13.8				
厄立特里亚	0.9	1.1	0.8								
马约特岛	1.1	1.1	3.9	11.3	13.4	13.9	13	15	8.7		

资料来源： 中华人民共和国国家统计局。

4. 非洲的制成品进口

2011 年，非洲制成品进口占货物进口比重居前 28 位的国家和地区依次是：加纳（82.8%）、马拉维（73.9%）、纳米比亚（72.3%）、阿尔及利亚（71.8%）、卢旺达（71.4%）、博茨瓦那（70.4%）、赞比亚（69.2%）、喀麦隆（68.8%）、突尼斯（67.9%）、津巴布韦（67.3%）、埃塞俄比亚（65.3%）、多哥（64.6%）、中非（63.8%）、南非（63.7%）、尼日尔（61.9%）、乌干达（60.8%）、布基纳法索（58.1%）、马达加斯加（57.5%）、毛里塔尼亚（57%）、坦桑尼亚（56.3%）、尼日利亚（54%）、佛得角（53.7%）、毛里求斯（52.9%）、埃及（52.3%）、莫桑比克（52.1%）、冈比亚（43%）、塞内加尔（42.9%）和科特迪瓦（42.8%）。不难发现，这些国家和地区的制成品进口占货物进口比重均在 42%以上。

表 3-16 反映了 2001—2011 年非洲制成品进口占货物进口比重情况。

表 3-16　2001—2011 年非洲制成品进口占货物进口比重

（单位：%）

年份 国家或地区	2001	2002	2003	2004	2005	2006	2007	2008	2009	2010	2011
阿尔及利亚	68.7	70.3	73.2	73.9	76.5	75.8	74.9	74	79.8	78.4	71.8
安哥拉											
贝宁	56.2	52.6	50.4	47.7	44.5	41.8	44.1	44.7	48	43.1	
博茨瓦那	71.8	71.6	75	66	65.3	63.2	67.3	67	69.5	68.5	70.4
布隆迪	69.7	71	63.1	72.2	82.3	69.9	57.5	82.8	80.8	81.6	
喀麦隆	63.9	64.5	61.7	60.9	52.4	48.4	49.4	70.3	63.3	52.4	68.8
加那利群岛											
佛得角	57.7	61.3	53	60	58.3	59.9	59.9	58.2	53.5	57.8	53.7

续表

年份 国家或地区	2001	2002	2003	2004	2005	2006	2007	2008	2009	2010	2011
中非	60.9	60.3	55.9	35.5	36.9	38.2	62.2	68.3	55.9	67.2	63.8
塞卜泰（休达）											
乍得											
科摩罗	56.6	57.5	58.1	54.5	52.7	65.5	53.5				
刚果（布）							89.3	85.5	88	86.7	
吉布提									62.4		
埃及	55.3	51.2	48.7	48.7	46.2	43.2	42.4	59.9	65.2	60.1	52.3
赤道几内亚											
埃塞俄比亚	65.2	73.9	64	70.8	72	68.5	76.4	60.2	71.5	68.7	65.3
加蓬	73.6	80.1	79.6	69.7	74.8	77.4	74.7	75.4	73.8		
冈比亚	45.5	46.8	48.7	42.2	43.5	48.7	49.1	47.4	48.1	42.9	43
加纳	56.3	67.6	61.9	74.2	69.3	70	70.4	68.9	74.9	81.1	82.8
几内亚	56	53		54.3	29.5	48.7	56.4	53.2			
几内亚比绍			35.9	48.6	31.1						
科特迪瓦	49.7	54	44.9	47.5	46.9	43.2	44.9	42.1	48.6	54.6	42.8
肯尼亚	62	67	61	61.3	64.3	62.6	62.2	58.1	60	62.7	
利比里亚											
利比亚			80.7	81.1			80.2	80.6	85.1	84.1	
马达加斯加	61.4	47.9	64.6	70.3	65.3	64.6	67	74.9	77.7	69.5	57.5
马拉维	69.3	63.4	68.6	68.4	68.3	71.1	72.9	76.8	74.5	74.1	73.9
马里	65.1	63	62.5	63.7	58.2	57.4	61.8	64.9		61.2	
毛里塔尼亚	56.9	55.2	58	82.5	79.2	47.1	43.2	35.9	50	52.9	57
毛里求斯	69.4	67.3	68.6	65.9	63.9	63.5	57.8	54	59.1	56.4	52.9
摩洛哥	62.4	64.7	67.2	66.5	61.9	62.7	61.4	57.5	62.9	58.8	
莫桑比克	38.9	47.7	49.5	52.6	50.7	48	46.8	47.3	55	49.6	52.1
纳米比亚	73.8	71.4	69.4	75.4	77.8	78.2	72.3	70.3	74.4	72.6	72.3
尼日尔	36.4	43.9	44	50.2	45.7	52.1	52.8	51.6	67.7	69.4	61.9
尼日利亚	71	75.8	66.3			71.9	74.1	85.5	83.6	86.4	54
留尼汪											
卢旺达	60.2	62	66.7	63.3	70.4	69.9	73.3	73.1	75.6		71.4
圣多美和普林西比	47.4	44.3	49.5	44.9	40.1	46.9	49.6	48	46.6	52	
塞内加尔	52.6	35.2	47.4	48.9	45.1	48.1	45.5	42.3	50.1	44.4	42.9
塞舌尔	66.1	53.4	48.7	42.3	48.3	40.5	48.3	47.8			
塞拉利昂		29.3									
索马里											
南非	69.9	70.1	70.3	68.8	69.6	66.2	65.5	62	64.3	65.4	63.7
西撒哈拉	66.2	68	66.7								
苏丹	76.3	74	77.7	81.2	80	80.4	93	67.7	77.8		
坦桑尼亚	68.5	70.7	64.7	65.8	66	61.9	55.4	60.1	66.5	60.4	56.3

续表

国家或地区＼年份	2001	2002	2003	2004	2005	2006	2007	2008	2009	2010	2011
多哥	58.1	59.8	61.2	55.2	52.6		54.9	57	67.7	67.2	64.6
突尼斯	76.4	74.1	75.4	75.6	72	71.2	70.8	64.6	74.8	72.3	67.9
乌干达	67.4	65.1	66.7	65.9	60.9	62.5	62.9	65.5	67.7	65.1	60.8
布基纳法索	55.6	60.3	62.6	64.9	60.5		60.4	57.8	59	61	58.1
刚果（金）											
赞比亚	78.8	76	74.1	77.7	78.1	74	76.4	64	65.1	61.6	69.2
津巴布韦	48.3	75.9		54.2	32.4	50.9	57.1	63	57.6	52.2	67.3
莱索托	51.9	62.8	62.1	46				53.3	56.9		
梅利利亚											
斯威士兰	65.8	67	70.8	72	68.3	65.6	62.6				
厄立特里亚	67.6	65	51.7								
马约特岛	71	70	67.5	65.4	62.2	64.3	66.7	63.2	66.6		

资料来源： 中华人民共和国国家统计局。

5. 非洲的矿物和金属进口

2011 年，非洲矿物和金属进口占货物进口比重居前 8 位的国家和地区依次是：赞比亚（17.6%）、莫桑比克（11.1%）、埃及（6%）、突尼斯（3.9%）、纳米比亚（3.7%）、马拉维（2.8%）、冈比亚（2.1%）、津巴布韦（2.1%）。

表 3-17 反映了 2001—2011 年非洲矿物和金属进口占货物进口比重情况。

表 3-17 2001—2011 年非洲矿物和金属进口占货物进口比重

（单位：%）

国家或地区＼年份	2001	2002	2003	2004	2005	2006	2007	2008	2009	2010	2011
阿尔及利亚	1.4	1.3	1.2	1.3	1.5	1.8	1.9	1.6	1.4	1.5	1.6
安哥拉											
贝宁	1.1	0.8	1.3	1.1	0.9	1	0.8	0.7	0.7	0.7	
博茨瓦那	2	1.6	1.1	1.2	2.9	3.7	2.3	2.1	2.1	2	0.9
布隆迪	1.7	1.8	1.5	1.1	0.8	4.5	0.9	0.6	0.6	0.7	
喀麦隆	1.1	1.5	1.2	1.3	1.1	1	0.8	1	1.2	0.8	1.2
加那利群岛											
佛得角	0.4	0.5	0.6	0.3	0.5	0.6	0.9	1.3	1.2	1.1	0.6
中非	3	2.8	4.2	1.7	1.5	12.2	16.6	1.9	1.7	1.4	1.9
塞卜泰（休达）											
乍得											
科摩罗	0.3	0.3	0.6	0.2	0.2	0.2	0.2				
刚果（布）							0.4	0.4	0.2	0.2	
吉布提									0.8		
埃及	2.3	2.7	2.5	3.6	3.3	3.3	3.5	8.5	4.3	4.1	6

续表

国家或地区＼年份	2001	2002	2003	2004	2005	2006	2007	2008	2009	2010	2011
赤道几内亚											
埃塞俄比亚	1.5	1.2	1.5	0.8	1.2	0.8	1.4	1.1	1.2	1.2	1.5
加蓬	1.1	1.3	0.9	1.2	1.1	1.1	1.1	1.6	1		
冈比亚	1	1.8	0.9	0.6	1	0.6	1	0.8	0.6	0.7	2.1
加纳	0.8	1.8	1.7	2.1	1.7	1.3	1.6	1.4	1.3	1.2	1
几内亚	0.4	0.8		0.3	0.1	0.4	0.2	0.2			
几内亚比绍			0.1	0.1	0.1						
科特迪瓦	1.6	1.6	1.3	1.1	1	1.1	1.5	1.5	1.2	1.2	1.2
肯尼亚	1.4	1.4	1.4	1.6	1.5	2	2.2	1.7	1.6	1.5	
利比里亚											
利比亚			1	0.9			2.1	1.2	1.5	1.6	
马达加斯加	0.6	0.6	0.4	0.3	0.4	0.7	0.3	0.3	0.4	0.4	0.9
马拉维	0.5	0.9	0.9	1.1	0.8	0.7	0.7	0.6	1	1	2.8
马里	0.6	0.9	0.9	0.6	0.4	0.5	0.5	0.7		0.6	
毛里塔尼亚	0.4	0.4	0.2	0.1	0.3	0.3	0.2	0.2	0.3	0.2	0.3
毛里求斯	1.1	1.2	0.9	1	1	1	1.2	1.1	1.1	1.1	1.1
摩洛哥	2.4	2.5	2.8	2.9	3.2	3.5	3.5	5.9	2.6	3.3	
莫桑比克	0.2	0.3	0.4	0.3	0.5	0.4	0.3	0.4	0.5	0.5	11.1
纳米比亚	1.8	2.3	3.6	1	1	0.9	0.8	1	1.6	2.5	3.7
尼日尔	1.5	1.3	1.2	1.2	1.4	1	1.4	2.1	1.5	0.9	1.8
尼日利亚	2.5	2.2	1.6			2.8	3.2	1.9	1.8	1.1	1.2
留尼汪											
卢旺达	1.9	1.9	2	2	2	1.3	1.6	2.1	1.2		1.6
圣多美和普林西比	1.3	1.4	0.3	0.4	0.2	1.4	1	0.9	1.1	1.1	
塞内加尔	1.9	1	2.5	2.5	2.2	1	1.3	2.3	0.9	1.7	0.7
塞舌尔	0.5	0.6	0.3	0.3	0.3	0.5	0.4	0.6			
塞拉利昂		0.8									
索马里											
南非	1.2	1.7	2	2	1.8	2.4	2.5	2.8	1.3	1.5	1.8
西撒哈拉	1.4	1.6	1.7								
苏丹	0.8	0.9	0.8	0.8	0.9	1.1	0.3	0.2	0.9		
坦桑尼亚	1.1	1.3	0.9	1.1	0.9	1.2	1.3	1.8	1	1	0.8
多哥	2	1.9	2.1	2.2	2.1		2.3	1.7	1.5	1.9	1.7
突尼斯	2.3	2.2	2.5	2.7	3.1	3.4	3.4	6.4	3.1	3.6	3.9
乌干达	1.6	1.4	1.3	1.4	1.1	1.1	1.2	1.2	1.2	1.3	1.1
布基纳法索	1	0.9	0.8	0.8	0.6		0.9	0.6	0.6	0.9	0.9
刚果（金）											
赞比亚	1.8	1.8	3.1	2.6	2.6	2.5	4.7	13	13.3	21	17.6
津巴布韦	2.6	2.3		9.8	40.4	7.6	6.4	5.8	5.2	13.8	2.1

续表

年份 国家或地区	2001	2002	2003	2004	2005	2006	2007	2008	2009	2010	2011
莱索托	0.7	0.7	0.7	0.3				0.8	0.7		
梅利利亚											
斯威士兰	1.2	0.9	0.8	0.6	0.6	1.2	1.2				
厄立特里亚	0.7	1.1	0.9								
马约特岛	0.6	0.5	0.6	0.4	0.4	0.4	0.4	0.4	0.4		

资料来源：中华人民共和国国家统计局。

由于殖民主义者的长期占领和掠夺，非洲许多国家成为单一的商品经济国家，主要出口矿产、木材、畜产和热带经济作物为主的初级产品，并进口机械、汽车等工业制成品。这种过度依赖一种或几种初级产品的模式显然不利于经济的长期发展，因此，非洲目前正致力于发展民族工业，发展多样化的农业，发展农产品加工业、旅游业、水产业等其他产业。

3.3　非洲目标市场进出口贸易伙伴及产品结构

3.3.1　进口贸易伙伴及产品结构

2012 年，在作为发展中经济体的非洲，自发达经济体进口 262198 百万美元，自世界进口 613546 百万美元，发达经济体的所有产品的来源国市场占有率为 42.7%；其中，加工货物的来源国市场占有率 48.1%。发达经济体加工货物的主要产品市场占有率为 67.2%。

表 3-18 反映了 1995、2005 及 2012 年非洲通过贸易伙伴的进口结构及产品类别情况。

表 3-18　非洲通过贸易伙伴的进口结构及产品类别

来源国 产品 分类	年份	世界	发达经济体							转型经济体
			合计	欧洲		加拿大	美国	日本	其他发达国家	
				小计	欧盟					
	进口（百万美元）									
所有产品	1995	124056	79274	58787	56803	1368	11498	5942	1680	1501
	2005	256205	129061	98094	95025	1724	17425	8409	3409	6511
	2012	613546	262198	200566	193817	4370	36938	13596	6728	17815
	来源国市场占有率（%）									

续表

来源国产品分类	年份	世界	发达经济体							转型经济体
			合计	欧洲		加拿大	美国	日本	其他发达国家	
				小计	欧盟					
所有产品	1995	100.0	63.9	47.4	45.8	1.1	9.3	4.8	1.4	1.2
	2005	100.0	50.4	38.3	37.1	0.7	6.8	3.3	1.3	2.5
	2012	100.0	42.7	32.7	31.6	0.7	6.0	2.2	1.1	2.9
所有食品项目	1995	100.0	60.7	39.2	37.9	3.8	15.5	0.2	2.0	0.6
	2005	100.0	45.6	29.8	28.6	1.8	11.2	0.1	2.7	3.8
	2012	100.0	38.8	25.6	24.5	1.9	8.2	0.4	2.7	7.2
农业原材料	1995	100.0	62.0	47.6	47.0	1.9	9.3	0.9	2.4	6.4
	2005	100.0	57.3	45.2	44.5	2.7	6.1	1.5	1.7	6.6
	2012	100.0	65.3	50.6	50.1	2.9	7.7	2.7	1.5	5.3
矿石、金属、宝石和非货币黄金	1995	100.0	67.6	46.1	41.5	3.4	3.2	1.2	13.8	3.0
	2005	100.0	38.4	24.2	22.7	1.0	3.4	0.3	9.4	4.8
	2012	100.0	46.9	38.0	36.2	1.5	2.7	0.3	4.4	3.4
燃料	1995	100.0	18.7	13.8	13.7	0.2	3.1	0.0	1.5	1.3
	2005	100.0	18.0	15.6	14.9	0.2	1.4	0.1	0.7	4.4
	2012	100.0	30.6	26.5	25.5	0.1	3.5	0.1	0.3	5.3
加工货物	1995	100.0	70.8	54.3	52.5	0.5	9.3	5.9	0.7	1.1
	2005	100.0	59.3	46.2	44.8	0.5	7.6	4.2	0.8	1.9
	2012	100.0	48.1	37.2	36.0	0.6	6.6	3.1	0.7	1.3
	主要产品市场占有率（%）									
所有产品	1995	100.0	100.0	100.0	100.0	100.0	100.0	100.0	100.0	100.0
	2005	100.0	100.0	100.0	100.0	100.0	100.0	100.0	100.0	100.0
	2012	100.0	100.0	100.0	100.0	100.0	100.0	100.0	100.0	100.0
所有食品项目	1995	15.2	14.5	12.6	12.6	52.5	25.5	0.6	22.8	7.6
	2005	12.5	11.3	9.7	9.6	34.2	20.6	0.4	25.0	18.6
	2012	14.7	13.4	11.5	11.4	38.4	20.0	2.8	36.5	36.7
农业原材料	1995	2.5	2.5	2.5	2.6	4.4	2.5	0.5	4.5	13.3
	2005	1.6	1.8	1.8	1.9	6.3	1.4	0.7	2.0	4.1
	2012	1.4	2.1	2.2	2.2	5.6	1.8	1.7	1.9	2.6

续表

来源国产品分类	年份	世界	发达经济体							转型经济体
			合计	欧洲		加拿大	美国	日本	其他发达国家	
				小计	欧盟					
矿石、金属、宝石和非货币黄金	1995	2.6	2.8	2.6	2.4	8.1	0.9	0.6	26.9	6.5
	2005	2.8	2.2	1.8	1.7	4.2	1.4	0.2	20.0	5.4
	2012	3.1	3.4	3.6	3.6	6.7	1.4	0.4	12.3	3.6
燃料	1995	8.4	2.5	2.4	2.5	1.4	2.8	0.0	9.4	9.3
	2005	11.7	4.2	4.8	4.7	3.7	2.3	0.5	6.4	20.5
	2012	15.9	11.4	12.9	12.9	2.0	9.4	0.8	4.5	28.9
加工货物	1995	66.6	73.8	76.4	76.3	32.9	66.9	81.5	36.0	63.0
	2005	64.8	76.3	78.3	78.4	50.7	72.2	82.0	37.3	49.7
	2012	59.6	67.2	67.9	68.0	46.5	65.5	82.2	39.0	27.5

资料来源： http：//unctad. org.

3.3.2 出口贸易伙伴及产品结构

2012 年，非洲通过发达经济体出口 350094 百万美元，通过世界出口 640520 百万美元。发达经济体所有产品的目标国市场占有率为 54.7%；其中，燃料的目标国市场占有率为 61.0%。非洲对发达经济体出口燃料的主要产品市场占有率为 69.8%。

表 3-19 反映了 1995、2005 及 2012 年非洲通过贸易伙伴的出口结构及产品类别情况。

表 3-19 非洲通过贸易伙伴的出口结构及产品类别

来源国产品分类	年份	世界	发达经济体							转型经济体
			合计	欧洲		加拿大	美国	日本	其他发达国家	
				小计	欧盟					
	出口（百万美元）									
所有产品	1995	111034	80667	58173	56338	1153	16345	3842	1154	788
	2005	301446	209026	129690	125363	4591	64173	7980	2592	1486
	2012	640520	350094	238691	230411	12735	75296	16341	7031	3308
	目标国市场占有率（%）									
所有产品	1995	100.0	72.7	52.4	50.7	1.0	14.7	3.5	1.0	0.7
	2005	100.0	69.3	43.0	41.6	1.5	21.3	2.6	0.9	0.5
	2012	100.0	54.7	37.3	36.0	2.0	11.8	2.6	1.1	0.5

续表

来源国产品分类	年份	世界	发达经济体							转型经济体
			合计	欧洲		加拿大	美国	日本	其他发达国家	
				小计	欧盟					
所有食品项目	1995	100.0	72.8	60.9	59.4	0.8	3.9	6.4	0.8	1.6
	2005	100.0	63.8	53.0	51.9	0.8	5.5	3.4	1.1	2.8
	2012	100.0	47.9	39.4	38.6	0.7	4.3	2.6	0.8	3.6
农业原材料	1995	100.0	58.4	48.6	47.6	0.2	3.2	5.8	0.6	0.1
	2005	100.0	50.9	41.7	40.3	0.2	3.4	5.2	0.4	0.4
	2012	100.0	36.9	31.2	30.4	0.5	3.4	1.6	0.2	0.9
矿石、金属、宝石和非货币黄金	1995	100.0	77.6	54.5	50.3	0.9	11.7	9.5	1.1	0.3
	2005	100.0	69.1	49.2	43.3	1.2	9.7	8.0	1.1	1.3
	2012	100.0	43.4	30.6	25.0	1.7	5.2	5.4	0.6	0.8
燃料	1995	100.0	79.7	51.0	49.4	1.5	25.9	0.7	0.6	0.8
	2005	100.0	73.9	40.4	39.4	2.0	29.9	1.4	0.2	0.0
	2012	100.0	61.0	39.3	38.5	2.6	15.3	2.4	1.3	0.1
加工货物	1995	100.0	61.3	48.0	47.6	0.7	8.8	1.9	1.9	0.4
	2005	100.0	61.0	45.4	44.9	0.7	8.9	3.2	2.8	0.6
	2012	100.0	47.8	36.6	36.1	0.6	8.3	1.3	1.0	0.7
	主要产品市场占有率（%）									
所有产品	1995	100.0	100.0	100.0	100.0	100.0	100.0	100.0	100.0	100.0
	2005	100.0	100.0	100.0	100.0	100.0	100.0	100.0	100.0	100.0
	2012	100.0	100.0	100.0	100.0	100.0	100.0	100.0	100.0	100.0
所有食品项目	1995	14.9	15.0	17.4	17.5	10.8	3.9	27.7	12.0	33.1
	2005	7.8	7.1	9.6	9.7	4.2	2.0	9.9	9.9	43.7
	2012	7.5	6.6	8.0	8.1	2.8	2.8	7.8	5.1	51.9
农业原材料	1995	5.2	4.2	4.8	4.9	0.9	1.1	8.7	3.1	0.9
	2005	2.5	1.8	2.4	2.4	0.3	0.4	4.9	1.1	2.0
	2012	2.1	1.4	1.7	1.8	0.5	0.6	1.3	0.4	3.5
矿石、金属、宝石和非货币黄金	1995	15.5	16.5	16.1	15.3	13.9	12.3	42.3	16.5	7.6
	2005	10.6	10.5	12.1	11.0	8.1	4.8	31.9	13.4	28.5
	2012	11.5	9.2	9.5	8.0	9.8	5.2	24.4	5.9	18.4

续表

来源国 产品分类	年份	世界	发达经济体							转型经济体
			合计	欧洲		加拿大	美国	日本	其他发达国家	
				小计	欧盟					
燃料	1995	37.9	41.6	36.9	36.9	56.0	66.8	7.2	21.9	41.8
	2005	60.5	64.5	56.7	57.3	79.1	85.1	32.0	16.8	5.4
	2012	62.5	69.8	65.9	66.9	83.0	81.4	59.6	75.7	7.8
加工货物	1995	25.6	21.6	23.4	24.0	18.1	15.3	13.9	46.0	14.7
	2005	17.8	15.6	18.7	19.2	8.2	7.4	21.2	58.6	20.4
	2012	13.9	12.2	13.7	14.0	4.0	9.8	6.9	12.7	18.1

资料来源： http://unctad.org.

3.4 非洲目标市场总体走势

3.4.1 中非贸易总体走势

非洲目前有56个国家和地区[①]，人口超过10亿，对外贸易总额已超过12000亿美元。由于历史原因，非洲许多国家的经济结构单一，工业基础极其薄弱，许多产品在国内无法满足需求，出现很大的商品供应缺口，进口需求旺盛。近年来，非洲的经济发展取得了可喜成果，非洲对外贸易也随之稳步发展，占世界商品贸易的比重相对稳定，但尚有进一步提升的空间。具体可以参见表3-20和图3-1。

① 参见新华网，http://www.xinhuanet.com；非洲网，http://feizhou.net/.

表 3-20　2001—2012 年中非商品贸易总体情况

年　份	2001	2002	2003	2004	2005	2006	2007	2008	2009	2010	2011	2012
中国与世界进出口总额(百万美元)	509650	620770	850988	1154550	1421910	1760440	2176570	2563255.23	2207535	2973998.32	3641860	3867119
中国与非洲进出口总额(百万美元)	10799.52	12388.36	18541.84	29459.28	39743.73	55459.62	73656.93	107206.9	91065.8	127046	166322.9	198561.3
中国与非洲进出口总额占中国与世界进出口总额比重(%)	2.12	2	2.18	2.55	2.8	3.15	3.38	4.18	4.13	4.27	4.57	5.13
中国与非洲进出口总额年增长率(%)		0.15	0.5	0.59	0.35	0.4	0.33	0.46	−0.15	0.4	0.31	0.19
中国对世界出口总额(百万美元)	266098	325596	438228	593326	761953	968978	1220456	1430693.07	1201611.81	1577754.32	1898381.46	2048714.42
中国对非洲出口总额(百万美元)	6006.57	6961.21	10181.85	13813.22	18681.6	26687.88	37297.73	51239.92	47734.56	59954.05	73083.03	85310.61
中国对非洲出口总额占中国出口总额比重(%)	2.26	2.14	2.32	2.33	2.45	2.75	3.06	3.58	3.97	3.8	3.85	4.16
中国对非洲出口总额年增长率(%)		0.16	0.46	0.36	0.35	0.43	0.4	0.37	−0.07	0.26	0.22	0.17
中国从世界进口总额(百万美元)	243553	295170	412760	561229	659953	791460.87	956116	1132567	1005923.20	1396244.01	1743483.59	1818405
中国从非洲进口总额(百万美元)	4792.95	5427.15	8359.99	15646.06	21062.13	28771.74	36359.2	55966.94	43331.24	67091.96	93239.87	113250.6

续表

年　份	2001	2002	2003	2004	2005	2006	2007	2008	2009	2010	2011	2012
中国从非洲进口总额占中国进口总额比重(%)	1.97	1.84	2.03	2.79	3.19	3.64	3.8	4.94	4.31	4.81	5.35	6.23
中国从非洲进口总额年增长率(%)		0.13	0.54	0.87	0.35	0.37	0.26	0.54	−0.23	0.55	0.39	0.21

资料来源：笔者根据中华人民共和国国家统计局统计数据计算所得。

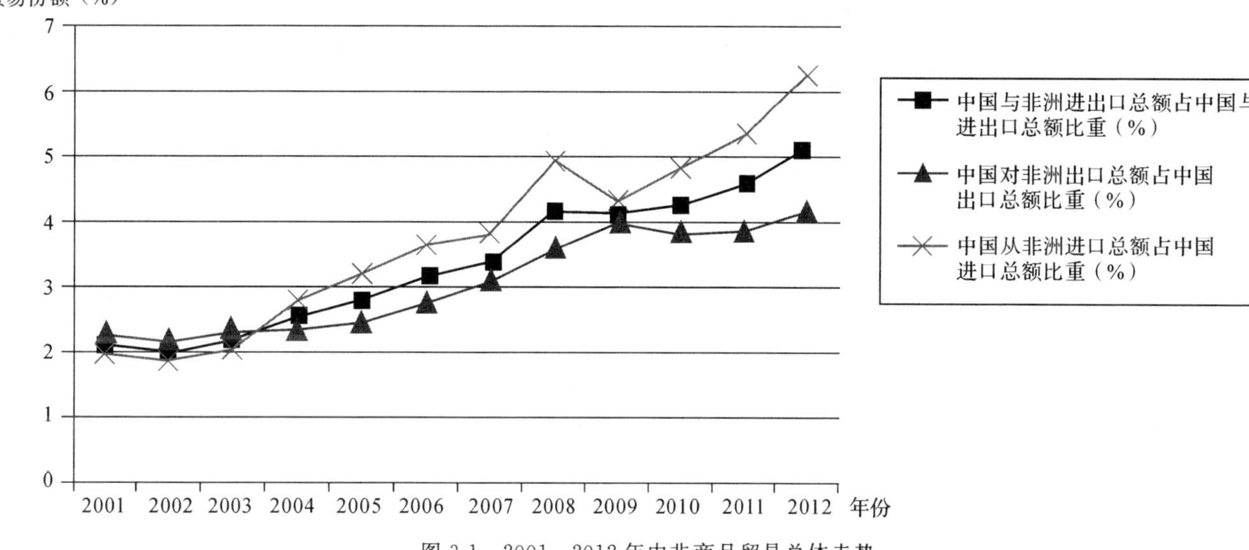

图 3-1　2001—2012 年中非商品贸易总体走势

表 3-20 和图 3-1 反映了近 10 年来，中国与非洲进口、出口以及进出口总额占中国与世界进口、出口以及进出口总额比重的总体走势情况。特别是 2010—2012 年以来，中国与非洲进出口总额占中国与世界进出口总额比重分别为 4.27%、4.57%和 5.13%；中国对非洲出口总额占中国出口总额比重分别为 3.80%、3.85%和 4.16%；中国从非洲进口总额占中国进口总额比重分别为 4.81%、5.35%和 6.23%，呈逐年递增的发展态势。

3.4.2 国家和地区出口市场占有率

2012 年，世界总出口金额 18402184 百万美元，非洲出口 630023 百万美元。表 3-21 反映了 1980—2012 年世界各大经济体的进出口金额（出口金额）情况。

表 3-21 1980—2012 年世界各大经济体的进出口金额（出口金额）

经济体分类	出口（离岸价）：百万美元							
	1980	1990	2000	2005	2009	2010	2011	2012
世界	2049407	3495585	6448851	10499521	12554774	15283481	18320316	18402184
发展中经济体	607605	842977	2055742	3804984	5005193	6425928	7882841	8208324
转型经济体	85478	118378	154008	362644	477271	620989	827266	840551
发达经济体	1356325	2534230	4239101	6331892	7072309	8236564	9610210	9353309
非洲	121378	104923	147656	311127	393529	510730	598315	630023

资料来源： http://unctad.org.

2012 年，发展中经济体总出口额 8208324 百万美元，非洲出口 630023 百万美元。其中，北非（不含苏丹）出口 201892 百万美元；撒哈拉沙漠以南的非洲（大陆）出口 428131 百万美元，撒哈拉沙漠以南的非洲（大陆）（不含南非）出口 340875 百万美元。

表 3-22 反映了 1980—2012 年发展中经济体和非洲的进出口经济分类价值（出口）情况。

表 3-22 1980—2012 年发展中经济体和非洲的进出口经济分类价值（出口）

经济体分类	出口（离岸价）：百万美元							
	1980	1990	2000	2005	2009	2010	2011	2012
发展中经济体	607605	842977	2055742	3804984	5005193	6425928	7882841	8208324
非洲	121378	104923	147656	311127	393529	510730	598315	630023
北非：不含苏丹	43500	36482	53067	111956	133686	166360	163556	201892
撒哈拉沙漠以南的非洲（大陆）	77878	68441	94589	199172	259843	344370	434759	428131
撒哈拉沙漠以南的非洲（大陆）(不含南非)	52353	44892	64606	147546	198166	263478	336712	340875

资料来源： http://unctad.org.

2012 年，发展中经济体出口市场占有率为 44.605%。非洲的出口市场占有率为 3.424%。其中，东非的出口市场占有率为 0.224%、中非的出口市场占有率为 0.681%、北非的出口市场占有率为 1.115%、南部非洲的出口市场占有率为 0.545%、西非的出口市场占有率为 0.858%。

表 3-23 反映了 1980—2012 年世界各大经济体及非洲国家和地区的进出口市场占有率（出口市场占有率）情况。

表 3-23　1980—2012 年世界各大经济体及非洲国家和地区的进出口市场占有率(出口市场占有率)

国家或地区范围	出口(离岸价)(%)										
	1980	1990	1995	2000	2005	2007	2008	2009	2010	2011	2012
世界	100	100	100	100	100	100	100	100	100	100	100
发展中经济体	29.648	24.115	27.704	31.878	36.240	37.805	39.018	39.867	42.045	43.028	44.605
转型经济体	4.171	3.387	2.322	2.388	3.454	3.931	4.575	3.802	4.063	4.516	4.568
发达经济体	66.181	72.498	69.974	65.734	60.306	58.264	56.407	56.332	53.892	52.457	50.827
非洲	5.923	3.002	2.157	2.290	2.963	3.115	3.483	3.134	3.342	3.266	3.424
东非(Eastern Africa)	0.342	0.209	0.188	0.153	0.158	0.169	0.169	0.197	0.212	0.215	0.224
布隆迪	0.003	0.002	0.002	0.001	0.001	0.000	0.000	0.001	0.001	0.001	0.001
科摩罗	0.001	0.001	0.000	0.000	0.000	0.000	0.000	0.000	0.000	0.000	0.000
吉布提	0.001	0.001	0.000	0.000	0.000	0.000	0.000	0.001	0.001	0.001	(e)0.001
厄立特里亚			0.002	0.001	0.000	0.000	(e)0.000	(e)0.000	(e)0.000	(e)0.002	(e)0.003
埃塞俄比亚[…1991]	0.021	0.009									
埃塞俄比亚			0.008	0.008	0.009	0.009	0.010	0.013	0.015	0.016	(e)0.016
肯尼亚	0.061	0.030	0.036	0.027	0.033	0.029	0.031	0.036	0.034	0.031	0.033
马达加斯加	0.020	0.009	0.010	0.013	0.008	0.009	0.008	0.008	0.007	(e)0.009	(e)0.008
马拉维	0.014	0.012	0.008	0.006	0.005	0.006	0.005	0.009	0.007	0.008	0.006
毛里求斯	0.021	0.034	0.030	0.024	0.020	0.016	0.015	0.015	0.015	0.014	0.015
莫桑比克	0.014	0.004	0.003	0.006	0.017	0.017	0.016	0.017	(e)0.020	0.020	(e)0.022
卢旺达	0.006	0.003	0.001	0.001	0.001	0.001	0.002	0.002	0.002	0.003	0.003
塞舌尔	0.001	0.002	0.001	0.003	0.003	0.003	0.003	0.003	0.003	0.003	0.003
索马里	(4)	0.007	(c)0.004	(c)0.003	(e)0.003	(e)0.002	(e)0.002	(e)0.003	0.003	0.003	0.003
乌干达	0.017	0.004	0.009	0.006	0.008	0.010	0.011	0.012	0.011	0.012	0.013
坦桑尼亚	0.025	0.009	0.013	0.011	0.016	0.016	0.019	0.024	0.027	0.026	(e)0.030
赞比亚	0.064	0.037	0.020	0.014	0.017	0.033	0.032	0.034	0.047	0.049	(e)0.047
津巴布韦	0.068	0.049	0.041	0.030	(e)0.018	(e)0.017	(e)0.014	0.018	0.021	0.019	0.021
中非(Middle Africa)	0.431	0.339	0.217	0.265	0.471	0.554	0.687	0.568	0.598	0.645	0.681

续表

国家或地区范围	出口(离岸价)(%)										
	1980	1990	1995	2000	2005	2007	2008	2009	2010	2011	2012
安哥拉	0.092	0.112	0.070	0.123	0.230	0.317	0.396	0.325	0.331	0.367	(e)0.402
喀麦隆	0.068	0.057	0.032	0.028	0.027	0.030	0.032	0.028	0.025	0.025	(e)0.024
中非	0.006	0.003	0.003	0.002	0.001	0.001	(e)0.001	(e)0.001	(e)0.001	(e)0.001	(e)0.001
乍得	0.003	0.007	0.005	0.003	0.029	0.026	0.026	(e)0.022	(e)0.023	(e)0.025	(e)0.024
刚果	0.044	0.028	0.023	0.039	0.045	0.040	0.052	(e)0.049	(e)0.061	(e)0.063	(e)0.058
刚果(金)	0.111	0.067	0.030	0.013	0.023	(e)0.022	(e)0.027	(e)0.028	(e)0.035	(e)0.036	(e)0.034
赤道几内亚	0.001	0.002	0.002	0.017	0.067	0.073	0.094	(e)0.072	(e)0.065	(e)0.074	(e)0.084
加蓬	0.106	0.063	0.052	0.040	0.048	0.045	0.059	0.043	0.057	0.053	0.053
圣多美和普林西比	0.001	0.000	0.000	0.000	0.000	0.000	0.000	0.000	0.000	0.000	(e)0.000
北非(Northern Africa)	2.149	1.054	0.688	0.851	1.112	1.182	1.356	1.131	1.163	0.946	1.115
阿尔及利亚	0.677	0.368	0.198	0.342	0.438	0.429	0.491	0.360	0.373	0.401	0.391
埃及	0.149	0.074	0.066	0.082	0.123	0.137	0.162	0.184	0.173	0.172	0.160
利比亚	1.069	0.378	0.173	0.197	0.299	0.335	0.385	0.294	0.318	0.104	0.338
摩洛哥	0.119	0.122	0.133	0.111	0.107	0.109	0.126	0.112	0.116	0.118	0.116
苏丹	0.026	0.011	0.011	0.028	0.046	0.063	0.072	0.066	0.075	0.053	
苏丹											0.018
突尼斯	0.109	0.101	0.106	0.091	0.100	0.108	0.120	0.115	0.107	0.097	0.092
南部非洲(Southern Africa)	1.362	0.773	0.627	0.544	0.577	0.574	0.566	0.563	0.604	0.608	0.545
博茨瓦纳	0.025	0.051	0.041	0.041	0.042	0.037	0.031	0.028	0.031	0.032	0.032
莱索托	0.003	0.002	0.003	0.003	0.006	0.005	0.005	0.006	0.006	0.006	(e)0.006
纳米比亚	0.071	0.031	0.027	0.020	0.020	0.021	0.019	0.025	0.026	0.024	0.022
南非	1.245	0.674	0.538	0.465	0.492	0.498	0.500	0.491	0.529	0.535	0.474
斯威士兰	0.018	0.016	0.017	0.014	(e)0.017	(e)0.013	(e)0.011	(e)0.013	(e)0.012	(e)0.010	(e)0.010
西非(Western Africa)	1.638	0.625	0.439	0.476	0.645	0.635	0.704	0.675	0.765	0.853	0.858

续表

国家或地区范围	出口(离岸价)(%)										
	1980	1990	1995	2000	2005	2007	2008	2009	2010	2011	2012
贝宁	0.003	0.008	0.008	0.006	0.006	0.007	0.008	0.010	0.008	(e)0.008	(e)0.008
布基纳法索	0.004	0.004	0.005	0.003	0.004	0.004	0.004	0.007	0.010	0.013	0.012
佛得角	0.000	0.000	0.000	0.000	0.000	0.000	0.000	0.000	0.000	0.000	0.000
科特迪瓦	0.153	0.088	0.072	0.060	0.073	0.062	0.064	0.090	0.076	0.068	(e)0.067
冈比亚	0.002	0.001	0.000	0.000	(e)0.000	0.000	0.000	0.001	0.000	0.001	(e)0.001
加纳	0.061	0.026	0.033	0.026	0.027	0.030	0.033	0.047	0.052	0.070	(e)0.071
几内亚	0.020	0.019	0.014	0.010	0.008	0.009	0.008	0.008	0.010	0.008	(e)0.007
几内亚比绍	0.001	0.001	0.000	0.001	0.001	0.001	0.001	0.001	0.001	(e)0.001	(e)0.001
利比里亚	0.029	(e)0.025	(e)0.016	(e)0.005	0.001	0.001	0.002	0.001	0.001	0.002	0.002
马里	0.010	0.010	0.009	0.008	0.010	0.011	0.013	0.014	0.013	0.013	0.012
毛里塔尼亚	0.009	0.013	0.009	0.005	0.006	0.010	0.011	0.011	0.014	0.015	0.014
尼日尔	0.028	0.008	0.006	0.004	0.005	0.005	(e)0.006	(e)0.008	(e)0.008	(e)0.007	(e)0.008
尼日利亚	1.267	0.389	0.238	0.325	0.481	0.475	0.534	0.452	(e)0.550	(e)0.625	(e)0.630
圣赫勒拿	(e)0.000	(e)0.000	(e)0.000	(e)0.000	(e)0.000	(e)0.000	(e)0.000	(e)0.000	(e)0.000	(e)0.000	(e)0.000
塞内加尔	0.023	0.022	0.019	0.014	0.015	0.012	0.013	0.016	0.014	0.014	0.014
塞拉利昂	0.011	0.004	0.001	0.000	0.002	0.002	0.001	0.002	0.002	0.002	0.006
多哥	0.016	0.008	0.007	0.006	0.006	0.005	0.005	0.007	(e)0.006	(e)0.006	(e)0.005

资料来源:http://unctad.org.

3.4.3 国家和地区进口市场占有率

2012 年，世界总进口金额 18512495 百万美元，非洲进口 609855 百万美元。表 3-24 反映了 1980—2012 年世界各大经济体的进出口金额（进口金额）情况。

表 3-24 1980—2012 年世界各大经济体的进出口金额（进口金额）

经济体分类	进口（到岸价格）：百万美元							
	1980	1990	2000	2005	2009	2010	2011	2012
世界	2 085 939	3607430	6 656939	10777308	12689566	15414304	18414014	18512495
发展中经济体	497382	797814	1915851	3423910	4647590	6016837	7339305	7671570
转型经济体	83591	140131	104136	258721	391273	473499	609947	632646
发达经济体	1504966	2669485	4636951	7094677	7650703	8923968	10464763	10208279
非洲	96490	94658	129967	256561	411263	476083	566020	609855

资料来源： http://unctad.org.

2012 年，发展中经济体总进口额 7671570 百万美元。非洲进口金额 609855 百万美元。其中，北非（不含苏丹）进口 208966 百万美元；撒哈拉沙漠以南的非洲（大陆）进口 400889 百万美元，撒哈拉沙漠以南的非洲（大陆）（不含南非）进口 276644 百万美元。

表 3-25 反映了 1980—2012 年发展中经济体及非洲的进出口金额（进口金额）情况。

表 3-25 1980—2012 年发展中经济体和非洲的进出口金额（进口金额）

经济体分类	进口（到岸价）：百万美元							
	1980	1990	2000	2005	2009	2010	2011	2012
发展中经济体	497382	797814	1915851	3423910	4647590	6016837	7339305	7671570
非洲	96490	94658	129967	256561	411263	476083	566020	609855
北非（不含苏丹）	29976	36756	47582	82852	149076	168667	185716	208966
撒哈拉沙漠以南的非洲（大陆）	66514	57902	82385	173709	262187	307416	380305	400889
撒哈拉沙漠以南的非洲（大陆）（不含南非）	46916	52690	39503	111405	188133	213190	258699	276644

资料来源： http://unctad.org.

2012 年，发展中经济体进口市场占有率为 41.440%，非洲的进口市场占有率为 3.294%。其中，东非的进口市场占有率为 0.450%，中非的进口市场占有率为 0.308%，北非的进口市场占有率为 1.180%，南部非洲的进口市场占有率为 0.774%，西非的进口市场占有率为 0.582%。

表 3-26 反映了 1980—2012 年世界各大经济体及非洲国家和地区的进出口市场占有率（进口市场占有率）情况。

表 3-26　1980—2012 年世界各大经济体及非洲国家和地区的进出口市场占有率(进口市场占有率)

国家或地区范围	进口(到岸价)(%)										
	1980	1990	1995	2000	2005	2007	2008	2009	2010	2011	2012
世界	100	100	100	100	100	100	100	100	100	100	100
发展中经济体	23.844	22.116	28.787	28.780	31.770	33.165	34.926	36.625	39.034	39.857	41.440
转型经济体	4.007	3.885	2.051	1.564	2.401	3.132	3.542	3.083	3.072	3.312	3.417
发达经济体	72.148	74.000	69.163	69.656	65.830	63.703	61.532	60.291	57.894	56.830	55.143
非洲	4.626	2.624	2.369	1.952	2.381	2.636	2.925	3.241	3.089	3.074	3.294
东非(Eastern Africa)	0.505	0.356	0.299	0.254	0.292	0.317	0.359	0.414	0.395	0.404	0.450
布隆迪	0.008	0.006	0.004	0.002	0.002	0.002	0.002	0.003	0.003	0.004	0.004
科摩罗	0.001	0.001	0.001	0.001	0.001	0.001	0.001	0.002	0.002	0.002	0.001
吉布提	0.010	0.006	0.003	0.003	0.003	0.003	0.003	0.004	0.002	0.003	(e)0.003
厄立特里亚			0.009	0.007	(e)0.005	(e)0.004	(e)0.004	(e)0.005	(e)0.004	(e)0.005	(e)0.005
埃塞俄比亚[…1991]	0.035	0.030									
埃塞俄比亚			0.022	0.019	0.038	0.041	0.050	0.060	0.056	0.048	0.068
肯尼亚	0.102	0.062	0.057	0.047	0.054	0.063	0.068	0.080	0.078	0.080	0.088
马达加斯加	0.029	0.018	0.012	0.016	0.016	0.019	0.023	0.025	0.016	0.016	(e)0.016
马拉维	0.021	0.016	0.009	0.008	0.011	0.010	0.013	0.016	0.014	0.013	0.015
毛里求斯	0.029	0.045	0.038	0.033	0.029	0.027	0.028	0.029	0.028	0.028	0.029
莫桑比克	0.038	0.024	0.013	0.017	0.022	0.021	0.024	0.030	(e)0.030	0.034	(e)0.037
卢旺达	0.013	0.008	0.005	0.003	0.004	0.005	0.007	0.010	0.009	0.010	0.013
塞舌尔	0.005	0.005	0.004	0.005	0.006	0.006	0.007	0.006	(e)0.004	(e)0.004	(e)0.004
索马里	0.021	(e)0.003	(e)0.005	(e)0.005	(e)0.006	(e)0.006	(e)0.005	0.006	0.006	0.005	0.004
乌干达	0.014	0.008	0.020	0.023	0.019	0.025	0.027	0.033	0.030	0.031	0.033
坦桑尼亚	0.060	0.038	0.032	0.023	0.030	0.038	(e)0.047	0.051	0.051	0.059	0.061
赞比亚	0.052	0.035	0.013	0.013	0.024	0.028	0.031	0.030	0.035	0.039	(e)0.044
津巴布韦	0.067	0.051	0.051	0.028	(e)0.022	(e)0.018	(e)0.018	(e)0.023	(e)0.025	(e)0.024	(e)0.024
中非(Middle Africa)	0.282	0.194	0.113	0.114	0.177	0.220	0.261	0.347	0.268	0.277	0.308

续表

国家或地区范围	进口(到岸价)(%)										
	1980	1990	1995	2000	2005	2007	2008	2009	2010	2011	2012
安哥拉	0.064	0.044	0.028	0.046	0.078	0.096	0.127	0.179	0.108	0.110	(e)0.130
喀麦隆	0.077	0.039	0.023	0.022	0.025	0.033	0.035	0.035	0.033	0.037	(e)0.039
中非	0.004	0.004	0.003	0.002	0.002	0.002	(e)0.002	(e)0.002	(e)0.002	(e)0.002	(e)0.002
乍得	0.004	0.014	0.009	0.005	0.009	(e)0.013	(e)0.012	(e)0.016	(e)0.016	(e)0.015	(e)0.015
刚果	0.027	0.017	0.013	0.007	0.012	(e)0.018	(e)0.019	(e)0.023	(e)0.026	(e)0.028	(e)0.028
刚果(金)	0.073	0.048	0.017	0.010	0.025	(e)0.024	(e)0.026	(e)0.031	(e)0.029	(e)0.030	(e)0.033
赤道几内亚	0.001	0.002	0.002	0.008	0.012	0.019	(e)0.024	(e)0.041	(e)0.034	(e)0.035	(e)0.041
加蓬	0.032	0.025	0.017	0.014	0.014	0.015	0.016	0.020	0.019	0.020	0.020
圣多美和普林西比	0.001	0.001	0.001	0.000	0.000	0.001	0.001	0.001	0.001	0.001	0.001
北非(Northern Africa)	1.513	1.036	0.886	0.738	0.831	0.923	1.053	1.251	1.159	1.059	1.180
阿尔及利亚	0.506	0.271	0.193	0.138	0.189	0.194	0.240	0.310	0.263	0.257	0.257
埃及	0.233	0.255	0.224	0.219	0.208	(e)0.261	0.294	0.354	0.343	0.338	0.374
利比亚	0.325	0.148	0.103	0.056	0.056	0.047	0.056	0.101	0.115	(e)0.043	(e)0.124
摩洛哥	0.204	0.192	0.191	0.173	0.193	0.225	0.257	0.259	0.230	0.240	0.242
苏丹[…2011(9)]	0.076	0.017	0.023	0.023	0.063	0.062	0.057	0.076	0.065	0.050	
苏丹											0.051
突尼斯	0.169	0.153	0.151	0.129	0.122	0.134	0.150	0.150	0.144	0.130	0.132
南部非洲(Southern Africa)	1.079	0.633	0.691	0.529	0.662	0.700	0.696	0.689	0.712	0.759	0.774
博茨瓦纳	0.033	0.054	0.037	0.031	0.029	0.029	0.032	0.037	0.037	0.039	0.043
莱索托	0.020	0.019	0.021	0.012	0.013	0.012	(e)0.011	(e)0.015	(e)0.015	(e)0.014	(e)0.014
纳米比亚	0.055	0.032	0.031	0.023	0.024	(e)0.025	(e)0.026	(e)0.039	(e)0.036	(e)0.035	(e)0.035
南非	0.940	0.510	0.583	0.446	0.578	0.622	0.617	0.584	0.611	0.660	0.671
斯威士兰	0.030	0.018	0.019	0.016	(e)0.018	(e)0.013	(e)0.010	(e)0.014	(e)0.013	(e)0.011	(e)0.011
西非(Western Africa)	1.247	0.405	0.380	0.317	0.418	0.476	0.556	0.541	0.555	0.576	0.582
贝宁	0.016	0.007	0.014	0.009	0.009	0.014	0.014	0.016	0.013	(e)0.012	(e)0.012

续表

国家或地区范围	进口(到岸价)(%)										
	1980	1990	1995	2000	2005	2007	2008	2009	2010	2011	2012
布基纳法索	0.017	0.015	0.009	0.009	(e)0.012	0.012	0.012	0.015	0.013	0.013	(e)0.017
佛得角	0.003	0.004	0.005	0.003	0.004	0.005	0.005	0.006	0.005	0.005	0.004
科特迪瓦	0.143	0.058	0.056	0.037	0.054	0.047	0.048	0.055	0.051	0.036	0.053
冈比亚	0.008	0.005	0.003	0.003	0.002	0.002	0.002	0.002	0.002	0.002	(e)0.002
加纳	0.054	0.033	0.036	0.045	0.050	0.057	0.062	0.063	0.071	0.087	(e)0.097
几内亚	0.017	0.020	0.016	0.009	(e)0.008	0.009	0.008	0.008	0.009	0.011	(e)0.012
几内亚比绍	0.003	0.002	0.003	0.001	0.001	0.001	0.001	0.002	0.001	(e)0.001	(e)0.001
利比里亚	0.026	(e)0.016	(e)0.010	(e)0.010	0.003	0.004	0.005	0.004	0.005	0.006	0.006
马里	0.021	0.017	0.015	0.012	0.014	0.015	0.020	0.020	0.022	0.018	0.016
毛里塔尼亚	0.014	0.006	0.008	0.007	0.013	0.010	0.012	0.012	0.013	0.013	0.017
尼日尔	0.028	0.011	0.007	0.006	0.009	0.008	0.010	(e)0.017	0.016	(e)0.015	(e)0.016
尼日利亚	0.799	0.156	0.157	0.131	0.193	0.245	0.303	0.267	0.287	(e)0.304	(e)0.275
圣赫勒拿	(e)0.001	(e)0.001	(e)0.000	(e)0.001	(e)0.001	(e)0.001	(e)0.000	(e)0.000	(e)0.000	0.000	(e)0.000
塞内加尔	0.050	0.034	0.027	0.023	0.032	0.034	0.040	0.037	0.031	0.032	0.035
塞拉利昂	0.020	0.004	0.003	0.002	0.003	0.003	0.003	0.004	0.005	0.009	0.008
多哥	0.026	0.016	0.011	0.008	0.010	0.009	0.009	0.012	0.010	(e)0.010	(e)0.010

资料来源:http://untad.org.

3.5 非洲目标市场商品贸易特点

从本章以上各节的数据描述和分析中，可以归纳出以下非洲商品贸易的几个显著特点。

3.5.1 非洲进出口贸易额、份额及顺差

从商品贸易额来看，非洲近年来的商品贸易绝对数额呈上升态势。尽管近年来非洲的出口贸易出现过大起大落的增减，但整体上依然呈向上攀升态势。

从非洲商品贸易与世界商品贸易对比来看，非洲的对外贸易，无论是进口贸易还是出口贸易，占世界贸易的份额都长期保持在相对稳定的低水平状态。虽然非洲的外贸有了一定的增长，但是要在世界商品贸易市场上打下稳固的基础，还有很长的路要走。

从进出口贸易状况来看，近年来非洲的贸易状况出现了由贸易逆差到贸易顺差的转变趋势。

3.5.2 非洲制成品进口、贸易对象国

从进口商品结构来看，非洲进口的主要商品类别为制成品，其次为燃料和食品。

从进出口贸易对象国来看，非洲进出口的主要对象国是西方发达工业化国家。

2005 年，非洲对西方发达国家出口额占非洲出口总额的 69.3%；2012 年，非洲对西方发达国家出口额占非洲出口总额的 54.7%，这 7 年里回落了 14.6%。

相应地，2005 年，非洲从西方发达国家进口额占非洲进口总额的 50.4%；2012 年，非洲从西方发达国家进口额占非洲进口总额的 42.7%，这 7 年里回落了 7.7%。

3.5.3 非洲初级产品出口、贸易产品结构

从货物贸易中的工业制成品、燃料矿产品和初级农产品占比来看，非洲大多数国家的农业和石油工业是其国民经济的主导产业，制造业发展滞后。由于农业机械化程度低，非洲国家农产品的自给率也较低。这种状况决定了非洲国家多以出口初级农产品、矿产品和石油、天然气等资源性产品为主，进口商品则主要是制成品、半成品以及粮食等。与非洲的外贸进出口结构不同，中国的出口商品结构中，以工业制成品为主，初级产品的比重很低。在工业制成品中，机械与运输设备的比重最高，其次是杂项制品，轻纺产品、橡胶制品、矿冶产品及其制品的比重也较高。在初级产品的出口中，主要为食品，其次是矿物燃料、润滑油及有关原料。

从中非贸易产品结构来分析，目前中国对非洲出口的主要商品为机电产品、服装、纺织品、轻工产品、粮油食品、通信产品和药品等，从非洲进口的商品主要为原油、原木、铁矿和各类矿产品等。可见，中国与非洲的进出口商品结构具有较强的互

补性，这种长期存在的互补性使中国产品大力开拓非洲市场具有了现实的可能性。当前非洲进口商品结构的特点是，进口需求集中在工业制成品上，尤其以机电产品、轻纺产品为主，且受自然灾害、疾病流行等的不利影响，粮食、药品的进口也较多。

非洲国家之间目前正在推进的经济合作一体化，有助于改善非洲大陆当前的松散状态，促进非洲大陆的发展与繁荣。随着一体化进程的加快，非洲 56 个国家和地区在越来越多的场合用一个声音说话，非洲在国际社会的地位也将不断提升。

但是，基础设施薄弱、经济发展不平衡等因素仍极大地制约着非洲的一体化进程。多年殖民统治造成的各国间文化、宗教和意识形态等的差异，也是一体化进程中的重大障碍。

在国际政治经济体系的转型过程中，非洲的地位也在日渐上升。非洲的崛起是资源性崛起，即非洲的作用和地位本身是以其丰富的自然资源为支撑的。随着国际竞争的日益加剧，非洲的资源性优势越来越明显，引起了正在崛起的发展中大国的普遍关注，印度、俄罗斯、韩国、巴西、土耳其等国家的投资者纷纷涌入非洲。

4 中国出口非洲市场产品结构

通过上一章的描述和分析，对非洲市场有一个概要性的掌握之后，从第 4 章到第 7 章将以微观企业及生产的产品为研究对象。本章着重研究中国出口非洲市场的产品结构。

4.1 中国及其出口非洲市场产品总体结构

4.1.1 中国进出口贸易分析

2013 年，中国进出口贸易稳中有升。全年货物进出口总额 258267 亿元人民币，以美元计价为 41600 亿美元，比 2012 年增长 7.6%。其中，出口 137170 亿元人民币，以美元计价为 22096 亿美元，同比增长 7.9%；进口 121097 亿元人民币，以美元计价为 19504 亿美元，同比增长 7.3%。进出口差额（出口减进口）16073 亿元人民币，比 2012 年增加 1514 亿元人民币，以美元计价为 2592 亿美元，同比增加 289 亿美元。

表 4-1、图 4-1 反映了 2009—2013 年中国货物进出口总额情况。

表 4-1 2009—2013 年中国货物进出口总额

（单位：亿美元）

年份	2009	2010	2011	2012	2013
货物出口额	12016	15778	18984	20487	22096
货物进口额	10059	13962	17435	18184	19504

资料来源：中华人民共和国国家统计局。

2013 年，中国货物出口中，一般贸易 10875 亿美元，比 2012 年增长 10.1%；加工贸易 8605 亿美元，比 2012 年减少 0.3%。机电产品出口 12652 亿美元，比 2012 年增长 7.3%。高新技术产品出口 6603 亿美元，比 2012 年增长 9.8%。

2013 年，中国货物进口中，一般贸易 11099 亿美元，比 2012 年增长 8.6%；加工贸易 4970 亿美元，比 2012 年增长 3.3%。机电产品进口 8400 亿美元，比 2012 年增长 7.3%；高新技术产品进口 5582 亿美元，比 2012 年增长 10.1%。

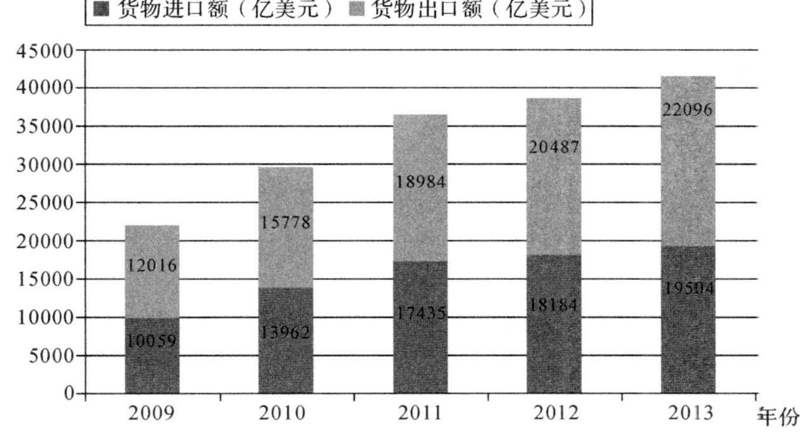

图 4-1　2009—2013 年中国货物进出口总额

表 4-2 反映了 2013 年中国货物进出口贸易方式及其增长情况。

表 4-2　2013 年中国货物进出口贸易方式及其增长

指　标	绝对数（亿美元）	比 2012 年增长（%）
货物进出口总额	41600	7.6
货物出口额	22096	7.9
其中：一般贸易	10875	10.1
加工贸易	8605	−0.3
其中：机电产品	12652	7.3
高新技术产品	6603	9.8
货物进口额	19504	7.3
其中：一般贸易	11099	8.6
加工贸易	4970	3.3
其中：机电产品	8400	7.3
高新技术产品	5582	10.1
进出口差额（出口减进口）	2592	—

资料来源：中华人民共和国国家统计局。

表注：—表示无法计算，余表同。

2013 年，中国出口自动数据处理设备及其部件 187050 万台，计 1822 亿美元，比 2012 年分别增长 2.0%和−1.7%。出口服装及衣着附件 1770 亿美元，比 2012 年增长 11.3%。出口纺织纱线、织物及制品 1069 亿美元，比 2012 年增长 11.7%。

表 4-3 反映了 2013 年中国主要商品出口数量、金额及其增长情况。

表 4-3　2013 年中国主要商品出口数量、金额及其增长

商品名称	单位	数量	比 2012 年增长（%）	金额（亿美元）	比 2012 年增长比（%）
煤（包括褐煤）	万吨	751	−19.1	11	−33.1
钢材	万吨	6234	11.9	532	3.4
纺织纱线、织物及制品	—	—	—	1069	11.7

续表

商品名称	单位	数量	比2012年增长（%）	金额（亿美元）	比2012年增长比（%）
服装及衣着附件	—	—	—	1770	11.3
鞋类	—	—	—	508	8.4
家具及其零件	—	—	—	518	6.2
自动数据处理设备及其部件	万台	187050	2.0	1822	−1.7
手持或车载无线电话	万台	118582	16.9	951	17.3
集装箱	万个	270	8.8	79	−6.4
液晶显示板	万个	326577	3.1	359	−1.0
汽车（包括整套散件）	万辆	92	−6.7	120	−5.3

资料来源：中华人民共和国国家统计局。

2013年，中国进口原油28192万吨，计2196亿美元，比2012年分别增长4.0%和−0.5%。进口铁矿砂及其精矿81931万吨，计1059亿美元，比2012年分别增长10.2%和10.4%。进口初级形状的塑料2462万吨，计491亿美元，比2012年分别增长3.9%和6.3%。

表4-4反映了2013年中国主要商品进口数量、金额及其增长情况。

表4-4 2013年中国主要商品进口数量、金额及其增长

商品名称	数量（万吨）	比2012年增长（%）	金额（亿美元）	比2012年增长（%）
谷物及谷物粉	1458	4.3	51	6.6
大豆	6338	8.6	380	8.6
食用植物油	810	−4.2	81	−16.7
铁矿砂及其精矿	81931	10.2	1059	10.4
氧化铝	383	−23.7	14	−22.7
煤（包括褐煤）	32708	13.4	290	1.1
原油	28192	4.0	2196	−0.5
成品油	3959	−0.6	320	−3.2
初级形状的塑料	2462	3.9	491	6.3
纸浆	1685	2.4	114	3.7
钢材	1408	3.1	170	−4.3
未锻造的铜及铜材	453	−2.5	353	−8.5

资料来源：中华人民共和国国家统计局。

2013年，中国对欧盟出口3390亿美元，进口2200亿美元，比2012年分别增长1.1%和3.7%。2013年，中国对美国出口3684亿美元，进口1525亿美元，比2012年分别增长4.7%和14.8%。2013年，中国对日本出口1503亿美元，进口1623亿美元，比2012年分别增长−0.9%和−8.7%。

表4-5反映了2013年中国对主要国家和地区货物进出口额及其增长情况。

表 4-5　2013 年中国对主要国家和地区货物进出口额及其增长

国家和地区	出口额（亿美元）	比 2012 年增长（%）	进口额（亿美元）	比 2012 年增长（%）
欧盟	3390	1.1	2200	3.7
美国	3684	4.7	1525	14.8
东盟	2441	19.5	1996	1.9
中国香港	3848	19.0	162	−9.3
日本	1503	−0.9	1623	−8.7
韩国	912	4.0	1831	8.5
中国台湾	406	10.5	1566	18.5
俄罗斯	496	12.6	396	−10.2
印度	484	1.6	170	−9.6

资料来源： 中华人民共和国国家统计局。

4.1.2　中国工业制成品出口贸易分析

1. 工业制成品出口的总体状况

改革开放以来，中国工业制成品出口贸易的发展结构有了显著变化。工业制成品的出口总额由 2003 年的 4034 亿美元增加到 2013 年的 21020 亿美元，11 年间增加到 5.2 倍，占中国总出口贸易的比重也由 92.05%提高至 95.14%。2012 年，中国工业制成品出口 19481.56 亿美元，占世界进出口贸易总额 369146.79 亿美元的 5.28%。表 4-6 反映了 2003—2013 年中国出口商品总额和工业制成品出口额及占比情况，图 4-2 反映了 2003—2013 年中国出口商品总额和工业制成品出口额情况。

表 4-6　2003—2013 年中国出口商品总额与工业制成品出口额及占比

年份	2003	2004	2005	2006	2007	2008	2009	2010	2011	2012	2013
工业制成品出口额（亿美元）	4034.16	5527.77	7129.16	9160.17	11562.67	13527.36	11384.83	14960.69	17978.36	19481.56	21020.96
出口商品总额（亿美元）	4382.28	5933.26	7619.53	9689.78	12204.56	14306.93	12016.12	15777.54	18983.81	20487.14	22093.72
工业制成品出口额占出口商品总额的比率（%）	92.05	93.16	93.56	94.53	94.74	94.55	94.74	94.82	94.70	95.09	95.14

资料来源： 中华人民共和国海关总署。

2. 工业制成品出口的总体结构

按国际贸易标准分类，工业制成品可分为如下五大类：化学制品及有关产品，轻纺、橡胶、矿冶产品及其制品，机械及运输设备，杂项制品，以及未分类的其他制品。从要素密集度来考虑，以机械及运输设备为代表的资本密集型产品出口 10 多年来始终呈持续增长态势，且增长幅度逐年提高，其比重由 1990 年的 12.09%上升至 2003 年的 46.55%，2012 年又上升至 49.50%，出口额达 9643.61 亿美元，在目前的

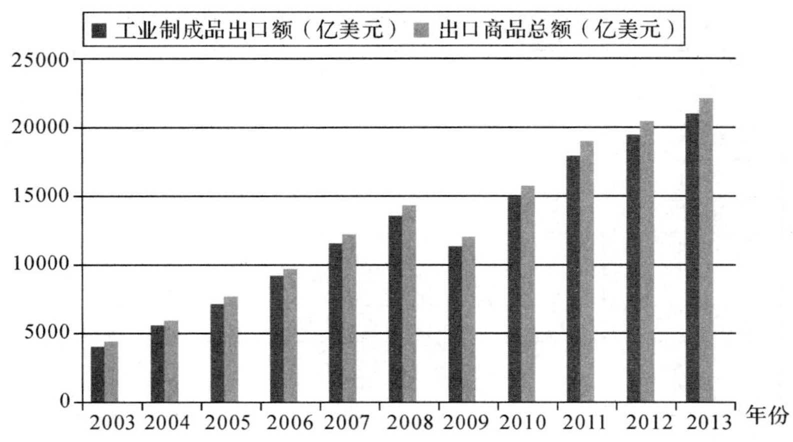

图 4-2　2003—2013 年中国出口商品总额与工业制成品出口额

工业制成品出口中几乎占了一半。以杂项制品为代表的劳动密集型产品的出口变化趋势以 1995 年为分水岭，其占工业制成品总出口的比重由 1990 年的 27.46%上升至 1995 年的 42.85%，此后呈持续下降趋势，到 2003 年降为 31.26%，到 2012 年又下降至 27.50%，出口额 5356.72 亿美元。表 4-7 和图 4-3 反映了 2003—2012 年中国工业制成品出口的总体结构情况。

表 4-7　2003—2012 年中国工业制成品出口的总体结构

（单位：亿美元）

年份	2003	2004	2005	2006	2007	2008	2009	2010	2011	2012
化学制品及有关产品出口额	195.81	263.60	357.72	445.30	603.24	793.46	620.17	875.72	1147.88	1135.65
轻纺产品、橡胶制品、矿冶产品及其制品出口额	690.18	1006.46	1291.21	1748.16	2198.77	2623.91	1848.16	2491.08	3195.60	3331.41
机械及运输设备出口额	1877.73	2682.60	3522.34	4563.43	5770.45	6733.29	5902.74	7802.69	9017.74	9643.61
杂项制品出口额	1260.88	1563.98	1941.83	2380.14	2968.44	3359.59	2997.47	3776.52	4593.70	5356.72
未分类的其他商品出口额	9.56	11.12	16.06	23.15	21.76	17.10	16.29	14.68	23.43	14.17

资料来源：中华人民共和国海关总署。

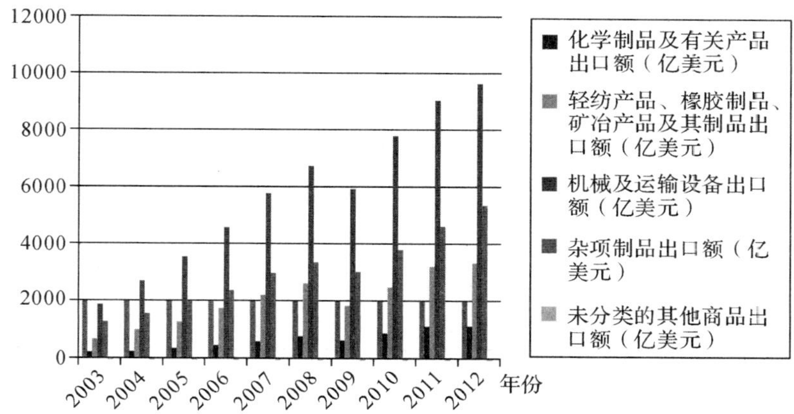

图 4-3　2003—2012 年中国工业制成品出口的总体结构

3. 工业制成品出口的内部结构

工业制成品出口结构变化最明显的是 11 类纺织、服装类产品和 16 类机电产品。1993 年，11 类纺织、服装类产品出口居于各类工业制成品出口榜首，占工业制成品出口总额的 1/3 以上（34.72%），16 类机电产品居于第二位，占工业制成品出口总额的比重为 18.52%。1995 年，两者的地位开始发生转变，16 类产品一跃成为出口第一位，出口额为 438.60 亿美元，明显高于第二位 11 类产品的 349.69 亿美元。这标志着中国外贸出口结构的又一次飞跃（第一次飞跃是 1981 年，工业制成品出口额第一次超过初级产品出口额）。至 2003 年，16 类机电产品占工业制成品比重达 56.36%，占工业制成品出口的一半以上，到 2012 年，16 类机电产品出口额为 8632.09 亿美元，占工业制成品出口比重的 42.13%。而 2003 年，11 类纺织、服装类产品已降至 18.17%，占工业制成品出口的比重明显下降，到 2012 年，11 类纺织、服装类产品出口金额为 2460.45 亿美元，占比已降至 12.01%。

4. 高新技术产品出口

在高新技术产业快速发展和实施“科技兴贸”战略背景下，中国高新技术产品出口呈现出良好态势。

2004 年中国高新技术产品出口 1655.36 亿美元，2012 年高新技术产品出口达 6011.64 亿美元。从 2004 年至 2012 年，中国高新技术产品出口呈逐年增加趋势。

可见，高新技术产品出口的快速增长是中国外贸出口增长速度加快的关键因素，也是中国工业品出口结构得以提升的重要原因。

表 4-8、图 4-4 和图 4-5 反映了 2004—2012 年中国高新技术产品出口额与工业制成品出口额及 2004—2012 年中国高新技术产品出口额占工业制成品出口额比率情况。

表 4-8　2004—2012 年中国高新技术产品出口额及占工业制成品出口额比率

年份	2004	2005	2006	2007	2008	2009	2010	2011	2012
高新技术产品出口额（亿美元）	1655.36	2182.44	2814.25	3478.25	4156.11	3769.09	4924.14	5487.88	6011.64
工业制成品出口额（亿美元）	5527.77	7129.16	9160.17	11562.67	13527.36	11384.83	14960.69	17978.36	19481.56
高新技术产品出口额占工业制成品出口额比率（%）	29.95	30.61	30.72	30.08	30.72	33.11	32.91	30.52	30.86

资料来源：中华人民共和国海关总署。

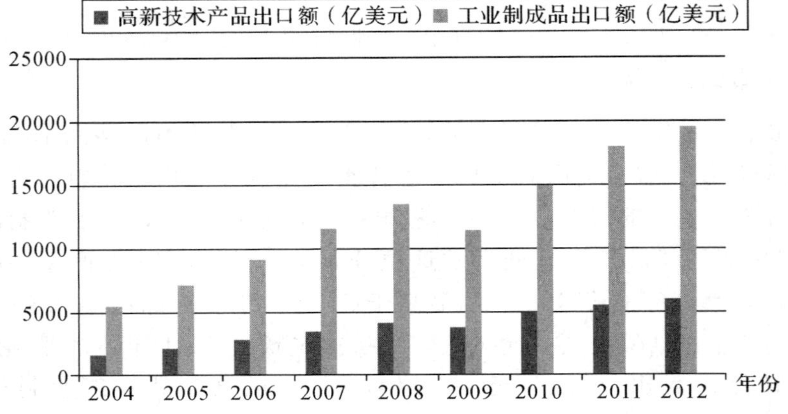

图 4-4　2004—2012 年中国高新技术产品出口额与工业制成品出口额

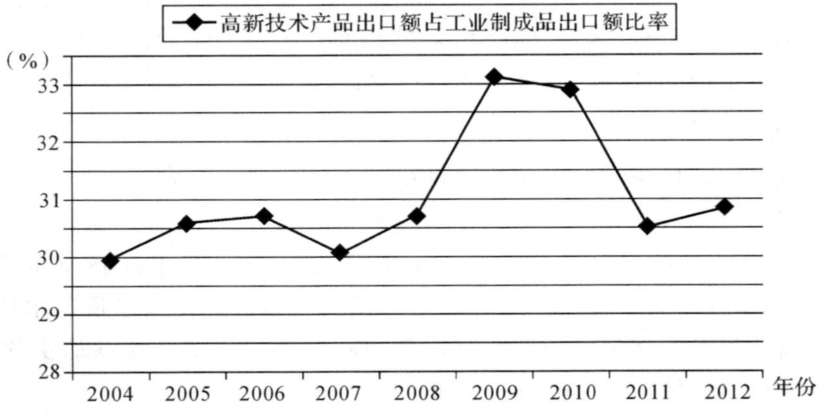

图 4-5　2004—2012 年中国高新技术产品出口额占工业制成品出口额比率

2013 年，中国的高新技术产品进出口贸易中：一般贸易 2458.7 亿美元，占比 20.18%；加工贸易 6742.2 亿美元，占比 55.33%。其中，出口一般贸易 1107.3 亿美元，占比 16.8%；加工贸易 4314.2 亿美元，占比 65.33%。进口一般贸易 1351.5 亿美元，占比 24.2%；加工贸易 2428.0 亿美元，占比 43.5%。

表 4-9 反映了 2013 年中国高新技术产品进出口贸易方式情况。

表 4-9 2013 年中国高新技术产品进出口贸易方式

（单位：亿美元；%）

贸易方式		进出口			出口			进口		
		累计金额	同比	占比	累计金额	同比	占比	累计金额	同比	占比
一般贸易		2458.7	12.48	20.18	1107.3	17.2	16.8	1351.5	8.9	24.2
加工贸易	来料加工装配贸易	622.4	−8.34	5.11	283.6	−16.34	4.29	338.8	−0.36	6.07
	进料加工贸易	6119.8	2.0	50.22	4030.6	1.3	61.0	2089.2	3.4	37.43
	加工贸易小计	6742.2	1	55.33	4314.2	−0.1	65.33	2428.0	2.9	43.5
其他贸易		2984.3	34.5	24.49	1181.9	57.6	17.9	1802.5	22.7	32.29
合　计		12185.2	10	100	6603.3	9.8	100	5581.9	10.01	100

资料来源： 中华人民共和国商务部。

2013 年 1—10 月，中国高新技术产品进口中，进口量排第一位的是电子技术，进口 2335.50 亿美元，同比增长 21.63%；第二位是计算机与通信技术，进口 1035.71 亿美元，同比增长 6.25%。中国高新技术产品出口中，出口量排第一位的是计算机与通信技术，出口 3487.95 亿美元，同比增长 4.8%；第二位是电子技术，出口 1167.03 亿美元，同比增长 46.04%。

表 4-10 反映了 2013 年 1—10 月中国高新技术产品进出口按大类产品分类情况。

表 4-10 2013 年 1—10 月中国高新技术产品进出口按大类产品分类

进出口	高新技术产品及其分类	累计金额（亿美元）	同比增长（%）
进　口	高新技术产品	4605.54	12.56
	生物技术	5.78	45.14
	生命科学技术	176.33	12.2
	光电技术	481.77	1.48
	计算机与通信技术	1035.71	6.25
	电子技术	2335.50	21.63
	计算机集成制造技术	277.64	−10.47
	材料技术	43.71	−12.12
	航空航天技术	241.47	25.42
	其他技术	7.63	−11.98
出　口	高新技术产品	5353.74	11.77
	生物技术	5.09	32.9
	生命科学技术	185.84	8.67
	光电技术	330.28	1.21
	计算机与通信技术	3487.95	4.8
	电子技术	1167.03	46.04
	计算机集成制造技术	89.03	7.38
	材料技术	41.25	7.91
	航空航天技术	41.86	17.09
	其他技术	5.40	14.31

资料来源： 中华人民共和国商务部。

5. 工业制成品出口贸易的主体、方式、市场等结构分析

首先，从出口主体结构来看，即从出口商品企业的性质来看，2014 年 1—9 月，民营企业出口 6894.49 亿美元，占总出口 16970.89 亿美元的 40.63%，同比增长 9.5%；外商投资企业出口 7762.51 亿美元，占总出口的 45.74%，同比增长 2.2%。外资企业占据主要出口份额，民营企业则正日益成为工业制成品出口的主力军。近年来，中国对外贸易高速增长，工业制成品出口发展迅猛，这在很大程度上得益于外资企业和民营企业出口在全国出口中的绝对优势。因此，以工业制成品为主的外资企业和民营企业出口结构，对中国制成品出口的增长带来了积极的影响。

其次，从贸易方式结构来看，20 世纪 90 年代以来，中国加工贸易得到了较快发展。1995 年，加工贸易出口额首次超过一般贸易①，占当年出口总额的 52.5%；1998 年，这一比重创历史新高，达到 56.88%，而当年一般贸易仅占出口总额的 40.36%。之后几年加工贸易出口比重略有下降，2003 年为 55.17%；到了 2013 年，中国一般贸易占进出口贸易总值比率上升至 52.81%，而加工贸易占进出口贸易总值比率则下降到了 32.64%。可见，一般贸易与加工贸易仍为中国贸易出口的主要方式。但是，近年来一般贸易呈快速上升趋势。

表 4-11 和图 4-6 反映了 2013 年中国贸易方式结构情况，表 4-12 反映了 2013 年中国进出口商品贸易方式总值情况。

表 4-11　2013 年中国贸易方式结构

贸易方式结构		2013 年累计进出口（亿美元）
一般贸易		21972.71
加工贸易	来料加工	1800.22
	进料加工	11777.85

资料来源：中华人民共和国海关总署。

① 一般贸易和加工贸易是向海关申报时对贸易性质的分类，不同贸易性质对应不同的海关监管方式。

一般贸易就是正常的国际买卖，是海关的基本监管类型。如果是进口一般贸易，收货人完全购买成品，需要按照一般征税的方式缴税（除非有免表），申报金价值即为需要付款的金额。如果是出口一般贸易，卖方可以享受国家退税。

加工贸易的中方一端往往会对应一个加工手册，其向国外采购的原物料属于保税状态，不需要缴税，加工成成品后必须运输国外。如果需要卖给国内，需要按照一般贸易进行补税。加工贸易的全部或者至少部分原物料需要从国外进口，并在保税状态下加工成成品后再出口。这样企业进口原物料就不需要在中国缴税。

加工贸易与一般贸易的最大区别就是进口时加工贸易不必缴关税和增值税，一般贸易则必须缴。其次，加工贸易还分来料、进料、辅料，常见的就是这三种。其中来料加工贸易出口不收汇，由国外客户免费提供原材料，买方不负责盈亏，只收取加工费，加工完成品后，再返回卖方；进料就是出口可以收汇，是国内出口单位自筹资金购进原材料加工成品出口。一般贸易就没有限制，正常进出都可以，出口收汇，进口缴关税，付汇。

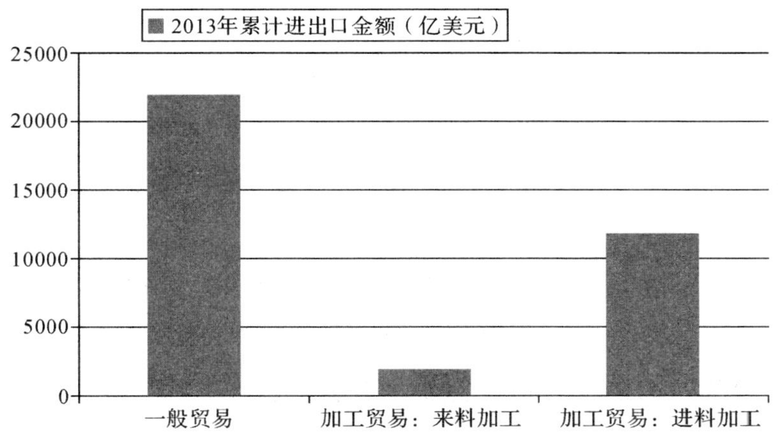

图 4-6 2013 年中国贸易方式结构

表 4-12 2013 年中国进出口商品贸易方式总值

贸易方式		2013 年 1—12 月：累计（亿美元）			2013 年 1—12 月：累计（%）		
		进出口	出口	进口	进出口	出口	进口
总 值		41603.31	22100.42	19502.89	7.6	7.9	7.3
一般贸易		21972.71	10875.53	11097.18	9.3	10.1	8.5
加工贸易	来料加工装配贸易	1800.22	924.79	875.43	−1.8	−6.4	3.5
	进料加工贸易	11777.85	7683.37	4094.47	1.5	6	3.2
	合计	13578.07	8608.16	4969.90	—	—	—
一般贸易占进出口贸易总值比率（%）		52.81	49.21	56.90	—	—	—
加工贸易占进出口贸易总值比率（%）		32.64	38.95	25.48	—	—	—

资料来源：中华人民共和国海关总署。

最后，从出口市场结构来看，发达国家为中国工业品出口的主要市场。虽然中国对外贸易多元化有所发展，但工业制成品出口市场仍比较集中。多年来，美国、日本、欧盟、东盟和中国香港始终处于中国出口市场的前 5 位，市场份额超过 50%。从表 4-13 和图 4-7 可以看出，2013 年中国前 5 位出口市场所占份额在出口总额中达 75.7%，表明中国出口市场集中度很高。2013 年中国进出品商品居前 5 位的国家和地区如表 4-13 和图 4-7 所示。

表 4-13 2013 年中国进出口商品居前 5 位的国家和地区

国家和地区（进口原产国/地、出口最终目的国/地）	2013 年累计进出口金额（亿美元）
欧盟	5590.33
美国	5210.02
东盟	4436.11
日本	3125.53
韩国	2742.48

资料来源：中华人民共和国海关总署。

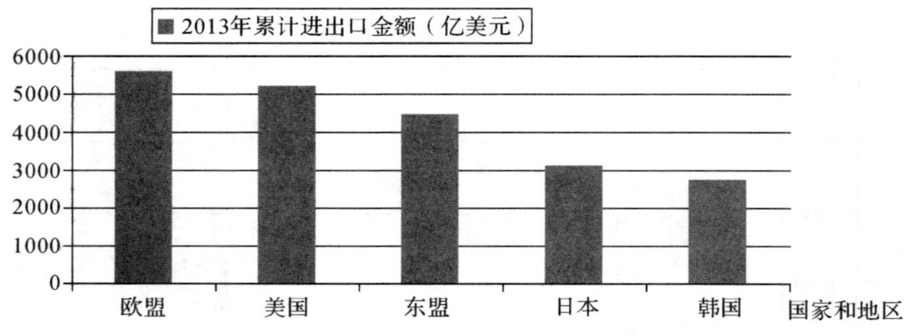

图 4-7　2013 年中国进出口商品居前 5 位的国家和地区

4.1.3　中国对非洲进出口产品结构分析

现在，我们来分析中国与非洲 SITC 分类产品进出口贸易结构情况。

表 4-14 是根据国家统计局统计数据计算得出的中非贸易结构情况，反映了 2013 年中国与非洲 SITC 分类产品进出口额占中非进出口贸易总额的比例情况。不难发现：

（1）中国出口非洲 SITC 分类产品主要为工业制成品，占中国出口非洲总额的 96.02%。其中，机械及运输设备占 35.25%，按原料分类的制成品占 30.30%，杂项制品占 24.18%。

（2）中国自非洲进口 SITC 分类产品主要为初级产品，占中国自非洲进口总额的 62.54%。其中，矿物燃料、润滑油及有关原料占 46.00%。

（3）中国自非洲进口 SITC 分类产品工业制品占 37.46%。其中，未分类的商品及交易品占 26.16%；按原料分类的制成品占 9.99%。

表 4-14　2013 年中国与非洲进出口产品贸易结构（SITC 分类）

中非贸易	中国出口非洲 SITC 分类产品占比（%）	中国自非洲进口 SITC 分类产品占比（%）
合　计	100.00	100.00
0～4 初级产品	3.98	62.54
0 食品及活动物	2.62	0.34
1 饮料及烟类	0.11	0.54
2 非食用原料（燃料除外）	0.41	15.65
3 矿物燃料、润滑油及有关原料	0.83	46.00
4 动、植物油、脂及蜡	0.01	0.01
5～9 工业制品	96.02	37.46
5 化学品及有关产品	6.28	0.57
6 按原料分类的制成品	30.30	9.99
7 机械及运输设备	35.25	0.53
8 杂项制品	24.18	0.21
9 未分类的商品及交易品	0.00	26.16

图 4-8 是根据表 4-14 的数据计算描绘出的中非贸易结构图示，直观反映了 2013 年非洲对中国出口以初级产品燃料为主，非洲自中国进口则以工业制成品为主的情况。

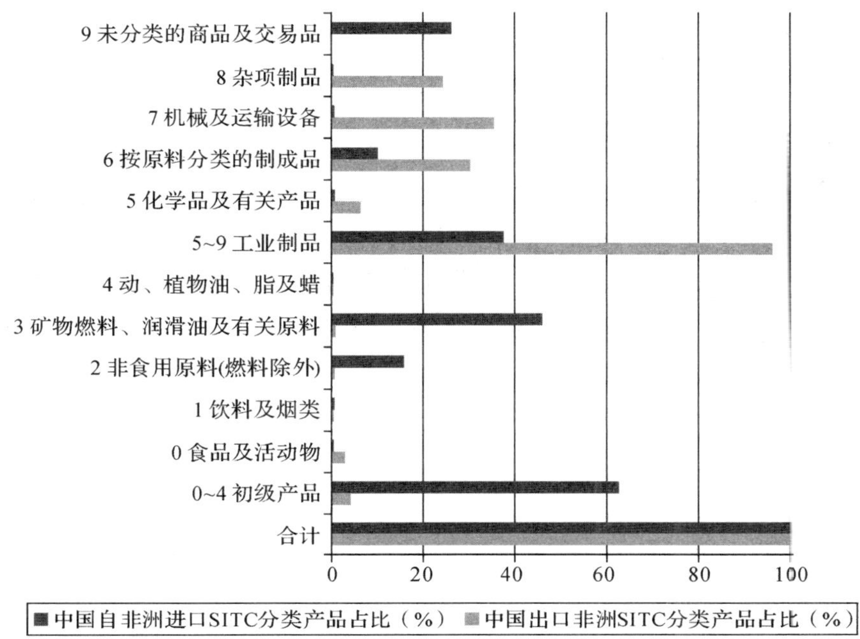

图 4-8　2013 年中国与非洲进出口产品贸易结构（SITC 分类）

对上述表 4-14 和图 4-8 的分析表明：

（1）根据中国从非洲的进口状况，即从非洲出口中国的产品结构来看，中国自非洲进口的 SITC 0～4 初级产品占 62.54%，非洲出口中国的主要产品类别为矿物燃料、润滑油及有关原料（46.00%）；未分类的商品及交易品（26.16%）；按原料分类的制成品（9.99%）等。可见，初级产品占据主导地位，主要集中在天然气、石油等基础能源和矿产资源上。与此同时，非洲对中国的非能源产品出口迅速增长，对中国的制成品出口也随其制造业的发展而有所增加。

（2）根据中国向非洲的出口状况，即从非洲自中国进口的产品结构来看，中国出口非洲的 SITC 5～9 工业制成品占 96.02%，即非洲进口的主要产品类别为工业制成品。

4.2 中国出口南非市场的产品结构及其分布

4.2.1 南非对外贸易商品构成与市场分布

南非经济较为开放，对外贸易一直是南非经济活动的主要部分，在南非国民经济中占有十分重要的地位。南非实行自由贸易制度，是世界贸易组织（WTO）的创始会员国之一，是非洲大陆的贸易大国，进出口总额居非洲各国之首。欧盟与美国等是南非的传统贸易伙伴，但近年南非与亚洲、中东等地区的贸易也在不断增长。

过去南非实行进口替代政策，现在已经向出口促进政策转变。出口促进政策的主要内容是实施奖励以促进出口，减少关税壁垒。通过采取这些措施来调整南非的经济结构，使南非的经济结构向外向型转变。

1. 南非对外贸易特点

（1）国际贸易在南非国内生产总值中占有很大比例

南非的经济发展水平较高，基础设施良好，自然资源丰富，制造业发达，农业生产水平也较高。矿产品、制成品和农产品除满足国内需要外，多数均投入国际市场。同时，南非国内市场所需的产品（包括生活消费品和生产所需要的原材料和资本货物）相当一部分需从国外进口。因此，长期以来，南非的进出口贸易额在其国内生产总值中占有很大的比例。

南非的经济发展一定程度上是靠对外贸易增长来维持的，进出口总值在南非国民生产总值中约占50％以上。据南非海关统计，2013年，南非进出口贸易额为1838.3亿美元，较2012年的1888.2亿美元下降2.6％。

（2）对外贸易在保持国际收支平衡方面起着重大作用

南非拥有现代化的金融市场，资本流入非常方便。但同样地，在受到不利因素影响时，资金流出也很方便。因此，出口收入增加、经常性项目稳定，对保持南非的国际收支平衡具有重要的作用。2013年，南非出口额达834.4亿美元，进口额达1004亿美元，全年贸易逆差累计169.6亿美元，同比增长18.7％。

通过国际贸易同世界各国互通有无，可以弥补南非产业结构中轻工业、纺织业不发达的缺陷，有利于繁荣市场和满足人民生活需要。

针对前南非的种族隔离制度，自20世纪60年代以来，联合国对南非实行了包括石油和武器在内的禁运，南非的对外贸易也因此受到很大影响。[①] 南非独立后，随着贸易禁运和制裁的解除以及国际环境的变化，南非的对外贸易不断发展，为其经济的进一步发展奠定了较好的基础。

2. 南非进出口商品构成

2013年，南非的主要出口商品有：矿产品，贵金属及制品，贱金属及制品，运输设备，机电产品，化工产品，植物产品，食品、饮料、烟草，塑料及橡胶，纤维素浆及纸张，纺织品及原料，活动物、动物产品，光学、钟表、医疗设备，家具、玩具、杂项制品，皮革制品、箱包，等等，具体见表4-15所示。

---

① 中国—南非经贸合作网，http://www.csc.mofcom.gov.cn。

表 4-15 2013 年南非主要出口商品构成（类）

（单位：百万美元）

海关分类	HS 编码	商品类别	2013 年	2012 年同期	同比增长（%）	占比（%）
类	章	总值	83437	87264	—4.4	100.0
第 5 类	25—27	矿产品	21375	22821	—6.3	25.6
第 14 类	71	贵金属及制品	17929	19491	—8.0	21.5
第 15 类	72—83	贱金属及制品	10680	11071	—3.5	12.8
第 17 类	86—89	运输设备	7996	8160	—2.0	9.6
第 16 类	84—85	机电产品	7326	7811	—6.2	8.8
第 6 类	28—38	化工产品	4792	5128	—6.6	5.7
第 2 类	06—14	植物产品	3756	3304	13.7	4.5
第 4 类	16—24	食品、饮料、烟草	2854	2668	7.0	3.4
第 7 类	39—40	塑料、橡胶	1559	1693	—7.9	1.9
第 10 类	47—49	纤维素浆；纸张	1339	1364	—1.8	1.6
第 11 类	50—63	纺织品及原料	757	730	3.8	0.9
第 1 类	01—05	活动物；动物产品	691	651	6.1	0.8
第 18 类	90—92	光学、钟表、医疗设备	477	561	—15.0	0.6
第 20 类	94—96	家具、玩具、杂项制品	467	523	—10.7	0.6
第 8 类	41—43	皮革制品；箱包	441	285	54.9	0.5
		其他	997	1003	—0.6	1.2

资料来源：中华人民共和国商务部。

不难发现，南非的前 5 位主要出口商品构成（类）为：第 5 类（25—27 章）矿产品，2013 年出口 21375 百万美元，占比 25.6%，同比减少 6.3%；第 14 类（71 章）贵金属及制品，2013 年出口 17929 百万美元，占比 21.5%，同比减少 8.0%；第 15 类（72—83 章）贱金属及制品，2013 年出口 10680 百万美元，占比 12.8%，同比减少 3.5%；第 17 类（86—89 章）运输设备，2013 年出口 7996 百万美元，占比 9.6%，同比减少 2.0%；第 16 类（84—85 章）机电产品，2013 年出口 7326 百万美元，占比 8.8%，同比减少 6.2%。上述五类产品的出口量占南非 2013 年总出口量的 78.3%。

2013 年，南非的主要进口产品有：机电产品，矿产品，运输设备，化工产品，贱金属及制品，塑料、橡胶，纺织品及原料，食品、饮料、烟草，光学、钟表、医疗设备，植物产品，家具、玩具、杂项制品，纤维素浆，纸张，鞋靴、伞等轻工产品，陶瓷、玻璃，活动物、动物产品，其他等，具体见表 4-16。

表 4-16 2013 年南非主要进口商品构成（类）

（单位：百万美元）

海关分类	HS 编码	商品类别	2013 年	2012 年同期	同比增长（%）	占比（%）
类	章	总值	100398	101558	—1.1	100.0
第 16 类	84—85	机电产品	25146	24297	3.5	25.1
第 5 类	25—27	矿产品	22792	23448	—2.8	22.7
第 17 类	86—89	运输设备	10035	10774	—6.9	10.0

续表

海关分类	HS编码	商品类别	2013年	2012年同期	同比增长（%）	占比（%）
类	章	总值	100398	101558	－1.1	100.0
第6类	28—38	化工产品	9049	9121	－0.8	9.0
第15类	72—83	贱金属及制品	5071	4753	6.7	5.1
第7类	39—40	塑料、橡胶	3951	3926	0.6	3.9
第11类	50—63	纺织品及原料	3011	2928	2.9	3.0
第4类	16—24	食品、饮料、烟草	2580	2577	0.1	2.6
第18类	90—92	光学、钟表、医疗设备	2563	2515	1.9	2.6
第2类	06—14	植物产品	1829	2015	－9.2	1.8
第20类	94—96	家具、玩具、杂项制品	1605	1658	－3.2	1.6
第10类	47—49	纤维素浆、纸张	1416	1380	2.6	1.4
第12类	64—67	鞋靴、伞等轻工产品	1102	1109	－0.6	1.1
第13类	68—70	陶瓷、玻璃	1030	1043	－1.2	1.0
第1类	01—05	活动物、动物产品	892	1023	－12.8	0.9
		其他	8327	8991	－7.4	8.3

资料来源：中华人民共和国商务部。

不难发现，南非的前5位主要进口商品构成（类）为：第16类（84—85章）机电产品，2013年进口25146百万美元，占比25.1%，同比增加3.5%；第5类（25—27章）矿产品，2013年进口22792百万美元，占比22.7%，同比减少2.8%；第17类（86—89章）运输设备，2013年进口10035百万美元，占比10.0%，同比减少6.9%；第6类（28—38章）化工产品，2013年进口9049百万美元，占比9.0%，同比减少0.8%；第15类（72—83章）贱金属及制品，2013年进口5071百万美元，占比5.1%，同比增加6.7 %。上述五类产品的进口量占南非2013年总进口量的71.9%。

3. 南非进出口市场分布

除传统的贸易伙伴欧洲外，南非近年来同亚非国家的贸易发展也十分迅速。南非同亚洲国家的贸易发展速度远远超过了同其他国家的贸易发展速度，自从对南非的贸易禁运解除后，亚洲各国企业加大了开发南非市场的力度，推动了南非同亚洲国家贸易的发展。随着南部非洲政治形势的缓和，南非同非洲其他国家的贸易也得到快速发展，南非在南部非洲的门户作用进一步加强。目前，南非主要进出口区域为亚太经合组织（APEC）和欧盟国家。

按2013年南非出口额排序居前15位的主要贸易伙伴依次是：中国、美国、日本、德国、英国、荷兰、印度、莫桑比克、赞比亚、瑞士、比利时、中国香港、刚果民主共和国、韩国。

按2013年南非进口额排序居前15位的主要贸易伙伴依次是：中国、德国、沙特阿拉伯、美国、印度、日本、尼日利亚、英国、泰国、意大利、法国、安哥拉、新加坡、西班牙、韩国。

4.2.2 南非自中国进口的产品结构与区域分布

2013 年，从南非自世界进口方面来看，机电产品、矿产品和运输设备是南非进口的前三大类商品，分别达 251.5 亿美元、227.9 亿美元和 100.4 亿美元，其中机电产品进口增长 3.5%，矿产品和运输设备进口分别下降 2.8%和 6.9%，三者分别占南非进口总额的 25.1%、22.7%和 10%。另外，化工产品进口下降 0.8%，进口额为 90.5 亿美元，占南非进口总额的 9%。

2013 年，南非自中国进口的前十大类商品为：机电产品，纺织品及原料，贱金属及制品，化工产品，家具、玩具、杂项制品，鞋靴、伞等轻工产品，塑料、橡胶，运输设备，陶瓷、玻璃，光学、钟表、医疗设备。

2013 年，南非自中国进口的机电产品、纺织品及原料、贱金属及制品及原料，分别为 73.9 亿美元、15.9 亿美元和 12.9 亿美元，同比分别增长 18.6%、4.1%和 10.8%，分别占南非进口机电产品、纺织品及原料、贱金属及制品总额的 29.4%、52.7%和 25.4%。除上述产品外，化工产品，家具、玩具、杂项制品，鞋靴、伞等轻工产品，塑料、橡胶也是南非自中国进口的主要大类商品（HS 类），分别占南非进口相应类产品的 10%、53%、69.6%和 18.8%。

2013 年南非自中国进口的前十大类商品及其国别和地区构成如表 4-17 至表 4-26 所示。

表 4-17 2013 南非自中国进口的前十大类商品（1—机电产品）国别和地区构成

HS84—85：机电产品			
国家和地区	金额（百万美元）	同比增长（%）	占比（%）
中国	7386	18.6	29.4
德国	3046	11.3	12.1
美国	2231	—10.4	8.9
意大利	1104	17.3	4.4
日本	1083	—13.1	4.3
英国	836	—1.7	3.3

资料来源：中华人民共和国商务部。

表 4-18 2013 年南非自中国进口的前十大类商品（2—纺织品及原料）国别和地区构成

HS50—63：纺织品及原料			
国家和地区	金额（百万美元）	同比增长（%）	占比（%）
中国	1586	4.1	52.7
印度	176	1.5	5.9
毛里求斯	166	—0.5	5.5
巴基斯坦	130	1.1	4.3
马达加斯加	85	35.1	2.8
德国	71	—1.1	2.4

资料来源：中华人民共和国商务部。

表 4-19　2013 年南非自中国进口的前十大类商品（3—贱金属及制品）国别和地区构成

HS72—83：贱金属及制品			
国家和地区	金额（百万美元）	同比增长（%）	占比（%）
中国	1289	10.8	25.4
德国	432	—5.3	8.5
印度	275	8.0	5.4
赞比亚	223	—15.7	4.4
美国	218	—0.6	4.3
西班牙	194	233.6	3.8

资料来源：中华人民共和国商务部。

表 4-20　2013 年南非自中国进口的前十大类商品（4—化工产品）国别和地区构成

HS28—38：化工产品			
国家和地区	金额（百万美元）	同比增长（%）	占比（%）
德国	1056	0.3	11.7
美国	963	—1.6	10.7
中国	900	1.7	10.0
印度	774	33.1	8.6
法国	649	7.0	7.2
澳大利亚	581	22.1	6.4

资料来源：中华人民共和国商务部。

表 4-21　2013 年南非自中国进口的前十大类商品（5—家具、玩具、杂项制品）国别和地区构成

HS94—96：家具、玩具、杂项制品			
国家和地区	金额（百万美元）	同比增长（%）	占比（%）
中国	850	—5.7	53.0
德国	101	7.6	6.3
美国	74	—5.3	4.6
波兰	69	22.5	4.3
泰国	43	11.4	2.7
意大利	42	—4.0	2.6

资料来源：中华人民共和国商务部。

表 4-22　2013 年南非自中国进口的前十大类商品（6—鞋靴、伞等轻工产品）国别和地区构成

HS64—67：鞋靴、伞等轻工产品			
国家和地区	金额（百万美元）	同比增长（%）	占比（%）
中国	767	—3.9	69.6
越南	113	23.8	10.2
印度尼西亚	56	8.3	5.1
意大利	47	7.3	4.3
印度	20	—2.4	1.8
莫桑比克	16	—17.8	1.4

资料来源：中华人民共和国商务部。

表 4-23　2013 年南非自中国进口的前十大类商品（7—塑料、橡胶）国别和地区构成

HS39—40：塑料、橡胶			
国家和地区	金额（百万美元）	同比增长（%）	占比（%）
中国	742	8.8	18.8
德国	430	9.6	10.9
美国	349	−2.3	8.8
日本	188	−3.0	4.8
泰国	156	2.4	3.9
西班牙	155	3.8	3.9

资料来源：中华人民共和国商务部。

表 4-24　2013 年南非自中国进口的前十大类商品（8—运输设备）国别和地区构成

HS86—89：运输设备			
国家和地区	金额（百万美元）	同比增长（%）	占比（%）
德国	2286	8.4	22.8
美国	1172	−31.4	11.7
印度	954	11.7	9.5
日本	843	−17.1	8.4
英国	753	−3.6	7.5
韩国	721	−21.6	7.2

资料来源：中华人民共和国商务部。

表 4-25　2013 年南非自中国进口的前十大类商品（9—陶瓷、玻璃）国别和地区构成

HS68—70：陶瓷、玻璃			
国家和地区	金额（百万美元）	同比增长（%）	占比（%）
中国	361	4.1	35.0
德国	111	−0.5	10.8
美国	67	−28.2	6.5
日本	58	8.4	5.6
意大利	56	8.0	5.4
匈牙利	39	10.7	3.8

资料来源：中华人民共和国商务部。

表 4-26　2013 年南非自中国进口的前十大类商品（10—光学、钟表、医疗设备）国别和地区构成

HS90—92：光学、钟表、医疗设备			
国家和地区	金额（百万美元）	同比增长（%）	占比（%）
美国	539	−3.6	21.0
德国	356	2.0	13.9
中国	289	9.6	11.3
瑞士	171	6.1	6.7
英国	148	2.2	5.8
日本	118	−0.2	4.6

资料来源：中华人民共和国商务部。

4.3 中国出口埃塞俄比亚市场的产品结构及其特点

4.3.1 中国出口埃塞俄比亚市场产品结构

中国出口埃塞俄比亚的产品结构主要涉及以下 HS 类下章的《进出境商品目录》编码产品。

轻纺产品。主要涉及纺织品、服装、毛毯、鞋类、饰品、工艺品、塑料制品、玻璃制品、一次性卫生用品、输水软管、箱包、输送带、橡胶水带、胶水、铝水壶、木制家具、平板玻璃、PVC 管及管件、墨水、练习本、印刷 PS 版、影像输出片、无菌橡胶医用手套、录音带、摩擦材料和染料等。

机电产品。主要涉及冰箱、彩色电视机、空调器、拖拉机、装载机、液体变压器、机床、静电除尘器、柴油发电机组、燃油泵总成、水泵、柴油水泵机组、有机热载体炉、破碎筛分联合设备、阀门、液压千斤顶、换气扇、风机、空压机、包装机、推土机、平地机、压路机、播种机、开沟机、联合收割机、割晒机、手扶拖拉机、牵引车、小客车、轿车、自卸车、机动叉车、半挂车、自行车、摩托车、电梯及其他载客电梯、太阳能热水器及配件、工程机械、液压刨床、五金工具及配件、不锈钢制品、无缝钢管、节能灯、平板机、锁具、电动机、半钢轿车轮胎、全钢轮胎、铝合金绞线、电缆托架、电子节能灯、干电池、电缆、煤油炉、文件塑封机、缝纫机机架和装订机等。

化矿产品。主要涉及石板材、铝合金型材、制鞋用原料 EVA 胶粒、橡胶轮胎、石蜡、兽药、卫生洁具、硅铁、石榴石、煅烧石油焦、工业明胶、玻璃、啤酒瓶、蜡烛、相纸、染料、渔网、鱼线、聚酯切片、树脂、可可粉、冰乙酸、硅铝酸钠、氧化锌、工业级碳酸氢钠、碳化钙、氢氧化钠（烧碱）、甲酸、轻质碳酸钠、甲酸钠、氯化钾、渗透剂和洗涤剂等。

4.3.2 中国出口埃塞俄比亚市场产品特点

通过分析 2012 年和 2013 年中国出口埃塞俄比亚市场各类产品，可以发现：

2012 年，按金额排序依次为：机电产品、金属材料及制品、轻工产品、化工品、纺织品、木制品、其他产品；按批次排序依次为：机电产品、轻工产品、纺织品、化工品、金属材料及制品、木制品、其他产品。

2013 年，按金额排序依次为：机电产品、金属材料及制品、化工产品、轻工产品、纺织产品、木制品、其他产品；按批次排序依次为：机电产品、化工品、轻工产品、纺织品、金属材料及制品、木制品、其他产品。

中国出口埃塞俄比亚市场产品主要特点是：品种多，批量小，价值低，质量要求低，产品技术含量低，产品附加值不高。

由于这些产品在国内市场需求已基本饱和，较难开发此类新产品的市场空间，因而开发国外非洲市场是出口企业提高竞争力的重要途径之一。

4.4　中国出口塞拉利昂市场的产品结构及其特点

4.4.1　中国出口塞拉利昂市场产品结构

统计数据表明，中国出口塞拉利昂的 HS 类下章的《进出境商品目录》编码产品结构主要为轻纺产品、机电产品、化矿产品和食品。

轻纺产品。主要涉及纺织品、印染布、服装、人造革鞋、拖鞋、塑料鞋、乳胶手套、卫生巾、卫生纸、面巾纸、尿裤、其他一次性卫生用品、铅笔、蜡笔、粉笔、肥皂、牙膏、陶瓷、桌子、椅子、柜子、木制床、纤维板、胶合板、其他家具、天花板、干电池和塑料制品等。

机电产品。主要涉及原电池、原电池组、蓄电池、电线电缆、DVD 播放机、LED 显示屏、充电器、功放、音箱、灯管、电动工具、空调器、电视机、电冰箱、冰柜、微波炉、电烤箱、饮水机、电热水器、滚筒洗衣机、干衣机、小家电、低压电器及其零件、水泵、水泵机组、变压器、稳压器、柴油机及柴油发电机组、汽油发动机、手扶拖拉机、皮卡车、矿石车、牵引车、自卸车、全地形车、货车及底盘、铁道机车及其零部件、自行车零件、钢轨、钢枕、钢管、钢瓶、摩托车整车及发动机、医疗设备、手机、通信和网络设备、千斤顶、起重机、阀门、电缆、插头及插座、开关、灯泡、镀锌钢管、铁床、钢丝绳、钢结构（网架）等。

化矿产品。主要涉及轮胎、石蜡、碳化钙和肥料级硫酸锌等。

食品。主要涉及茶叶、调味料、罐头、虾片和番茄酱等。

4.4.2　中国出口塞拉利昂市场产品特点

通过比较 2012 年和 2013 年中国出口塞拉利昂市场各类产品，可以发现：

2012 年，按金额排序依次为：机电产品、金属材料及制品、其他产品、轻工产品、纺织品、化工品、木制品；按批次排序依次为：机电产品、其他产品、轻工产品、木制品、金属材料及制品、化工品、纺织品。

2013 年，按金额排序依次为：机电产品、其他产品、金属材料及制品、化工产品、木制品、轻工产品、纺织产品；按批次排序依次为：机电产品、其他产品、化工品、轻工产品、木制品、金属材料及制品、纺织品。

可见，中国出口塞拉利昂产品具有品种杂、价值低及数量少等特点。塞拉利昂市场所需求的这类产品属于中国的传统工业产品，工艺非常成熟，拥有雄厚的产业基础和技术力量，使得中国出口塞拉利昂机电产品质量长期保持在稳定状态。

随着中国对外开放程度的提高，这类产品也越来越适应于目的国的消费需求，越来越适应于国际竞争，且在包括非洲在内的广大发展中国家拥有良好的质量信誉和较高的知名度。

4.5 中国出口埃及市场的产品结构及其特点

4.5.1 中国出口埃及市场产品结构

统计数据表明，中国出口埃及的 HS 类下章的《进出境商品目录》编码产品结构主要为轻纺产品、机电产品、化矿产品和食品。

轻纺产品。主要涉及纺织品、轻工产品、木制品、金属材料及五金杂品等。纺织品主要包括：再生棉纱、无纺面料、针织面料、其他织物、线毯、服装、靠垫、家纺产品等。轻工产品主要包括：鞋类、箱包、催化剂、油墨、聚氨酯、轮胎、内胎、农药原药、办公用品、塑料制品、玻璃制品、陶瓷制品、卫生用具、体育用品、人体模型、模型、人造草坪、玩具、纸尿裤等产品。木制品主要包括：木制家具、强化地板、人造板、胶合板、地板附件、木架、木制工具等。金属材料及五金杂品主要包括：镀锌板、无缝钢管、铝箔、不锈钢管、标准件、路轨、把手、插销、椅子、桌子、茶几、卫浴配件等。

机电产品。主要涉及汽车、汽车配件、柴油机、电机、发电机组、空压机、电梯、手动电动工具、机械设备、机械零部件、仪器仪表、低压电器、电子元器件、照明器材、专用机械设备、显微镜、互感器、排水阀、显像管、灯具、车床、冰箱、医疗器械、健身器材等。

化工产品。主要涉及氧化锌、聚酯切片、化工原料、橡胶制品、轮胎、涂料、油墨、胶黏剂、大理石板材、石油树脂、可可粉、油脂、硑石等。

食品。主要涉及酒、干货、粮食等。

4.5.2 中国出口埃及市场产品特点

比较 2012 年和 2013 年中国出口埃及市场各类产品，可以发现：

2012 年，按出口金额排序依次为：机电产品、金属材料及制品、纺织品、化工品、轻工产品、木制品、其他产品；按批次数量排序依次为：机电产品、轻工产品、化工品、纺织品、其他产品、木制品、金属材料及制品。

2013 年，按出口金额排序依次为：机电产品、轻工产品、化工产品、纺织产品、金属材料及制品、木制品、其他产品；按批次数量排序依次为：机电产品、轻工产品、化工品、纺织品、木制品、其他产品、金属材料及制品。

可见，中国出口埃及产品具有批次多、种类杂、分布广、价值低和数量少等特点。总体而言，中国出口埃及产品以机电、轻工、化工品为主，主要为日常消费用品。

通过本章对中国出口南非、埃塞俄比亚、塞拉利昂和埃及产品结构的分析，可以总结出以下几点规律：

（1）中国出口供给非洲市场产品主要为工业制成品，具有种类多、价格低的特点。

（2）上述出口供给非洲市场的工业制成品结构，反映了中国出口非洲市场的劳动力要素、资本要素以及知识、技术等要素的配置状况。

（3）对非洲出口企业的投资、生产和市场营销早期是基于本国需求来考虑的，这些出口非洲企业依靠从本国需求出发建立起来的生产方式、组织结构和营销策略，开拓了非洲需求市场，获得了一定的国际竞争力。

5 中国出口非洲产品市场份额

本章通过产品的生产、产品的数量和产品的采购地区分布，特别是产品的市场占有率等，来着重研究中国对非洲进出口贸易市场份额情况。

5.1 中国出口非洲产品总体市场份额

5.1.1 中国同各国（地区）海关货物进出口总额

近年来，中国同世界各国（地区）进出口贸易连续增长。2013 年，中国同亚洲各国（地区）进出口总额 22240 亿美元；中国同非洲各国（地区）进出口总额 2103 亿美元；中国同欧洲各国（地区）进出口总额 7299 亿美元；中国同拉丁美洲各国（地区）进出口总额 2614 亿美元；中国同北美洲各国（地区）进出口总额 5755 亿美元；中国同大洋洲及太平洋群岛各国（地区）进出口总额 1533 亿美元。

表 5-1 和图 5-1 反映了 2003—2013 年中国同各国（地区）海关货物进出口总额情况。

表 5-1 2003—2013 年中国同各国（地区）海关货物进出口总额

（单位：亿美元）

年份	2003	2004	2005	2006	2007	2008	2009	2010	2011	2012	2013
中国同亚洲各国（地区）进出口总额	4955	6649	8079	9811	11878	13667	11722	15669	19031	20451	22240
中国同非洲各国（地区）进出口总额	185	295	397	555	737	1072	910	1270	1663	1985	2103
中国同欧洲各国（地区）进出口总额	1579	2114	2621	3302	4275	5115	4267	5731	7007	6831	7299
中国同拉丁美洲各国（地区）进出口总额	268	400	505	702	1027	1434	1219	1836	2414	2613	2614
中国同北美洲各国（地区）进出口总额	1364	1853	2308	2860	3325	3683	3281	4229	4944	5363	5755

续表

年份	2003	2004	2005	2006	2007	2008	2009	2010	2011	2012	2013
中国同大洋洲及太平洋群岛各国（地区）进出口总额	159	235	309	373	495	661	676	990	1298	1365	1533
中国同国别（地区）不详进出口总额	0.12	0.3750	0.1916	0.4394	0.5942	0.5849	0.3707	14	60		47

资料来源： 中华人民共和国国家统计局。

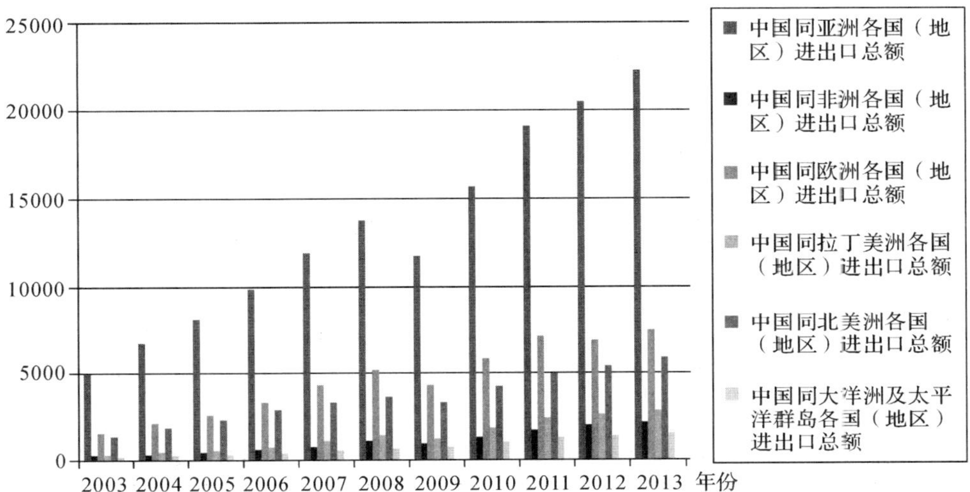

图 5-1 2003—2013 年中国同各国（地区）海关货物进出口总额（亿美元）

5.1.2 中国同非洲进出口贸易总额

随着中非贸易的快速发展，中国商品在非洲市场的占有率不断攀升，中非双边贸易逐渐走上制度化轨道。首先，中非贸易规模不断扩大，呈加速递增趋势。2000 年，中非贸易额突破 100 亿美元，2008 年达到 1072 亿美元，年均增幅 33.5%，提前两年实现了到 2010 年中非贸易额达到 1000 亿美元的目标。2009 年，受金融危机影响，中非贸易额降为 910.66 亿美元，比 2008 年下降了 15.1%，但是中非经贸合作稳步发展的势头没有变。2010 年以来，中非贸易恢复增长。2010 年，中国同非洲进出口贸易额实现 1270.46 亿美元；2011 年，中国同非洲进出口贸易额实现 1663.23 亿美元；2012 年，中国同非洲进出口贸易额实现 1985.61 亿美元。

中非经贸合作已经初步形成多层次、宽领域、全覆盖的格局，成为双方实现自身经济发展不可或缺的组成部分。经过 50 年的发展，中非贸易规模明显扩大。中国已连续 5 年成为非洲第一大贸易伙伴国。双边贸易额 1965 年只有 2.5 亿美元，到 2013 年已突破 2000 亿美元，达到 2103 亿美元，具体见表 5-2 和图 5-2。

表 5-2　2003—2013 年中国同非洲进出口贸易额

（单位：亿美元）

年　份	2003	2004	2005	2006	2007	2008	2009	2010	2011	2012	2013
中国同非洲进出口贸易额	185	295	397	555	737	1072	910	1270	1663	1985	2103

资料来源： 中华人民共和国国家统计局。

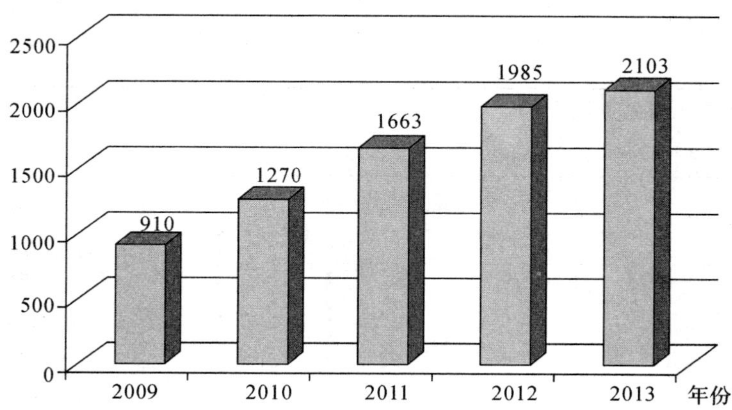

图 5-2　2009—2013 年中国同非洲进出口贸易额（亿美元）

可见，中非双边贸易额连年增长，贸易增长率略有起伏，2009 年的贸易增长系数反映了金融危机对中非贸易的影响。表 5-3 和图 5-3 反映了 2003—2013 年中国同非洲进出口贸易年增长系数及增长率情况。

表 5-3　2003—2013 年中国同非洲进出口贸易年增长系数及增长率

年份	2003	2004	2005	2006	2007	2008	2009	2010	2011	2012	2013
中非贸易年增长系数	0.491935	0.594595	0.345763	0.397985	0.327928	0.454545	−0.15112	0.395604	0.309449	0.193626	0.059446
中非贸易年增长率（%）	49.1935	59.4595	34.5763	39.7985	32.7928	45.4545	−15.112	39.5604	30.9449	19.3626	5.9446

资料来源： 笔者根据中华人民共和国国家统计局数据计算所得。

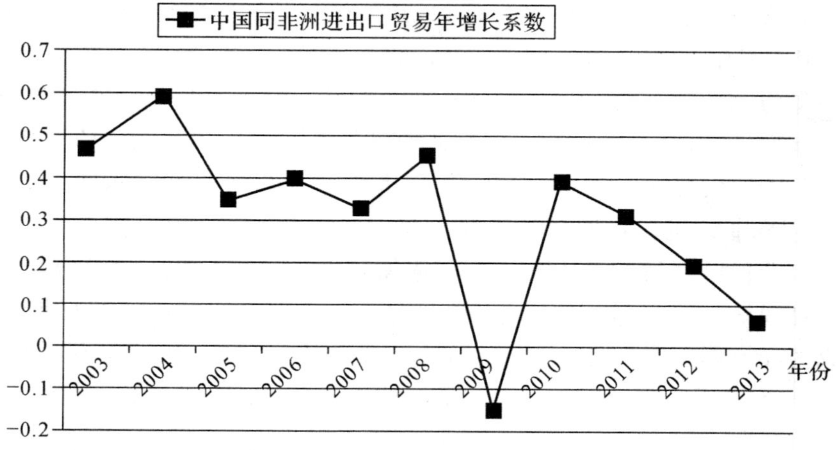

图 5-3　2003—2013 年中国同非洲进出口贸易年增长系数

5.1.3 中国同非洲各国进出口贸易额

2003—2013 年中国同非洲各国进出口贸易总体增长平稳。

2012 年，中国同非洲国家（地区）进出口贸易额居前 10 位的分别是：南非、安哥拉、尼日利亚、埃及、利比亚、阿尔及利亚、加纳、刚果（布）、刚果（金）、苏丹；其贸易额分别是：5999428 万美元、3760094 万美元、1056995 万美元、954473 万美元、876036 万美元、772856 万美元、543427 万美元、507741 万美元、435040 万美元、373289 万美元；占中非贸易总额的比率分别是：30.21%、18.94%、5.32%、4.81%、4.41%、3.89%、2.74%、2.56%、2.19%和 1.88%。

2013 年，中国同非洲国家（地区）进出口贸易额居前 10 位的分别是：南非、安哥拉、尼日利亚、埃及、阿尔及利亚、刚果（布）、加纳、利比亚、苏丹、摩洛哥；其贸易额分别是：6521920 万美元、3593673 万美元、1358922 万美元、1021428 万美元、818844 万美元、649148 万美元、514936 万美元、487361 万美元、449846 万美元和 380307 万美元；占中非贸易总额的比率分别是：31.02 %、17.C9 %、6.46%、4.86%、3.89 %、3.09 %、2.45%、2.32%、2.14%和 1.81%。

表 5-4 反映了 2003—2013 年中国同非洲国家（地区）进出口贸易额情况；表 5-5 反映了 2012 年和 2013 年中国同非洲进出口贸易额居前 10 位的国家（地区）情况；表 5-6 和图 5-4（a）、图 5-4（b）反映了 2012 年和 2013 年中国同非洲进出口贸易额居前 10 位的国家（地区）占中国同非洲进出口贸易总额比率情况。

表 5-4　2003—2013 年中国同非洲国家(地区)进出口贸易额

（单位:万美元）

年份	2003	2004	2005	2006	2007	2008	2009	2010	2011	2012	2013
中国同非洲进出口总额	1854184	2945928	3974373	5545962	7365693	10720686	9106580	12704602	16632289	19856125	21025408
中国同阿尔及利亚进出口总额	74515	123960	176815	209064	386641	460113	512746	517732	643242	772856	818844
中国同安哥拉进出口总额	235173	491086	695462	1182748	1411841	2532499	1706238	2481941	2770634	376094	3593673
中国同贝宁进出口总额	53946	68854	109234	154148	208369	242428	204648	239933	305116	267520	319848
中国同博茨瓦那进出口总额	2495	5240	6251	6995	14519	35307	22964	42287	71683	30280	34211
中国同布隆迪进出口总额	519	513	1222	1193	1371	1780	3496	3682	5629	5714	6027
中国同喀麦隆进出口总额	18016	24892	19662	39081	45659	85847	81352	100170	153706	195475	188085
中国同加那利群岛进出口总额	3753	5269	3905	5260	5394	1971	591	295	237	252	323
中国同佛得角进出口总额	260	275	519	1009	1469	1495	3541	3435	4976	5749	6199
中国同中非进出口总额	444	957	1608	1030	1548	3273	2738	4802	4241	6630	5011
中国同塞卜泰(休达)进出口总额	91	144	159	21	65	63	19	18	9	34	67
中国同乍得进出口总额	452	22853	20601	27446	14975	12153	21408	80429	36012	39351	47539
中国同科摩罗进出口总额	69	130	183	620	765	2544	1117	1337	819	1495	2987
中国同刚果(布)进出口总额	87455	166209	242274	303312	326971	434598	210286	347609	516159	507741	649148
中国同吉布提进出口总额	6601	7273	11200	15533	16570	25406	29464	44475	50903	90240	101916
中国同埃及进出口总额	108958	157637	214518	319227	467253	630320	584502	695890	880158	954473	1021428
中国同赤道几内亚进出口总额	41694	100677	145663	257870	178997	254526	141349	105490	193926	218406	282744
中国同埃塞俄比亚进出口总额	15749	20844	36971	56259	86162	131238	146720	148359	117745	183885	218415
中国同加蓬进出口总额	30949	41444	39296	88064	119828	193222	87309	117557	84807	104456	133135
中国同冈比亚进出口总额	11752	12435	12452	16288	19387	17889	17416	20178	34518	34223	38650
中国同加纳进出口总额	35610	59078	76843	88277	127489	184129	161335	205626	347313	543427	514936
中国同几内亚进出口总额	8374	10781	14731	18777	35621	35976	28753	47635	64574	76485	99157
中国同几内亚比绍进出口总额	1235	602	579	568	745	739	2481	1330	1895	2253	2872
中国同科特迪瓦共和国进出口总额	26498	23147	22212	35297	45321	60208	56761	65905	70273	94646	121293

续表

年份	2003	2004	2005	2006	2007	2008	2009	2010	2011	2012	2013
中国同肯尼亚进出口总额	25045	36576	47457	64546	95902	128406	130605	182551	242847	284115	327026
中国同利比里亚进出口总额	6814	19833	16380	53177	80592	114299	188551	441937	500793	367516	250017
中国同利比亚进出口总额	21568	67174	130222	239805	241007	422944	517866	657692	278395	876036	487361
中国同马达加斯加进出口总额	11865	16616	19664	24637	35814	66776	45021	50228	60677	65683	81687
中国同马拉维进出口总额	1079	1881	1842	3173	4283	8916	8194	11155	15814	29657	25221
中国同马里进出口总额	6359	16552	14519	18923	16117	23068	20454	30010	44733	62192	42711
中国同毛里塔尼亚进出口总额	6419	11473	7836	51126	70662	123323	109416	125710	189673	192037	232697
中国同毛里求斯进出口总额	11050	15784	18562	20508	28942	32579	29799	40339	50661	63088	66157
中国同摩洛哥进出口总额	85676	115756	148388	192893	258611	280998	250484	293750	351935	369084	380307
中国同莫桑比克进出口总额	7162	11944	16501	20771	28450	42188	51657	69749	95749	134266	165417
中国同纳米比亚进出口总额	7458	9912	13674	25502	40319	52534	54357	71104	50675	68014	73964
中国同尼日尔进出口总额	1934	2501	3390	7269	3078	16688	28396	27232	14427	19566	19982
中国同尼日利亚进出口总额	185763	218178	283004	312990	433292	727543	637133	776847	1078788	1056995	1358922
中国同留尼汪进出口总额	1385	2364	3134	4276	8734	11562	8401	12874	14321	13989	13426
中国同卢旺达进出口总额	1065	2116	2354	3429	5843	8895	8374	8867	14478	16157	24256
中国同圣多美和普林西比进出口总额	23	156	55	122	178	190	220	206	179	305	486
中国同塞内加尔进出口总额	7913	11225	14096	19663	35545	40652	44131	54948	74907	84533	103713
中国同塞舌尔进出口总额	182	181	341	590	1188	1781	1527	1487	3533	3343	3907
中国同塞拉利昂进出口总额	1661	2986	3212	3996	6418	8409	6520	10912	25283	75217	160523
中国同索马里进出口总额	1053	1733	1964	3064	2833	4053	6787	7393	9700	10421	15010
中国同南非进出口总额	386935	591211	726902	985307	1404633	1785259	1607750	2570310	4547021	5999428	6521920
中国同西撒哈拉进出口总额	56	59	2	5	2	6	7	3	2	29	2
中国同苏丹进出口总额	192024	252176	390805	335381	570803	820022	638829	862670	1153615	373289	449846
中国同坦桑尼亚进出口总额	21904	28424	47430	53545	79718	108203	111018	166017	214352	246902	369325
中国同多哥进出口总额	28465	44513	56997	72561	139891	124914	116611	139481	190798	346791	256117

续表

年份	2003	2004	2005	2006	2007	2008	2009	2010	2011	2012	2013
中国同突尼斯进出口总额	20089	27922	33963	40808	51223	78717	81866	111980	133205	156890	143989
中国同乌干达进出口总额	5489	8807	9937	15559	22209	24716	25128	28409	39965	53803	52414
中国同布基纳法索进出口总额	4405	13645	17941	21266	19873	10868	15886	16905	23803	30516	29028
中国同刚果(金)进出口总额	5166	13657	22548	43732	55323	181844	147485	298233	398721	435040	369441
中国同赞比亚进出口总额	8276	22215	30056	37288	59267	78685	143761	288552	338924	338917	377756
中国同津巴布韦进出口总额	19735	25424	28329	27539	34438	28131	29713	56156	87437	101492	110167
中国同莱索托进出口总额	2488	4745	5615	6570	5781	8134	5208	6389	8052	9983	10324
中国同梅利利亚进出口总额	215	280	324	377	413	282	215	376	394	788	754
中国同斯威士兰进出口总额	2122	2612	3421	3204	3254	3188	3316	3148	3103	12930	13983
中国同厄立特里亚进出口总额	547	805	824	3865	2917	3145	3992	3985	14903	5479	18889
中国同马约特岛进出口总额	35	69	92	154	526	583	518	682	1121	2351	7772
中国同南苏丹共和国进出口总额									132		254343
中国同非洲其他国家(地区)进出口总额	156	122	236	256	652	458	153	202	594		45

资料来源:中华人民共和国国家统计局。

根据表 5-4,可得到表 5-5 和表 5-6。

表 5-5　2012 年和 2013 年中国同非洲进出口贸易额居前 10 位的国家(地区)

(单位:万美元)

	2012 年		2013 年	
序号	贸易国别	进出口总额	贸易国别	进出口总额
1	中国同南非	5999428	中国同南非	6521920
2	中国同安哥拉	3760094	中国同安哥拉	3593673
3	中国同尼日利亚	1056995	中国同尼日利亚	1358922
4	中国同埃及	954473	中国同埃及	1021428
5	中国同利比亚	876036	中国同阿尔及利亚	818844
6	中国同阿尔及利亚	772856	中国同刚果(布)	649148

续表

	2012 年		2013 年	
序号	贸易国别	进出口总额	贸易国别	进出口总额
7	中国同加纳	543427	中国同加纳	514936
8	中国同刚果(布)	507741	中国同利比亚	487361
9	中国同刚果(金)	435040	中国同苏丹	449846
10	中国同苏丹	373289	中国同摩洛哥	380307

表 5-6 2012 年和 2013 年中国同非洲进出口贸易额居前 10 位的国家(地区)占中国同非洲进出口贸易总额比率

	2012 年		2013 年	
序号	贸易国别	进出口贸易额占中国同非洲进出口贸易总额比率(%)	贸易国别	进出口贸易额占中国同非洲进出口贸易总额比率(%)
1	中国同南非	30.21	中国同南非	31.02
2	中国同安哥拉	18.94	中国同安哥拉	17.09
3	中国同尼日利亚	5.32	中国同尼日利亚	6.46
4	中国同埃及	4.81	中国同埃及	4.86
5	中国同利比亚	4.41	中国同阿尔及利亚	3.89
6	中国同阿尔及利亚	3.89	中国同刚果(布)	3.09
7	中国同加纳	2.74	中国同加纳	2.45
8	中国同刚果(布)	2.56	中国同利比亚	2.32
9	中国同刚果(金)	2.19	中国同苏丹	2.14
10	中国同苏丹	1.88	中国同摩洛哥	1.81

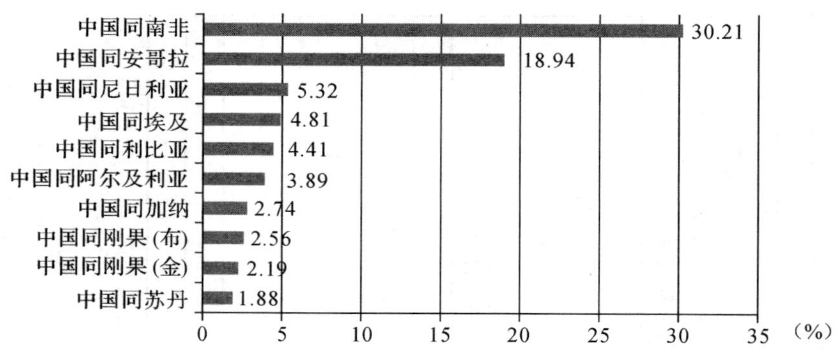

图 5-4（a） 2012 年中国同非洲进出口贸易额居前 10 位的国家（地区）占中国同非洲进出口贸易总额比率

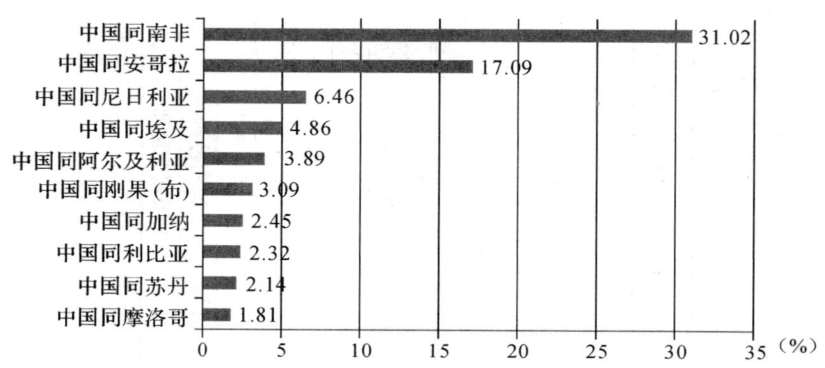

图 5-4（b） 2013 年中国同非洲进出口贸易额居前 10 位的国家（地区）占中国同非洲进出口贸易总额比率

5.2 中国出口南非产品市场份额

5.2.1 南非货物贸易概况

据南非国税局统计，2013 年南非货物进出口额为 1838.3 亿美元，比 2012 年下降 2.6%。其中，出口 834.4 亿美元，同比下降 4.4%；进口 1004 亿美元，同比下降 1.1%；贸易逆差 169.6 亿美元，同比增长 18.7%。

首先，按国别（地区）分析。

2013 年，南非对中国、美国、日本和德国的出口额分别为 113.2 亿美元、69.8 亿美元、54.7 亿美元和 43.7 亿美元，占南非出口总额的 13.6%、8.4%、6.6%和 5.2%，其中对中国和日本出口同比分别增长 11.8%和 1.2%，对美国和德国出口同比分别下降 7.8%和 6.2%。

在进口方面，2013 年南非自中国、德国、沙特阿拉伯和美国的进口额分别为

159.8亿美元、107.3亿美元、79.6亿美元和65.4亿美元，其中自美国进口下降12.4%，自中国、德国和沙特阿拉伯进口同比分别增长9.5%、4.8%和1.6%，四国合计占南非进口总额的41%。南非前5大逆差来源地依次是沙特阿拉伯、德国、中国、尼日利亚和印度，2013年逆差额分别为76.8亿美元、63.5亿美元、46.5亿美元、28.9亿美元和24.4亿美元。贸易顺差第一来源地不详，顺差额为67.9亿美元。与赞比亚、津巴布韦和莫桑比克的贸易顺差额分别为23.7亿美元、20.7亿美元和15.8亿美元。

其次，按商品分析。

矿产品、贵金属及制品和贱金属及制品是南非的主要出口商品，2013年出口额分别为213.8亿美元、179.3亿美元和106.8亿美元，分别占南非出口总额的25.6%、21.5%和12.8%，同比分别下降6.3%、8%和3.5%。另外，运输设备出口80亿美元，占南非出口总额的9.6%，同比下降2%。

进口方面，机电产品、矿产品和运输设备是南非进口的前三大类商品，2013年分别进口251.5亿美元、227.9亿美元和100.4亿美元，分别占南非进口总额的25.1%、22.7%和10%。其中，机电产品进口同比增长3.5%，矿产品和运输设备进口同比分别下降2.8%和6.9%。另外，化工产品进口额为90.5亿美元，占南非进口总额的9%，同比下降0.8%。

5.2.2 中南双边贸易概况

据南非国税局统计，2013年南非对中国货物进出口额为273美元，同比增长10.4%。其中，南非对中国出口113.2亿美元，同比增长11.8%，占南非出口总额的13.6%，上升2个百分点；自中国进口159.8亿美元，同比增长9.5%，占南非进口总额的15.9%，上升1.5个百分点。南非对中国的贸易逆差46.5亿美元，同比增长4.2%。中国为南非第一大贸易伙伴，同时也是南非第一大出口市场和第一大进口来源地。

矿产品一直是南非对中国最主要的出口产品，2013年出口额为84亿美元，占南非对中国出口总额的74.2%，同比增长8.7%。矿产品出口以金属矿砂为主，矿物燃料出口相对较少。贱金属及制品是南非对中国的第二大类出口商品，2013年出口额为14.2亿美元，占南非对中国出口总额的12.5%，同比增长21.7%。贵金属及制品、纤维素浆及纸张等为南非对中国的第三和第四大类出口商品，2013年出口额分别为3.3亿美元和2.2亿美元，分别占南非对中国出口总额的2.9%和1.9%，同比分别增长56.1%和28.9%。此外，纺织品及原料出口2.2亿美元，占对中国出口总额的1.9%，同比增长9.2%。

南非自中国进口的主要商品为机电产品、纺织品和贱金属及制品，2013年分别进口73.9亿美元、15.9亿美元和12.9亿美元，同比分别增长18.6%、4.1%和10.8%，分别占南非自中国进口总额的46.2%、9.9%和8.1%。除上述产品外，化工产品、家具玩具制品和鞋靴等轻工产品、塑料橡胶也为南非自中国进口的主要大类商品（HS类），在南非自中国进口产品金额中所占比重均在5%左右。

5.2.3 中国出口南非产品市场占有率

2013年，南非自世界进口1004亿美元，南非自中国进口159.8亿美元，根据第2章式（2—3）计算可得，南非自中国进口占南非自世界进口总额的15.9%，即中国出口南非产品市场占有率为15.9%，同比上升1.5个百分点。具体如表5-7所示。

表5-7 2013年南非自中国进口额占南非自世界进口额比率

南非进口额及其占比	进口总额及比率
南非自中国进口额（亿美元）	159.8
南非自世界进口总额（亿美元）	1004
南非自中国进口占南非自世界进口比率（%）	15.9

5.3 中国出口埃塞俄比亚产品市场份额

5.3.1 中国出口埃塞俄比亚产品数额分析

笔者根据国家质量监督检验检疫总局相关信息，对2008—2013年实施装运前检验的中国出口埃塞俄比亚产品业务统计数据进行了分析及对比。

2008年，中国出口埃塞俄比亚产品装运前检验9319批次，货值75927.28万美元；发现不合格产品112批，货值382.21万美元。

2009年，中国出口埃塞俄比亚产品装运前检验7403批次，货值75471.95万美元，与2008年同期相比，批次下降20.56%，货值下降0.60%。2009年发现不合格商品101批，货值233.02万美元，与2008年同期相比，不合格批次下降9.82%，货值下降39.03%。

2010年，中国出口埃塞俄比亚产品装运前检验6777批次，货值94734.705万美元，其中发现不合格89批，货值528.88万美元，不合格批次、金额分别占1.31%和0.56%。与2009年相比，出口总批次下降8.46%，货值上升25.52%，检出的不合格批次下降11.88%，不合格金额上升126.97%。

2011年，中国出口埃塞俄比亚产品装运前检验7239批次，货值99266.74万美元，其中发现不合格152批，货值1564.96万美元，不合格批次、金额分别占出口数量金额的2.1%和1.57%。与2010年相比，出口总批次增加6.82%，货值上升4.78%，检出的不合格批次增加70.8%，不合格金额上升195.9%。

2012年，中国出口埃塞俄比亚产品装运前检验8231批，货值137097.57万美元，比2011年分别增长13.7%和38.1%。其中发现不合格160批，货值2878.48万美元，不合格批次、金额分别占出口数量金额的1.9%和2.1%；检出的不合格批次、金额比2011年分别增加5.26%和83.93%。

2013 年，中国出口埃塞俄比亚产品装运前检验 8051 批，货值达 133793.95 万美元。其中发现不合格 192 批，货值 5323.51 万美元，不合格批次、金额分别占 2.4%和 4.0%。与 2012 年同期相比，检验批次、金额分别下降 2.19%和 2.41%；不合格批次、金额比分别上升 20.0%和 84.94%。具体情况分别见表 5-8 和图 5-5。

表 5-8　2008—2013 年中国出口埃塞俄比亚产品统计数据对比

年份及同比增长	装运前检验出口情况		装运前检验不合格情况	
	批次数量（批）	货物总值（万美元）	批次数量（批）	不合格金额（万美元）
2008 年	9319	75927.28	112	382.21
2009 年	7403	75471.95	101	233.02
同比增长（%）	−20.56	−0.60	−9.82	−39.03
2010 年	6777	94734.705	89	528.88
同比增长（%）	−8.46	+25.52	−11.88	+126.97
2011 年	7239	99266.74	152	1564.96
同比增长（%）	+6.82	+4.78	+70.8	+195.9
2012 年	8231	137097.57	160	2878.48
同比增长（%）	+13.7	+38.1	+5.26	+83.93
2013 年	8051	133793.95	192	5323.51
同比增长（%）	−2.19	−2.41	+20.0	+84.94

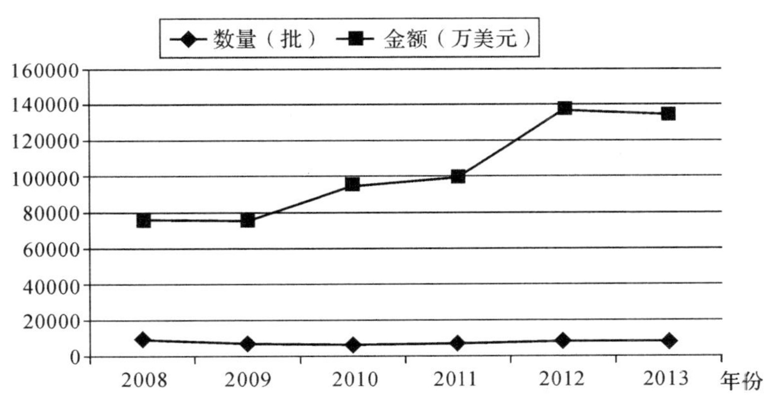

图 5-5　2008—2013 年中国出口埃塞俄比亚装运前检验产品数量和金额走势

从图 5-5 可以看出，近些年来，中国出口埃塞俄比亚装运前检验产品批次一直比较稳定，变化不大，金额则呈现出逐年稳步上升趋势，尤其是 2012 年的出口额出现了大幅增长，表明中国出口埃塞俄比亚产品附加值显著提高。

5.3.2　中国出口埃塞俄比亚产品区域分布

2009 年，中国出口埃塞俄比亚产品生产与采购地区按直属局①（下同）主要分布

① 国家质量监督检验检疫总局下设 35 个直属检验检疫局（31 个省、自治区、直辖市，加上深圳、珠海、厦门、宁波 4 个独立的直属局），每个直属局下又设有若干分支局或办事处。

在浙江、山东、江苏、河北、广东、北京、上海、天津、河南、福建、珠海、宁波、辽宁和安徽等地。具体的区域批次分布情况见图 5-6。

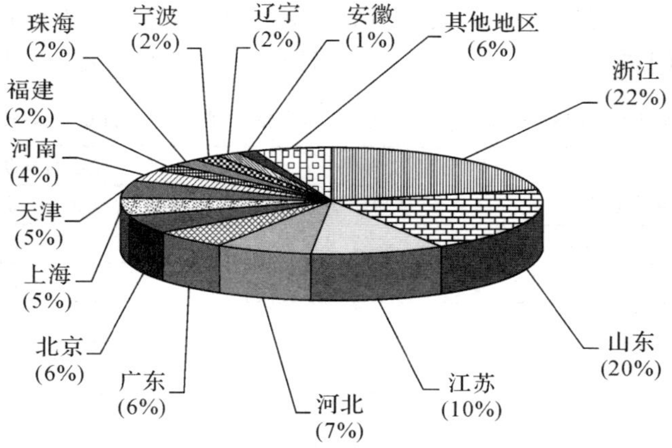

图 5-6 2009 年中国出口埃塞俄比亚产品主要区域分布

从 2010 年的出口量来看，中国出口埃塞俄比亚产品的主要业务基本集中在浙江、山东、江苏、上海、天津、广东、河北、北京和深圳等地，吉林、江西、西藏以及青海均无出口。具体的区域批次分布情况见图 5-7。

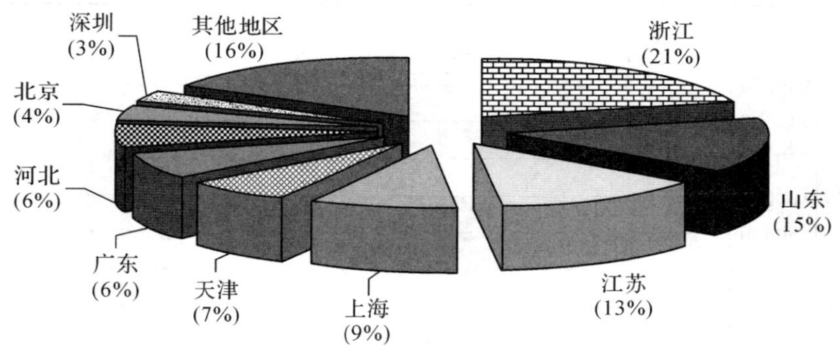

图 5-7 2010 年中国出口埃塞俄比亚产品主要区域分布

从 2011 年的出口量来分析，中国出口埃塞俄比亚产品的主要业务仍基本集中在浙江、山东、江苏、上海、天津、广东、河北、福建、深圳和宁波等地，吉林、江西、海南、西藏、甘肃、青海、宁夏以及新疆均无出口。2011 年出口批次居前 10 位的地区分布如表 5-9 所示。

表 5-9 2011 年中国出口埃塞俄比亚产品居前 10 位的地区

区域	批次（批）	同比增长（%）	货值（万美元）	同比增长（%）
浙江	1449	3.80	7949.76	16.08
山东	997	1.63	15370.99	52.21
江苏	952	7.57	15167.22	89.65

续表

区域	批次（批）	同比增长（%）	货值（万美元）	同比增长（%）
上海	628	−0.32	10677.16	7.80
天津	546	21.06	15627.21	218.0
广东	534	26.54	3041.96	7.95
河北	503	20.05	5603.68	52.80
福建	211	19.9	1141.26	17.4
深圳	211	2.5	1478.30	−95.8
宁波	167	2.4	1189.71	17.33
合计	6198	—	77247.25	—

资料来源： CIQ2000。

2012 年，中国出口埃塞俄比亚产品批次居前 10 位的地区分别是浙江、山东、江苏、上海、广东、河北、福建、湖北、深圳和宁波，其批次和金额分别占全国总批次和总金额的 83.2%和 76.2%。从表 5-10 的出口货值来看，2012 年中国出口埃塞俄比亚商品的区域分布与前几年相比没有发生明显的变化，浙江、山东、江苏、上海和广东等东部地区依然是中国出口埃塞俄比亚商品的主要地区。

表 5-10 2012 年中国出口埃塞俄比亚产品居前 10 位的地区

区域	批次（批）	同比增长（%）	货值（万美元）	同比增长（%）
浙江	1499	18.2	8406.8	6.1
山东	1444	17.5	25345.39	18.5
江苏	1077	13.1	24899.7	18.2
上海	773	9.4	24453.5	17.8
广东	652	7.9	3667	2.7
河北	551	6.7	9123.7	6.7
福建	241	2.9	1757	1.3
湖北	222	2.7	3337.36	2.4
深圳	213	2.6	2379.22	1.7
宁波	180	2.2	1053	0.8
合计	6852	83.2	104422.67	76.2

资料来源： CIQ2000。

2013 年，中国出口埃塞俄比亚产品批次居前 10 位的地区分别是上海、江苏、山东、河南、浙江、广东、河北、北京、辽宁和安徽，其批次和金额分别占全国总批次和总金额的 81.0%和 84.0%。

5.3.3 中国出口埃塞俄比亚产品市场占有率

2012 年，埃塞俄比亚自世界进口 1265600 万美元，自中国进口 152948 万美元，根据第 2 章式（2—3）计算可得，埃塞俄比亚自中国进口额占埃塞俄比亚自世界进口总额的

12.09%，即中国出口埃塞俄比亚产品市场占有率为12.09%。具体情况如表5-11所示。

表5-11　2012年埃塞俄比亚自中国进口额占埃塞俄比亚自世界进口额比率

进口额分类及其占比	埃塞俄比亚自中国进口额及其占自世界进口额的比率
埃塞俄比亚自中国进口额（万美元）	152948
埃塞俄比亚自世界进口总额（万美元）	1265600
埃塞俄比亚自中国进口占埃塞俄比亚自世界进口比率（%）	12.09

5.4　中国出口塞拉利昂产品市场份额

5.4.1　中国出口塞拉利昂产品数额分析

笔者根据国家质量监督检验检疫总局相关信息，对2008—2013年实施装运前检验的中国出口塞拉利昂市场产品统计数据进行了分析及对比。

2008年，中国出口塞拉里昂产品装运前检验625批，金额2880.84万美元；检出不合格产品11批，金额9.51万美元。

2009年，中国出口塞拉里昂产品装运前检验472批，金额1583.04万美元，同比分别减少24.48%和下降45.05%。2009年检出不合格产品5批，金额7.15万美元，分别占总批次和总金额的1.06%和0.45%，同比分别减少54.55%和下降24.82%。

2010年，中国出口塞拉里昂产品装运前检验535批，金额3055.6万美元；与2009年同期相比，批次增长13.33%，金额增长93.3%。检出不合格产品7批，金额12.61万美元，分别占总批次和总金额的1.31%和0.41%；与2009年同期相比，批次增长40%，金额增长76.22%。

2011年，中国出口塞拉里昂产品装运前检验603批，金额11433.87万美元；与2010年同期相比，批次增长12.71%，金额增长274.19%；检出不合格产品9批，金额41.59万美元，分别占总批次和总金额的1.49%和0.36%；与2010年同期相比，批次增长28.57%，金额增长229.82%。

2012年，中国出口塞拉利昂产品装运前检验725批，金额20387.44万美元；与2011年同期相比，批次、金额分别增长20.23%、78.31%。检出不合格产品9批，金额31.34万美元，分别占总批次和总金额的1.24%和0.12%；与2011年同期相比，批次持平，金额下降24.65%。

2013年，中国出口塞拉利昂产品装运前检验批次、金额分别为667批、3310.53万美元；与2012年同期相比，批次、金额分别下降8%、83.76%。检出不合格16批、金额57.42万美元；批次不合格率为2.4%，金额不合格率为1.73%。具体情况见表 5-12 和图 5-8。

表 5-12 2007—2013 年中国出口塞拉利昂产品装运前检验批次和金额

年份	批次（批）	金额（万美元）
2007	474	1330.56
2008	625	2880.84
2009	472	1583.04
2010	535	3055.6
2011	603	11433.87
2012	725	20387.44
2013	667	3310.53

资料来源：CIQ2000。

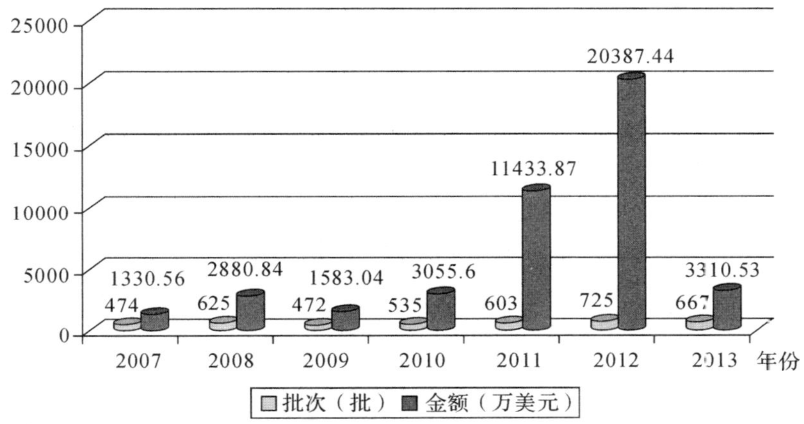

图 5-8 2007—2013 年中国出口塞拉利昂产品装运前检验批次和金额

5.4.2 中国出口塞拉利昂产品区域分布

2009 年，中国出口塞拉利昂产品采购地区主要分布在江苏、河南、广东、福建、山东、河北、浙江、宁波、安徽和上海等地。具体分布见图 5-9。

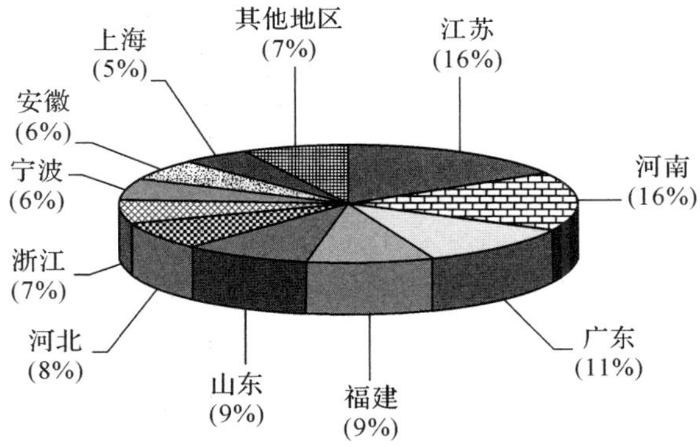

图 5-9 2009 年中国出口塞拉利昂产品主要区域分布

2010 年，中国出口塞拉利昂产品采购地区主要分布在江苏、广东、河北、安徽、浙江、宁波、山东和上海等地。具体分布见图 5-10。

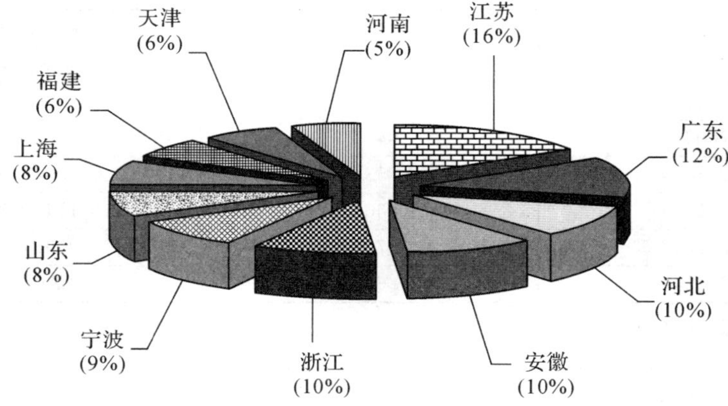

图 5-10　2010 年中国出口塞拉利昂产品主要区域分布

2011 年，中国出口塞拉利昂产品采购地区主要分布在广东、江苏、山东、浙江、上海、湖南、河北、天津和宁波等地。具体分布见图 5-11。

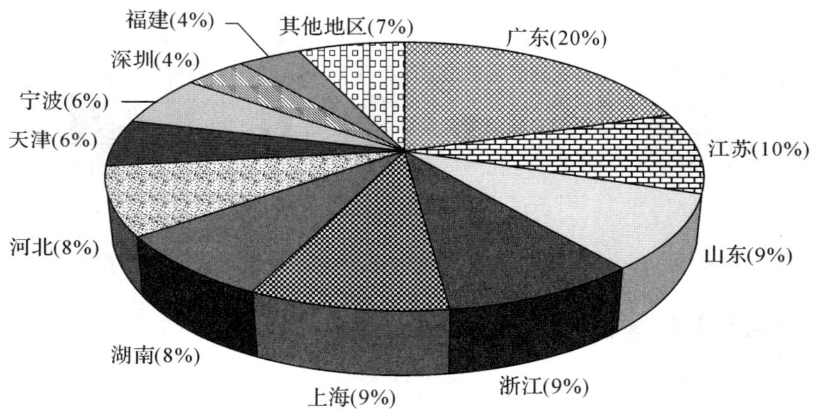

图 5-11　2011 年中国出口塞拉利昂产品主要区域分布

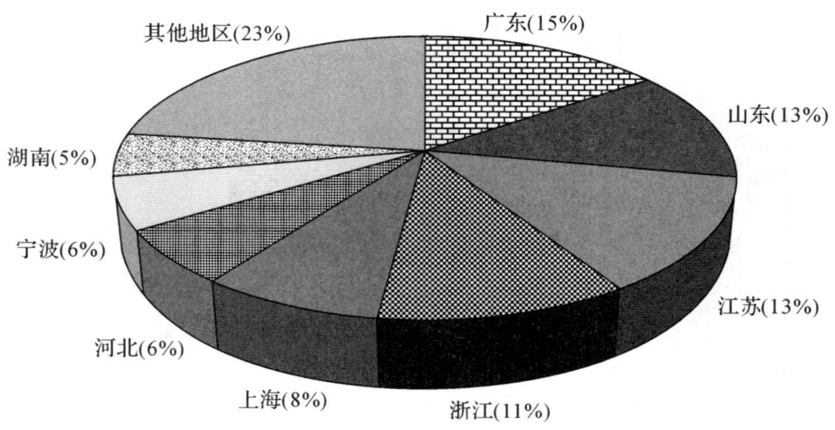

图 5-12　2012 年中国出口塞拉利昂产品主要区域分布

2012 年，中国出口塞拉利昂产品采购地区主要分布在广东、山东、江苏、浙江、上海、河北、宁波和湖南等地。具体分布见图 5-12。

2013 年，中国出口塞拉利昂产品采购地区主要分布在安徽、江苏、山东、广东、浙江、河北、上海、宁波和河南等地。具体分布见图 5-13。

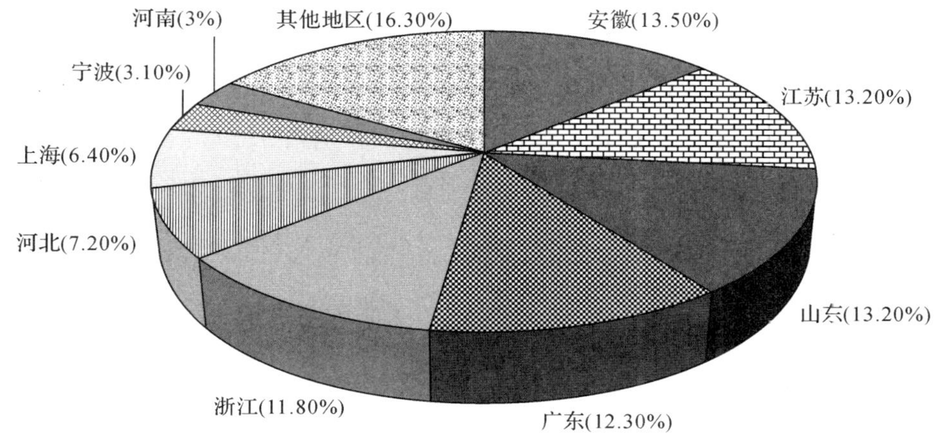

图 5-13　2013 年中国出口塞拉利昂产品主要区域分布

5.4.3　中国出口塞拉利昂产品市场占有率

2012 年，塞拉利昂自世界进口 157200 万美元，自中国进口 24919 万美元，根据第 2 章式（2—3）计算可得，塞拉利昂自中国进口额占自世界进口总额的 15.85%，即中国出口塞拉利昂产品市场占有率为 15.85%。具体如表 5-13 所示。

表 5-13　2012 年塞拉利昂自中国进口额占塞拉利昂自世界进口额比率

进口额分类及其占比	塞拉利昂自中国进口额及其占自世界进口额的比率
塞拉利昂自中国进口额（万美元）	24919
塞拉利昂自世界进口总额（万美元）	157200
塞拉利昂自中国进口占塞拉利昂自世界进口比率%	15.85

5.5　中国出口埃及产品市场份额

5.5.1　中国出口埃及产品数额分析

笔者根据国家质量监督检验检疫总局相关信息，对 2009—2013 年实施装运前检验的出口埃及市场产品数据进行了统计分析及对比。

从实施检验监装业务开始计算，2009 年 5 月 1 日至 12 月 31 日，中国出口埃及产品装运前检验 37335 批次，货值 212891.67 万美元，其中发现不合格 1023 批，货值

2808.61 万美元，分别占 2.74%和 1.32%。由于缺乏 2008 年同期中国出口埃及目录外产品的数据，因此无法对这两年进行统计数据对比。

2010 年，中国出口埃及产品装运前检验 69603 批次，货值 279958.68 万美元，其中发现不合格 1487 批，货值 3521.23 万美元，分别占 2.14%和 1.26%。由于 2009 年 5 月 1 日才开始实施出口埃及产品装运前检验，2010 年数据仍然无法与 2009 年进行同期对比。

2011 年，中国出口埃及产品装运前检验 74799 批次，货值 319381.09 万美元，其中发现不合格 1304 批，货值 5095.18 万美元，分别占 1.74%和 1.60%。与 2010 年同期相比，出口批次和货值分别增长 7.47%和 14.08 %，不合格批次同比下降 12.31%，不合格货值提高 44.70%。

2012 年，中国出口埃及产品装运前检验 80128 批次，货值 368107.42 万美元，其中检验不合格 1060 批，货值 5088.13 万美元，批次和货值不合格分别为 1.32%和 1.38%。与 2011 年同期相比，批次和货值分别增加了 7.12%和 15.26%，不合格批次和货值同期相比分别下降了 18.71%和 0.14%。

2013 年，中国出口埃及产品装运前检验 74330 批次，货值 294607.4 万美元，其中检验不合格 2094 批，货值 5598.9 万美元，分别占 2.82%和 1.90%。与 2012 年同期相比，出口批次和货值分别下降了 6.07%和 16.98%；不合格批次和货值分别上升了 110.88%和 7.34%。国外退货 18 批，货值 105.91 万美元，主要退货原因为：模具气门缺陷、水泵产品规格长度与合同不符、发电机组最大功率不达标、包装不符合要求、外观不符合要求、外商诈骗以及贸易原因等。

5.5.2 中国出口埃及产品区域分布

从出口量来看，2009 年中国出口埃及的商品存在明显的地域性差异，基本集中在浙江、江苏、广东、上海、山东、宁波、河北和福建等地，海南、西藏以及宁夏均无出口。具体分布见图 5-14。

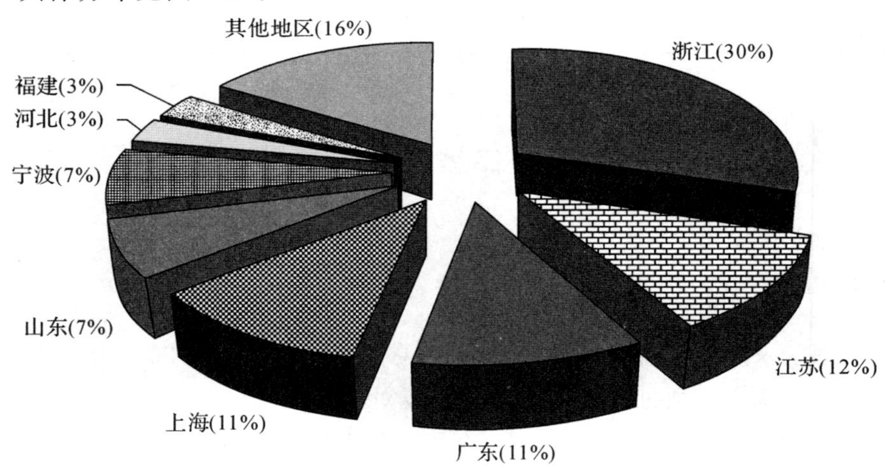

图 5-14　2009 年中国出口埃及产品主要区域分布

从出口量来看，2010年中国出口埃及的商品还存在明显的地域性差异，基本集中在浙江、江苏、广东、上海、深圳、山东、宁波、福建、河北等地，青海、西藏无出口。具体分布见表5-14。

表5-14 2010年中国出口埃及产品主要区域分布

区域	报检批次（批）	报检货值（万美元）
浙江	23830	66852.8
江苏	8375	50048.4
广东	7316	34249.29
上海	6983	33930.7
深圳	4610	38500
山东	4010	23492.5
宁波	3659	11823
福建	2017	6967.27
河北	1574	7178.03
北京	1213	6755

资料来源： CIQ2000。

2011年，中国出口埃及产品批次居前10位的地区分别是浙江、深圳、江苏、广东、上海、山东、宁波、河北、福建和厦门。具体分布见表5-15。

表5-15 2011年中国出口埃及产品主要区域概况

区域	批次（批）	同比增长（%）	货值（万美元）	同比增长（%）
浙江	26219	10.03	66152.72	−1.05
深圳	10663	131.3	24300.00	−36.8
江苏	6973	−16.7	46076.20	−7.9
广东	6844	−6.45	36497.05	6.56
上海	6068	−13.10	31854.33	−6.12
山东	3895	−2.87	25576.76	8.87
宁波	3222	−13.56	12258.88	4.24
河北	1807	−4.39	8211.90	−6.98
福建	1720	−14.82	6690.68	−3.42
厦门	1600	138.40	6704.9	334.60

资料来源： CIQ2000。

2012年，中国出口埃及居前15位地区的批次、货值排序情况见表5-16。

表5-16 2012年中国出口埃及产品主要区域概况

批次排序		货值排序	
区域	批次（批）	区域	货值（万美元）
浙江	28644	浙江	66277.21
深圳	12090	广东	57252.00
广东	8484	江苏	49799.67

续表

批次排序		货值排序	
区域	批次（批）	区域	货值（万美元）
江苏	6634	上海	28042.33
上海	4887	山东	26976.16
山东	4192	深圳	18686.33
宁波	3316	天津	15806.75
河北	1738	宁波	15610.15
福建	1641	安徽	11147.00
厦门	1511	河北	9496.43
天津	1299	厦门	9483.00
安徽	1063	湖南	8800.20
北京	798	辽宁	8326.12
湖北	579	福建	7469.96
河南	420	陕西	5181.10

资料来源：CIQ2000。

2013 年，中国出口埃及居前 15 位地区的批次、货值排序情况见表 5-17。

表 5-17　2013 年中国出口埃及产品主要区域分布

批次排序		货值排序	
区域	批次（批）	区域	货值（万美元）
浙江	27783	浙江	56544.13
深圳	13598	江苏	38304.98
广东	7267	广东	36843.986
江苏	5678	山东	25797.418
上海	3694	深圳	21711.55
山东	3564	上海	19368.4
宁波	2691	宁波	16736.04
福建	1681	福建	10971.64
河北	1632	厦门	7561.4
厦门	1124	辽宁	7501.9
安徽	1077	安徽	6964.52
北京	798	河北	6706.1
天津	626	天津	6032.33
河南	453	湖南	4826.8
重庆	392	四川	4728

资料来源：CIQ2000。

5.5.3　中国出口埃及产品市场占有率

2012 年，埃及自世界进口 6925400 万美元，埃及自中国进口 822399 万美元，根据第 2 章式（2—3）计算可得，埃及自中国进口额占埃及自世界进口总额的 11.88%，即中国出口埃及产品市场占有率为11.88%。具体如表5-18所示。

表5-18 2012年埃及自中国进口额占埃及自世界进口额比率

进口额分类及其占比	埃及自中国进口额及其占自世界进口额的比率
埃及自中国进口额（万美元）	822399
埃及自世界进口总额（万美元）	6925400
埃及自中国进口占埃及自世界进口比率（%）	11.88

通过本章对中国出口南非、埃塞俄比亚、塞拉利昂和埃及产品市场份额的以上分析，可见：

（1）中国产品在非洲市场的占有率是非洲市场对中国产品需求的反映。

（2）中国对非洲出口产品市场占有率越高，表明中国产品在非洲市场的同类产品中拥有的消费者认知价值也越高。

（3）中国出口产品在非洲市场的占有率，是世界同类产品在非洲市场竞争结果的最直接体现。

6 中国出口非洲产品质量状况

本章以商品贸易中的关键要素“产品质量”为重点研究对象，是本书中企业及其产品微观层次研究的主要内容。

6.1 中国出口南非产品质量状况

6.1.1 中国出口南非产品质量综述

1. 近年来中国与南非的贸易往来

2011年，据南非国税局统计，南非货物进出口额为1967.1亿美元，比2010年同期增长21.8%。其中，出口967.0亿美元，同比增长18.9%；进口1000.1亿美元，同比增长24.7%。贸易逆差33.1亿美元，而2010年同期为顺差。2011年，中南双边货物进出口额为258.4亿美元，同比增长31.3%。其中，南非对中国出口117.2亿美元，同比增长44.0%，占南非出口总额的12.1%，上升2.1个百分点；南非自中国进口141.2亿美元，同比增长22.4%，占南非进口总额的14.1%，下降0.3个百分点。南非与中国的贸易逆差24.0亿美元，同比下降29.3%。截至2011年12月，中国为南非第一大贸易伙伴，同时是南非第一大出口市场和第一大进口来源地。

2012年，据南非国税局统计，南非货物进出口额为1888.2亿美元，比2011年同期下降4%。其中，出口872.6亿美元，同比下降9.8%；进口1015.6亿美元，同比增长1.6%。贸易逆差142.9亿美元，同比增长332.3%。2012年南非与中国的双边货物进出口额为247.2亿美元，下降4.3%。其中，南非对中国出口101.3亿美元，下降13.6%，占南非出口总额的11.6%，下降0.5个百分点；自中国进口145.9亿美元，同比增长3.3%，占南非进口总额的14.4%，上升0.3个百分点。南非对中国的贸易逆差44.7亿美元，同比增长85.9%。截至2012年12月，中国为南非第一大贸易伙伴，同时是南非第一大出口市场和第一大进口来源地。

2013年，据南非国税局统计，南非货物进出口额为1838.3亿美元，比2012同期下降2.6%。其中，出口834.3亿美元，同比下降4.4%；进口1004亿美元，同比下降1.1%。贸易逆差169.6亿美元，同比增长18.7%。2013年南非与中国的双边货物进出口额为273亿美元，同比增长10.4%。其中，南非对中国出口113.2亿美元，同比增长11.8%，占南非出口总额的13.6%，上升2个百分点；自中国进口159.8亿美元，同比增长9.5%，占南非进口总额的15.9%，上升1.5个百分点。南非对中国的贸易逆差46.6亿美元，同比增长4.2%。截至2013年12月，中国为南非第一大贸易伙伴，同时是南非第一大出口市场和第一大进口来源地。

2. 产品质量存在的问题

中国出口南非的部分产品质量有待提高。很多中国公司对南非缺乏了解，认为南非作为非洲国家，经济发展水平不高，属于“三等市场”，因此把低档产品销往南非。特别是，前几年有少数企业和个体户把假冒伪劣商品销往南非，只图一时利益，损害了中国产品在南非的形象，造成了恶劣的影响。

同时，由于中国机电产品售后服务明显不如发达国家，加上发达国家机电产品质量有保证的观念在南非的多数用户中根深蒂固，中国机电产品出口还面临着激烈的市场竞争，拓展国际市场比较艰难。

3. 贸易摩擦时有发生

在非洲地区，南非是对中国出口产品提出反倾销调查最多的一个国家。南非先后对中国丙纶毯、平板玻璃、不锈钢制品、缆绳等产品提起37项反倾销调查，其中许多产品被征收高额反倾销税，迫使中国多种产品退出南非市场。但是在大多数案件中，中国企业并未积极应诉，使南非对我方企业的商品反倾销调查立案率几乎高达百分之百，严重阻碍了中国商品对南非的出口，成为中南双方经贸关系发展中的不和谐之音。

4. 对南非出口存在的其他问题

中国与南非贸易结构具有较强的互补性，经贸关系发展迅速，但是双方贸易中存在的其他一些问题也不容忽视，这些问题解决不好，将会影响两国经贸关系的进一步发展。

(1) 恶性竞争

中国出口非洲市场产品大多以轻纺类、鞋类、家电类商品为主，在档次和性能方面十分类似，造成多头经营，互相低价竞销，不仅使自己损失惨重，也破坏了当地的市场，更为南非政府对中国商品提出反倾销提供了理由。

(2) 付款方式不灵活

贸易付款方式不灵活在一定程度上阻碍了中国与南非贸易的进一步发展。在中国与南非贸易中，南非商人大多不愿开信用证，多以货到付款方式交易，但这种付款方式对中国出口企业来说风险较大，容易导致拖欠货款等纠纷。

6.1.2 中国出口南非专业市场分析

1. 机电产品市场

南非系资源大国，但制造业，尤其是民用机电制造业欠发达，许多机电产品严重依赖进口，如运输工具及散配件、成套机电设备及配件、家用电子产品等均需要进口。中国机电制造业相对发达，对南非出口的机电产品有很大的成本优势，对南非来说正好是一个补充。但由于南非人已经习惯使用西方国家的机电设备，对于中国出口机电设备产品，他们需要时间来熟悉，故而目前中国机电产品在南非市场占有率还不是很高。

南非经济的二元化特征决定了其机电产品市场的消费层次不一。南非从中国进口的产品中，既有高档产品，也有中低档日用品。2013 年，南非从中国进口的机电产品达 73.86 亿美元，占南非进口机电产品总额的 29.4%，即中国机电产品在南非市场占有率为 29.4%，较 2012 年增长 18.6%。可见，南非的机电产品市场前景较好，中国拓展南非市场将大有作为。

2. 纺织品及原料市场

中国纺织品及原料产品凭借价格优势和不断提升的产品质量，已经在南非市场确立了明显的竞争优势。2013 年，中国对南非纺织品及原料出口额为 15.86 亿美元，占南非进口纺织品及原料产品总额的 52.7%，即中国纺织品及原料产品在南非市场占有率为 52.7%，比 2012 年增长 4.1%。

自中国进口的主要服装和鞋靴品种基本上主宰了南非此类产品的进口市场。近年来，南非对中国服装和鞋靴的进口在数量和价格上均有不同程度的增加，在进口增幅上中国也领先于主要竞争对手。

3. 贱金属及制品

2013 年，南非从中国进口贱金属及制品 12.89 亿美元，占南非进口贱金属及制品总额的 25.4 %，即中国贱金属及制品在南非市场占有率为 25.4%，比 2012 年增长 10.8%。

4. 化工产品

2013 年，南非从中国进口化工产品 9 亿美元，占南非进口化工产品总额的 10%，即中国化工产品在南非市场占有率为 10%，比 2012 年增长 1.7%。

5. 家具、玩具、杂项制品

2013 年，南非从中国进口家具、玩具、杂项制品 8.5 亿美元，占南非进口家具、玩具、杂项制品总额的 53%，即中国家具、玩具、杂项制品在南非市场占有率为 53%，比 2012 年下降 5.7 %。占南非市场一半以上的中国家具、玩具、杂项制品，较好地满足了南非市场的消费者偏好。

6. 鞋靴、伞等轻工产品

2013 年，南非从中国进口鞋靴、伞等轻工产品 7.67 亿美元，占南非进口鞋靴、伞等轻工产品总额的69.6%，即中国鞋靴、伞等轻工产品在南非市场占有率为69.6%，比2012年下降3.9%。占南非市场2/3以上的中国鞋靴、伞等轻工产品也较好地满足了南非市场的消费者偏好。

6.2 中国出口埃塞俄比亚产品质量状况

6.2.1 中国出口埃塞俄比亚产品质量综述

通过对中国出口埃塞俄比亚产品质量状况进行分析，可以发现：

2009年，受益于国家宏观政策调控以及二季度轻纺产业出口止跌企稳和国内外消费市场的逐渐回暖，中国出口埃塞俄比亚产品仍保持着一定的生产及采购供应规模。尽管在涉及安全、卫生、健康、环保、反欺诈等问题上，大多数企业能遵纪守法，但由于中国出口埃塞俄比亚产品以目录外产品为主，企业质量控制意识比较薄弱，也有一些企业为了追求利润，不择手段地偷工减料生产；还有一些出口企业对国外法律法规及产品相关标准不甚了解，导致一些出口产品质量不过关，达不到客户要求。例如，纺织服装安全、卫生和环保检测项目以及外观检验不合格、鞋类产品耐磨性能不合格、电气参数不合格、电器安全项目不合格、机械设备安全防护不符合标准、商品装配及制造不符合标准、包装标识不符合要求，等等。此外，对于埃塞俄比亚法律、贸易合同和信用证没有确定出口货物检验依据的，可以根据《中华人民共和国产品质量法》、我国有关标准和《市场采购出口商品检验基本要求（试行）》的规定进行检验，并在外观检验及风险评估的基础上抽样送实验室检测。例如，纺织产品的AZO、pH、甲醛、色牢度等项目检测，电气产品的标称功率与实际功率的符合性、绝缘材料的耐非正常热、耐燃和耐漏电起痕等测试。但是，市场采购产品中风险系数较高的产品虽然进行了抽样检测，却由于出货时间紧，有些只凭客户保函先予以装箱出货，此类产品到了国外控制难度较大，势必会给中国出口产品的质量信誉带来一定的负面影响。

2010年，中国出口埃塞俄比亚产品总体质量较好，这是因为实施装运前检验对提高产品质量、净化产品市场起了很大的作用。自实施装运前检验以来，未发生一起因质量问题引起的国外退货或重大质量索赔或投诉案例，也没有出现过埃塞俄比亚方面的通报等现象。中国出口埃塞俄比亚的产品种类复杂，而且表外商品占有一定的比重，主要为机电和轻工类产品。虽然中国出口埃塞俄比亚产品总体质量较为稳定，但在实施装运前检验并对涉及安全、卫生、环保等敏感项目进行检验时，仍然发现部分不合格现象。导致不合格的主要原因：一是这些生产企业缺乏质量意识，企业质量保证能力欠缺，企业自检自控能力不足，缺乏必备的检测仪器；二是出口企业对非洲相关国家商品检验标准、要求不甚了解，或者是由于信用证、合同未明确制造商的相关质量要求所致。

2011年，中国出口埃塞俄比亚产品种类复杂、批次繁多，目录外产品比重较大，产品档次普遍较低。检验监装总体情况正常，出口产品质量基本稳定；没有出现大的质量问题，也没有出现由于质量问题而引起退货的现象。但在实施装运前检验并对涉及安全、卫生、环保等敏感项目进行检验时，仍然发现部分不合格现象。分析产生不合格的原因：一是企业质量意识淡薄、质量保证能力较弱，多数出口企业没有建立质量保证体系，内部质量管理技术人员缺少必要的专业知识培训，对国家标准不甚了解，假冒认证或混淆使用认证标志等；二是出口产品基本上凭样成交，合同中没有明确的产品标准及质量条款，产品出厂时未按标准要求进行必要的检测，关键质控点未进行必要监控；三是部分小企业设备、设施不符合要求，元器件大多依靠外部采购，生产厂家实际上是一个装配厂，对产品质量不能提供有效保证。

2012年，中国出口埃塞俄比亚产品几乎涵盖了所有品种，具有种类繁多、批量不大、平均价值不高、目录外产品占比较高等特点。产品质量状况总体比较稳定，监装情况良好，不合格率没有发生较大变化，产品基本上能够达到埃塞俄比亚客户方的质量要求。但是，中国出口埃塞俄比亚工业品生产企业仍以中小型企业为主，从横向比较来看，出口埃塞俄比亚产品质量档次明显低于出口欧美等发达国家产品。

2013年，中国出口埃塞俄比亚产品几乎涵盖了所有品种，具有种类繁多、批量不大、平均价值不高等特点。产品质量状况总体比较稳定，监装情况良好，不合格率没有发生较大变化，产品基本上能够达到埃塞俄比亚客户方的质量要求。但是，中国出口埃塞俄比亚工业品生产企业仍以中小型企业为主，从横向比较来看，出口埃塞俄比亚产品质量档次明显低于出口欧美等发达国家产品。从检验发现不合格的情况中仍然暴露出不少问题：一是中小企业质量管理水平参差不齐，部分企业管理存在较大隐患；二是产品安全、卫生、环保项目不合格现象仍然存在，部分产品质量存在安全隐患；三是产品档次依旧偏低，部分产品技术含量较低；四是部分企业缺乏诚信，价格低报现象时有发生。

6.2.2 中国出口埃塞俄比亚HS类产品质量状况

以2013年为例，对中国出口埃塞俄比亚HS类产品质量进行分析，可以发现：

1. 机电类产品质量状况

2013年，中国出口埃塞俄比亚机电产品装运前检验4400批、计92911.69万美元，金额占中国出口埃塞俄比亚产品总额的69.4%，而且具有品种多、金额高、批次多等特点。2013年度，中国出口埃塞俄比亚机电产品保持稳定趋势，从各地情况可以看出，对埃塞俄比亚各种大型援外工程的展开，提升了中国机电产品对埃塞俄比亚的出口份额。与2012年相比，中国出口埃塞俄比亚机电产品质量趋于稳定，但是部分不合格现象仍然存在。从质量状况分析，大企业出口产品质量明显优于小企业产品，部分小企业存在生产条件简陋、质量管理体系不健全、产品档次不高等问题。检验中发现的不合格项目主要有：机械设备电气安全不合格、减速机安全项目不符合、建材机械部件品质不合格、成型机安全项目不合格等。

2. 纺织类产品质量状况

2013 年，中国出口埃塞俄比亚纺织品装运前检验 737 批，计 4030.48 万美元。由于人民币持续升值、劳动力成本上升过快等影响，埃塞俄比亚对纺织产品的质量要求相对偏低，因此中国出口埃塞俄比亚纺织产品均为中低端产品。因中国出口埃塞俄比亚纺织品价格低廉，总体上看来品质、档次较低，虽然原料质量控制较好，但制成品和面料质量参差不齐，外观质量不良现象比较明显。

3. 轻工类产品质量状况

2013 年，中国出口埃塞俄比亚轻工类产品装运前检验 975 批，计 7252.82 万美元，出口产品企业以小微企业为主。由于埃塞俄比亚国民消费能力不高，对本类产品质量要求相对较低，所以，出口埃塞俄比亚的部分轻工产品质量不高。全年未发现涉及安全、卫生、环保项目的不合格情况，所发现的不合格轻工类产品，如塑料拖鞋的不合格项目均属于外观质量缺陷，如色差、污渍、毛边等。不合格原因：一是拖鞋类产品生产过程简单，生产企业多是家庭式企业，员工流动性大，产品质量控制能力薄弱，波动大；二是企业利润微薄，企业生产偷工减料等。

4. 木制品质量状况

2013 年，中国出口埃塞俄比亚木制品装运前检验 328 批，计 1803.24 万美元。山东作为全国的胶合板主产区，是木制品质量安全示范区，产品质量较好，工艺比较先进，发挥了产业集聚优势。2013 年出口产品批次和货值均有明显增加，质量稳定，检出木制品不合格的主要原因是胶合强度不合格和包装不合格。

5. 化工类产品质量状况

2013 年，中国出口埃塞俄比亚化工类产品装运前检验 1044 批，计 11669.04 万美元，呈大幅上升的趋势。埃塞俄比亚是一个以农牧业为主的国家，农药类产品具有广阔的市场需求。由于严格的环保要求，目前中国出口埃塞俄比亚的化工类产品生产企业都是生产上规模、质量体系完备、管理水平较高的大中型企业，其中不乏上市公司和独资企业，总体产品质量比较稳定，未发生过退货和召回现象。在 2013 年实施的装运前检验过程中，发现气雾剂内外包装标注批号不一致、PVC 扣板品质缺陷、化工原料重量短缺等不合格现象。

6. 金属材料及制品质量状况

2013 年，中国出口埃塞俄比亚金属产品装运前检验 601 批，计 15488.46 万美元。由于埃塞俄比亚经济发展，社会需求增加，基础建设投资规模增大，建筑用金属材料需求旺盛，检验检疫部门对金属材料及制品的检验主要集中在常规理化品质指标上，由于企业对产品质量的控制及生产工艺的成熟，产品质量基本上比较稳定。金属产品不合格原因：一是口岸查验不合格，如出口批号不符、规格型号不符等；二是涉及质量问题，如原材料含碳量偏高等。

7. 其他产品质量状况

其他产品主要是食品、化妆品及原料等，质量总体稳定，批次小，金额所占比例极低，不合格现象未涉及安全、卫生、环保项目。

表 6-1 对 2012 年和 2013 年中国出口埃塞俄比亚 HS 类产品情况进行了统计分析和对比。

表 6-1 2012 年和 2013 年中国出口埃塞俄比亚 HS 类产品

类别	年	批次（批）	货值（万美元）	检出不合格		检出不合格率（%）	
				批次（批）	货值（万美元）	批次（批）	货值（美元）
机电类产品	2012	4568	91067.55	106	2567.51	2.32	2.82
	2013	4400	92911.69	143	4969.19	3.25	5.35
	同比增长（%）	−3.68	2.03	34.91	93.54	40.09	89.72
纺织类产品	2012	1062	5605.60	6	38.48	0.56	0.69
	2013	737	4030.48	4	35.86	0.54	0.89
	同比增长（%）	−30.60	−28.10	−33.33	−6.81	−3.57	28.99
轻工类产品	2012	1094	8002.24	8	46.65	0.73	0.58
	2013	975	7252.82	14	38.08	1.44	0.53
	同比增长（%）	−10.88	−9.37	75.00	−18.37	97.26	−8.62
木制品	2012	314	1429.3263	1	3.32	0.32	0.23
	2013	328	1803.2434	3	20.4	0.91	1.13
	同比增长（%）	4.46	26.16	200.00	514.46	184.38	391.30
化工类产品	2012	948	6765.64	13	67.44	1.37	1.00
	2013	1044	11669.04	11	49.62	1.05	0.43
	同比增长（%）	10.13	72.48	−15.38	−26.42	−23.6	−57.00
金属材料及制品	2012	659	22940.39	9	102.99	1.37	0.45
	2013	601	15488.46	13	270.53	2.16	1.75
	同比增长（%）	−8.80	−32.48	44.44	162.68	57.66	288.89
其他	2012	212	1324.35	4	1.27	1.89	0.10
	2013	186	1097.82	6	4.31	3.23	0.39
	同比增长（%）	−12.26	−17.10	50.00	239.37	70.90	290.00
合计	2012	8231	137097.57	160	2878.48	1.94	2.10
	2013	8051	133793.95	192	5323.51	2.38	3.98
	同比增长（%）	−2.40	−2.41	20.00	84.94	22.68	89.52

根据表 6-1，可以得到图 6-1 和图 6-2。

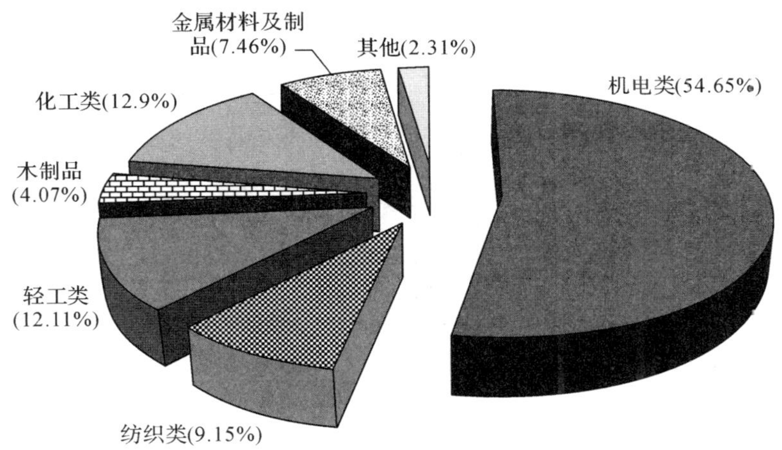

图 6-1 2013 年中国出口埃塞俄比亚产品批次分布

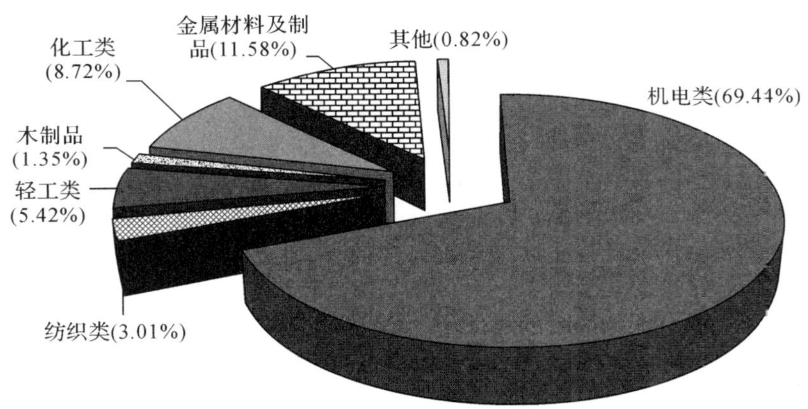

图 6-2 2013 年中国出口埃塞俄比亚产品金额分布

6.2.3 中国出口埃塞俄比亚产品装运前检验统计

表 6-2 反映了 2009—2013 年中国出口埃塞俄比亚产品装运前检验情况。

表 6-2 2009—2013 年中国出口埃塞俄比亚产品装运前检验情况

2009 年中国出口埃塞俄比亚产品装运前检验情况				
检验情况统计	批次（批）	同比增长（%）	货值（万美元）	同比增长（%）
合计	7403	−20.56	75471.95	−0.60
检出不合格情况统计	批次（批）	同比增长（%）	货值（万美元）	同比增长（%）
合计	101	−9.82	233.02	−39.03
2010 年中国出口埃塞俄比亚产品装运前检验情况				
检验情况统计	批次（批）	同比增长（%）	货值（万美元）	同比增长（%）
合计	6777	−8.46	94734.705	25.52

续表

检出不合格情况统计	批次（批）	同比增长（%）	货值（万美元）	同比增长（%）
合计	89	－11.88	528.88	126.97
2011 年中国出口埃塞俄比亚产品装运前检验情况				
检验情况统计	批次（批）	同比增长（%）	货值（万美元）	同比增长（%）
合计	7239	6.82	99266.74	4.78
检出不合格情况统计	批次（批）	同比增长（%）	货值（万美元）	同比增长（%）
合计	152	70.8	1564.96	195.9
2012 年中国出口埃塞俄比亚产品装运前检验情况				
检验情况统计	批次（批）	同比增长（%）	货值（万美元）	同比增长（%）
合计	8231	13.7	137097.57	38.11
检出不合格情况统计	批次（批）	同比增长（%）	货值（万美元）	同比增长（%）
合计	160	5.3	2878.48	83.9
2013 年中国出口埃塞俄比亚产品装运前检验情况				
检验情况统计	批次（批）	同比增长（%）	货值（万美元）	同比增长（%）
合计	8051	－2.19	133793.95	－2.41
检出不合格情况统计	批次（批）	同比增长（%）	货值（万美元）	同比增长（%）
合计	192	20	5323.51	84.94

资料来源：笔者根据 CIQ2000 统计数据计算所得。

6.3 中国出口塞拉利昂产品质量状况

6.3.1 中国出口塞拉利昂产品质量综述

对中国出口塞拉利昂产品质量状况综述如下。

2009 年，中国出口塞拉利昂产品具有品种杂、价值低和数量少等特点。各地区根据塞拉里昂的法律和贸易合同确定的产品质量、数量、安全、卫生、环保等项目开展相关检验监装，出口塞拉利昂产品总体上质量状况良好，未发生退货或索赔事件。

2010—2012 年，中国出口塞拉利昂产品具有品种杂、价值低和数量少等特点。塞拉利昂是联合国公布的最不发达国家之一，经济以农业和矿业为主。中国和塞拉利昂之间存在长期的友好合作关系，装运前检验工作的开展，进一步促进了两国之间贸易的顺利发展，符合两国人民的共同利益。虽然塞拉利昂从中国进口的产品档次较低，进口商更加看重产品的外观和使用功能，但总体上来看，中国出口塞拉利昂的产品质量水平较为稳定。

2013年，中国出口塞拉利昂产品装运前检验质量稳定，一次检验不合格16批，批次不合格率为2.4%，较2012年上升45.45%，不合格金额为57.42万美元。货值不合格率为1.73%，较2012年上升129.13%。这表明政府相关职能部门重视装运前检验程序，把关成效不断提升。2013年未发生国外通报及退货等情况，主要得益于：一是中国出口塞拉利昂产品从2004年开始实施装运前检验，检验监管时间较长，生产企业质量安全意识不断提高，出口产品质量总体水平不断提升；二是2013年检验检疫系统以深入开展“质量提升”活动为重要抓手，引入风险评估机制，对高风险行业及企业实施重点监控，紧抓检验与监管的有效结合，制定了《出口工业产品装运前检验工作规范》等规范化文件，使业务开展更加规范化、制度化；三是中国出口塞拉利昂的产品中，以手扶拖拉机、柴油发电机组、柴油机、家电为代表的机电产品占多数，这类产品属于传统工业，工艺非常成熟，拥有雄厚的产业基础和技术力量，使得中国机电产品质量长期保持在稳定状态，在包括非洲国家和地区在内的广大发展中国家拥有良好的质量信誉和较高的知名度。

6.3.2 中国出口塞拉利昂HS类产品质量状况

参照2012年，以2013年数据为例，对中国出口塞拉利昂HS类产品质量进行分析如下。

1. 机电类产品

2013年，中国出口塞拉利昂机电类产品装运前检验352批，达1738.07万美元，较2012年分别下降13.94%和89.68%。产品种类主要为：车辆类（载货汽车、客车、自卸车、洒水车、油罐车、摩托车、车辆零部件等）；机械类（柴油机、手扶拖拉机、柴油发电机组、水轮发电机组、建筑机械、食品加工机械及零件、车床、手推式剪草机、播种机、手推式打药机、阀门、电线电缆等）；家电类（空调器、滚筒洗衣机、电冰箱、冰箱备件、冷柜、音响组合、电视机、制冰机、落地扇、饮水机等）；医疗仪器类（麻醉机、电动呼吸机、超声波诊断仪、床边监护仪、母婴监护仪、新生儿监护仪等）；电器类（灯具、交流电动机、水泵等）；移动通信设备等。中国出口机电产品质量状况良好，出口产品具有以下特点：一是行业标杆生产企业较多，技术力量较强，质量控制严格；二是出口企业高度重视非洲市场，具有良好的品牌意识和长远的经营意识，在包括非洲在内的广大发展中国家拥有良好的质量信誉和较高的知名度。2013年，装运前检验检出11批不合格机电产品，不合格金额为28.23万美元。

2. 纺织类产品

2013年，中国出口塞拉利昂纺织类产品装运前检验8批，计63.96万美元，较2012年分别下降71.43%和57.72%。产品种类主要为全棉印花布、服装。检出1批不合格纺织品，不合格金额为10.4万美元。

3. 轻工类产品

2013年，中国出口塞拉利昂轻工类产品装运前检验57批，计125.82万美元，较 2012 年分别下降 38.04%和 61.27%。产品种类主要为：鞋靴、手套、帽类、安全鞋、釉面砖、抛光砖 、汽车钢化玻璃、路面标线用玻璃珠、鞋刷、卫生巾、一次性卫生用品、家具等。产品质量稳定，检出 2 批不合格轻工产品，不合格金额为 2.65 万美元。

4. 木制品

2013 年，中国出口塞拉利昂木制品装运前检验 47 批，计 137.16 万美元，较 2012 年分别上升 4.44%和 12.37%。产品种类为：复合地板、胶合板、混凝土模板用胶合板、中密度纤维板、木门、沙发、桌子、办公椅、柜子等。检出 2 批不合格木制品，不合格金额为 2.65 万美元。

5. 化工类产品

2013 年，中国出口塞拉利昂化工类产品装运前检验 73 批，计 300.37 万美元，较 2012 年分别上升 128.13%和 99.57%。产品种类为：子午线轮胎、聚对苯二甲酸乙二酯切片、无水柠檬酸、硫黄 、轻质碳酸钙、硫酸镁、电石、精制蜡坯（工业用）等。检出 1 批不合格化工产品，不合格金额为 0.89 万美元。

6. 金属材料及制品

2013 年，中国出口塞拉利昂金属材料及制品装运前检验 46 批，计 314.18 万美元，较 2012 年分别上升 15%和下降 81.83%。产品种类主要为：钢管、钢板、铝管、钢筋、圆钢、扁钢、电焊网、铁道路岔和道岔配件、球墨铸铁管件、波形板、护栏、立柱、柱帽、螺栓、垫圈、防阻块、弹条、钢芯铝绞线等。检出 1 批不合格金属材料及制品，不合格金额为 15.25 万美元。

7. 其他

2013 年，中国出口塞拉利昂其他类产品装运前检验 90 批，计 630.6 万美元，较 2012 年分别下降 7.22%和 41.58%。产品种类主要为：番茄酱罐头、泡泡糖、硬糖、调味品、绿茶、巧克力饼干、泡泡糖、泡打粉、牙膏、化妆品、医用疫苗、早孕诊断试剂条、诊断用试剂及试剂盒等。产品质量稳定，无不合格批次。

表 6-3 对 2012 年和 2013 年中国出口塞拉利昂 HS 类产品情况进行了统计分析和对比。

表 6-3　2012 年和 2013 年中国出口塞拉利昂 HS 类产品情况

类别	年份	批次（批）	货值（万美元）	检出不合格		检出不合格率（%）	
				批次(批)	货值（万美元）	批次（批）	货值（美元）
机电类	2012	409	16850.54	8	12.05	1.96	0.072
	2013	352	1738.07	11	28.23	3.13	1.62
	同比增长（%）	−13.94	−89.68	37.5	134.27	59.69	2150
纺织类	2012	28	151.26	1	2.64	3.57	1.75
	2013	8	63.96	1	10.4	12.5	9.62
	同比增长（%）	−71.43	−57.72	0	293.94	98.08	449.71
轻工类	2012	92	324.89	0	0	0	0
	2013	57	125.82	2	2.65	3.51	2.11
	同比增长（%）	−38.04	−61.27	0	0	0	0
木制品	2012	45	122.06	1	4.97	2.22	4.07
	2013	47	137.16	2	2.65	4.26	1.93
	同比增长（%）	4.44	12.37	100	−46.68	91.89	−52.58
化工类产品	2012	32	150.51	0	0	0	0
	2013	73	300.37	1	0.89	1.37	0.3
	同比增长（%）	128.13	99.57	0	0	0	0
金属材料及制品	2012	40	1728.78	0	0	0	0
	2013	46	314.18	1	15.25	2.17	4.85
	同比增长（%）	15	−81.83	0	0	0	0
其他	2012	97	1079.48	1	5.4	1.03	0.5
	2013	90	630.6	0	0	0	0
	同比增长（%）	−7.22	−41.58	0	0	0	0
合计	2012	739	20408.4	11	25.06	1.49	0.12
	2013	667	3310.53	16	57.42	2.4	1.73
	同比增长（%）	−9.74	−83.78	45.45	129.13	61.07	1341.7

注： 考虑到 HS 类产品的重复计算，合计数值直接根据 CIQ2000 进行统计。

根据表 6-3，可以得到图 6-3 和图 6-4。

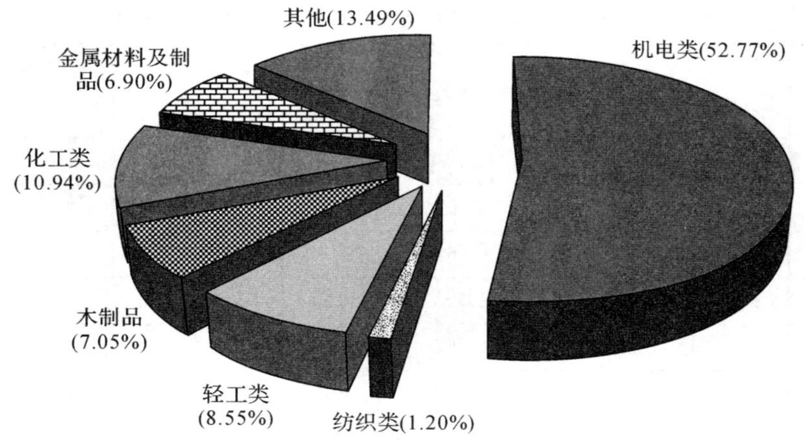

图 6-3 2013 年中国出口塞拉利昂产品批次分布

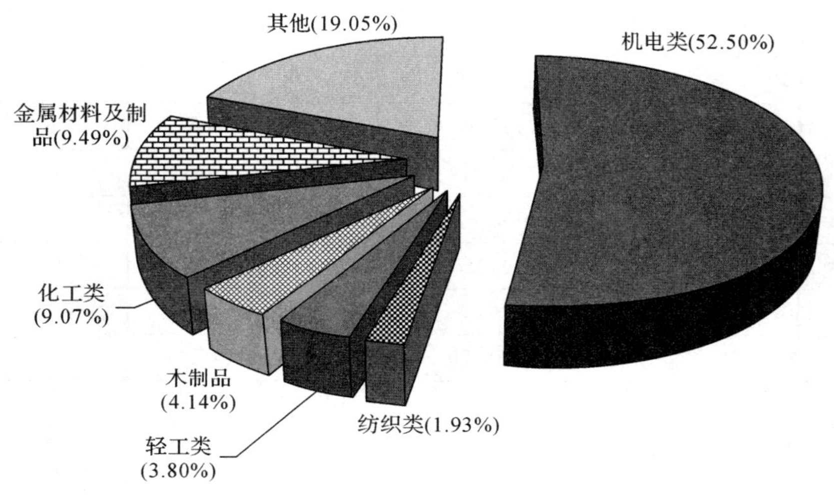

图 6-4 2013 年中国出口塞拉利昂产品金额分布

2013 年，中国出口塞拉利昂机电、纺织、轻工、木制品、化工、金属材料及制品、其他产品装运前检验发现的不合格情况主要表现为：电气安全、机械安全、机械防护、产品标识、产品质量、型号不合格。产生不合格的原因为：企业质量管理基础薄弱，对标准条款研究及重视不够，未按作业程序要求严格控制并有效检测监控。未出现价格低报，无国外通报和退货情况发生。而且，与 2012 年相比，产品安全及性能不符合产品标准等情况大幅度增加。

6.3.3 中国出口塞拉利昂产品装运前检验统计

表 6-4 反映了 2009—2013 年中国出口塞拉利昂产品装运前检验情况。

表 6-4 2009—2013 年中国出口塞拉利昂产品装运前检验情况

2009 年中国出口塞拉利昂装运前检验情况				
检验情况统计	检验批次（批）	同比增长（%）	货值（万美元）	同比增长（%）
合计	472	－24.48	1583.04	－45.05
检出不合格情况统计	批次（批）	同比增长（%）	货值（万美元）	同比增长（%）
合计	5	－54.55	7.15	－24.82
2010 年中国出口塞拉利昂装运前检验情况及				
检验情况统计	检验批次（批）	同比增长（%）	货值（万美元）	同比增长（%）
合计	535	13.33	3055.6	93.3
检出不合格情况统计	批次（批）	同比增长（%）	货值（万美元）	同比增长（%）
合计	7	40	12.61	76.22
2011 年中国出口塞拉利昂装运前检验情况				
检验情况统计	检验批次（批）	同比增长（%）	货值（万美元）	同比增长（%）
合计	603	12.71	11433.87	274.19
检出不合格情况统计	批次（批）	同比增长（%）	货值（万美元）	同比增长（%）
合计	9	28.57	41.59	229.82
2012 年中国出口塞拉利昂装运前检验情况				
检验情况统计	检验批次（批）	同比增长（%）	货值（万美元）	同比增长（%）
合计	725	20.23	20387.44	78.31
检出不合格情况统计	批次（批）	同比增长（%）	货值（万美元）	同比增长（%）
合计	9	0	31.74	－24.65
2013 年中国出口塞拉利昂装运前检验情况				
检验情况统计	检验批次（批）	同比增长（%）	货值（万美元）	同比增长（%）
合计	667	－9.74	3310.53	－83.78
检出不合格情况统计	批次（批）	同比增长（%）	数重量（千吨或千件）	同比增长（%）
合计	16	77.78	57.46	81.03

资料来源： 笔者根据 CIQ2000 统计数据计算所得。

6.4 中国出口埃及产品质量状况

6.4.1 中国出口埃及产品质量综述

对中国出口埃及产品质量状况可以综述如下。

2009年，中国出口埃及产品总体质量较好，实施装运前检验对提高产品质量、净化产品市场起了很大的作用。大部分生产企业的管理较为完善，质控水平高，生产的工业产品质量较为稳定。一些规模较小、管理较差、质量控制水平较低的企业，产品性能稳定性低，质量参差不齐。自实施装运前检验以来，未发生一起因质量问题引起的国外退货或重大质量索赔或投诉案例。

2010年，中国出口埃及工业品装运前检验的质量分析表明，总体质量较好，实施装运前检验对提高产品质量、净化产品市场起了很大的作用。大部分生产企业的管理较为完善，质控水平高，生产的工业产品质量较为稳定。一些规模较小、管理较差、质量控制水平较低的企业，产品性能稳定性低，质量参差不齐。虽然2010年未有重大质量索赔或投诉案例，但是从检验发现的不合格情况中仍然暴露出不少问题，主要包括：平均质量水平仍无明显提高，产品档次依旧偏低，价格低报现象时有发生。

2011年，中国出口埃及产品主要有机电产品、轻纺产品、木制品、化工品、金属材料及其制品等，具有品种杂、价值低及数量少等特点。综合分析产生不合格的原因：一是部分小企业设备设施不符合要求，尤其是电器产品，连基本的电气安全、产品性能检测设备都不齐全，且产品的核心元器件大多依靠外部采购，生产厂家实际上是一个装配厂，不能有效保证产品质量；二是出口产品基本上是凭样成交，合同中没有明确的产品标准及质量条款，产品出厂时未按标准要求进行必要的检测，关键质控点未进行必要监控；三是企业质量意识淡薄、质量保证能力较弱，多数企业没有建立产品质量保证体系，内部质量管理技术人员缺少必要的专业知识培训，对国家标准不大了解，假冒认证或混淆使用认证标志等时有发生；四是部分小企业对木制包装出口的相关政策不了解，使用未做除害处理的木制包装，导致包装不合格；五是部分小企业的知识产权意识淡薄，容易违规使用未经授权的商标或标志；六是部分小企业对出口政策不甚了解，因不符合产地报检检验原则而导致产品不合格等。

2012年，中国出口埃及产品主要包括机电产品、纺织产品、轻工产品、木制品、化工品、金属材料及制品以及其他类产品，总体来看出口埃及产品质量基本上较为稳定，没有出现突出的质量问题。

2013年，中国出口埃及产品主要包括机电产品、金属材料及制品、纺织产品、轻工产品、木制品、化工品以及其他类产品，具有种类繁多、单价不高的特点，总体来看出口埃及产品基本上能够达到埃及客户方的质量要求，没有出现突出的质量问题。但是，从横向比较来看，出口埃及产品质量档次明显低于出口欧美等发达国家产品。从2013年中国出口埃及装运前检验检出不合格的内容来看，既有外观、功能、性能、品质等客户直接关注的质量问题，也有安全、卫生、环保项目不合格问题，还有相当一部分高价低报、假冒伪劣、侵犯知识产权等现象。

6.4.2 中国出口埃及 HS 类产品质量状况

下面以2013年为例分析中国出口埃及 HS 类产品质量状况。

1. 机电类产品

2013年，中国出口埃及机电产品由于结构原理与生产工艺相对复杂，较其他类别产品更容易出现质量问题。总体来说，目录内产品质量明显优于目录外产品，大企业产品质量明显优于小企业产品，部分小企业仍存在生产条件简陋、质量控制手段欠缺、产品档次低等问题。检验中发现的不合格内容主要有：安全防护不合格、机械电气安全不合格、电气参数不合格、货证不符、商品设计不良、装配或制造不良、IP防护等级不合格、品质缺陷、规格不符、标识不符等。与2012年相比，2013年检出了一些假冒伪劣产品，如汽摩配产品冒用商标、未经认证乱贴E-Mark认证标志，理发剪、水嘴等产品存在假冒品牌和产地等现象。

2. 纺织类产品

2013年，中国出口埃及纺织品品种相对单一，质量较为稳定，但由于埃及客户对内在品质要求不高，有些地区同质化竞争激烈，低质低价现象明显，如浙江、深圳两地，检出不合格167批，占比高达72.61%。检验发现的不合格产品既涉及品质问题，又涉及安全、卫生、环保问题，主要有AZO超标、甲醛超标、pH值超标、缝制不良、面料色牢度差、印花质量较差、尺寸或重量等的规格不符、标签与货物实际内涵不符，等等。

3. 轻工类产品

2013年，中国出口埃及轻工类产品在几个大类商品中货值最低，其中目录外产品所占比重较大。但由于产品简单，多数产品的检验项目只涉及外观、尺寸和基本功能，所以总的来说不合格比例较低。检出的不合格产品情况主要有：玩具无年龄警告图标、玩具物理和机械性能不合格情况、锁孔锈蚀、挂钟指针掉落、表面破损、品质缺陷、货证不符，等等。基本不涉及安全、卫生、环保不合格，但是玩具、文具、钱包类产品假冒品牌的现象较为严重。

4. 木制品

2013年，中国出口埃及木制品生产企业多为法检企业，且大多数企业处于从小作坊开始的起步阶段，生产管理水平较低，工艺水平一般，检测能力欠缺，产品质量波动很大。2013年检出的不合格产品情况主要有：甲醛超标、重金属超标、品质缺陷、货证不符，等等。

5. 化工类产品

2013年，中国出口埃及化工类产品多数产自规模型专业生产企业，产品成熟，工艺稳定，质量状况总体较好。2013年检出的不合格产品情况主要有：染料重金属超标、卫生用品菌落超标、塑料制品增塑剂超标、胶带无黏性、表面污渍、品质缺陷、货证不符等，集中发生在塑料制品中，又以与食品接触材料制品为主，不合格项目主要为增塑剂超标、产品标识不符合标准要求等。由于价格竞争日益激烈，为了保证利润，生产商通过降低工艺要求、采购低质原材料、掺入过多回料等做法，造成了质量安全隐患。

6. 金属材料及制品

2013 年，中国出口埃及金属材料及制品质量状况较为复杂。从产品种类上来讲，钢地板、焊丝等产品的生产企业以中小型企业居多，生产管理水平一般，质量保证能力较差。而不锈钢管、铝管、无缝钢管、镀锡薄板等产品的生产企业则多为大型企业，管理相对完善，技术能力较强，质量保证能力较强。但是，由于埃及客户的技术能力较差，对金属材料及制品几乎没有什么验收能力，同时由于行业内竞争激烈，部分企业有借助降低质量水平、压低价格来争取客户的做法，如检验中发现的 3 批镀锡钢带、镀锡钢板质量不合格，就是低价竞争的结果。由于金属材料及制品的特殊性，该类产品的安全、卫生、环保项目不合格几乎不会出现，但是品质不合格和假冒伪劣情况却不容忽视。2013 年检出的不合格项目主要为品质缺陷和数重量短少、镀锡钢板镀锡量不达标，如马口铁硬度与合同不符、出口的铜箔净重短少等。由于埃及客户验收能力较差，而这个行业恶性竞争激烈，故亟须检验检疫部门做好检验监管工作。

7. 其他

2013 年，中国出口埃及其他类产品不合格情况主要有铬超标、甲醛超标、易断裂、货证不符等。

综合分析上述中国出口埃及 HS 类产品不合格的原因：一是出口企业质量意识淡薄、质量保证能力较弱；二是埃及市场和进口商对产品质量要求不高，基本凭样成交，有些甚至为内销库存产品，贸易合同中没有明确的质量要求；三是由于价格低，产品的材料、结构、工艺均按照最低要求生产，机械设备低端、功能单一、制造粗糙；四是出口形势给生产商带来了压力，它们为争夺客户而压价竞争，造成安全隐患；五是部分企业对国内外相关标准不甚了解，对标准把握不足，大多数企业只是根据客户要求安排生产，应对风险能力薄弱。

图 6-5 反映了 2013 年中国出口埃及产品检验不合格金额分布情况。

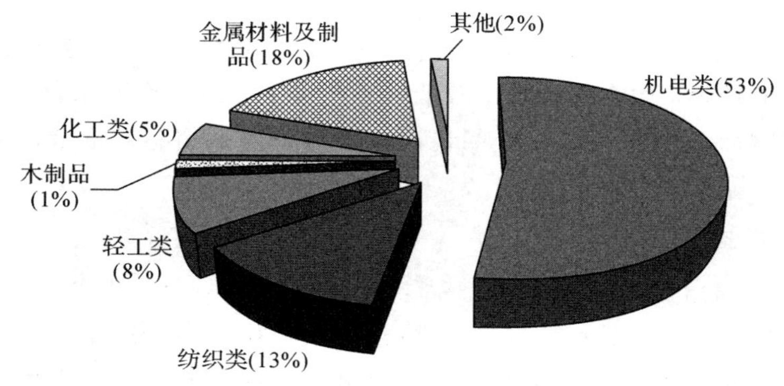

图 6-5　2013 年中国出口埃及产品检验不合格金额分布

表 6-5 对 2012 年和 2013 年中国出口埃及 HS 类产品情况进行了统计分析和对比。

表 6-5 2012 年和 2013 年中国出口埃及 HS 类产品情况

类别	年份	批次（批）	货值（万美元）	检出不合格		检出不合格率（%）	
				批次(批)	货值（万美元）	批次(批)	货值(美元)
机电类	2012	37779	165306.2	604	2875.584	1.60	1.74
	2013	33766	141780.2	1046	2941.385	3.1	2.07
	同比增长（%）	−10.62	−14.23	73.18	2.29	1.5	0.33
纺织类	2012	9437	41682.62	102	317.0061	1.08	0.76
	2013	7362	28145.91	230	708.2151	3.12	2.52
	同比增长（%）	−21.99	−32.48	125.49	123.41	2.04	1.76
轻工类	2012	21153	32460.58	141	385.5923	0.67	1.19
	2013	21467	31601.34	502	466.1287	2.34	1.48
	同比增长（%）	1.48	−2.65	256.03	20.89	1.67	0.29
木制产品	2012	3302	20166.51	24	113.3135	0.73	0.56
	2013	3316	20979.24	46	79.36276	1.39	0.38
	同比增长（%）	0.42	4.03	91.67	−29.96	0.66	−0.18
化工类产品	2012	14603	39266.88	74	172.513	0.51	0.44
	2013	12375	32577.8	290	306.1575	2.34	0.94
	同比增长（%）	−15.26	−17.03	291.89	−77.47	1.83	0.50
金属材料及制品	2012	2884	44556.51	39	1310.901	1.35	2.94
	2013	2368	27333.86	76	1010.249	3.21	3.70
	同比增长（%）	−17.89	−38.65	94.87	−22.93	1.86	0.76
其他	2012	3793	10938.81	20	35.302	0.53	0.32
	2013	3671	12189.09	114	87.43319	3.11	0.72
	同比增长（%）	−3.22	11.43	470.0	147.67	2.58	0.40
合计	2012	79137	354866.6	993	5216.177	1.25	1.47
	2013	74330	294607.4	2094	5598.9	2.82	1.90
	同比增长（%）	−6.07	−16.98	110.88	7.34	1.57	0.43

注： 考虑到 HS 类产品的重复计算，合计数值直接根据 CIQ2000 进行统计。

根据表 6-5，可以得到图 6-6 和图 6-7。

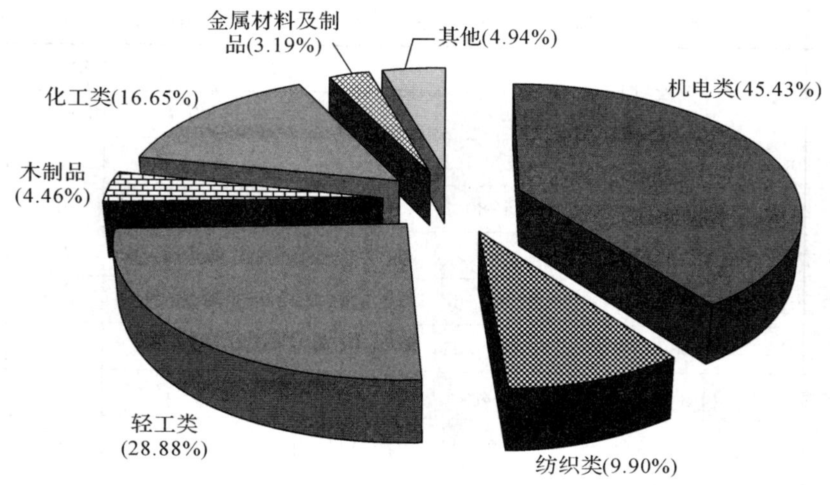

图 6-6　2013 年中国出口埃及产品批次分布

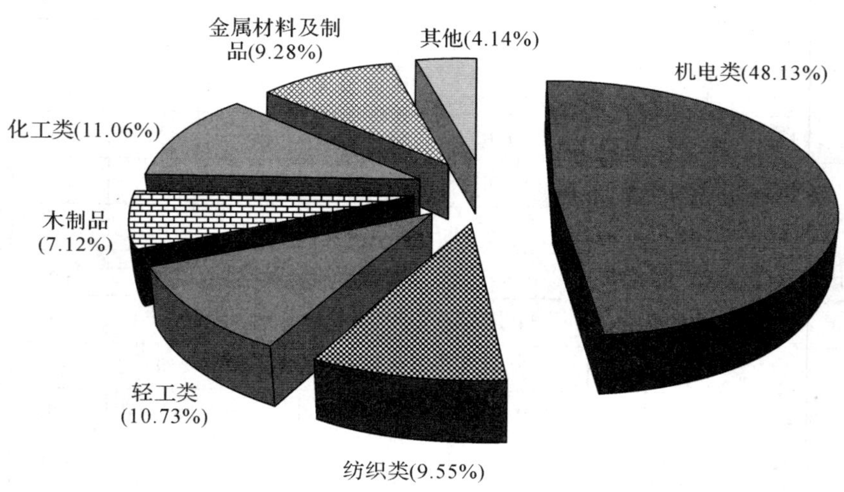

图 6-7　2013 年中国出口埃及产品金额分布

总之，2013 年中国出口埃及产品装运前共检出不合格产品 2094 批，货值 5598.9 万美元，批次、货值不合格率同比分别增长 1.57 和 0.43 个百分点。从不合格内容来看，其中既有大量的外观、功能、性能、品质等客户直接关注的问题，也有很多安全、卫生、环保项目不合格问题，还有相当一部分高价低报、假冒伪劣、侵犯知识产权等问题。

表 6-6 反映了 2013 年中国出口埃及产品装运前检验情况。

表 6-6　2013 年中国出口埃及产品装运前检验情况

情况分类	检验数量
全年监装集装箱数（标箱）	144354
国外退货批次（批）	18

续表

情况分类	检验数量
假冒伪劣案件数（起）	38
被处罚案例（起）	96

6.4.3 中国出口埃及产品装运前检验统计

2009—2013年中国出口埃及产品装运前检验情况见表6-7，中国出口埃及产品退运原因分析见表6-8。

表6-7 2009—2013年中国出口埃及产品装运前检验情况

2009年中国出口埃及产品装运前检验情况				
检验情况统计	批次（批）	同比增长（%）	货值（万美元）	同比增长（%）
合计	37335	—	212891.67	—
检出不合格情况统计	批次（批）	同比增长（%）	货值（万美元）	同比增长（%）
合计	1023	—	2808.61	—
2010年中国出口埃及产品装运前检验情况				
检验情况统计	批次（批）	同比增长（%）	货值（万美元）	同比增长（%）
合计	69603	—	279958.68	—
检出不合格情况统计	批次（批）	同比增长（%）	货值（万美元）	同比增长（%）
合计	1487	—	3521.23	—
2011年中国出口埃及产品装运前检验情况				
检验情况统计	批次（批）	同比增长（%）	货值（万美元）	同比增长（%）
合计	74799	7.47	319381.09	14.08
检出不合格情况统计	批次（批）	同比增长（%）	货值（万美元）	同比增长（%）
合计	1304	−12.31	5095.18	44.70
2012年中国出口埃及产品装运前检验情况				
检验情况统计	批次（批）	同比增长（%）	货值（万美元）	同比增长（%）
合计	80128	7.12	368107.42	15.26
检出不合格情况统计	批次（批）	同比增长（%）	货值（万美元）	同比增长（%）
合计	1060	−18.71	5088.13	−0.14
2013年中国出口埃及产品装运前检验情况				
检验情况统计	批次（批）	同比增长（%）	货值（万美元）	同比增长（%）
合计	74330	−6.07	294607.4	−16.98
检出不合格情况统计	批次（批）	同比增长（%）	货值（万美元）	同比增长（%）
合计	2094	110.88	5598.9	7.34

资料来源：笔者根据CIQ2000统计数据计算所得。

表 6-8　中国出口埃及产品退运原因分析

货物名称	退运原因
L（+）一酒石酸	因前期沟通不到位，导致货物无法使用（客户需粉末状，实发颗粒状货物）
旧塑料模具	模具在客户使用后由于气门工作不正常，注塑出的产品质量不能达到要求，需退回生产企业返修
抽屉面罩模具	模具在客户使用后由于气门工作不正常，注塑出的产品质量不能达到要求，需退回生产企业返修
水泵	定子规格与客户要求不一致
大透明瓶架模具	模具部件滑块损坏
发电机组	埃及局势动荡，导致客户无能力付款而退货
未混合的维生素 A 及其衍生物（不论是否溶于溶剂）	包装不符合要求
园林锯	产品美观不符合合同要求
化纤针织男式夹克、风衣、童装等	外商诈骗
对苯二酚	运输途中受潮变色，其责任主体为运输方
监护仪配件：血氧连接器（新） 监护仪配件：血氧探头（新）	质量不符合合同、标准要求
酒石酸	贸易原因
全自动滚筒洗衣机	货物到达埃及口岸后，由于国外客户无力支付货款，货物在口岸积压将近三个月，生产企业为避免该批货物被埃及海关强行拍卖，与客户达成退运协议后，货物被全部退回
重组装饰单板	集装箱号码与原出口集装箱号码一致，因埃及当地政治形势变化，货物市场销售价格急剧下跌，货物抵港后因客户无力支付货款而滞港，经协商无果后退回
液晶显示屏	由于色差、画面异常等原因，不符合国外检验标准要求
塑料配件	不了解相关政策法规，未实施装运前检验，无法提供有关证书清关

从以上对中国出口埃及产品质量状况的分析中，可见：

（1）质量反映企业研发水平，研发能力是企业在国际市场上的核心竞争力。

（2）中国产品要在国外市场战胜竞争对手，出口企业必须实施长期的质量保证战略。

（3）中国出口非洲产品凭借其产品质量在非洲市场确立了明显的竞争优势。

（4）中国出口非洲产品总体上质量稳定，实施装运前检验对进一步提高中国出口非洲产品质量、净化出口非洲产品市场、有效遏制国外通报退货有积极的促进作用。

7 中国出口非洲产品案例分析

在第 4 章、第 5 章、第 6 章对企业生产的微观产品结构、市场份额、产品质量进行分析的基础上，本章选取一些中非国际贸易中的经典案例，对前三章作一实证分析。

7.1 中国出口南非市场产品案例分析

南非进口税比较低，是理想的出口目的地，而南非市场的一些技术性贸易措施，也值得中国出口企业予以关注。

7.1.1 出口南非花生产品案例：产品含水率、分级、包装和标识法规草案

2004 年 4 月 16 日，南非农业部制定了关于花生分级、包装和标识的法规草案。该法规规定，花生（花生仁和花生果）水分含量不得超过 7%；出口企业必须向南非政府申请注册代码；花生的所有包装上必须附加标签，标签中应注明南非批准的企业注册代码。但是，国际上通行的花生安全标准为水分含量不超过 8.5%，因此南非此项标准较为苛刻，中国企业即使达到该要求，也会使花生的品质下降（如脱皮等），影响在南非的销售。同时，由于申请注册代码手续繁琐，对正常贸易造成了拖延。[①]

7.1.2 出口南非苹果产品案例：植物检疫要求

南非对中国苹果设置市场准入条件，与南非是南半球的第四大苹果生产国和第二大苹果出口国有着紧密的关系。

为确保中国苹果安全输往南非，2007 年 2 月，中华人民共和国国家质量监督检验检疫总局（AQSIQ）和南非共和国农业部（DOA）在有害生物风险分析（PRA）的基础上，就中国向南非出口苹果、梨等的检疫要求进行了协商，达成《中华人民共和国国家质量监督检验检疫总局与南非共和国农业部关于中国苹果、梨出口南非植物

① 资料来源：中国花生信息网，http://www.62422.cn/。

检疫要求议定书》。《议定书》主要规定了注册和批准、有害生物管理和监测、果实套袋、实蝇非疫区、收获后的措施等方面的要求和标准。

南非农业部根据2007年9月对中国苹果、梨产区的实地考核结果，作出了允许进口中国苹果、梨的决定。为此，国家质检总局在2007年3月26日发布了《国家质量监督检验检疫总局关于印发中国苹果、梨出口南非植物检疫要求议定书的通知》（国质检动函〔2007〕222号）文件[①]的基础上，2007年10月22日又发布第157号公告，规定自该日起，符合公告规定的检验检疫条件的苹果、梨可以对南非出口。

7.1.3 出口南非不锈钢产品案例：反倾销、反补贴

1. 案例基本情况

2008年7月25日，应Franke Kitchen Systems (Pty) Ltd. 的申请，南非国际贸易管理委员会对原产于中国的不锈钢水槽进行反倾销和反补贴立案调查。2009年1月30日，由于申诉方撤诉，南非国际贸易管理委员会撤销了对华不锈钢水槽的反补贴调查。[②]

2009年3月16日，南非对原产于中国和马来西亚的不锈钢水槽作出反倾销初裁，对涉案的中国企业征收10.84%～62.41%的反倾销税，并对原产于马来西亚的不锈钢水槽作出反补贴初裁。

2. 相关调查程序

（1）关于国内产业

根据申诉书，案例中南部非洲关税同盟（SACU）的不锈钢水槽生产商如表7-1所示。Franke Kitchen Systems (Pty) Ltd. 生产的不锈钢槽占SACU市场产量的88%，因此代表南非国内生产。

表7-1 南部非洲关税同盟（SACU）内生产不锈钢水槽的生产商

国内产业	在递交申诉书之前12个月内生产涉案产品的全部企业			
生产商	申诉企业产量	申诉企业所占比例（%）	反对企业产量	中立企业产量
Franke Kitchen Systems		88		
PABAR		12		
SACU内全部产业		100		

资料来源：国际商报网，http://epaper.comnews.cn/；东方财富网，http://www.eastmoney.com/。

（2）对于倾销的认定

1）根据原产于涉案国（地区）产品的正常价值、出口价格、正常交易情况，确认倾销幅度。

---

① 资料来源：北大法律信息网，http://www.chinawinfo.com/。

② 资料来源：国际商报网，http://epaper.comnews.cn/；商务部产业损害调查局，http://www.dij.mofcom.gov.cn/。

在南非国际贸易管理委员会（简称委员会）与中国商务部进出口公平贸易局（BOFT）签署的《备忘录》（ROU）中指出，在反倾销调查中，中国生产商或出口商可以提供涉案产品在中国境内的销售价格和生产成本。委员会将核实这些数据，看其是否在正常的交易条件下获得。委员会在确定正常的交易条件时，主要考虑了企业的以下因素：

①所有权——3家中国生产商均为私营企业

对于原材料的供应商和其他配件供应商，委员会经审查后认为，在调查期内，3家中国涉案企业的原材料供应商构成复杂，均经过了价格竞争，而且没有1家是国有企业，均为私营企业。因此，委员会最终认定，涉案企业的原材料是在正常的贸易条件下购买的。

②竞争、广告和市场。这3家涉案企业均通过互联网宣传各自的产品，其中1家企业证实，在该企业所在地区内共有100多家不锈钢水槽的生产企业。

③人力资源。上述涉案企业均通过劳务市场自由雇佣工人，工人的工资均通过与企业的协商最终确定。

委员会最终确认，上述3家涉案企业的产品销售都是在正常的贸易条件下进行的。

2）倾销结论：在听取了各利害关系方所提交的意见后，委员会最终确定了原产于中国和马来西亚的不锈钢水槽对SACU的倾销幅度（见表7-2）。T、Z和R这3家涉案企业的平均倾销幅度分别为负值、20.72%和10.94%。参照马来西亚，中国其他未应诉企业的倾销幅度为62.41%。

表7-2 原产于中国和马来西亚的不锈钢水槽对SACU的倾销幅度

国家	出口商名称	倾销幅度（%）
中国	T Metal Product	负
	Z Metal Product Co. Ltd.	20.72
	R Sinkwares Manufacturing Ltd.	10.94
	中国其他未应诉涉案企业的倾销幅度	62.41
马来西亚	Central Aluminum Manufactory	11.11
	马来西亚其他未应诉涉案企业的倾销幅度	95.86

资料来源： 国际商报网，http://epaper.comnews.cn/；东方财富网，http://www.eastmoney.com/。

（3）对于因果关系的认定

委员会若要对涉案产品征收反倾销税，就必须明确SACU内的产业所遭受到的损害是否是因原产于涉案国（地区）的进口产品的倾销所致。

①涉案产品的进口量和市场份额

明确因果关系的因素之一就是原产于涉案国（地区）的产品进口量的增长以及市场份额的增加，是否导致了进口国产业市场份额的下滑。

2005—2007 年，SACU 市场上原产于涉案国（地区）的不锈钢水槽在总进口量中所占份额有所增加，而自其他国家进口的同类产品的市场份额则有所减少。

②倾销进口产品对国内产品的价格所造成的影响

原产于中国的涉案产品给申诉企业造成了价格削减，但申诉企业并没有受到进口涉案产品的价格抑制。

③关于因果关系的结论

在考查了所有与国内产业遭受损害的相关因素后，委员会最终认定，国内产业所遭受的损害与原产于中国和马来西亚的不锈钢水槽对 SACU 市场的倾销存在因果关系。

南非对原产于中国和马来西亚的不锈钢水槽作出的反倾销终裁的结果见表 7-3。

表 7-3　南非对原产于中国和马来西亚的不锈钢水槽作出的反倾销终裁结果

原产国	企业名称	结果征收的反倾销幅度税率（%）
中国	Z Metal Product Co. Ltd.	20.62
	R Sinkwares Manufacturing Ltd.	10.84
	中国其他未应诉涉案企业的倾销幅度	62.41
马来西亚	Central Aluminum Manufactory	10.74
	马来西亚其他未应诉涉案企业的倾销幅度	95.86

资料来源： 国际商报网，http://epaper.comnews.cn/；东方财富网，http://www.eastmoney.com/。

3. 案例启示

南非是中国在非洲大陆最大的贸易伙伴。目前，在非洲地区，只有南非和埃及对中国出口产品启动过贸易救济调查，而南非是对华启动贸易救济调查最多的国家。南非已于 2004 年承认了中国的市场经济地位。在本案例中，经过中、南双方的磋商，并推动业界沟通，使南非此次对华反补贴调查最终以申诉方撤诉而告终。此外，南非是第四个对华启动反补贴调查的国家，而且是首个对华启动反补贴调查的发展中国家。

7.2　中国出口埃塞俄比亚市场产品案例分析

依据非洲贸易对象国与中国签订的装运前检验协议，中国开展了装运前检验工作，对出口非洲产品进行质量把关，从 7.2 节至 7.4 节将精选有代表性的案例进行分析，一方面体现中国按照贸易对象国要求严格把关，另一方面为出口相关产品的企业提供借鉴。本节分析中国出口埃塞俄比亚市场产品的典型案例。

7.2.1 安全、生化、计量与性能案例

1. 物理品质性能安全指标

2009 年 3 月，在受理一批出口埃塞俄比亚的机械设备（SJ-M55A 旋转机头吹膜机、SJ-F 33 塑料粉碎机）报检时，检验员在装运前检验现场发现存在以下情况：电气柜无电气参数铭牌、电气箱无接地装置及接地标识、电气柜地盘未封闭、电气柜无门锁、电气柜门上无闪电警告标识。检验员随即开具了不合格通知单，并对企业相关人员进行了教育指导，整改合格后方准予监装。

2009 年 5 月，某公司报检出口埃塞俄比亚一套卫生纸造纸机流水线。检验员检验时发现，造纸机械生产企业除临时借用检测仪器对产品检测外，产品上无铭牌和安全防护标识，据此对该批货物出具了不合格通知单，监督整改合格后才给予放行。

2009 年 7 月，某公司出口埃塞俄比亚柴油发电机组 96 台，价值 75969 美元，检验发现发电机组连机座处保护接地线未使用黄绿双色线，无接地标识。检验员判定该批货物不合格，责令发货人返工整改合格后才给予放行。造成这种情况的原因在于，企业技术人员对相关强制性标准中的接地要求及安全警示标识要求条款未给予足够的重视。

2009 年 2 月，某集团报检一批洗涤机械，经现场检验发现，其中 2 台烫台接地电路连续性不符合 GB 5226.1—2002 及相关产品标准的强制性要求，据此判定电气安全项目不合格。造成这种情况的原因是，工厂对于设备电气安全性能不够重视和相关技术人员缺乏电气安全知识。

某公司报检一台塑料挤出机，现场耐压试验时被击穿，不符合 GB 5226.1—2002 的强制性要求，据此判定电气安全项目不合格。经对设备电气部分进行分段检查后，发现设备的电控箱中一个用于隔断接线的塑料格栅断裂，造成爬电距离不够，导致耐压试验不合格。

某公司报检的 30 辆轻型货车，应埃塞俄比亚客户要求，改动了电池仓和密封仓结构，在电池仓加装 1 只副油箱，即改变了发改委汽车生产目录上公布的车型结构，从而存在着严重的安全隐患。检验员要求该公司将副油箱彻底拆除，恢复车身结构，保证整车安全。

2010 年 9 月，某企业报检一批出口埃塞俄比亚的彩色电视机，检验员现场按抽样标准抽样送机电实验室检测。经实验室检测，发现该批彩色电视机属于Ⅱ类器具，但是内部导线可触及高压带电件，不符合Ⅱ类器具双重绝缘标准，同时彩色电视机所使用的熔断器标示与实际不符，据此判定该批货物不合格，在下发了不合格通知单后，向企业负责人及品管人员解释相关产品标准的具体要求，督促企业落实相关项目整改，整改合格后才准许顺利监装出口。

某企业输往埃塞俄比亚罗茨鼓风机 4 台，货值 3.98 万美元。检验时发现，该风机严重锈蚀、不能正常运转，据此判定为不合格，不允许出境。经进一步分析，一方面是因为外方预付款未付，中方一直未发货，货物日晒雨淋导致包装腐烂（货物生产

已经有一年的时间)；另一方面是因为该设备的防锈处理不到位，致使风机的消声器严重锈蚀，不能正常运转。

某公司报检一台水处理设备，检验时发现，接地电路连续性、耐压试验均不符合GB 5226.1—2008的强制性要求，据此判定电气安全项目不合格。经对设备电气部分进行分段检查后，发现连接加热线圈的一根电源线破损，导致耐压试验不合格。该批产品不合格的原因是，工厂对于设备电气安全性能不够重视和相关技术人员缺乏技术能力。

2011年5月，某企业报检一批出口油印机40台，货值1.32万美元。经现场检验，发现该批报检货物产品电源插头规格不符合相关要求，且报检单证上箱唛与实际标识不符，检验监管人员将该批货物判定为不合格。造成这种情况的原因在于，该企业的内部沟通机制不够完善，外贸人员在接单时未经过技术部门的确认，直接对该批货物进行下单，导致产品不符合出口要求。企业对该批不合格产品进行返工整理后申请二次检验，经检验检疫机构二次检验合格后方获准出口。

2013年7月，检验员在对1台货值7.1万美元的平地机实施现场检验时发现：司机位置两耳噪音为91.2dB（A），不符合合同中约定的检验标准GB/T 14782—2010中司机位置两耳噪音不大于88dB（A）的要求。造成这种情况的原因在于，设备制造商从降低成本考虑，使用普通橡胶垫板，造成司机位置两耳噪音超标。处理结果是，制造商对平地机进行技术整改，将驾驶室的普通橡胶垫板更换成带隔音棉的垫板，经重新报检，并符合检验标准要求后才获准出口。

2013年，某企业报检出口1辆货值4.6万美元的自卸车，因举升装置无法复位，不符合GB 7258—2004质量要求，被判为不合格。造成这种情况的主要原因：一是企业对工程车辆辅助零部件的安装重视程度不足；二是人员培训、质量监督的措施存在疏漏。经采取措施并跟踪验证，产品返工整理检验合格后，才予以放行。

2013年1月，某企业报检一批出口埃塞俄比亚热处理生产线物资，货值103.1万美元。检验时发现，该生产线无机械安全防护标识，电气设备无防触电安全标识，接地连续性不符合标准要求。造成这种情况的原因是，该企业为首次出口热处理生产线，对产品安全防护不够重视，对产品标准中安全项目要求认识不足。处理结果是，企业通过加强标准学习，对该批产品增设连续接地、加贴安全防护标识。经整改并符合检验标准后，重新获得了装运前检验证书。

2013年3月，某企业出口埃塞俄比亚冷干机1台 、过滤器1台，总货值12504美元。检验员对冷干机进行接地电阻测试时，被检测冷干机接地电阻大于安全标准要求（标准要求为小于0.1Ω)。检验员和企业技术人员当场对冷干机接地保护线路进行检查，发现该冷干机接地保护连接线线径不符合标准要求，检验员当场判定该批货物不合格。该企业内部质量管理制度齐全，质量管理体系运行正常，但未对产品的电气安全项目引起充分重视，导致产品的电气安全项目不符合规定要求。处理结果是，检验员要求企业按标准要求进行返工整改。经重新检验合格后，才按规定对该批产品予以放行。

2013 年 8 月某企业报检出口埃塞俄比亚 2 台设备，分别为长环蒸化机和松式绳状水洗机，货值分别为 26.25 万美元和 21.27 万美元。经检验，发现存在电气危险：(1) 设备急停按钮无黄色衬底，不符合 GB 5226.1—2008《机械电气安全 机械电气设备 第 1 部分：通用技术条件》第 10.7.3 关于“急停器件的操动器应着红色，最接近操动器周围的衬托色则应着黄色”的要求；(2) 控制按钮均无功能标记，不符合 GB 5226.1—2008《机械电气安全 机械电气设备 第 1 部分：通用技术条件》第 16.3 关于“按钮器件、视觉指示器和显示器应在器件上或在其附近清晰耐久地标出与它们功能有关的标记”的要求。造成这种情况的原因在于该批染整设备系企业首次出口。由于收货人为中国商人，该企业就按照国内用户的默认习惯设计控制按钮，仅用颜色代表按钮功能，如红色代表停止，绿色代表启动，并未在按钮上加装功能说明和使用衬色。产品存在以下风险：(1) 使用者有误操作设备的可能性，从而带来人身危险或设备损坏的后果；(2) 在设备发生危险时，使用者可能无法找到紧急停止按钮，及时关停设备，这有可能使危险进一步扩大。检验员在后续监管中发现这家已具有 20 多年专业制造染整机械历史，又是中国家用纺织品行业协会常务理事单位的企业，其技术人员对 GB 5226.1—2008 标准等同采用 IEC 60204—2：2005 标准不甚了解，也未将其列入受控标准清单。处理结果是，整改合格后，再准予出口。

2013 年 11 月，某企业报检出口埃塞俄比亚 1 台井式光亮退火炉，货值为 7.2 万美元。经检验发现，该批井式退火炉存在以下安全缺陷：(1) 说明书中未标明水流量、炉体外形尺寸等信息；(2) 上、下水管，气管均使用黑色橡胶管；(3) 不切断电路主回路即可打开炉盖；(4) 炉体接地螺栓涂覆油漆层，且无标记；(5) 电气控制柜未加贴防触电标识；(6) 井式退火炉使用三项 380V 交流电源供电，并采用三角形接法，但铭牌未正确使用“△”，不符合 GB/T 10067.4—2005《电热装置基本技术条件》和 GB 5226.1—2008《机械安全 机械电气设备》标准要求。造成这种情况的原因在于，该企业为小型民营企业，产品主要用于内销，质量管理人员和技术人员对相关强制标准缺乏基本的了解，且产品为首次出口至相关协议国家，也未曾接受过检验检疫局的检验监管，因此存在多项隐患。处理措施是，经整改合格后才获准出口。

2. 化学物质、农药含量及理化性能

2009 年 4 月，相关部门对某化工企业出口埃塞俄比亚的氧化铁颜料进行检验时发现，该产品水溶物超标，遂给予不合格处理并要求企业进行整改。造成这种情况的原因主要在于，企业的外贸人员对相关标准理解不够，对客户要求与产品用途不明确，合同中的技术条款随意制订。

某企业出口棒棒糖棒（材质为聚丙烯），因埃塞俄比亚外商要求该企业在加工过程中加入食品级的碳酸钙，以增加产品强度。但 2008 年出口检验时曾发现该产品乙酸蒸发残渣超出了 GB 9688—1988《食品包装用聚丙烯成型品卫生标准》要求，因此在合同中订明了生产工艺中需加碳酸钙，按 GB 9688—1988 进行检验，放宽了乙酸蒸发残渣的要求。2009 年检验时发现，正己烷蒸发残渣略高于 GB 9688—1988 要求。考虑到该产品不在埃塞俄比亚强制性标准目录内，经贸易双方修改合同，该批货物虽然不符合中国国家标准要求，但符合对外贸易合同要求，最终判定为合格，出运至埃塞俄比亚。

2009 年 2 月，某公司出口一批保温瓶，货值 1.86 万美元。经送实验室按照 GB/T 11416—2002 检测，发现理化性能中的保温性能、容量允许误差、倾倒试验不符合要求。在检验员的监督下，该批货物经返工整理并重新检验合格后才获准出口。

2011 年，相关部门对某企业一批出口埃塞俄比亚的强化地板进行抽样检测，发现样品甲醛释放量为 2.3mg/L，超过了限量标准（1.5 mg/L），据此出具了不合格通知单并禁止出境。造成这种情况的原因是，企业为降低生产成本，擅自更换原辅材料。根据国质检检函〔2007〕1011 号文件的要求，出口竹木草注册登记企业所用原辅材料必须是经过 CNAS 认可的实验室检测合格的原辅材料，并需在检验检疫局登记备案，如更改须向检验检疫部门申报。本案例中出口企业擅自违规更换原辅材料(纤维板基材)，导致了有毒有害物质超标。

2011 年 11 月，某企业报检一批输往埃塞俄比亚的真丝围巾，共计 500 条，货值 4500 美元。经现场抽样检测，发现耐汗渍色牢度不合格，不符合 GB 18401 的强制性要求。经了解，该企业原以出口服装加工为主，主销欧美等地，本批次是首次与埃塞俄比亚方的贸易。知晓检测不合格情况后，企业立即联系面料供应商共同查找不合格原因。经企业返工整理并重新报检合格后方准予出运。

3. 外观性能

2009 年 11 月，检验员发现一批门锁执手复板的手柄表面粗糙有毛刺，不符合 QB/2474—2000 要求，据此判定为不合格，要求企业返工整理，并要求企业加强质量管理，严格按照标准的要求组织生产。企业按照标准要求，将一部分产品重新返工整理，剩余产品重新换上新的手柄，经检验员重新检验合格后方准予监装。

2009 年 7 月，某机械厂生产的 8 台岩石破碎机（无电机），表面涂漆不均匀且陈旧，局部锈迹严重，被判定不合格。据查，该批产品于 2009 年 3 月生产，由于客户方面的原因迟迟未能出货，加上成品存放地缺乏有效防护以及企业相关人员的产品质量意识不强，导致上述缺陷。检验员责令企业返工整改，经检验合格后才准予监装。

2009 年 3 月，某公司出口一批阀门，检验员在现场检验时发现，其中有部分阀门的表面有锈斑和砂眼。检验员立即要求工厂进行返工处理，经二次查验全部合格后才准予放行。

2009 年 12 月，某公司出口至埃塞俄比亚的 2 台叉车，检验员发现其中有一台叉车左起升油缸缸头部位渗油。经查明，油缸活塞杆 2/3 处表面凹坑，存在毛边现象，凹坑毛边划伤缸头密封圈唇口，导致油缸缸头处渗油。检验员立即要求更换该起升油缸总成，随后进行了 30 分钟的起升负载试验，以杜绝渗漏现象；并要求工厂在今后的成品检验中，增加车辆一次检 30 分钟起升负载试验，坚决杜绝不合格的产品出口。

2009 年 6 月，某企业报检一批三相电动机 259 台，货值 3.22 万美元，属于法检产品。检验时发现，其中的 1 台样机外包装箱损坏较严重，原因是堆放不合理，导致该批货物部分包装挤压损坏。检验员依据出口电机检验规程，要求企业更换该批货物中已损坏的外包装。

2010 年 5 月，某企业报检 1 批出口埃塞俄比亚的注塑鞋，检验监装时发现该批货共 4 款 46800 双、50058 美元，其中 1 款 14400 双、15264 美元出现严重的开胶现象。检验员随即帮助企业进行原因分析，发现该款所用帮面材料为涤纶箱包用面料，表面光滑，再加上注塑用的 PVC 底料配料太软，造成帮面与大底结合不牢。检验员当即做出不合格判定，责令该款货品不准出口，待重新生产合格产品后方准予监装出口。

2010 年，相关部门在对一批出口钢结构件检验时，发现存在下列问题：焊缝外表面有气孔；结构件表面进行了喷涂处理，但表面会出现起泡现象；焊缝出现咬边现象。据此，检验员判定该批货物不合格。造成这种情况的原因在于：首先，焊缝表面出现气孔，主要是由于母材或填充金属表面有锈、油污，焊缝金属脱氧不足，焊丝及焊剂未烘干等；其次，结构件表面起泡主要是由于材料本身和夏天特殊的气候条件造成油漆突然起泡。焊缝出现咬边问题的主要原因：一是焊机电流大，速度慢；二是焊缝坡口角度过大或过小；三是焊接设备左右摆动。

4. 货证不符

2009 年，相关部门在对某公司报检的 1 台 15170 美元的柴油发电机组进行监装查验时发现，柴油发电机组铭牌上显示机组编号与单证不符，查验不合格，故不予出口。

2009 年，相关部门在对某公司报检的印刷 PS 版、影像输出片进行监装查验时发现，实际出运货物与单证不符，查验不合格，故不予放行。经了解，这种情况实为发货商发货出错，误将未经检验检疫的其他货物发出所致。

2010 年 1 月，某企业报检一批数控模压快速成型机 5 台，货值 6.4354 万美元。经检验发现：该批设备铭牌品名为“数控模压快速成型机”与申报“自动油压机”名称不一致；设备铭牌生产企业与申报生产企业名称不一致；设备附件的包装为纸箱和铁桶，与申报也不一致。该批货物被判为不合格，并及时出具了出境货物整改通知单。企业整改后，货证一致方准予放行。

2011 年 9 月，某公司报检出口埃塞俄比亚装运前检验业务 11 批，主要为工程类机电产品及建筑用机械、工具等，数量、金额较大。由于（包装）标识问题导致货证不符，被判一次检验不合格。整改合格后方准予出证放行。

通过上述案例可以发现，即便是贸易量较大的大型出口公司，如果对装运前检验政策不熟悉、不了解，也会导致产品不符合要求，对贸易造成负面影响。因此，对首次申请装运前检验的企业采取重点宣教是十分必要的。

5. 产品偷工减料

2009 年，某公司出口一批涤纶线，货值 2.653 万美元。合同约定每个筒子长度为 5000 码，经检验发现，实际长度为 4190 米（4582 码），不符合 GB/T 6836—2007 的规定要求。

2009 年，某企业报检生产的玻璃幕墙挂件为中国政府援外物资，经检验发现，该批挂件厚度达不到图纸等技术文件的规定要求，图纸要求厚度为 4.0＋（0～0.2）mm，现场测量后发现大部分产品的厚度小于 4.0mm。据此，判定该批产品不合格，要求企业重新采购材料组织生产。经了解，该企业长期做内销，目前市场上的原料均为负偏差，经销商供货时均按理论重量而不按实际重量计算，且该企业系首次出口，有关人员没有认真核对技术文件，只凭经验和过去做内销的一套做法组织生产，结果导致出口产品批量报废。

6. 计量器具校准、申报、客户要求、逃避装运前检验等

（1）计量器具校准问题

2009 年，某公司出口 1 批棒棒糖棒 650 袋，计 13 吨，货值 38870 美元。检验衡重时发现，公司所用磅秤失灵且无计量合格证，遂判定为首次检验不合格，要求企业立即整改。企业购买到合格的电子台秤后，发现每袋重了 0.5 千克，因此非常感谢检验检疫工作人员的严格把关。

（2）企业不如实申报问题

2012 年 1 月，相关部门在检验一批出口埃塞俄比亚的童鞋时，发现该批童鞋的包装盒内附带了一盒 12 种颜色的彩色蜡笔。经了解，这些蜡笔是根据客户要求，随附在童鞋盒里作为赠品，由客户另行采购提供给童鞋生产企业的。但蜡笔属于高风险的出口法检商品，根据 SN/T 0749—1999 标准，应进行周期性可溶性重金属检测。该批蜡笔未进行相关检测，存在安全隐患。因出口方最终无法提供这些蜡笔的合格检测证明，经与客户协商，剔除这些蜡笔后才准予出口。

2012 年 3 月，相关部门在检验时发现，一批输往埃塞俄比亚的叉车规格型号与产地局出具的换证凭单中检验检疫结果一栏描述的信息有出入：换证凭单和报检单据显示货物信息为 5T 叉车，而现场查验后发现该叉车为 3T 叉车。据此，判定该批货物不合格，不允许装箱出口。经查明，这种情况是由该批货物为工厂工作人员疏忽大意、调配货源出错所致。

2012 年 12 月，相关部门在检验时发现，某企业报检的验布卷布机，在实际货物中还包含印花机等产品，申报产品与实际出口产品不一致。该批货物被判定为不合格。经查明，造成这种情况的原因是，该企业为首次出口埃塞俄比亚，对出口埃塞俄比亚装运前检验政策和报检要求不甚了解。为此，检验监管人员及时向企业进行了相关政策的解释，并告知装运前检验和报检的具体流程。不难发现，当前出口非洲产品“非法夹带”及不如实申报现象时有发生，主要是由于外贸企业不了解检验检疫法律法规，片面满足国外客商要求，导致出口受阻。对此，检验检疫部门应加强现场抽查力度，核查实际出口货物是否全部如实申报。

（3）企业盲目满足客户不合理要求问题

2012 年 4 月，某公司生产并出口埃塞俄比亚的一批货物报请装运前检验，包括 130 台水泵和 5 台高压清洗机。检验员在检验过程中发现，水泵流量标称 180L/min，实测 140L/min，属品质不合格。经进一步了解，该产品设计标注流量为 135 L/min，

由于客户要求，厂家作了虚假标注。

2012 年 2 月，某公司报检一批涤纶染色涂层布，数量 124242 米，货值 66593.71 美元。检验员对该批货物进行检验时发现，其中 1 款颜色的色卡为紫色，而面料实际颜色为暗红色，色差程度明显不符合标准中对于合格品的规定。据了解，该批布料颜色本来为紫色，色卡都已定下，客户又临时更改为暗红，但色号名称仍用紫色，于是出现了颜色不符的情况。不难发现，中国出口埃塞俄比亚产品价格低、利润薄，随着竞争加剧，部分企业质量意识和自我保护意识欠缺，在贸易中一味地迎合客户，对于企业自身质量形象的树立有害无益。为此，必须切实提高企业的质量意识和自我保护意识，只有在贸易中树质量、打品牌，尽量规避贸易风险，才是长久之计。

(4) 通过转口贸易逃避装运前检验问题

2012 年 9 月，某企业拟出口一批货物装箱，包括 290 箱不锈钢餐具和 25 箱塑料餐具，货值 35856 元人民币。经调查，该批货物属法检商品，系埃塞俄比亚外商从市场采购，但尚未报检取得相关出口单证，准备以虚报品名的方式夹带出口到吉布提，再经由吉布提转口到埃塞俄比亚。不难发现，这是一例企图通过转口贸易逃避装运前检验的典型案例，企业在不能确保产品质量的情况下，试图通过虚报品名和转口贸易等方式逃避装运前检验，扰乱出口埃塞俄比亚产品装运前检验秩序。

7.2.2 包装、标签、产地、品牌与证书案例

1. 包装标示规格与实物不相符

2012 年，相关部门在对 1 批复印纸进行装运前检验时发现，内外包装标识规格均为 $80g/m^2$，但实际申报货物规格却为 $75g/m^2$，且共涉及货物 80 吨，货值 7.2 万美元。经调查发现，货物实际规格为 $75g/m^2$，与双方合同相符，但订货商提供的包装标识却为 $80g/m^2$。包装标示规格与实物不符的问题非常清楚，反映了企业质量保证意识薄弱，对与非洲贸易的政策了解不够。

2010 年 3 月，检验员在装运前检验时发现，2 批出口埃塞俄比亚的建筑陶瓷 2912 平方米，货值 16910 美元，其包装纸箱受潮、破损严重。据此，检验员要求企业在短时间内更换包装纸箱，经再次检验且包装达到国家标准要求后方准予放行。

2. 标识

2010 年 8 月，某公司报检出口埃塞俄比亚一批水泥搅拌机，货值 18616 美元。检验时发现产品上无安全防护标识，无接地标识且接地线未使用黄绿线。据此，检验员出具了不合格通知单，经监督整改合格后方准予放行。

2010 年，某公司报检的简易折弯机，存在诸多安全隐患和质量问题。例如，工作区域危险部位未加贴防机械伤人警告标识；电控箱控制按钮无功能标识；箱体通孔导致 IP 防护等级不足；未做保护接地，无接地标识；带电部件触点外露无防护，存在人员意外触电危险；上下模表面生锈；机组单节链条未做发黑处理，表面生锈。经查明，上述不合格主要是两个方面：一是外观质量不合格，生锈；二是不符合 GB

5226.1—2008《机械电气安全 机械电气设备 第1部分：通用技术条件》的相关电气安全规定。不难发现，该案例的危害带有普遍性，会给产品的实际使用带来安全隐患。对出口非洲设备，尤其是首次出口企业，应引起高度重视，加强对设备的检验监管，并加强对企业技术人员的培训。

2011年1月，某企业报检出口一批21英寸彩色电视机720台，货值43920美元。检验时发现该批产品没有标记型号或机型代号，遂被判定为不合格。生产企业称不加贴标识是由出口商提出的，企业还出具了签订的书面文件。经企业整改重新抽样送检合格后，该批电视机产品才获准顺利出口到埃塞俄比亚。

2011年7月，某企业报检一批出口埃塞俄比亚单相交流电动机160台，货值1.30万美元。经检验发现，其中5台样机接地标识未固定牢固，防触电保护项目存在安全隐患。检验员据此判定该批货物不合格，并要求企业及时加固固定接地标识，同时要求企业落实整批货物产品接地标识固定情况，杜绝安全隐患。该批货物经技术处理并经整改复验合格后方准予顺利出口。

2013年4月，某企业报检出口一批三相柴油发电机组21台，货值116478.77美元。该批货物信用证上约定的检验标准为GB/T 2820.5—1997。检验员在现场抽样检验时发现，货物铭牌标记内容缺少制造厂名称或标记、最高环境温度、最高海拔高度和标准号等参数，额定功率的单位和词头描述也不符合GB/T 2820.5—1997第14条款的要求。据悉，上述货物自2013年8月15日后已调出法检目录，属于非法检产品。经调查，主要是企业业务员对信用证规定的检验依据条款不够重视，未将相关要求传达到生产部门，致使未能按GB/T 2820.5—1997的相关规定制作铭牌。故此，检验员对该批货物开具不合格通知单，通知企业进行返工整改，经更换所有货物铭牌并重新检验合格后方准予放行。

2011年，相关部门在对一批市场采购汽车零部件进行检验时发现，其中的部分车灯、反光镜、反射器等没有3C标识，供应商也无法提供3C证书。而按照规定，市场采购的强制性认证产品必须确定认证资质。经核查，该批零件系未获得强制性认证的假冒伪劣产品。最终，该批货物被扣留，相关责任单位受到查处。企业及时组织另行采购取得3C合格认证的产品，避免了不合格产品流出国门。

3. 假冒产品

(1) 产地假冒

2009年5月，相关部门在检验中发现，一批服装标签上标注了“Made In Italy”字样，而货主却未能提供有效的货物产地证明。经调查后，工作人员依法对货主进行了教育和处罚。

2010年12月，某公司报检一批出口埃塞俄比亚的车用滤清器750个，货值39092.60美元。经检验发现，在产品壳体上印有“MADE IN TAILAND”等字样，构成假冒产地。检验员当即做出不合格判定，待产品重新整理合格后方允许监装出口。

2011年12月，相关部门在对某公司出口目的地为吉布提的一批货物进行检查时发现，工人正准备将100箱未经报检的电热水壶装箱出口，货值40800元人民币。经调查，该批货物从市场采购，准备出口到吉布提，再从吉布提转口到埃塞俄比亚。一方面，检验部门根据商检法及其实施条例对该公司作了行政处罚；另一方面，通过宣传教育提高经营者的诚信经营意识。

（2）品牌假冒

2009年9月，工作人员在检验过程中发现一批帽子上的商标和世界名牌耐克非常相似。经调查后，检验员依法对货主进行了教育和处罚，同时书面通知组货单位，要求其加强货物入库检验的力度。

2009年11月，某公司报检一批服装，货值42000美元。在实施装运前检验中，核实价格时发现有低报价格嫌疑。经进一步确认，本批货物的实际价值达到64000美元。现场检验还发现货物中夹带假冒KAPPA名牌童裤、儿童玩具等商品，遂判定本批货物不合格。

（3）证书假冒

2009年，工作人员在装运前检验中发现一份假冒的装运前检验证书，其中有以下疑点：①证书内容缺少集装箱号、封识号；②证书中出口商、进口商栏目中缺少地址；③证书号为16位而国家规定的现使用证书为15位；④证书版本号是［ce－1（2002.1.1）］，而国家规定用版本为［ce－1（2000.1.1）］；⑤证书字体与国家规定的标准证书字体不一致。

2009年，某企业出口一批货值15000美元的钢卷尺到埃塞俄比亚。该企业的产品属于法检目录外商品，之前该企业并未接触过商检，便委托货代公司帮其操作，货代公司便帮该企业买了一张假冒的装运前检验证书，并将该伪造的装运前检验证书交给客户，而实际上该批货物并未经检验、核价和监装。后被行政执法部门查获，根据《中华人民共和国进出口商品检验法实施条例》第四十九条的规定，工作人员对该企业进行了行政处罚。

（4）欺诈性产品性能标注

2009年，工作人员在检验中发现一批柴油发电机组，其铭牌、说明书和外包装箱上标注的功率均为175kW，而一般来说，柴油发电机组的功率应在100kW、150kW、200kW之间选择一个，从来没有出现过175kW这种功率的机组。检验员遂询问厂方功率究竟多大，但厂方坚持说机组就是175kW的。检验员一检测，发现其功率只有150kW，在检测数据面前，厂方说出了真相，原来这是外贸公司要求企业这样做的，为的是产品到国外后能卖个好价钱。检验部门对这种欺诈标注行为进行了严肃的批评教育，并责令其立即整改。

7.2.3 价格评估案例

1. 高价低报

（1）纺织产品

2009年4月，检验员在核实价格时发现，一批被套单价为1.2美元/套，根据单证核实和市场比较，判定该批被套存在高价低报现象，同时在核查企业提供的购货清单中发现其实际价格为15元/套，检验员遂要求出口商对相应货物的单价进行调整，并重申如实申报出口埃塞俄比亚货物价格上的要求。

（2）磁带及自行车

2009年，工作人员在检验中发现一批出口埃塞俄比亚的磁带，申报价格为0.053美元/盘，明显低于用成本法及市场法测算的价格，该批货物估价为0.079美元/盘，货物高价低报32.9%。另一批为自行车1232件，原申报价格13712美元，实际估价为16527美元。检验部门通过测算并进行市场调研后核定价格，维护了检验证书的公证权威形象。

（3）塑料水带

2009年12月，在对出口埃塞俄比亚的一批塑料水带进行核价时，检验监管人员调出照片和相关报检信息，通过将该批水带的价格与该企业上一批同类型水带的价格进行对比后发现，该批水带单价比上一批同类水带单价低了一半，存在高价低报嫌疑。检验监管人员立即向企业相关人员通报了其存在的高价低报嫌疑，并要求企业重新申报真实价格，保证了装运前检验工作的严肃性。

（4）玻璃

2009年，检验员在对一批出口玻璃进行价格核实时，发现申报价格明显偏低。经过对该批出口玻璃进行市场价格比对后，确认其申报的成交价格仅为正常市场价格的50%左右。据此，检验部门要求发货人以书面形式作进一步详细说明或提供相关的资料和证据。

（5）白蜡烛

2009年，某公司出口一批白蜡烛，数量5400箱，货值5773.68美元。经价格评估，认定该批货物申报价格过低，有偷漏埃塞俄比亚关税的嫌疑，工作人员遂判定该批货物不合格。

（6）塑料、不锈铁保温容器

2010年7月，工作人员在对某厂生产并出口埃塞俄比亚的一批935箱、货值24510美元的不锈铁保温容器进行装运前检验核价时，发现存在高价低报嫌疑。

（7）螺栓及螺母

2010年3月，某企业报检的螺栓配螺母申报价格明显低于实际价值，检验部门依据核价工作规范将其判为不合格，经企业整改后方准予其出境。可见，部分不法进口商为了逃避进口关税，往往会对出口企业及贸易公司提出出具低值发票，将货物价值明显低报的不合理要求，而企业则一味满足客户要求，缺乏足够的诚信意识。

（8）服装

2010年4月，某公司报检出口埃塞俄比亚的服装一批，货值44996.20美元。在实施装运前检验时，发现有低报价格嫌疑。经进一步确认，本批货物已升值至81708.00美元，价格升值81.6%，达36711.8美元。

（9）脚轮

2010年3月，某公司报检一批出口埃塞俄比亚19800千克、1100件、货值4950美元的脚轮，申报平均单价0.25美元/千克。经现场查验该款产品后，发现其申报价格明显存在高价低报的嫌疑。据了解，该公司业务员在与客户签订合同时，客户要求按照其提出的价格进行出口报检和通关，业务员急于做成这单生意而答应了客户的不合理要求。按照《中埃质检合作协议》及《中华人民共和国进出口商品检验法》的相关规定，检验检疫部门对该公司出具了责令整改通知书。

2011年6月，某厂报检一批出口埃塞俄比亚10196千克、包装件数418件、货值8156.80美元的脚轮产品，申报平均单价0.80美元/千克。检验员在对价格进行核实时发现，其申报价格明显存在高价低报的嫌疑，遂要求企业提供该批出口产品的原材料采购清单，通过对原材料采购清单的核实，核定该产品平均单价约为1.1美元/千克，比企业报检时申报的单价要高出27.3%，实际申报总价应为11289美元。

（10）手提式点筒灯

2012年，某企业报检2批手提式点筒灯8400个，单价6.40美元，货值45360美元。检验员在审核资料时发现，该企业以往装运前检验的同类产品单价约17美元，初步认为该申报价格明显偏低。经调查得知，该客户为新开拓的客户，希望低报价格以逃避当地关税等费用。企业最初对客户要求低报价格问题给予拒绝（因为低报价格影响到企业的出口退税），但为了促成交易，无奈地答应了客户的不合理要求。在事实面前，该企业主动承认错误，并以实际交易的单价17.74美元、货值149016美元进行了报检。

上述10个产品高价低报案例给我们的启示：一是有些客户为了逃避进口国关税，常常置法律于不顾，要求或采取要挟我方企业的方式实施高价低报；二是国内生产企业和关系人为了维系与客户的关系，自愿或违心地答应国外客户高价低报的无理要求；三是由于缺少统一的核价办法和参考标准，检验检疫核价困难较大，特别是比较生僻的商品；四是装运前检验过程中的核价措施，以公平诚信的原则，积极维护了中非贸易的健康发展。

2. 低价高报

（1）蓄电池

2009年，某企业连续报检4批出口蓄电池，在进行价格核实时，工作人员根据经验发现，该企业出口申报货值远远高于实际货值。通过调阅该企业的往来账务和向同类生产厂家询价并经评估发现，申报货值为实际货值的5倍，属于低价高报。通过向企业申明出口埃塞俄比亚产品装运前检验工作的有关规定，使企业认识到了这种行为的严重性。

（2）自动扶梯

2009年11月，某公司报检一批出口自动扶梯，申报货值71545美元。检验员在估价中发现其信用证开立日期为2008年8月，当时货币汇率以及原材料价格与产品制造时间差距较大，通过对汇率和原材料价格进行仔细核实，选取信用证开立日期为价值基准日，最终给出与信用证金额 67500 美元一致的估价结果。

（3）绝缘瓷套管

2010 年 6 月，某企业连续报检 2 批出口绝缘瓷套管，在进行核价时，检验员发现该企业出口申报货值不是低于实际货值就是高于实际货值。通过调阅该企业的往来账务，测算产品生产成本和向同类生产厂家询价，综合考虑到企业和外贸公司的合理利润，最终评估其申报的货值存在欺瞒行为。通过向企业和外贸公司申明出口埃塞俄比亚产品装运前检验工作的有关规定，使企业和外贸公司认识到这种行为的严重性，承认了价格欺瞒行为，最终接受了检验部门的评估结果。

（4）供电铁塔

2011 年，检验员在对某公司出口埃塞俄比亚供电铁塔进行核价时，发现报检单价为 1243.2 美元/吨，而公司提供前期出口澳大利亚同类产品的报价为 1230 美元/吨，相差 1%，据此检验检疫部门出具了换证凭证。事后公司提出要求更改单证，提高单价至 3289 美元/吨，前后单价相差近 3 倍。为此，检验部门进行了详细的调查取证工作。据了解，此项目是该公司对外承包的埃塞俄比亚国家电力公司输电线路工程，铁塔部分由该公司承接，合同总量约 20000 吨。据该公司的情况说明，此合同为单价合同，即合同结算取工程单价乘以工程量与合同总价相比的低者。由于边设计边施工，需经过实地勘察和后续设计调整，存在诸多不确定因素，合同中数量金额是埃塞俄比亚国家电力公司根据以往类似工程预估的参考数，折合成单价约为 3165 美元/吨。在工程价格清单结构中，每项产品都由 FOB 价格、运保费、安装费等构成，每项费用的分摊比例都是国外业主确定的。经测算，实际上每项产品的 FOB 价格都高于产品价格，而运保费和安装费用远低于实际支出费用，清关时，提交的发票价格、装运前检验证书价格必须与工程价格清单中的产品 FOB 价格保持一致。为此，埃塞俄比亚国家电力公司也提供了一份 2009 年的类似工程，由检验检疫部门出具的装运前检验证书，其价格为 3253～3299 美元/吨。经审核多方资料，公司原报检单价仅是产品价格，而此项目为承包工程，单价应该是工程价，还要包括设计、勘察、招投标、售后服务等费用，公司要求提高单价至 3289 美元/吨，尚在同类工程价格范围内，更改要求较为合理，最终检验部门为其办理了更改手续，使货物得以顺利出口。

（5）载客电梯

2013 年 12 月，某电梯生产公司报检 3 台出口载客电梯。检验员在估价过程中发现，公司申报的价格与信用证价格不符。该公司出口到非洲国家属于三方贸易，电梯公司作为制造商，出售电梯给某芬兰销售公司，销售公司再将货物卖给在非洲的最终客户。货物由电梯公司直接运输到非洲国家。电梯公司出口时报检金额为其出口金额，也是该公司出售给芬兰销售公司的价格。而埃塞俄比亚收货人凭装运前检验证书进口报关的金额为芬兰销售公司和最终收货人的交易金额。芬兰销售公司和最终客户之间的付款条件是信用证交付，信用证金额不仅包含了销售公司的运作费用，还依据项目包括了电梯到工地后的安装测试费用、后期的电梯维保费用等。不难发现，对于电梯，“产品＋服务”的特性显得尤为突出，信用证上的价格充分反映了这一特点。

芬兰销售公司是海外公司，与电梯公司签订合同，已经形成了国际贸易，海外公司卖出的电梯价格包括“产品”和“服务”两部分。作为关联公司，应提供卖给埃塞俄比亚的真实价格，否则电梯公司申报的是电梯的部分价格，存在价格低报问题。检验部门在充分调查和研究的基础上，要求电梯公司规范报检行为，提供海外公司的真实合同，按照电梯的实际价格申报。

7.3 中国出口塞拉利昂市场产品案例分析

中国出口塞拉利昂市场产品的典型案例分析如下。

7.3.1 安全、卫生与品质案例

1. 理化指标不符

2011 年 11 月，某公司出口的胶合板因检测出甲醛释放量不合格而被禁止出境。案例说明，出口非洲的工业产品由以前关注外观、数量、包装等项目，逐步转向安全、卫生、环保等指标。

2009 年，某企业出口牛仔裤，在两条裤腿横档和后腿弯处各设计了 4～6 条皱褶，由于所使用的面料为纯棉牛仔布，自身无定型能力，必须依靠定型剂定型，而目前通用的为树脂定型剂，该类产品都含有甲醛。经过分析，检验检疫部门认为该批产品存在甲醛超标的风险，取样检测后发现甲醛含量为 42.88ppm，超过了 GB 18401—2006 中关于婴幼儿服装甲醛含量低于 20ppm 的要求。后经调查，该批产品所使用的定型树脂中含有甲醛，且出货前由于夏季连续阴雨天气无法充分晾晒挥发，导致甲醛挥发不净而超标。检验检疫人员督促企业进行二次水洗烘干，并重新抽样检测。经过检测，该产品的甲醛含量符合 GB 18401—2006 的要求，消除了安全隐患，使该批产品最终得以顺利出口。

2013 年，工作人员对某公司报检的纺织面料进行现场抽样检测，结果发现 pH 值为 9.3，不符合 SN/T 1649—2005 检验规程要求，遂判定该批货物不合格，禁止其出境。不合格原因为，突发性水量不足造成部分产品水洗不充分，致使面料 pH 值超标。为此，检验员对该批货物出具了《出境货物不合格通知单》，禁止其出境。

2013 年 10 月，某板材厂报检的胶合板胶合强度合格率检测结果为 67%，不符合 GB/T 9846—2004 中关于胶合强度合格率≥80%的规定，遂被判为不合格，禁止出境。不合格原因为，芯板含水率超标，热压机故障导致温度、时间达不到要求，对问题板未及时进行隔离处理。可见，出口企业质量意识淡薄，对相关产品的质量标准不熟悉，企业实验室检测能力欠缺等，造成了不合格情况时有发生。

2. 安全项目不达标

2011 年 3 月，某企业报检一批冷藏箱，货值 13020 美元。抽样检测时发现，该

冷藏箱铭牌额定电流为0.8A，但实际测试工作电流为0.97～1.0A，超出了额定范围，检验检疫人员遂及时将这一情况反馈给企业。据企业反映，其铭牌是按照客户要求定制的，出厂前并未对产品做该项目的出厂检测。检验检疫人员对企业进行了严肃的批评教育，并向企业详细讲解了产品标识、质量规定以及出口塞拉利昂装运前检验政策。企业经返工整改并重新报检通过后，检验检疫部门方及时出具了证书。

2013年6月，某企业报检出口一批织带机和过塑分切机，共7个包装箱，货值15110美元。经检验发现存在以下不合格情况：一是设备加工区部分区域没有机械防护装置，不能有效隔离危险加工部件。不符合GB/T 8196—2003第5.2.2条“用于防止进入危险区的防护装置，其设计、制造和安装应能防止身体各部位触及危险区”的规定。二是设备警告标识不符合GB 5226.1—2008第16.2条关于警告标识的规定。经查明，不合格原因为该企业质量管理基础薄弱，对标准条款研究及重视不够，对产品未按标准要求进行严格控制并有效检测监控，造成产品质量不符合标准要求。工作人员要求企业立即整改，加装机械防护装置和更换符合标准要求的警告标识，复检合格后方允许其出境。

2013年4月，某企业报检出口一批工业用风扇1228台，货值39024.00美元。检验中发现该产品工业用风扇机械危险项目不合格，具体为试验指可触及危险的运动部件（扇页），容易造成对使用者的机械伤害。经查明，此落地扇为金属网罩，企业为了节省材料降低成本，在网罩的背面少用了一根铁线固定，导致网罩疏密不均，背面缝隙过大且强度不够，试验指可以通过并触及到扇页。工作人员要求企业立即整改，采用焊接的方式重新在网罩背面多加了一根铁线条，经重新抽样检测后结果合格。

3. 产品性能

2010年5月，某企业报检一批出口塞拉利昂的电能表190只，货值3175美元。现场抽样检验检测时发现，有1只电能表竟然不能工作，计数器卡住不能转动。工作人员遂判定该批货物质量不合格，责令企业进行返工整改。据企业技术员分析，出现计数器卡住的现象是由于品质检验部对此批计数器进货检验时把关不严，致使不合格的计数器未检出而进入了合格零部件仓库。后经企业整改，二次检验合格。

4. 产品材料

2012年8月，工作人员在检查某企业报检出口塞拉利昂的一批货值3.98万美元的稳压器和变压器时发现，申报唛头与实际唛头不一致，型号为ST—500和ST—1000的变压器，内部导线导体材质为铜包铝材料，即为“铜包铝”电线，不符合相关产品标准要求，遂判定该批货物不合格。经查明，主要原因是原材料价格居高不下，企业遭遇了空前的成本压力，而等效铝导体的成本仅为铜导体的1/7，企业铤而走险，以铝代铜。检验部门要求企业对偷工减料行为进行整改，使用合格的铜线替换不合格的“铜包铝”电线。企业整改并申请二次检验且合格后方准予放行。

7.3.2 包装与标识案例

1. 产品包装不符

2011 年 5 月，工作人员发现某企业仓库一批拟报检出口塞拉利昂的铅酸蓄电池采用普通货物运输包装。经进一步核实，该批货物为阀控密闭式铅酸蓄电池，该企业该系列产品未办理《铅酸蓄电池（危险品）专项试验结果确认书》。采用普通货物运输包装，不符合《关于加强生产出口铅酸蓄电池危险品包装检验监管工作的通知》规定。

2012 年 4 月，某企业报检出口一批纸尿裤 1280 箱，货值 26152.56 美元，检验员抽样后发现其中 10 包封口未密封，超过标准要求最小拒收数，遂判定包装不合格，要求企业返工整改合格后方准予出口。经查明，该批次产品发生不合格源于企业对包装环节控制不当，在后续搬运、存储环节中包装破裂造成产品受潮，使产品污染导致微生物超标，极易对人体健康造成影响。

2012 年，检验员在对一批出口塞拉利昂的桥梁伸缩装置进行口岸查验换证时发现，其中部分商品的规格、型号与单证不符，且包装物中有未经熏蒸的木制包装，遂判定不合格，不合格货值 45990 美元。不合格情况发生后，口岸局及时对发货人进行政策宣传并与内地局进行业务联系函沟通确认，最终在收到内地局的工作联系单并监督发货人拆除未熏蒸木制包装后，准予出证放行。此案例充分体现了口岸局和内地局应协同一致，共同维护出口产品检验工作的规范性和严肃性。

2. 标识标志

2009 年，某集团出口塞拉利昂的一批电缆，是对外承包自用物资，检验员在现场检验时发现，其中一个型号的货物上没有制造厂家的名称，也没有产品合格证，遂判定其为不合格品，不予放行。

2010 年 8 月，工作人员在对某企业进行日常监管时，现场发现一批拟出口塞拉利昂的柴油发电机组，数量 9 台，货值 39636 美元，未在三相机组输出端标注相序，不符合《工频柴油发电机组技术条件》的要求，存在安全隐患，遂责令生产企业进行返工整理。该企业及时返工整理，并在检验合格后方获准顺利出口，避免了因最终产品检验不合格而延误出口交货。由于电机的特殊性，若无详细的警告标识和标注，无疑会给使用者带来极大的安全隐患，甚至可能会造成人身伤害。国内外对电机产品的警告标识和标注都有详细的规定，但部分外贸经营单位和生产企业对国内外的有关法规重视不够，了解不够深入，往往只按照国外客户的要求生产和贴标，造成最终产品不合格和不必要的贸易损失。

2010 年 9 月，工作人员在对某出口企业进行现场监管时，发现其发电机组连接机座处保护接地线未使用黄绿双色线，无接地标识。经调查，造成上述不合格情况的主要原因在于，企业的技术人员对相关的强制性标准理解不够，对其中的接地要求及安全警示标识要求的条款未给予足够的重视，在设计时未在工艺文件中体现相应的工艺要求，致使生产出不符合标准的产品。检验员向企业有关人员详细解释标准有关条款的内涵，督促企业分析原因，落实整改措施和纠正预防措施，以提升企业的质量保证能力。

2010 年 10 月，某公司报检一批出口塞拉利昂的 LED 显示屏 24 台，货值 55918 美元。经检验检测发现，该批 LED 显示屏存在标记、接地电阻等不合格问题，检验员向企业下发了不合格通知单，并向企业解释了相关产品标准的具体要求，督促企业落实整改，该批货物整改合格后才获准顺利监装出口。由此可见，很多生产厂家在小小的标记上出现错误，或者未标记额定电流和功率，或者接地标记漏贴，或者是贴了不规范的接地标记。企业还需注意铭牌标记需用水和汽油擦拭 15 秒后，不应该出现卷边、破裂或字迹不清；而关于接地电阻，不少企业产品的接地电阻大于 0.1Ω，其原因在于器具内部用于保护接地的电源软线导体横截面积过小，在大电流通电的情况下产生大量的热量，导致绝缘电阻急剧增加，很快就超过了 0.1Ω；还有一种情况是接地的螺丝没有连接牢固，松动的螺丝也极大地影响了接地电阻。

2013 年 4 月，某企业报检一批出口镜灯，货值 11661.6 美元，数量 172 只。经检验发现，该批产品未按标准要求标注接地标识，不符合 GB 7000.1—2007 标准要求，遂被判为不合格。经查明，不合格原因为该企业质量管理基础薄弱，对标准条款研究及重视不够，装配工艺未按作业程序要求严格控制并有效检测监控。检验员责令工厂对不合格产品进行返工整理，申请二次检验并在合格后方准予放行。

2012 年 10 月，某企业报检出口塞拉利昂一批电冰箱，货值 21912 美元。检验员在现场抽样检验时发现，该批电冰箱产品接地符号欠缺，遂判为不合格，随即出具了不合格整改通知单，责令企业对该批货物进行返工整改。企业对该批货物增加了相应的接地电阻标识，使产品达到标准要求后重新报检，检验合格后方准予出口。

3. 口岸查验不符

2013 年，工作人员在口岸核查一批载货车时发现：实物为随车起重运输车，与换证凭单所述的载货车不符；车架号与换证凭单不符；车辆铭牌上的生产日期与换证凭单不符等。经查明，出口塞拉利昂货物曾发现多批机动车货证不符，包括车辆铭牌、车架号等信息与换证凭单不符。一方面，相关企业存在随意发货的现象；另一方面，存在部分出口机动车辆检验合格后又作了改装的情况，需引起检验检疫机构重视。工作人员根据规格型号与换证凭单不符的情况，出具不合格通知单，禁止相关货物出境。

7.3.3 价格与技术文件案例

1. 产品价格不实

2011 年 1 月，某企业报检 38 台、货值 5130 美元的彩色电视机，申报单价 135 美元/台。检验员受理该批报检后，按照《中塞质检合作协议》的有关规定，对价格进行核实，经现场查验该款产品后发现其申报价格存在低报嫌疑。通过对原材料采购清单进行核实，并通过市场获得的同类产品价格进行对比后，检验员核定该产品平均单价约为165美元/台，超出企业报检时申报的135美元的22%，实际申报总价应为6720美元。检验检疫部门对该企业出具了责令改正通知书，企业表示接受教育并按照真实的合同价格进行了重新申报。

2012年9月，某企业首次报检一批电线电缆，申报总值9285.71美元。检验员在审单时发现，该批货物的单价低于其他企业出口的相同型号规格产品的单价，且差别很大。经大量核查生产企业的购销合同及该企业原辅材料采购凭证，发现产品的真实价格远远高于报检单价。在大量证据面前，该企业工作人员承认报检价格低报了将近40%。经过对外贸公司相关人员进行教育，最终使该批货物低报价格问题当场获得纠正。

2. 技术文件缺失

2011年5月，工作人员在对某出口塞拉利昂洗衣机生产企业的监督检查中，发现该企业作业指导书规定电源线应承受100N拉力测试，但未规定测试的次数和时间及允许的最大位移。工厂检验员测试时拉力值仅为60N，与GB 4706.1—2005及GB 4706.24—2008标准规定的拉力100N、次数25次、不得使用爆发力、每次持续1s、软线的纵向位移不超过2mm的要求不符，检验监管人员当即指出该问题可能造成严重的安全隐患，遂及时帮助企业详细解读GB 4706.1—2005及GB 4706.24—2008标准有关条款的要求，并告知了所在地区某小家电生产企业由于类似问题造成在出口地区被通报召回的案例，督促企业立即进行整改，排除了质量隐患。

7.4 中国出口埃及市场产品案例分析

对中国出口埃及市场产品的典型案例分析如下。

7.4.1 理化、安全、卫生与疫情案例

1. 理化性能

2010年6月，某企业报检一批出口埃及的踢脚线（地板附件），货值2150.4美元。经检测发现该批货物甲醛释放量为2.4mg/L，超过了限量标准（1.5mg/L）。为此，检验员对该批货物出具了不合格通知单。经调查发现，该案例发生的主要原因是企业为降低生产成本，擅自更换原辅材料。根据国质检检函〔2007〕1011号文件的要求，出口竹木草注册登记企业所用原辅材料必须是经过CNAS认可的实验室检测合格的原辅材料，并需在检验检疫局登记备案，如需更改须向检验检疫部门申报。本案例中出口企业擅自违规更换原辅材料（纤维板基材），导致了有毒有害物质超标。

2010年8月，某企业报检一批棉制针织婴儿服装1412件，货值4389.6美元，属于2009年新增法检目录商品（不实施检验检疫）。该企业系首次出口埃及。检验检测

结果发现，该批婴儿服装甲醛含量为 35mg/kg，不符合婴儿服装甲醛含量必须小于 20mg/kg 的强制性要求，遂判定该批货物检验不合格。甲醛含量系涉及人体健康的重要安全项目，尤其是对婴儿影响更大，因童装甲醛含量超标而被通报的案例也时有发生。由于缺少有效监管，法检目录外产品生产企业的质量安全意识相对薄弱，产品内在性能的检测把关能力和手段缺失，导致产品质量无法得到保证。因此，必须加强检验并督促企业有效提升产品质量，确保出口产品的质量安全。

2013 年，工作人员在对出口埃及的 1083 箱、4350 个睡袋进行检验时，发现该批睡袋外层涤棉机织布（涂层）甲醛超过标准规定的 200mg/kg 达 12 倍之多。经分析，不合格原因主要是涂层加助剂处理不当，造成甲醛残留。由于作业员的人为原因而导致质量事故，说明任何企业、任何时候都要加强对人员的培训，提高现场操作人员的质量意识和作业规范意识，同时企业要完善作业规范，让员工按照规程正确地进行操作。如果不加强检验和监管，则很可能会导致埃及方面的索赔或退货，对企业造成经济损失，给国家带来负面影响。因此，要牢固树立“质量第一”和“质量是企业生命”的观念。最终，相关部门及时出具了不合格通知单，判定该批货物不准出境，并在第一时间进行了上报。

2009 年，某企业报检一批出口埃及的强化复合地板，货值 10027.03 美元。经检测发现，该批货物甲醛释放量为 1.8mg/L，超过了限量标准（1.5mg/L）。为此，检验员对该批货物出具了不合格通知单。经查明，造成这种情况的原因：一是为降低生产成本，企业擅自更换原辅材料；二是为赶交货期，企业更改工艺参数。

2013 年 10 月，某企业报检出口埃及全棉绣花床单 5 件套及 6 件套共 6070 套，货值 6.92 万美元。经检测发现，抽取的 4 块面料中有 2 块存在 pH 值不合格的问题，其 pH 值分别为 9.1 和 9.8，超过 GB 18401—2010《国家纺织产品基本安全技术规范》中关于直接接触人体皮肤产品的 pH 值应在 4.0～8.5 之间的要求。pH 指标与消费者健康存在紧密的关系。[①] 经查明，pH 值偏碱性的原因：一是面料生产企业为了降低成本，减少生产工序，造成 pH 值超标。在面料生产过程中，要用到大量碱性助剂，企业为降低成本，对酸碱度较高的床单没有进行中和就直接水洗，需多次水洗的又减少水洗次数，从而导致床单 pH 值不合格；二是床上用品生产企业对安全性技术指标重视度不够，注重产品外表美观，轻视产品内在质量；三是面料内在检测费用相对较高，且一般企业没有自己的实验室，需要委托第三方检测机构进行检测，无论是面料生产企业还是床上用品生产企业，都会为了节约生产成本而忽视检测。要消除风险，一方面检验检疫人员要按照分类管理，对不同类别的企业设定不同的抽样比例，进行实验室检测，对大企业、长期检测指标较好的企业可适当放宽，而对首次报检和有过不合格情况的企业则应适当加严。另一方面，相关部门要向出口企业宣传安全、卫生、环保指标的重要性，提醒企业注重对面料供应商的考察，尤其是对涉及安全、

① 由于人体皮肤呈中性偏弱酸性，pH 值偏高或偏低，都会破坏人体皮肤的平衡机理，减弱皮肤抵御病菌侵入的能力，引起皮肤瘙痒、皮炎等疾病，甚至会对身体健康造成更大危害。

卫生、环保的项目，应要求供应商提供相应的检测报告。最终，检验员根据相关法律法规的规定，要求该企业将检测具体情况告知客户，通过与对方协商并得到其确认后才准予放行。

2009 年 7 月，某企业报检一批输往埃及的涤纶针织纱 840 纸箱，货值 19051.2 美元，属非法检商品。经检验发现，产品的单纱断裂强度不符合相关要求，导致产品不合格。

2010 年，某企业报检出口埃及一台移动破碎站（金额 215000.0 美元），依照 GB 1589—2004《道路车辆外廓尺寸、轴荷及质量限值》及机动车整车出厂合格证标明内容等实施现场检验时发现，该移动破碎站设备由颚式破碎机主机、皮带轮、振动给料机、皮带输送机、控制柜 7 台（套）装置及半挂式拖车车架组成。7 台（套）装置均装载在半挂式拖车车架上，设备总质量 56250kg，而半挂式拖车车架的机动车整车出厂合格证标明额定载质量为 24000kg（GB 1589 标准中第 4.2.2 条款也规定了该限值），实际超载 134.58%。工作人员遂判定该批货物在运输行驶过程中存在重大安全隐患，向企业出具不合格通知单，并通知出口企业其货物不予出口；同时责成该企业选择与“移动破碎站”设备重量相适配的“半挂车”车架。

2009 年 8 月，某企业报检出口埃及一批镀锌钢绞线，共 60000kg，89 个木圆桶包装，货值 59940 美元。经检验检测后发现，该批货物的表面锌层重量不符合合同中 BS443 标准规定的要求，检验员遂出具了不合格通知书，责令企业整改。企业整批货物全部重新生产后，检验员再次抽样送实验室，检测结果符合合同及相关标准要求后才准予放行。

2013 年 4 月，某企业生产的一批刻字机，数量为 20 台，货值 7490 美元。经检测发现，刻字机所配电源线的标识线径为 0.75mm²，但在 20℃环境温度下测得的电阻为 94.6Ω/km，远大于 24.5Ω/km 的标准要求。通过进一步检查发现，该电源线的导体采用了“铜包铝”，不符合标准 IEC 6227—1 第 5.1.1 条款“导体应是退火铜线”的要求。因此，该批产品被判为“电源软线”检测项目不合格。经查明，该生产企业没有完全理解和掌握电源线的标准要求，导致在原材料的采购、验收环节存在缺陷，从而产生此类不合格。目前，由于纯铜与铜包铝的价格相差 1 倍以上，部分企业为了节约成本，不惜铤而走险，违规采用不符合相关产品安全标准要求的铜包铝线替代铜线来生产电源线，而铜包铝线由于自身的特性，在作为电源线的应用过程中存在极大的限制和安全风险。首先，铜包铝线重量比铜线轻，导电性能也差很多，柔韧度不够，易折断，耐蚀性、抗氧化性能也比较低，这些因素使铜包铝线的使用寿命较短，同时其应用范围也受到了诸多限制。其次，使用铜包铝材质的电源线，因其电阻大大超过标准规定的值，极有可能出现电源线过热的情况，轻者会造成电源线绝缘层老化、变硬或熔化，影响电源线的绝缘性能，对使用人员造成潜在的电击危险；重者电源线火线与零线间的绝缘层容易因熔融而短路，引发火灾。因此，使用铜包铝线作为电源线会给用户带来严重的安全隐患。此外，由于铜包铝线在外观上与铜线十分相似，部分企业由于检测条件有限误将铜包铝线作为电源线使用的现象也时有发生。于是，检验部门发出了不合格通知单，并向企业解释了相关标准要求及电源线不合格的危害性。企业表示由于电源线为外购的原材料，企业没有完全理解和掌握其标准要求，导致在原材料的采购、验收环节存在缺陷，从而产生此类不合格，并表示愿意积极配合落实整改。

2013 年 4 月，某企业出口埃及的 104.15t、货值 10.6 万美元的镀锡钢板经抽样检测发现，规格为 0.25mm×875mm×905mm 的镀锡钢板的双面镀锡量为 4.8g/m^2，低于合同及 GB/T 2520—2008 标准的要求（公称双面镀锡量为 5.6g/m^2，最小平均双面镀锡量为 4.9g/m^2）。工作人员遂及时通报不合格情况，并要求企业找出预防和纠正措施。经查明，主要原因是，企业片面地认为非洲国家经济收入较低，购买力不强，相应地检测标准、检测设备、检测人员不足，因此思想上放松质量管理。此外，镀锡量小于国标也是这个行业的潜规则，行业的恶性竞争、价格的恶性竞争，使一些不良企业通过压价获取订单，而在低价的背后，势必是质量的下降，如镀锡量（直接影响到耐腐蚀性）。一些比较好的企业也必须降低镀锡量，导致产品质量波动性很大，不同批次甚至同一批次同一块板的正反面、左中右的镀锡量均有差别。镀锡钢板分为食品级和非食品级两种产品，工业用镀锡钢板的国标为 GB/T 2520—2008。食品级镀锡钢板，例如用于制作罐头时，相应的标准除了 GB/T 2520—2008 外，还应符合 GB/T 4805—1994 的要求，主要检测砷、铅、铬等重金属含量（小于等于 0.2ppm）和蒸发残渣。目前，镀锡钢板为非法检商品，只有出口非洲 4 个国家才需要装运前抽样检验。因此，企业在报检资料上并未予以注明，导致我方检测时只能按照工业级检测。事实上，它们很可能被用于食品作业。因此，企业应该注明产品是工业用还是食品用。食品用关系到安全、卫生、环境问题，一旦出现问题，危害极大。建议食品级镀锡钢板进入法检目录。非法检商品问题比较多，这提醒我们在做好目录内商品检验监管的基础上，也要关注目录外商品的检验监管。目前，国家质检总局对于出口非洲目录外产品有相应的规定，要求批批检验；但对于企业的监管和送样频率，却没有相应的规定。

2012 年 5 月，某企业报检一批稳压器 1350 个，货值 13200 美元，属目录外产品。经检验发现，该批产品电源线和插头均无规格型号和制造商或承销商标记，导电材质为铜包铝，不符合标准要求；易熔断，可能引起火灾和触电等安全隐患。究其原因：一是原材料价格居高不下，随着铜价的上涨，许多电线电缆制造企业遭遇了空前的成本危机，而铝导体的成本仅为铜导体的 1/7，部分企业经不起“暴利”诱惑，铤而走险，采用铝来代替铜，“铜包铝电线”也由此应运而生；二是企业质量意识薄弱，企业忽视标准对产品的要求，对欠发达国家和地区的客户生产低质低价的产品，从而出现了不符合标准要求的现象。

2. 产品安全

2010 年，某企业报检一批出口埃及彩色数字卫星接收器 8686 台，货值 9.6 万美元。经检验检测发现：该批货物的电源线接入高压板处缺少双层绝缘；外接软线线径标识 0.5mm²，线径实测为 0.21mm²，不符合 IEC 60065 标准要求。针对上述问题，检验部门向企业下发了不合格通知单，企业增加绝缘衬套并换装符合标准要求的外接软线且经检验合格后方准予监装出口。

2010 年 1 月，某企业报检出口埃及 450 台离心机，货值 11420 美元，经检验发现：离心机内部电机接地不可靠，接地电阻不满足“小于 0.1Ω”的要求，存在安全隐患；产品耐压测试不合格，后经拆解分析，发现击穿部分发生在离心机开关处；离心机转速未调好，额定转速偏差较大。检验部门及时对其提出了整改要求。该企业对 450 台离心机全部进行了返工整改，替换了不合格开关，经复检合格后产品才获准顺利出口。

2010 年，某企业报检一批 8000 台、15200kg、货值 3.76 万美元的冲击电钻，经检验员现场检验后发现，开关接通位置锁定装置设计得可以被操作者无意间锁定，遂判定其不合格，经返工整理合格后方准予出口。究其原因在于，企业质量责任意识不强，该不合格项目是型式试验检测的不合格项，而企业出于成本和货期的考虑，未在整批产品中落实不合格项目的整改。

2010 年，某企业出口埃及 5 批带灯的镜子，经工作人员检验后发现有 2 批不合格，一批是由于存在接线虚焊而不导通，另一批是由于耐压试验不合格，两批均不予出口，涉及金额 17502 美元。这些货物主要是作为镜子使用，因此海关将其 HS 编码归类为 7009920000，为《目录》外产品。该类产品存在电气结构，应该满足灯具的安全要求，但该类货物生产企业大部分为卫浴生产企业或五金工艺生产企业，对电气安全标准不熟悉，导致产品存在质量风险。可见，实施装运前检验加强了对《目录》外产品的监管把关，减少了不合格产品输往非洲。

2010 年，某企业报检出口 11552 美元、12 台电动轮椅、12 台手动轮椅以及轮椅配件。工作人员抽取其中的电动轮椅、手动轮椅样品送机电产品检测中心检测。经过实验室检测，发现电动轮椅 500V 绝缘电阻为 0.5MΩ，小于标准要求的 2MΩ；手动轮椅长度大于国家标准要求的长度。针对上述问题，检验部门要求生产企业进行整改，在电动轮椅上增加绝缘垫片；在国标的基础上，制定手动轮椅的企业标准。经过整改后，实验室重新对产品进行检测，检测结果符合标准要求后方准予出口。

2009 年 9 月，某企业报检一批铝线三相电动机 1100 台，货值 1.99 万美元。经检测发现，该样机绕组温升不符合要求，遂判定该批货物为一次检验不合格，要求企业限期整改。由于企业不进行返工整改，该批电动机最终被判为不合格，不准出境。经查明，其不合格原因主要是企业按照客户的要求进行设计、生产，使得定子有效铁芯长度偏短，从而造成电动机温升过高，无法满足产品相应技术条件要求。

2009 年 8 月，某企业报检一批梭织棉制男装长裤 13000 条、217 箱，货值 93600 美元。经检验发现，该批服装长裤口袋和后腰部位上有很多装饰钉，该装饰钉属于抓脚钉，部分钉脚存在外露情况，可能存在划伤消费者的危险。对此，检验部门及时向企业负责人反馈情况，要求对该批货物进行返工处理，并出具不合格通知单。

2009 年，某企业报检出口一批次温控器，检验监管人员在对该批产品进行现场抽样检测时发现，其绝缘电阻测试值均在30MΩ左右，低于检验依据要求50MΩ，该批产品遂被判不合格。经过检验监管人员和工厂工程师共同对产品进行解剖分析后，发现该温控器的某个关键零部件双金属器件存在批量性质量缺陷。通过深入了解，该企业为小规模企业，平时较少出口，只是对温控器进行简单的组装，质量体系尚不健全，对关键零部件缺乏必要的管控手段，导致产品批次绝缘不合格。经更换全部零件且整改合格后，方准予出口。

2009年，某企业报检出口埃及一批价值7320美元的化纤填充被检出偶氮超标。该企业是一家小型民营企业，系第一次生产出口埃及的化纤填充被，对检验检疫的相关法律法规、标准和国际贸易要求不是很了解，产品质量控制能力不强，由于缺乏对供货方的控制，导致采购的原材料不符合加工出口产品的要求。针对这种情况，检验检疫部门及时对该企业进行了相关法律法规、标准和有关知识的培训。企业接受建议，重新采购了原辅材料，委托检测合格后重新组织生产，顺利通过第二次检验后方获准出口埃及。由于产品质量好，埃及客户增加了1倍数量的返单。

2009年，某企业报检一批吊灯及灯饰配件。在监装过程中发现，货物中混杂有较多数量的壁灯及吸顶灯，未按规定进行报检，进一步调查发现，该厂未取得这两种产品的《型式试验确认书》，不具备出口壁灯及吸顶灯的资质。检验部门按规定要求企业暂停该批货物装运，责令其重新送检未申报的产品，待检验合格后再进行监装。

2009年，某企业报检一批出口埃及节能灯配件，在监装过程中发现其混装有成品节能灯，外包装与其他的节能灯配件一模一样，而这些成品灯并未进行申报。按照相关规定，成品节能灯所要进行的相关检验项目与配件存在一定差别，产品要求也不一样，报检配件实际出口成品属于违规行为。情况发生后，经过与企业沟通，检验部门按规定要求企业将混装的部分成品灯卸下，并对情况进行了通报。

2011年1月，某企业报检一批出口埃及的节能灯，数量5400只，货值6750美元。检验员发现该批节能灯的扭矩试验不合格，遂判定该批货物不合格。经分析，该批节能灯灯头的材质为铝镀镍，在完成灯头打钉工艺的产品中发现如下问题：一是12颗钉中有3～4颗钉方向打偏了，有1颗钉甚至打到了灯头边沿上；二是灯头的尺寸与塑件的尺寸匹配存在问题，灯头与塑件相比明显过大。检验员与企业一同分析了问题产生的原因：首先，灯头的材质是铝镀镍的，该材质较普通的铜或铁质灯头要软许多，所能提供的扭矩本身就有限；其次，因为装配工艺的问题，工人未能按照作业指导书的要求，将12颗钉均匀地打在灯头上，导致灯头受力不均匀，加剧了部分钉的受力情况，超出了其受力范围；最后，由于灯头与塑件相比尺寸明显过大，本该起到加强扭矩作用的摩擦力明显降低，未能起到应有的作用。

2013年8月，某企业报检出口埃及一台拖拉机附件——前装载，和一台拖拉机附件——后挖掘，货值4351美元，与某进出口有限公司报检出口的一台轮式拖拉机合并监装。现场检验时发现，该台拖拉机附件——前装载存在生锈、液压管道龟裂等不合格情况，不符合GB/T 10170—2010中第5.2.4条的要求，于是该批货物被判为不合格。经查找原因，发现该批货物系一年前出口埃及由于贸易原因暂未发运所致。

2012 年 7 月，某企业报检出口埃及一台轮式拖拉机和一套前装载，其中拖拉机制造商为某农业装备有限公司、前装载制造商为某机械有限公司，两家生产商系客户分别采购，两家生产商分别报检后申请在某进出口有限公司合并监装，当时产品检验合格。由于贸易上的原因（未付款），当时办理报检后一直未发运，时隔一年多，由于单证超期及超过检验有效期，两家公司分别重新报检、申请检验，某机械有限公司将前装载部分根据客户要求更改为前装载和后挖掘，但一年前的前装载由于搁置在某进出口有限公司室外仓库，仓储条件不是很好（仅有天篷、四面通风），造成该设备出现部分部位生锈、控制管道龟裂等情况。产品外观装运前检验的一项重要内容，经常从事机械设备检验的人员容易对这一方面麻痹大意，因此在检验机械设备的过程中，经常会遇到因设备长期存放而导致表面落满灰尘，甚至有些部位略微生锈的情况，而制造商在发货前都会对设备表面进行重新清洁，相关部位重新油漆后，设备又会焕然一新。所以，许多检验员对外观检验不太重视，只关注设备的技术性能是否达标，殊不知有些时候产品外观瑕疵只是表象，其内在质量已经开始出现问题。案例中，设备已出现了部分位置生锈、控制管道龟裂等情况，控制管道龟裂将直接导致机械强度不够，前装载在使用一段时间后必然会损坏，严重时还会出现安全问题。所以在机械设备检验过程中一旦发现外观瑕疵，不能掉以轻心，而要按图索骥，继续检查相关部位是否会出现内在的质量问题。最终，在检验部门的要求下，该企业与埃及客户协商，更换了同款的一套全新前装载。检验员在对该前装载进行二次检验并判为合格后，才准予监装且出具了证书。

3. 卫生指标

2011 年 1 月，某企业报检一批出口埃及的成人纸尿裤，经检测发现，其细菌菌落总数为 400cfu/g，超出 GB 15979—2002 的限量标准，遂判为不合格，不准出口。经调查了解，该批货物在签订合同时，客户给出较低报价并要求只需要二等品，生产企业从成本核算角度考虑，使用回收用的高分子吸水材料，最终导致成品的微生物含量超标。检验部门监督企业对原材料和库存品进行盘点处理，并要求企业立即整改，从源头上把好产品质量关。

4. 疫情截获

2009 年 6 月，某企业报检一批出口埃及的木制家具，检验过程中，现场监装人员在打开 1 个货物包装核对货证时，在包装箱内发现一活体革翅目有害生物。现场监装人员立即提高警惕，对与该货物同一品名同一包装的货物全部打开包装进行认真检查，对其他品名的货物也加大开箱检查比例，直到现场监装完成，也未再发现其他有害生物。在对产品实施装运前检验过程中截获有害生物尚属首次，特别是 2009 年 5 月 1 日起刚开始对出口埃及工业品实施装运前检验，装运前检验完成后如果还有活体有害生物随货物装运至埃及，后果将不堪设想。检验检疫人员在发现有害生物后，及时向企业通报了该情况。企业立即开展对员工的内部培训，在生产、包装、装运等过程中，警惕有害生物“入侵”，避免因携带有害生物传出而造成不必要的损失。

7.4.2 标识、包装与认证标志案例

1. 标识不符

2010年7月，某企业报检一批出口埃及机械设备，该批货物为4台吹膜机、4台制袋机和4台裁断机，货值3312美元。检验员在检验时发现该批货物存在以下问题：吹膜机和裁切机外表局部存在锐角；所有设备外部均无保护接地端子；所有设备的配电柜外部无警告标识；裁切机电源线中的N线使用黄/绿双色线；所有设备外部均未贴产品铭牌。检验员遂判定该批产品机械安全不合格、电气安全不合格和标识不合格，责令企业按GB 5226.1—2002和GB 5083—1999标准实施整改。

2010年，某企业报检一批出口埃及的液晶电视机SKD件，该批货物共1000台，货值12.5万美元，检验员现场按抽样标准抽样送机电实验室检测，发现该批电视机属于II类器具，但是电源板上使用了I类器具的保护接地符号，遂判定该批货物标识不合格。检验部门向企业下发了不合格通知单，并向企业解释了相关产品标准的具体要求，督促企业落实相关项目整改，该批货物经整改合格后方获准监装出口。

2010年，某企业报检一批出口埃及的两轮摩托车成套散件，检验员现场通过抽取样品组装整车的方式进行检测后，判定品质合格。但在检查散件过程中，发现该厂在油箱上部加贴了一个直径约5cm的圆形标识，上面有奥运五环标识，北京奥运的“京”字标识，以及“2008北京奥运会摩托车供应商”的中文字样。检验员经查询相关资料，确定2008年北京奥运会摩托车供应商为广州市大阳摩托车有限公司，商标为“大运”，而该厂无法提供任何相关的授权文件或证明。经进一步了解，该标识系外国采购商的单方面要求，检验员遂对其讲明利害并要求将该标识去除，经复查合格后该批货物方准予出境。

2010年，某企业拟出口埃及11.85万米、货值6.19万美元的涤棉印花布，该产品属于非法检产品。在进行现场检验时，发现产品的外观、品质、数量、包装等方面做得非常完美，符合出口要求。但在检查每卷布头的烫金标识时，发现其除了有阿拉伯语标识的规格、尺寸外，还标有“中国制造”及“MADE IN JAPAN”等字样。检验员及时与生产企业和出口发货商讲解其标识不符问题，经返工整理并重新检验合格后方准予放行。

2009年5月，某企业报检水泵546台，货值2.69万美元，属于非法定检验产品。检验发现，该批货物扬程未达到铭牌标识要求，遂判为一次检验不合格，要求企业限期整改并在企业按要求进行返工整改且经重新检验合格后方准予出口。

2009年6月，某企业报检汽油机水泵机组一批，货值41700美元。检验时发现，产品的实际测试工作扬程为18m、工作流量为$40m^3/h$，而铭牌标识却显示为扬程26m、流量950L/min（合$57m^3/h$）。据了解，铭牌标识的内容是顺应客户的要求。由于标识与实际不符，工作人员遂判定该批产品不合格，要求企业整改合格后方能出口。后企业出于成本考虑不愿更换大功率的汽油机，而客户担心更换铭牌标识会影响水泵的市场销售，最后只好撤销了该批订单。

2013年12月，某企业报检一批出口埃及的成人尿裤。M码数量40包、4320片、400kg，货值554.04美元；L码数量200包、21600片、2500kg，货值3207.6美元。经现场检验发现，M码成人尿裤标签大面积脱落，产品外包装不符合标准要求。产品标签对制造商来说容易忽略，但对消费者来说非常重要。许多发达国家和地区如美国、欧盟和日本等，对产品标签都有着严格的要求，标签本身已成为这些国家和地区技术性贸易措施的一部分。最终，检验员判定该批货物不合格并出具了出境货物不合格通知单。后经企业进行返工整理，更换合格标签并申请二次检验合格后方准予放行。

2. 包装质量

2009年，工作人员在对一批地毯纱线进行检验时，发现该批货物所用木托盘未经熏蒸处理且未烙印IPPC标识，不符合国家相关检验检疫要求。检验部门立即将这一问题和由此可能产生的通关损失告知企业，企业立即更换了合格的木托盘，经复验合格后该批货物才得以顺利出口。

2012年6月，某企业报检一套胶管生产线，共32台机器，包装方式为裸装，申报总价为229894美元。经检验合格后，检验检疫人员批准该企业进行装载，并对该企业进行监督装箱。该企业在装载时，采用未经检疫处理的原木对机器在集装箱内进行固定，检验检疫人员发现后及时予以制止，并对企业进行了宣传教育。企业人员采用胶合板进行固定，检验检疫人员再次对该企业的货物进行监督装箱，并及时出具了装运前检验证书。采用未经检疫处理的原木对大型设备在集装箱中进行固定，在出口装箱过程中极为普遍，企业应避免在监装时因此而延误装柜。

2012年9月，某企业报检一批出口埃及的拉杆箱，数量770套，货值13090美元。现场检验时发现，该批产品库存时间长，储存条件差，部分箱体布料存在霉变现象，遂判定为不合格。企业提出整改申请，将箱体出现霉变布料的拉杆箱挑出，清洗除去霉斑并烘干定型，经二次检验合格后方准予出口监装并出具装运前检验证书。由于埃及国内普通消费者的购买力有限，外贸所需产品档次不高，价格较低，加之中国劳动力、原材料成本上升等因素，使得国内部分生产企业为谋求利润而将一些长期库存产品出口埃及。近年来，埃及政局及通货膨胀等因素导致消费者购买力有所下降，使上述不良行为有所抬头。因此，企业在追求利润的同时应严格把关，强化批批检验的管理模式，维护中国制造产品的国际形象。

3. 认证标志

2013年7月，某企业报检一批水泵，共1304台，申报总价为16032美元。经抽样检测发现，其水泵上标有“GS”、“CE”标识，但经查询发现该企业并未做过“GS”、“CE”认证，也没有相应的认证证书，涉嫌出口商品假冒“GS”、“CE”认证。由于市场竞争激烈，某些客户为了使产品更具市场竞争力，故意假冒一些著名的认证标志，欺骗消费者，扰乱正常市场秩序。很多企业法制意识淡薄，为了获得订单，一味迎合客户，盲目在商品上贴一些著名认证标志，不经意间已经构成了违法。

最终，工作人员判定该批货物不合格，并对企业进行了严肃的批评教育，要求企业重新制作铭牌，抹去“GS”、“CE”标志。此外，由于本案违法行为涉嫌违反《中华人民共和国进出口商品检验法》第三十五条规定，故还进行了立案查处。

某企业于2013年4月报检出口埃及汽车配件（车灯等）共1264个，货值7446美元。检验时发现，车灯表面印有虚假的E/e-mark认证标志，E/e-mark认证是根据欧盟指令72/245/EEC的要求，凡是进入欧盟市场进行销售的汽车电子电器类产品，必须通过E/e-mark相关测试认证，E/e-mark认证标志是汽车配件类产品进入欧洲市场的通行证，进入埃及市场并无此项强制要求。工作人员经过进一步调查发现，原因为目前埃及市场汽车配件行业竞争异常激烈，为了能在竞争中取胜，埃及商户提供相关样品，要求制造厂家必须打上E/e-mark认证标志，以显示产品质量优良，而实际产品的价格与品质与获得E/e-mark认证标志的产品相差甚远。但在销售过程中消费者往往不明原因，容易被此类产品价廉物美的假象所迷惑。满足客户的需要固然是企业生产经营的宗旨和出发点，但企业必须以遵守法律法规为前提，否则这种“客户至上”的做法会给出口产品留下严重的隐患。所以，企业一定要树立“质量第一责任人”意识，以遵守法律法规为生产前提，切不可盲目依从客户，若客户来样不符合法律法规及标准要求，应及时与客户沟通，说明原因，从而维护中国制造的质量信誉。最终，工作人员开具了不合格通知单，要求企业全面返工整改，同时对企业进行了批评教育，指出这是属于欺骗消费者的行为，违反了商检法反欺诈的基本要求，要求公司予以高度重视并认真加以整改。

7.4.3 价格、证书、产地及知识产权案例

1. 价格虚报

（1）汽车部件

2010年6月，某企业报检一批出口埃及的汽车部件，检验发现货物和2009年报检的一批货物型号规格相同，但产品价格明显比2009年报检的低（2009报批的是14美元/台，2010批报的是9.112美元/台）。发现该问题后，检验员马上联系该公司业务人员，要求解释价格低报的原因。经了解，虽然上次货物到埃及后，部分产品有质量问题，客户要求补偿，该企业同意在本批货物的货款上扣款。他们和客户都承认这样操作不妥，但由于贪图方便，采取了上述价格低报的行为。

（2）窗帘挂钩

2010年6月，某企业报检一批窗帘挂钩，共15850kg、750箱，单价10美元/箱。实施装运前检验时，检验员在产品核价环节，发现货物申报价格严重偏离市场价格，存在高价低报的嫌疑。按市场价格和原材料成本测算表明，该批货物的合理价格应在29美元/箱左右。据此，工作人员确认该批货物存在严重高价低报，并以核定价格29美元/箱、总价21750美元，出具了装船前检验证书。

（3）沙发、茶几

2010年5月，某企业报检一批沙发、茶几，实施装运前检验的价格审核环节时

发现，24件沙发、6件茶几申报总价为2898美元，有低报价格嫌疑。经进一步审核确认，企业承认因为埃及对工业品进口关税征收较高，客户为了躲避缴税，要求低报价格，该批货物实际价格应在8000美元以上。检验中还发现，申报数量与实际走货数量也不符，最终检验员判定本品货物不合格，不予出境。

2009年6月，某企业报检出口沙发14套、茶几11件，货值6292.46美元。在审查申报单据时，工作人员发现该批产品价格存在问题，便立即下厂进行调查，调阅工厂采购、加工成本等信息，收集类似产品的价格信息，最终判定此合同产品价格存在高价低报。在事实确凿的情况下，出口商承认为了迎合进口商的要求而做了虚假价格。最终核定价格为18243美元。通过向企业负责人重申出口埃及工业产品装运前检验的有关规定，以及检验员耐心地讲解和劝说，企业最终认识到了问题的严重性，按实际价值如实进行了申报。

（4）餐具

2010年5月，某企业出口一套集装箱餐具，出口商提供发票显示出口金额为17624.42美元，核价人员在现场检验时了解到该货物实际出口金额为31576.70美元，价格相差近一倍，遂判定该货物价格为低报，后该出口商按照实际出口金额重新申报了出口价格。

（5）节能灯

2010年5月，某企业报检一批出口埃及的节能灯，检验员在对产品进行价格核查时发现，工厂提供的节能灯单价为0.38美元/个，但检验员估价约为1.00美元/个，企业对此的解释是部分产品是给客户累计的不良产品的补货。检验员提醒企业，估价是指对产品实际价值的估算，并不包括廉价补货等情况，并告知该批节能灯为高价低报。此后，工作人员对该企业的出口非洲产品进行了重点关注，又发现该企业2批出口埃及节能灯存在高价低报现象，检验检疫部门对这3批货物进行核价后总金额约为30.79万美元，而企业申报总价为14.44万美元。企业为了偷逃埃及关税而进行高价低报的做法，违反了《中非质检合作协议》的规定，因此检验部门对其作出严肃处理并责令认真整改。

（6）人体模型

2010年，某企业报检一批输往埃及的人体模型，申报总值7533美元、数量837个、单价9美元。检验员根据以往经验，人体模型的最低价格一般在20美元左右，在向企业报检人员询问为什么该批价格比正常产品低时，外贸公司代表回答，是因为这批产品为儿童人体模型，比普通成人模型的成本低。带着疑问，检验员到生产现场，核查生产企业同外贸公司的购销合同。购销合同显示，每款产品的价格均在100元人民币左右，明显高于报检单价。在证据面前，外贸公司代表承认，这批货物的真实单价为19美元，总价值为15903美元，申报价格少了8370美元，低报50%以上。经过批评教育，这批货物的价格低报问题被当场纠正。

（7）玻璃花瓶

2010年，工作人员在对某企业出口埃及的一批9.93t、4000美元玻璃花瓶进行监装时发现，报检信息中的价格0.4美元/kg远低于正常价格。对此，检验员采用单证核实和市场价格比较的方法作了进一步调查，发现外贸公司与生产企业的收购合同中的平均单价折合美元约为1.36美元/kg，即外贸公司对埃及客户的合同单价仅为其收购价的29.4%；通过网络搜索同类产品的报价，其平均单价折合美元为1.32美元/kg。经过上述调查与核实表明，本批货物报检价格远低于实际货值。检验部门按规定终止了该批货物的装运，并要求报检企业对此事作出详细说明。

（8）手推车及其配件

2010年，工作人员连续检出6批出口手推车及其配件产品存在高价低报问题。在进行价格核实时，发现其申报的手推车车斗单价仅为2美元、手推车单价仅为4.4美元，3批整车配件组成的手推车单价为7.37美元。而同种规格的手推车车斗市场单价约为4美元、手推车市场单价约为10.5美元。检验员遂对货物的原材料价值、加工等相关费用进行了核定，确定该批货物价值存在低报嫌疑。经进一步调查，检验员还发现这3家生产企业受埃及收货人"指使"，企图逃漏埃及进口关税，而企业为留住客户无原则地满足客户的无理要求，配合其进行高价低报。检验部门在查清事实后，对虚报价格的企业进行了批评教育，最终企业按照真实的价格重新进行了申报。

（9）童套装

2009年7月，某企业报检一批男、女童套装，数量1336箱，79965套，申报总金额为107717.8美元。经现场检验并与市场同类童套装进行价格比对后发现，进口商为降低进口关税成本，与出口商勾结，刻意低报商品价格。经核查评估，最终将该批货物的价值调整为259704.66美元，价格上调幅度达141.1%。

（10）涤纶弹力印花布

2009年9月，某企业报检出口埃及涤纶弹力印花布，克重279g/m^2，数量22664.5m，单价0.74美元/m，有明显的价格低报现象。检验部门通过单证核实法和市场比较判定该货物单价至少在1.4元以上，并通知企业核价情况，责令其汇报实情。企业在事实依据面前无法辩驳，最终将单价改为符合实际的1.45美元/m，货值32863.53美元。

（11）凉鞋

2009年8月，工作人员在对出口埃及的凉鞋进行价格核实时，发现单价为0.3美元/双，根据单证核实和市场比较判定该批凉鞋存在高价低报现象，同时核查了企业提供的购货清单发现其实际价格为8.1元/双，于是检验员要求出口商对相应货物的单价进行调整，并重申如实申报出口埃及货物价格的相关要求。

（12）汞灯

2009年8月，某企业报检一批汞灯，货值2万美元。此类电光源产品原属目录外商品，检验员按照要求对该批货物进行包括品质检验、价格核实、监装在内的装运前检验。在核价过程中，检验员发现此批汞灯申报价格存在问题，通过市场询价和成本核算的方式，核准其总价值至少应达到3.5万美元，遂确认其存在高价低报逃避埃及进口关税的嫌疑。通过检验员对相关法律法规的讲解，企业认识到了问题的严重性并及时加以整改，将本批货物的合同及申报金额由2万美元上调至3.5万美元。

（13）喷雾喷粉机

2012年5月，某企业报检一批出口喷雾喷粉机，数量1005台，单价20美元，货值20100美元。经检验员查询，售价为650元人民币，遂要求企业重新核算。企业说明国外客户要求其低报价格，该产品实际单价为110美元。核价不合格，价格虚报81.82%。在现场还发现存有“MADE IN GENMANY”的包装箱，经核实为企业的埃及客户所为，该批产品因夹带、货值低报等原因被判不合格，不准出境。

（14）注塑机

2013年6月，某企业报检出口埃及两台注塑机，申报价格为8100美元，明显低于同类商品的市场价格。经现场核价，企业承认产品实际出口价格为22000美元，因客户要求进行了价格虚报。

（15）胶粘带

2011年5月，某企业报检委托生产的一批胶粘带9120打、1520箱、17024kg，报检单价0.83美元/打，折合每卷0.069美元，申报货值7600美元。检验员发现存在高价低报的嫌疑，按市场价格和原材料成本测算，该批货物的合理价格应在2.5美元/打左右。后据调查，埃及官方根据装运前证书的进口货物金额征税，进口商为少缴税，要求中方企业尽量低报价格。企业为留住客户，促成交易，宁愿牺牲出口高价低报造成的国内退税损失，也不得不迁就客户提出的不合理要求。据此，检验部门确认该批货物存在严重的高价低报，责令申报企业改正，并以核定价格2.5美元/打、货值22800美元出具了出口装运前检验证书。

（16）生料带

2011年，某企业报检一批出口埃及生料带，数量为175500个、585纸箱，规格为0.09mm和0.075mm，申报单价分别为0.02666/个和0.02833美元/个，明显低于用成本法及市场法测算的价格。经过检验检疫人员核价，其单价最终确定为0.069和0.061美元/个，总价由4880美元核定为11149.5美元，纠正了出口生料带高价低报偏离度128%，有效维护了检验证书的公证权威，成功避免了一起由于高价低报而可能引起的贸易争端。

分析以上16个价格虚报案例可见，随着检验检疫部门加强对出口非洲产品的抽查检验力度以及埃及加大对装运前检验证书的核查力度，出口非洲产品装运前检验工作秩序明显改善，企业逃避监装等现象明显减少。但由于国外客户逃避进口关税的非法需求依然存在，企业为满足客户这一不合理的需求而在报检时对货物进行“高价低报”的违法违规现象仍屡有发生，不少报价甚至不到实际报价的一半。出口非洲商品“高价低报”，严重违反《中非质检合作协议》，损害了中国出口企业声誉，也给装运前检验证书的权威性造成了负面影响。而且，“高价低报”违规行为较隐蔽，仅仅通过审核报检单证难以发现，查处依据不足，查处难度大，需要监管部门高度重视并加强打击。

2. 产地或品牌假冒

2009年11月，某企业报检出口埃及的13000个单相键盘预付费电能表，货值347750美元。铭牌上的原产地标记为“Made In Egypt”，此标记与该产品的实际原产地中国不符，违反了《中华人民共和国进出口货物原产地条例》。因此，检验员判定该批产品不合格，出具《出境货物不合格通知单》，禁止该批产品出口。同时，责令对该批产品进行整改，整改后重新报检并经检验合格后方准予出口。

2009年6月，工作人员在检验过程中发现一批鞋子存在假冒品牌嫌疑，其鞋子上的商标和世界名牌耐克非常相似。经调查后，检验员依法对货主进行了教育和处罚，同时书面通知组货单位，要求其加强货物的入库检验力度。该组货单位通过组织报检员和质量监督员进行品牌知识的学习，未再发生假冒案件。

3. 伪造检验证书

2010年3月，某企业拟出口埃及一批仿藤家具，未经检验、核价和监装，但通过某物流公司购买了伪造的装运前检验证书，并交给客户。根据《中华人民共和国进出口商品检验法实施条例》第四十九条的规定，工作人员对该公司处以货物金额50%的行政罚款，罚款额为40591元人民币。

2010年11月，某企业报检出口一批树脂工艺品到埃及，需出具装运前检验证书，在审核该公司的报检资料时，发现在其提供的单证中附有一份2009年5月签发的出口埃及《装运前检验证书》的复印件，商品名称为树脂工艺品，数量4727个，共1623箱，货值15937.74美元。经过对证书的编号、封识号码、业务用章、检验员签名等栏目进行仔细审核，确认该证书为伪造的检验证书。

2009年10月，工作人员在报检审单过程中发现，某企业提供盖有该局印章的装运前检验证书有伪造嫌疑，随即展开立案调查。经查明，该公司外贸业务员在办理货物出口埃及期间，不了解装运前检验程序，为了赶船期想尽快取得证单，经某进出口公司代办装运前检验证书，获取证书后报检时被查获。由于本批货物是出口埃及的展品，展期临近，案件进入行政处罚程序后，涉案物品被扣留码头不予离港，公司除了面临罚款外，更严重的是赶不上展期而有可能错失海外订单，这对当时正在金融危机旋涡中挣扎的企业来说无疑是雪上加霜。为了使企业避免遭受双重冲击：一方面，在查清案情的情况下，相关部门尽快为该企业重新办理装运前检验，使涉案货物尽快起运；另一方面，严格按照行政处罚程序要求做好案件的查办工作。购买伪造单证的违法行为最终受到了处罚，企业的货物也顺利起运，赴埃及参展。

4. 口岸查验货证不符

2009年9月2日，工作人员在对某报检的一批三聚磷酸钠共1760塑料编织袋、44t、31680美元货物进行监装时发现，换证凭单上显示该批货物生产批号为STPP—0306—80，但检验员在查验货物时发现货物包装没有显示生产批号，客户声称是产地工厂发错货，检验部门判定该批货物作货证不符，不予出口处理。

2009年，某企业报检一批木家具，该批货物换证凭单上显示为26件木家具，检验检疫人员在对该批货物监装过程中发现，该批货物共有两个纸箱包装内为一套木框架皮沙发，其余包装内均为金属制台灯与灯罩，与报检时换证凭单上的26件木家具货证不符，遂不准许该批货物装运出境。由此可见，部分企业心存侥幸，在产地检验检疫部门完成检验检疫工作后偷梁换柱，企图利用口岸抽查比例较小蒙混过关，但出口埃及工业品均需实施现场监装。

2009年7月，某企业报检4批货物，报检员竟长时间找不到货物堆放的位置，且申报的部分货物与报检单证不符。最终，现场监装人员判定4批货物货证不符。该案例表明，出口埃及产品的发货人与代理人必须在货物监装前明确产品规格数量，而且实际货物数量规格必须与产地局提供的换证凭单内容一致，否则可能会影响货物监装效率，甚至还会导致货证不符而影响货物出境。

5. 侵犯知识产权

2011年1月，某企业报检一批女士包等货物出口至埃及，该批货物包装件数6744件，货值9281美元，有女士包、钱包、皮带、笔、名片盒、钥匙扣、镜子、首饰盒、口红盒、烟盒、保护套、行李箱共计12种。检验检疫部门根据规定对出口非洲货物实施批批查验，现场检验发现，对于标识有LV、CHANEL、GUCCI、PRADA等国际知名品牌的货物，货主无法提供有效资料证明其为真品，且产品质量较差，初步判定涉嫌侵犯知识产权。查验人员将该批货物移交监管部门处理，经与相关部门联合调查后认定该批货物侵犯知识产权，对其作出“判定货物不合格，不予出口”的处理，并责令相关报检企业和出口商进行严肃整改。

2012年8月，工作人员查获一批出口休闲鞋涉嫌侵犯知识产权。检验员在一批共计10800双、货值16200美元，准备输往埃及的鞋实施查验过程中，发现休闲鞋外侧、鞋舌、鞋底及包装盒上分别印有“NIKE”（耐克）、“ADIDAS”（阿迪达斯）字样及图标，而“NIKE”和“ADIDAS”均为著名运动品牌，出口商和生产商却无法提供该商标的授权书。检验员认定该批货物涉嫌侵犯“NIKE”及“ADIDAS”商标专用权，暂扣了其中50箱、600双、货值900美元的鞋，不准出口。知名运动品牌的鞋总是受到消费者青睐，一些国外商家就打起“傍名牌”的歪主意。国内生产鞋的企业一心只为订单，对涉及知识产权的法规不甚了解，易于盲目顺从国外客商的要求，违反出口规定。

2012年3月，某企业报检出口埃及的汽油发电机组，该批产品有功率虚标的情况。该批货物报检数量112台，货值29900美元，实测机组的额定功率、最大功率均达不到产品说明书中标识的额定功率6.5kVA、最大功率7.0kVA的要求。按照JB/T 5135.3—2001《通用小型汽油机　技术条件》标定功率的要求，生产企业根据通用小型汽油机的用途标识功率。行业内在生产发电机组时，发电机组用汽油机由于长时间工作，一般标识持续功率和最大功率，或标识汽油机3000转和3600转下机组功率。但部分企业和贸易方出于利益驱动置诚信于不顾，企业因价格低廉只能提供低性能、低档次的产品，进口商为了最大限度地获取利润，要求企业提供不规范的功率标识，主要表现：一是仅以“功率”笼统标注，故意不注明是何种功率，既未列明是额定功率，也未注明是最大功率；二是整台机组标识的功率实际上是发动机功率，这样标注功率与实际额定功率可能相差一定的系数（考虑发电机组的效率和功率因素）。另外，在对该批汽油发电机组实施监装过程中，发现在货物纸箱中夹带印有LOGO的T恤衫38件，用于对客户的促销宣传，但公司未申报且未经检验，属于私自夹带的逃漏检行为。可见，少数企业法律意识和诚信意识仍然缺乏，特别是对客户要求盲目顺从。出口企业要把法律和标准的相关要求放在首位，不要心存侥幸。检验检疫机构在实施检验时不能放松责任心，特别是在监装环节切不可掉以轻心，杜绝肆意夹带现象发生，维护执法严肃性。

本章分析了中国出口南非、埃塞俄比亚、塞拉利昂和埃及产品装运前检验的诸多案例，反映了中国出口非洲市场产品的质量状况。

（1）质量反映了国际分工和产业价值链上产品所处的位置。

质量范畴反映了社会经济关系，质量经济性反映了用尽可能少的劳动资本等消耗，提供满足用户需要的产品质量，以获得尽可能多的收益。质量经济效益分析反映了以最少的人力、物力和财力，生产出尽可能多的质优价廉产品，创造尽可能大的质量经济效益。

（2）企业、消费者和社会从事质量经济分析的目的是有所偏重的。

对于从事进出口贸易的企业而言，从事质量经济分析的目的是以最小的投入生产出能够满足消费者质量需求的产品。

对于消费者来说，从事质量经济分析的目的是寻找既满足自身对产品的需求，又能使购置费用（价格）和使用费用（价格）最小的产品。

从社会角度观察，从事质量经济分析的目的是使生产者供给的产品给社会带来最大的经济效益，保障消费者在产品的使用过程中获得不同的需求，并使产品在生产、使用和报废处理各环节所带来的损失最小化。

（3）从产业价值链视角思考产品质量等概念，可以取得生产体系和上下游活动密切配合的优势。

每个企业都处在产业链中的某一环节，一个企业要赢得和维持竞争优势，不仅取决于其内部价值链，还取决于在一个更大的价值系统（即产业价值链）中，该企业价值链同其供应商、销售商以及顾客价值链之间的联接。

要提高企业竞争力，就要进行技术创新，向产业链的中高端产业延伸。产业价值链中的企业不断地进行链式创新，从而使整个产业价值链处于良性循环的状态。

在产业一体化、产业全球化的趋势不可阻挡的形势下，产业的发展及其竞争力的提升已成为一个国家和地区能否在竞争中获得优势的关键。

8 非洲技术性贸易措施的比较制度分析

产品的国际竞争力不仅取决于产品结构、地理分布、市场份额及产品质量，也取决于一个国家生产力的一系列要素、政策和制度的集合。因此，在第4章至第7章对微观层次企业及其生产产品研究的基础上，本章从宏观角度研究中非之间国际贸易、贸易壁垒制度及对社会经济福利的影响，即对非洲的技术性贸易措施进行比较制度分析，且着重于对技术性贸易措施中的非洲标准规制进行分析与比较。众所周知，标准反映了一国的技术进步与研发水平，是国际贸易新要素理论的主要内容之一。如果说产品结构、市场占有率、质量水平等主要取决于一国劳动、资本、资源禀赋等，那么标准则主要取决于一国的研发与技术水平。当然，两者之间也是相互联系的。本章的研究对象主要为非洲的技术性贸易措施这一制度环境及其对中国出口产品竞争力的影响。

8.1 南非技术性贸易措施

8.1.1 南非进出口管理制度

1. 进口管理制度

南非进口管理的基本法律制度有2002年颁布的《国际贸易管理法》、1990年修订的《进出口控制法》和2008年修订的《标准法案》。为了提高海关服务质量，南非税务局采用了欧洲海关统一管理单证的申报形式，所有进口货物报关时需向海关提供统一的管理单证及其他相关单据。南非一些大型港口的海关部门可以办理电子通关手续。由于电子通关的数据是通过软盘交换的，所以其数据必须符合南非海关的分类要求，同时还须附有打印的文件文本。为了加快清关速度，南非海关与港口当局合作，在特定地区对集装箱进口实施电子通关。

南非贸易工业部部长负责制定进出口限制产品清单，对相关产品实施进出口限制。实施进口限制的产品主要包括以下四类：（1）二手货物。根据南非国际贸易管理委员会的规定，为了防止进口的二手货物损害南部非洲关税同盟内制造业的生产与发展，进口商只允许进口原产地是南非的二手货物。(2) 废物、废料及残渣等。(3) 有毒有害物质。(4) 对质量有特殊要求的货物。

根据《国际贸易管理法》，南非只对特殊商品实行许可证管理，包括鞋、废旧产品、部分农产品、石油及部分石化产品等。只有在出具根据《国际贸易管理法》第六条颁发的特别进口许可证的情况下，上述产品才能进口；进口商在进口这些产品之前必须先获得进口许可证，然后才能在海外装船。进口商如需申领进口许可证，须向南非贸易工业部下属的进出口管制局注册登记，再根据不同的产品，分别向不同的管理部门申领许可证。进口许可证的有效期为发放日至当年 12 月 31 日。在中国向南非重点出口商品中，仅有黄金饰品、茶叶和鲤鱼需要进口许可，分别由南非储备银行和农业部负责发放。

除包括米、蔬菜、水果、奶类、棕色小麦面粉、蛋和豆类，肉类、鱼类及白面包等食品外，所有进口产品须缴纳 14%的增值税。此外，进口含酒精及不含酒精饮品、烟草产品、矿泉水、某些石油产品、汽车、家居休闲用品及电动自行车、办公设备、胶卷及化妆品等奢侈消费品，还需缴纳消费税。

2. 出口管理制度

1990 年修订的《进出口控制法》和 2002 年颁布的《国际贸易管理法》构成了南非在出口管理方面的主要法律。南非国际贸易管理委员会负责出口管制和许可证管理，贸易工业部下属的进出口管制局负责发放出口许可证。

根据南非《国际贸易管理法》规定，所有的出口商需要在南非税务服务部进行注册，出口钻石的企业还必须在南非钻石委员会注册。同时，南非对战略性物资、不可再生资源、废旧金属和汽车等实行出口许可证管理。其中，废旧金属必须先以出口价的折扣价向下游产业提供，只有下游产业制造商没有答复或不需要，政府才可以发放出口许可证。另外，根据南非 2003 年颁布的《酒产品法》，除了啤酒、高粱啤酒和药物外，出口任何含酒精成分超过 1%的酒类产品，都必须申请出口许可证。南非贸易工业部部长负责确定许可证管理产品的目录，并在政府公报上发布。南非还禁止鸵鸟及其种蛋的出口。此外，为了提高出口产品的附加值和创造就业机会，南非政府将减少包括黄金、铂及铬矿在内的原材料出口。出口商必须在贸易工业部登记注册后才能获得出口许可。

3. 检验检疫制度

根据 2008 年南非颁布的新《标准法案》(2008 年第 8 号法案)，南非标准局继续作为南非贸易工业部下属的国家标准机构，负责制定及公布相关标准，提供试验、认证和培训服务以及执行 WTO/TBT 协定等。此外，南非标准局还承担了南部非洲发展共同体法定计量合作组织秘书处的工作，参与制定南部非洲发展共同体的相关标准。

根据 2008 年南非政府颁布的《强制性技术规范法案》(NRCS ACT)，成立了强制性技术规范国家监管机构 (NRCS)，负责制定强制性技术规范执行的监督管理工作。

8.1.2　南非标准、认证与标签规定

1. 南非的标准体系

南非贸易工业部（DTI）负责标准化、计量和认证的立法和政策制定。南非标准局（SABS）是南非唯一有权制定和颁布标准的机构，同时还从事认证和检测工作。SABS包括非商业化和商业化两部分。其中标准部（STANSA）为非商业化部，负责标准的制定以及标准和法规的实施；执法部（Regulatory Affairs）为商业化部，主要负责认证和检测等活动。

同大多数国家一样，南非的国家标准通过技术委员会（TC）来制定，并致力于标准制定过程的电子化和缩短标准制定发布时间。目前，SABS下属有450个TC和SC（分技术委员会），这些TC和SC每年制定修订约450个标准。

南非的标准中大部分为自愿采用的标准，仅有少部分为强制性标准。SABS将这些强制性标准称作"法定强制规范"（Legal Compulsory Specifications），相当于WTO/TBT中的技术法规（Regulation）。此外，南非还有两种形式的技术法规：法律法规引用的国家标准，约有300个；其他政府部门制定的有技术要求的法规，这些部门包括交通、能源、环境保护、卫生、农业、通信、劳动、贸易与工业等10个政府部门。各政府部门制定的技术法规均统一由SABS向WTO/TBT通报。

2. 南非的认证体系

(1) 南非的ICASA认证

南非是非洲经济最发达的国家，其电信业改革和立法起步较早，体系也较完善。电信产品的普及率也较高，截至2009年一季度，南非移动用户达到4887万，普及率为112%。市场呈现Vodacom、MTN和CellC三家运营商三足鼎立的竞争态势。目前，南非的电信管理呈现出通信部为政策制定者、电信公司为运营商、监管局为政策实施者，三者相互独立、各司其职、共同发展的局面。

根据南非《电信法》、《独立通信监管法》、《电子通信法》等电信相关法律，电信设备进入南非市场前需要进行ICASA（南非独立通信监管局）认证，该认证对产品的技术和功能以及设备安全和电磁兼容等方面提出要求，适用于连接公共交换电信网络的设备、连接公共交换电话网络的设备以及连接综合业务数字网络的终端设备。

进行ICASA认证的连接公共交换电信网络的设备有以下10类（如表8-1所示），适用的规范为SWS系列，其中SWS－001为该类系统的通用要求，表8-1中序号为2～10的9类设备的认证规范都必须结合SWS－001来进行。

表8-1　连接公共交换电信网络的设备的适用规范

序号	设备名称	适用的规范
1	连接公共交换电信网络（PSTN）的交换系统	SWS－001
2	单一交换线路的住宅电话系统（HTS）	SWS－002
3	按键式电话系统	SWS－003

续表

序号	设备名称	适用的规范
4	简易电话系统	SWS－004
5	自动电话分配（ACD）系统	SWS－005
6	交互式语音应答（IVR）系统	SWS－006
7	连接到 PSTN 和专用电信网络的代理系统	SWS－007
8	自动呼叫处理（ACP）系统	SWS－008
9	多线无绳电话交换系统	SWS－009
10	直接呼入系统（DISA）设备	SWS－0010

资料来源：技术壁垒资源网，http://www.tbtmap.cn/portal/default.jsp。

进行 ICASA 认证的连接公共交换电话网络的设备有以下 14 类（如表 8-2 所示），TE－001 是该类设备的通用要求，表 8-2 中序号为 2～15 的 14 类设备的规范都需结合 TE－001 来使用。

进行 ICASA 认证的连接综合业务数字网络的终端设备有两类，其认证规范采用欧洲电信标准化协会（ETSI）的标准（如表 8-3 所示）。

表 8-2　连接公共交换电话网络（PSTN）的设备采用的认证规范

序号	适用的设备	规范
1	连接公共交换电话网络的电话装置	TE－001
2	电话答录机	TE－002
3	存储式拨号设备	TE－003
4	远程监控设备	TE－004
5	扬声设备	TE－005
6	传真收发器	TE－006
7	呼叫转移设备	TE－007
8	工业环境中使用的电话设备	TE－008
9	连接专用线路的装置	TE－009
10	主叫线路识别（CPL）用户驻地设备（CPE）	TE－010
11	864，100～868，100MHz，第二代小功率数字无绳电话（CT2）	TE－012
12	46～49MHz 的小功率无绳电话	TE－013
13	自动收费记录（AFR）设备	TE－014
14	主叫限制设备（CRD）	TE－015
15	数据调制调解器	TE－018

资料来源：技术壁垒资源网，http://www.tbtmap.cn/portal/default.jsp。

表 8-3　连接综合业务数字网络（ISDN）的终端设备采用的认证规范

序号	适用的设备	规范
1	以 ISDN 基本接入方式连接到 ISDN 的终端设备的附件要求	ETSI TBR3
2	以 ISDN 基群速率接入方式连接到 ISDN 的终端设备的附件要求	ETSI TBR4

资料来源：技术壁垒资源网，http://www.tbtmap.cn/portal/default.jsp。

（2）南非的 SABS 认证

①认证机构

根据 1945 年的《南非标准化法》，SABS 负责南非的体系认证和产品认证。对符合规范的产品，授予标志使用权，此外还负责对符合 ISO 9001、ISO 9002 的企业颁发证书，并代表国家和一些主要的购买商负责装船前的检验和测试，颁发合格证书。SABS 旗下的商业公司 SABS Commercial（Pty）Ltd. 是南非在 IECEE－CB 体系中的国家认证机构（NCB），其下属的 64 个实验室在 7 个工业领域（机械、食品和制药、健康、矿业、电气技术、交通、化工）提供测试和认证服务，同时对强制性规范的产品执行国家 LOA 等检测认证服务。

此外，根据 1993 年南非《标准法案》第 29 号，南非电子电气安全的立法主要由执法部——电工赌博部（Regulatory Affairs-Electrotechnical & Gaming）负责，该部门也是南非负责产品认证的主要部门。

②电子电气产品 SABS 认证的依据

南非标准局（SABS）要求电器产品及附件、电气装备及赌博娱乐设备符合下列法律法规的强制性规范要求：

“政府令 R. 1792”中，列出了电子电气设备强制性安全标准。同时，“政府令 R. 1164 和 R. 1165”中，规定了对中低电压电缆的新要求。

SANS 10142－1，即布线规程/房屋建筑布线（低压装备）中指明，所有用于房屋建筑布线中固定装置的产品都应符合该规定。

南非《国家赌博法案》（2004 年第 7 号）规定，SABS 的法规事务和消费者保护部下属的电工赌博部负责对有关消费者健康和安全的强制性规范进行管理，对许可的赌博设备检测试验室出具的测试报告进行评估，同时负责对合法赌博场所的赌博设备、监控系统或其他赌博设施进行认证。

③适用的电子电气产品范围及采用标准

列入上述强制性规范的电子电气产品有以下 16 大类，南非是 CB[①] 体系成员国，其认证主要依据于 IEC 国际电工标准或国家标准：

家用和类似用途产品：采用系列标准 SANS IEC 60335；

信息技术类产品：采用系列标准 IEC 60950；

音视频和电子娱乐设备：采用系列标准 SANS IEC 60065；

手持式电动工具：采用系列标准 SANS IEC 60745；

可移式电动工具：系列标准 SANS IEC 61029；

---

① CB 制度是国际电工委员会（IECEE）建立的一套全球性互认制度，全球有 34 个国家的 45 个认证机构参加这一互认制度，这一组织的成员国及成员机构正在不断扩大。企业从其中一个认证机构取得 CB 证书后，可以较方便地转换成其他机构的认证证书，由此取得进入相关国家市场的准入证。CB 制度的成员国包含了中国机电产品的所有重要出口国家和地区，如美国、日本、西欧、北欧、波兰、俄国、东盟、南非、澳大利亚和新西兰等。

通用灯具：SANS IEC 60598；

娱乐设备：SANS 1718；

手动开关：SABS VC 8003、SABS VC 8052；

插头、插座和插座适配器：SABS VC 8008；

灯座：SABS VC 8011；

管状荧光灯启动器：SABS VC 8039；

白炽灯：SABS VC 8043；

断路器：SABS VC 8036；

器具连接器：SABS VC 8012；

电源线装置和电源线延长装置：SABS VC 8029；

接地保护装置：SABS VC 8035；

电线电缆：采用标准 SABS VC 8006、SABS VC 8075—2003、SABS VC 8077—2003。

④电子电气产品的认证要求

电子电气产品进入南非市场必须标识 SABS 标志。SABS 标志包含用于 LOA（Letter of Authority）证书和用于 EMC 的 COC（Certificate of Conformance）证书。LOA 只能发给进口商，用于清关。报关完毕后，南非海关将 LOA 退还给清关代理公司，LOA 可以继续供此供应商用于相同货物的进口。COC 并不是一个认证标志，而是 EMI 测试通过后所发的一个证书，用来确认 EMI 的符合性，所有电气产品都需要获得此证书。到目前为止，南非还没有任何 EMC 抗干扰性能的要求，但是此方面的法规已经在准备之中。

南非电子电气产品进行 SABS 认证需要满足安全和 EMC 要求，采用的标准为 IEC 标准，并考虑极少量的南非偏差。南非的电网电压/频率为 220V/50Hz（某些地区是 240V/50Hz），其电源线插头必须符合 SABS 164—1—1997 或 SABS 164—2—1997 中带接地片的Ⅰ类捕头和不带接地片的Ⅱ类插头的要求。

⑤电子电气产品需要获得的证书

凡是需强制认证的电子电气产品，都需要由 SABS 依据南非强制标准 SANS 进行认可，制造商或进口商需获得的相应证书如表 8-4 所示。

海关官员会将生产商的证书与 SABS 实时公布的数据库进行核对。对列入相关强制规范的日用品，只有持有原版有效的相关产品的证书才能进入南非市场。

表 8-4　电子电气产品需要获得的证书

产品类别	需要获得的相应证书
电气产品及附件	通关信 LOA（Letter of Authority）
电气装备	符合性证书 RCC（Regulators Compliance Certificate）
	授权证书 AC（Authorization Certificate）
赌博娱乐设备	认证证书 LOC（Letter of Certification）

3. 南非的标签规定

出口南非的产品标签要求为：药物、餐酒、食品、化妆品、牙膏、含氟化物的粉末及漱口剂须符合特定的标签规定；某些类目的产品须附有英文及南非荷兰文标签。

8.1.3 南非技术性贸易措施分析

1. 技术性贸易措施

尽管中国在2004年与南非签订了《测试结果互相认定协定》，但是由于南非政府规定电器和电子设备及其部件的生产和进口必须获得授权书（LOA），并通过南非标准局的认证，因此中国产品出口南非必须通过他们的测试。

南非对进口或销售的皮革制品、纺织品、服装和鞋类维持着苛刻的标签要求，根据南非国际贸易管理委员会新制定的商标规定，从2005年5月23日起，只有符合下列6项南非有关商标规定的外国纺织品、服装和鞋类产品，方可获准进口和在南非国内市场销售：(1) 注明生产国别、生产企业注册号和/或进口商进口登记号、产品加工程度；(2) 符合南非标准局关于纺织品服装条形码标识标准（SANS 011）和人造及天然纤维标识标准（SANS 0235）；(3) 以重量或数量方式标明原料成分及所占比例；(4) 如经过重新加工和整理的产品，须标明；(5) 若成品为纤维产品且由两种或两种以上可经化学方法分辨的纤维经喷塑等方法制成，应按大小排序后标明纤维名称及重量或数量比重；(6) 标明产品中劳动力成本和原材料成分比重。南非政府强制性要求对上述每项产品均标明劳动力成本和原材料成分比重的做法，增加了外国纺织品、服装和鞋类企业的生产工序和经营成本。中国是向南非出口上述产品的主要国家之一，中方对该项商标规定及其执行情况给予高度关注。

南非的食品标识新规定（R164）对各项标签语句做出的规定较为严格，增加了相关企业的生产工序和成本，对已出口产品的销售和未来出口产品的设计、包装均造成了较大影响。

《在南非共和国销售的鲜食葡萄等级、包装和标志的法规》规定了鲜食葡萄的质量标准、包装要求、标志要求、取样程序、检验方法、禁止项目、违法与处罚等，该法规所要求的分级制度以及产品进口许可手续较为繁琐，延长了出口企业的成本，增加了正常贸易时间。

2. 卫生与植物卫生措施

目前，对进口至南非的肉类，继续实施许可证制度。肉类运抵南非港口后的检验检疫及通关程序会因该批肉类的原产地不同而有所变化。检验检疫人员也可以以“公共利益”为由，暂停或撤销已颁发的许可证，或者给申请许可证增加新的条件和要求。

南非国家药品管理政策规定，所有药品在进口或销售之前都必须在南非注册，并且所有药品必须每5年重新申请许可。

南非良好农业操作规范（GAP）要求，检测蔬果杀虫剂的浓度在南非境内进行实地测试，因此在数值上可能会存在地域差异。产品在实际检测过程中，环境等因素可能导致检测结果发生误差，进口食品可能面临被召回风险，进而给相关产品的进出口商造成贸易损失。

3. 对南非技术性贸易措施的分析

南非在非洲属于经济最发达的国家，其国家标准规制体系也相对完善和健全。

例如，2010 年 4 月至 5 月，南非颁布了一系列涉及产品安全的技术标准和包装标签法规，包括《食品反式脂肪法规提案》、《呼吸保护装置强制规范修订提案》、《关于在南非共和国销售的李子、梅子、桃、油桃、杏等水果的等级、包装和标志的法规提案》、《关于在南非共和国销售的牛奶冰淇淋、冰淇淋、冷冻甜食及冷冻酸奶的法规提案》等。

南非实行自由贸易制度，贸工部根据南非国际贸易管理委员会制定的南非进出口限制产品清单，对相关产品实施进口限制。南非的技术壁垒主要体现为电子电气设备的强制性认证、农产品分类包装、纺织服装标签、硅酸盐水泥标准等方面。其中，电子电气设备的强制性认证主要有前述 ICASA 认证和 SABS 认证两种。

由本节分析可见，南非的技术性贸易措施体系相对其他非洲国家而言比较完善，但是南非的技术性贸易壁垒却对中国出口南非市场产品的竞争力造成了一定的影响。

8.2 埃塞俄比亚技术性贸易措施

8.2.1 埃塞俄比亚进出口管理制度

1. 进出口鼓励性政策措施

（1）加大开放力度。政府允许和鼓励私营商人从事生产和经营，特别是进出口贸易，并采取一些非常具体的措施来增强私营商人的经营能力。例如，埃塞俄比亚商业银行通过举办信用证培训班，来增强商人对信用证贸易的熟悉与了解。

（2）改革海关机制。政府实行海关自主经营，引进现代化管理方式，简化清报关手续，逐步降低关税。埃塞俄比亚是国际海关合作理事会成员国，对进出口商品采用国际通行的协调编码制度。埃塞俄比亚政府多次降低关税，现最高关税为 35%，最低为 0，简单平均关税税率为 19.1%，加权平均关税税率为 17.1%。

（3）逐步放宽外汇管制。1993 年开始实行外汇拍卖制度，埃塞俄比亚商业活动的每一笔外汇买卖都通过拍卖形式来实现，即埃塞俄比亚国家银行（埃塞俄比亚中央银行）每周进行一次公开外汇拍卖，从事进出口的任何国营企业和私营商人，无论大小都可参加。1998 年 7 月转而实行“外汇批发拍卖制”。根据上述机制，凡一次性申买外汇高于 50 万美元者，才需要通过参加拍卖获得；凡低于 50 万美元者，均无须参加外汇拍卖，可直接到各有关商业银行自由申买。2001 年 10 月 1 月，埃塞俄比亚废除每周外汇拍卖制度，转而实行银行间市场汇率制度，个人及企业用汇可直接从银行获得。埃塞俄比亚目前实行浮动汇率制。

自1995年起，埃塞俄比亚政府允许并且鼓励私营银行和保险公司直接参与进出口贸易活动，规定私营银行和保险公司享有与国营银行和保险公司同等的权利和地位。在为贸易提供服务上，公私营机会均等，公平竞争与合作。

（4）制定出口发展战略。埃塞俄比亚政府已成立国家出口促进署，旨在为出口提供投资和贷款、土地租赁、情报咨询和人才培训等服务，以帮助出口商提高竞争能力。

（5）制定中小型工业发展战略。埃塞俄比亚政府试图建立灵活的贸易发展战略，鼓励国内外商人投资和发展埃塞俄比亚的中小型工业，鼓励引进中小型设备和技术。

（6）调节商业利率。为了适应世界经济发展节奏、促进对外贸易、投资和抑制国内通货紧缩，从2002年3月4日起，埃塞俄比亚政府将保持了多年的最低存款利率下调了50%，贷款利率也相应平均下调了3个百分点。

2. 进出口限制性政策措施

埃塞俄比亚政府在实行市场经济和对外开放政策的同时，还对贸易活动实施一些限制措施，政策的鼓励与干预、放手经营与限制措施同时作用于贸易活动。

（1）海关估价制度。埃塞俄比亚海关根据国际惯例，自1999年6月起实施海关估价机制。凡海关当局对进口商出具的SGS价格发生怀疑，将自行认定进口货物价格，通常对目标商品征收2～3倍的海关关税。

（2）保证金机制。根据有关规定，凡是登记注册的进出口商，欲进口货物，须先向指定银行交纳百分之百的保证金，方能申请信用证。

（3）联合预审机制。埃塞俄比亚法律规定，银行与商检机构联手对进口商品实行商检预审制度。对于一些可凭样品成交的商品，其样品送交商检机构预审并取得质检合格报告后方可向银行申请开证；对于无法凭样品成交的商品，其品质规格须经商检机构认可后，银行才准予开证。

（4）大宗进口商品招标机制。2000年，埃塞俄比亚政府规定，凡是国有企业进行大宗商品采购，必须采取招标方式。

（5）进口货物指定运输机构。2000年，埃塞俄比亚政府规定，凡是埃塞俄比亚船运公司通航的国家或地区，其所有出口埃塞俄比亚货物的运输，必须由埃塞俄比亚船运公司承担。

（6）装运前检验制度。凡是进口货物，必须在装运前经当地SGS等机构检验，对货物的质量、数量、成交价格进行评估，出具报告后方能出运。

2006年4月25日，中华人民共和国国家质量监督检验检疫总局与埃塞俄比亚联邦民主共和国贸易工业部在北京签署了《中华人民共和国国家质量监督检验检疫总局与埃塞俄比亚联邦民主共和国贸易工业部关于中国出口产品装运前检验合作协议》（简称《中埃质检合作协议》）。根据《中埃质检合作协议》，国家质检总局决定自2006年10月1日起对中国出口埃塞俄比亚的产品实施装运前检验。

3. 埃塞俄比亚国家标准管理机构

埃塞俄比亚质量标准局的前身为“埃塞俄比亚标准协会”（ESI），根据64/1970

号法令成立，旨在推动国民经济运行中的标准化和质量控制工作。ESI后来根据328/1987号公告变更为埃塞俄比亚标准化局，在原有国家级别的单一国家机关的基础上推动度量衡、质量保证和认证工作。1982年2月，适应当时鼓舞人心的国家经济形势，根据102/1998号公告，埃塞俄比亚标准化局再次重组为埃塞俄比亚质量和标准化局，致力于“推动质量、度量衡和标准化”工作，并利用有限的资源满足国家利益、促进国家经济发展和技术进步。埃塞俄比亚质量和标准化局的政策制定和管理机构是管理委员会，委员会成员由首相办公室任命，他们由各个科技组织选派。

埃塞俄比亚质量和标准化局，是国际标准化组织（ISO）和国际法定度量衡组织（OIML）的成员，它与国际电工委员会（IEC）和国际食品法典委员会也保持着密切的工作关系，并且是非洲地区标准化组织（ARSO）的创始成员。

8.2.2 埃塞俄比亚标准、认证与标签规定

1. 埃塞俄比亚国家标准概况

埃塞俄比亚质量和标准化局是负责进出口货物检验的商检机构。埃塞俄比亚对进口货物的检验检疫很严格，所有进口商品必须符合埃塞俄比亚标准，否则不予进口。除了国际标准化组织（ISO，埃塞俄比亚是其成员国）的标准外，其他国家的标准即使得到普遍公认，如SGS商检标准，埃塞俄比亚也不完全认同。

为加强质量和标准化工作，转型发展计划（GTP）执行2年多以来，埃塞俄比亚质量标准局出台了6500余项质量标准（截至2013年7月），加强国家质量管理。据悉，这些标准主要涉及农业、建筑、民用机械、纺织、皮革、环保、化工生产等领域，其中2860项是新出台的标准规范，3705项为原有标准的修订，108个标准在1973年发布以及1990年再版时没有任何变动，这些标准应用于贸易、商业、质量保证、测量仪器的测试和验证等方面。据了解，预计在整个GTP执行期间，至2015年年底，该局将出台超过1万项质量标准，切实提升国家质量标准管控体系。①

2. 埃塞俄比亚国家认证概况

埃塞俄比亚质量标准局设有标准和认证理事会，负责埃塞俄比亚标准和认证等相关工作。

3. 埃塞俄比亚对外国企业和个人的经贸活动限制政策

埃塞俄比亚政府曾在5年内三减关税，将进口税率降到50%。尽管近年出口回升较快，但因进口需求增加，逆差较大。埃塞俄比亚出口商品主要有咖啡、皮革和农牧产品等，进口商品主要有机械、汽车、石油产品、化肥、化学品、纺织品和药品等。主要贸易伙伴是德国、日本、意大利、美国、印度、沙特阿拉伯、吉布提和俄罗斯等。

尽管中国与埃塞俄比亚的进出口贸易中无严格意义上的技术性贸易措施，但是对

---

① 资料来源：中华人民共和国驻埃塞俄比亚大使馆经济商务参赞处，http://www.mofcom.gov.cn/article/ijyjlk/201307/20130700217252.shtml，2013-07-26。

贸易具有一定影响的装运前检验业务和对经贸活动实施限制的政策法规仍不可小觑。

例如，埃塞俄比亚2002年公布的《埃塞俄比亚针对外国企业和个人开展经贸活动的限制性措施》规定，对外国企业和个人开展经贸活动实行的限制性措施主要有：

（1）外商投资最低投资额限制

①外商独资单个投资项目最低投资额为10万美元。

②与当地合资项目最低投资额为6万美元，咨询行业投资最低限额为2.5万美元。

③对于产品出口率在75%的投资项目和利润再投资，无最低投资额限制。

（2）对外商投资的领域限制

①埃塞俄比亚政府保留的投资领域：全国电网输电供电和除信使（信件往来、速递等）外的邮政服务。

②必须与政府合资的领域：武器弹药制造和通信服务业。

③为埃塞俄比亚本国投资者保留的领域：银行、保险、船运和旅行代理、广播服务、使用飞机座位在20座以上的空运服务、零售贸易、经纪业、批发贸易（除石油及副产品外）、进口贸易、出口从本国市场购买的生咖啡、恰特草（一种轻毒品）、油籽、豆类、皮革和不是由投资者饲养或育肥的活牛羊、非一级资质的建筑公司、硝皮业、旅馆（除星级酒店外）、茶馆、咖啡店、酒吧、夜总会、餐馆（除国际和特色餐馆外）、旅游代理、贸易辅助和售票服务、租车业和出租车服务、商业公路货运和本国水上运输服务、建筑维护和车辆保养维修、木材加工、清关服务、印刷业等。

按照现行投资规定，除以上领域外的所有投资领域，均对外国投资者开放。①

8.2.3 埃塞俄比亚技术性贸易措施分析

不同于南非，埃塞俄比亚标准规制体系建设相对滞后。

1. 商检政策

埃塞俄比亚关于进口货物的商检政策中有一种特殊做法，即“不成文的进口货物商检预审制度”，也就是质量和标准化局规定的须经商检合格后方可进口的商品应在银行对外开证之前报质量和标准化局进行预审检验。具体又分为两种情况：一是对可凭样品成交的货物，进口商须事先将样品送交质量和标准化局检验，合格后由质量和标准化局核发检验合格报告，进口商凭此报告向银行申请买汇和开证，否则银行不予批准；二是对无法凭样品成交的货物，进口商所询得的意向进口商品的品质规格须经质量和标准化局核准，认可后，进口商的买汇和开证申请才能得到银行的批准，否则银行不准予开证，进口货物到海关后，质量和标准化局对货物还须进行抽样检验，合格后海关才准予放行，否则作退货处理。

2. 商检商品

对于商检商品，埃塞俄比亚质量和标准化局规定的须经商检合格后方可进口和出

---

① 资料来源：非洲网，http://www.frizhou.net/。

口的商品共有30种，其中基本属于进口的商品15种，出口较多的商品6种，进出口都较少的商品9种。15种基本属于进口的商品为：所有小包装食品；食用油；食用盐；饮用水；葡萄酒；啤酒；不含酒精饮料；肥皂和洗涤剂；安全火柴；度量衡产品；聚合烯化学产品；钢铁产品；棉纤维和棉纱及织品；纸张；化肥。6种出口较多的商品为：咖啡；油籽；水果和蔬菜；豆类；皮革及制品；生皮。9种进出口都较少的商品为：含油点心；红茶；玻璃瓶；劳保用品；计量产品；黏土及制品；建筑石灰；水泥及制品；混凝土及制品。

3. PSI检验依据（标准）问题

关于PSI①检验依据（标准），尽管多数出口埃塞俄比亚的报检单证上没有确定出口货物的检验依据，检验依据采用中国国内的相关规定，埃塞俄比亚的商品标准也未对出口贸易造成影响，但不可忽视的是，埃塞俄比亚自2007年1月1日起执行《中埃质检合作协议》以来，要求埃塞俄比亚进口商从中国或通过第三国进口的中国产品，信用证中必须注明提供产品标准号和各地检验检疫局的装运前检验证书。而事实上，一方面目前的《埃塞俄比亚国家标准目录》不能涵盖所有的出口产品，另一方面对于这些未被埃塞俄比亚方面标准覆盖的产品，相当数量的贸易双方在信用证中并未提及检验依据（标准），这种情况有可能造成检验依据不充分、不合理以及质量问题等方面的贸易口实。对此，贸易双方应补充签订相关合同条款，明确产品检验依据（标准）可以降低出口风险。

案例1　千斤顶产品标准缺乏

2009年6月，某千斤顶生产企业报检一批出口埃塞俄比亚的立式油压千斤顶，贸易双方在签订合同初期仅以样品及图纸确认，未商定检验标准。经分析，出口埃塞俄比亚产品普遍存在标准不全的情况，案例中的千斤顶在《目录》中也未列明应采用标准，导致出口检验无标准可依。最后，检验检疫工作人员同贸易双方商议采用检验要求最高的欧盟标准EN 1494—2000作为检验依据，经检验合格后方准予出境。

案例2　镀锌瓦楞板检验标准缺失

2013年2月，某企业生产的一批镀锌瓦楞板共350000kg，货值227500美元，经检验检测，其断裂伸长率为1%，不符合GB/T 2518—2008中“≥22%”的标准要求。不合格原因是中国和输入国均没有镀锌瓦楞板的检验验收标准，而合同中按照中国原材料标准验收，标准较为苛刻。由于原材料含碳量偏高，不适合镀锌瓦楞板的生产加工，而且企业经加工后产生加工硬化，造成延伸率下降；企业自检自控内部质量管理过程体系不够完整；同时也存在企业检测人员责任心不强，没有严格按照标准进行把关的现象。最后，该批货物因品质缺陷被禁止出境，并要求企业完善自检自控体系，严格按照标准及合同要求进行自检，把好原材料入厂检验关，确保产品质量。

由以上分析可见，埃塞俄比亚的技术性贸易措施体系相对于南非而言比较滞后。中国出口埃塞俄比亚的产品，一方面面临着装运前检验等繁琐的检验检疫程序，另一方面面临着埃塞俄比亚标准的不健全问题。因此，埃塞俄比亚的技术性贸易壁垒对中

① PSI，即装运前检验，英文全名为Pre-shipment Inspection。

国出口埃塞俄比亚市场产品的竞争力也造成了一定的影响。

8.3 塞拉利昂技术性贸易措施

8.3.1 塞拉利昂进出口管理制度

1. 塞拉利昂国家贸易政策管理部门

作为塞拉利昂国家贸易政策管理部门的贸易和工业部（Ministry of Trade and Industry），其主要职责包括：指导国家私营经济和工业部门的发展；促进本地企业的发展；制定国家贸易政策；促进出口；管理国家标准局；加强政府和国有企业的联系；鼓励投资与发展新企业；指导合作开发；监管垄断、联合和托拉斯行业；管理国家工业发展和金融支持机构；决定并调整国家零售价格指数；负责国家工业（矿业除外）发展战略研究；管理技术研究中心；宏观管理塞拉利昂博彩公司、国家保险公司、国家石油公司和塞拉利昂出口发展与投资促进局等机构；管理国家修配厂；加强与政府相关部门以及国内、国际相关机构的合作。[①]

2. 塞拉利昂国家标准管理机构

塞拉利昂宪法规定，塞拉利昂政府内阁由总统（兼任国防部长）、副总统和23名成员（政府部长）组成。其中，贸易和工业部下设并管理国家标准局，由塞拉利昂国家标准局具体实施中塞商检合作。

3. 对外政治经济关系

塞拉利昂奉行不结盟和睦邻友好政策，致力于非洲团结和地区合作；主张“南北对话”和“南南合作”，反对外来干涉，呼吁建立国际经济新秩序；重视发展同英、美等国关系，努力改善同欧盟及国际金融机构的关系，以争取外界对其和平进程及经济重建的支持；继续保持与主要伊斯兰国家的友好交往。塞拉利昂现为联合国、世界贸易组织、不结盟运动、伊斯兰合作组织、英联邦、非洲联盟、西非国家经济共同体、马诺河联盟等组织成员，同世界上160多个国家和地区建立了外交关系。

4. 出口塞拉利昂商品装运前检验

2002年12月16日，中国与塞拉利昂在北京签署了《中华人民共和国国家质量监督检验检疫总局与塞拉利昂共和国贸易工业和国有企业部合作协议》，双方同意，中国出口塞拉利昂的产品由中华人民共和国出入境检验检疫机构检验并出具检验证书，以此作为塞拉利昂海关征收关税、通关和银行结汇的有效凭证。双方并就诸如证书格式、运作程序等另行商定。在这一点上，中国的检验检疫机构应与塞拉利昂国家

① 资料来源：中华人民共和国商务部网站。

标准局和其他相关检验和海关部门密切配合更新和协调标准，但不应违背塞拉利昂政府制定的有关装船前检验的常规做法。

8.3.2 塞拉利昂标准、认证与标签规定

1. 塞拉利昂国家标准概况

根据《中塞质检合作协议》及实施方案，中国对出口塞拉利昂产品实施装运前检验的检验方法标准，依次选择使用相应的国际标准、中国的国家标准或中国出入境检验检疫行业标准。

2. 塞拉利昂国家认证概况

塞拉利昂在葡萄牙语中意为“狮子山”，是一个典型的既拥有钻石又较为贫困的西非国家。塞拉利昂国内认证制度尚不完备，与认证制度相关的有“金伯利进程国际证书制度”① 等。

8.3.3 塞拉利昂技术性贸易措施分析

对外贸易在塞拉利昂经济中占有重要地位。塞拉利昂主要出口金红石、铝土矿、钻石、铁矿砂、咖啡和可可等，主要进口食品、燃油、机械、车辆、工具等。塞拉利昂同世界上 70 多个国家和地区有贸易往来，2011 年主要出口对象为比利时、罗马尼亚、美国、荷兰等，进口主要来自中国、南非、美国、英国等。

2010—2012 年塞拉利昂的对外贸易情况如表 8-5 所示。

表 8-5 2010—2012 年塞拉利昂对外贸易情况

（单位：亿美元）

年 份	2010	2011	2012
进口额（离岸价格）	8.81	16.31	15.97
出口额（离岸价格）	3.60	3.82	9.53
差 额	−5.21	−12.49	−6.44

根据 2002 年 12 月 16 日《中华人民共和国国家质量监督检验检疫总局与塞拉利昂共和国贸易工业和国有企业部合作协议》及其实施方案，为了保证装运前检验工作

① “金伯利进程国际证书制度”从根本上讲是一项针对毛坯钻进出口贸易的监管制度。生产国负责管理生产以及毛坯钻从矿场到出口地点的运输。每一批需出口的毛坯钻都将封装在防损容器中并附有一份由出口政府主管机构签发的金伯利进程证书。对未附有金伯利进程成员国（包括中国在内，有 46 个金伯利进程成员国）签发的证书的毛坯钻进口以及面向非金伯利进程成员国的毛坯钻出口都是禁止的。为履行中国的国际义务，根除非洲冲突和钻石非法贸易，维护非洲地区的和平与稳定，根据联合国大会第 55/56 号决议、《金伯利进程国际证书制度》的要求以及中国有关法律法规的规定，中国实施了金伯利进程国际证书制度并制定了有关规定。国家质检总局作为这一制度的实施管理机构，由其指定的出入境检验检疫机构负责对进出口毛坯钻的相关项目进行核查检验。2014 年中国担任金伯利进程的主席国。

质量，国家质检总局制定了《出口塞拉利昂商品装运前检验工作指导意见（试行）》，要求对中国出口塞拉利昂产品进行装运前检验。

PSI是国际商品贸易中经常采用的一种检验方式，是检验机构对所有涉及用户成员方产品的质量、数量、价格、关税税则目录和商品分类进行核实的一种海关措施。

PSI业务即进口国委托检验机构在货物装运前进行品质、数量和重量、价格等强制性检验鉴定工作，是20世纪60年代发展起来的一项业务。在检验合格后，进口国即可凭其委托的检验机构出具的证书验放货物，从而保证产品质量、防止偷逃关税和非法套汇等。PSI本身就是一项技术性贸易措施。不断探索开展PSI业务，根本着眼点还是使检验检疫工作与国际惯例接轨，促进检验检疫工作的长远发展。

PSI是WTO协议框架下的一种法定进口货物核查措施，通常由进口国政府有关部门颁布法令，指定一家或多家跨国公证行对本国进口货物实行强制性装船前检验，其目的是防止套汇、避税等非法活动。检验检疫机构对涉及国家安全、环境保护、人类健康的进口旧机电进行装运前检验。

案例3　宫腔镜电气安全不合格

2013年11月，一批出口塞拉利昂的援外物资在进行现场检验时发现，宫腔镜存在以下问题：一是出口商品所附带的膨宫增压装置为Ⅰ类器具，其可触及金属部件（包括增压罐及固定件、电源变压器铁芯等）仅靠基本绝缘与带电部件（220Vac）隔离，且未与保护接地端子连接，在无塞拉利昂标准的情况下参照中国的标准，不符合GB 9706.1—2007第18条（a）款“Ⅰ类设备中可触及部分与带电部分间用基本绝缘隔离时，应以足够低的阻抗与保护接地端子连接”的规定；二是设备金属面板标注的制造商名称与质检检函〔2013〕1667号文件中检验一览表规定的制造商名称不一致。援外物资是中国对不发达国家进行帮扶的有效手段，是提升中国国际地位、展现中国国家风采的重要形式，对援外物资的检验监管尤为重要，关系到国家荣誉与国际间友谊。该批物资属于医用范畴，质量要求高，由于援外物资在采购过程中容易出现价格低、质量不符合要求等情况，因此需引起高度重视。最终，工作人员要求企业加强对产品的相关标准和规范的学习，确保产品符合规定要求，对存在问题实施整改，对不符合规范要求的不合格项目进行重新设计。可见，工作人员高度重视援外物资的检验工作，第一时间与援外部门取得联系，通报产品质量问题并提出出口建议，提醒在援外物资采购、选定过程中注重产品质量，在入库过程中加大自查等，对于医用、药用、食用类援外物资特别重要。

案例4　塞拉利昂将修订国家电信法规放松电信规制

2012年1月11日，塞拉利昂政府宣布，作为西非国家放松规制计划的一部分，塞拉利昂将修订现行的国家电信法规以放松电信规制，打破塞拉利昂电信行业的垄断情况。这一做法得到了有关专家和业内人士的高度赞扬和好评，评论认为这将有力地促进塞拉利昂电信行业的发展。

塞拉利昂政府在声明中提到，放松电信规制将有利于非洲海岸至欧洲（ACE）海底光缆的建成使用。该光缆长17000公里，预计2012年年底前可建设完成并投入运营，服务法国和南非间的23个国家，将是在冈比亚、几内亚、赤道几内亚、利比里亚、圣多美和普林西比以及塞拉利昂首次登录的海底光缆，它还将通过陆上光纤网连接被陆地包围的马里和尼日尔。①

由上述分析可见，塞拉利昂的技术性贸易措施体系相对南非而言也比较落后。中国出口塞拉利昂的产品，与出口埃塞俄比亚的产品一样，一方面面临着装运前检验等繁琐的检验检疫程序，另一方面面临着塞拉利昂标准的滞后问题。因此，塞拉利昂的技术性贸易壁垒对中国出口塞拉利昂产品的竞争力也造成了一定的影响。

8.4 埃及技术性贸易措施

8.4.1 埃及进出口管理制度

1. 进出口贸易法规

(1) 基本制度

埃及与进出口贸易有关的法律为2005年修订的《进出口法》。埃及贸易与工业部主管对外贸易，其下属的进出口监管总局负责进出口商品的检验工作。进出口监管总局下设原产地管理局，负责研究贸易优惠安排和非关税壁垒、公布信息、颁发原产地证书等。

埃及政府规定，对埃及出口产品的原产地证书、文件及附件等须由驻出口国的埃及使馆或领事馆认证。如果埃及在出口国尚未设立使馆或领事馆，则应由驻出口国的其他阿拉伯贸易代表机构予以认证。

2009年年初，埃及财政部着手对埃及海关行政管理体制进行改革，期望通过改革使埃及海关达到国际水平。同时，埃及政府还在其主要港口兴建现代化海关中心，建成的海关中心将适用新的海关程序，埃及政府希望通过实践检验新海关程序的不足(如风险管理等方面)，并及时进行调整。另外，埃及还在积极更新其信息技术系统，促进港口和机场之间的通信便利。这些项目已经于2010年4月完工并投入使用，在很大程度上提高了通关效率。

(2)《中埃装运前检验谅解备忘录》

为便利贸易、保证产品质量和保护消费者安全，中国国家质量监督检验检疫总局与埃及贸易与工业部于2009年2月24日签署了《关于中国出口工业产品装运前检验谅解备忘录》(国家质检总局2009年第25号公告)。

为执行该谅解备忘录，根据本国的法律，埃及贸易与工业部于2010年3月21日签署了第257/2010号部长令，规定自签署之日起中国生产的工业产品（不包括食品

① 资料来源：中国驻塞拉利昂大使馆经商处，2012-01-13。

和药品）出口到埃及时，必须提交由中国检验检疫机构出具的装船前检验证书，该证书是该类产品在埃及清关时唯一需要提供的官方文件。

2. 进口限制措施

埃及政府对进口产品实施严格的检验措施，根据强制性标准对进口产品施加了严格限制。尽管埃及政府称其标准同等适用于进口产品与本国产品，但实际上进口产品必须接受不同管理机构的严格检验。埃及政府的上述做法明显违反了国民待遇原则，在具体实施过程中的区别待遇，给中国出口企业带来了较大的风险和不必要的损失。

埃及政府规定，只有客车的原始所有者才有权将该车进口至埃及，并且该所有者还必须证明其是在该车出厂后的一年内购买的。

埃及卫生部（MOH）禁止以成品形式进口天然产物、维生素以及食品增补剂。这些商品只能通过埃及当地具有生产许可证的企业进入埃及市场，或者把产品的原料和预先混合料交给埃及当地的药房，由药房依照卫生部的标准制成和包装。只有当地工厂才被允许生产食品增补剂，以及进口用于生产过程中的原材料。

埃及营养协会（Nutrition Institute）及埃及卫生部下属的药物计划和政策中心（Drug Planning and Policy Center）负责所有营养添加剂和食品的注册和许可工作。进口商必须申请食品进口许可证，尽管埃及政府试图将整个审批过程控制在6～8个星期之内，但还是有很多产品会面临大约4～12个月的审批过程。获得审批后的进口商，每年还将支付约为1000美元的年审费用。此外，如果申请的进口食品在当地市场上已有同类产品销售，则该进口许可将无法获得批准。审批期限过长，反映出埃及政府行政效率低下，同时也给中国食品出口企业带来了一定风险。相关企业应密切关注埃及关于申请食品进口许可证的相关政策，对于需要超长时间审批的产品，可以采取提前申请等方式积极应对，以使风险和损失降到最低。

埃及政府规定，向埃及进口新的、二手的或翻新的医疗仪器和设备，必须经过埃及卫生部的批准。该规定无论是对精密的电脑成像设备，还是对最基本的医疗仪器同样适用。埃及卫生部对审批有以下几点要求：（1）进口商必须提交审批申请表；（2）提交由原产地国卫生机构签发的安全证书；（3）提交由美国食品药品管理局或者欧洲标准局签发的同意证书；（4）提供设备生产者的原始证明，以证明该设备的生产时间，同时也证明该进口设备是否为新设备。所有的进口设备都必须在原产地国进行测试，并且证明其安全性。同时，进口商还需要证明其拥有合格的服务中心向进口的医疗设备提供售后服务支持，包括零部件的更换和技术支持等。

埃及政府支持加工农业生物技术产品，并且制定了关于评审和通过生物科技种子的相关法规。埃及政府规定，凡是向埃及出口农业生物技术产品，必须要证明其在原产地国进行销售，才可获得进口许可证。

3. 埃及国家标准管理机构

根据埃及法律规定，埃及贸易与工业部下属的埃及标准化和质量组织（EOS）负责制定标准和技术法规，具体的合格评定工作由卫生部、农业部等不同部门的多个机构开展，对于进口产品则由埃及贸易与工业部下属的进出口监管总局（GOEIC）负责。

埃及标准和质量委员会（EOSQ）的前身为埃及标准化委员会。1957年，根据29/1957号总统令，埃及标准化委员会（Egyptian Organization for Standardization，EOS）成立，并在同年顺利成为ISO组织成员。其负责开展标准、质量和工业计量等工作，旨在提高埃及产品在国际和区域市场的竞争力。

1979年，质量控制中心成立并加入EOS。同时，根据392/1979号总统令，EOS更名为埃及标准化和质量控制委员会（Egyptian Organization for Standardization and Quality Control，EOSQC）。

2005年，根据83/2005号总统令，EOSQC更名为埃及标准和质量委员会（Egyptian Organization for Standardization and Quality，EOSQ）。

自2005年起，埃及开始根据国际标准修改其强制性标准，目前80%的强制性标准都是建立在国际机构发布的标准之上的。

8.4.2 埃及标准、认证与标签规定

1. 埃及国家标准概况

埃及标准由贸易与工业部下属的埃及标准化和质量组织（EOS）负责制定，但合格评定工作却由附属于卫生部、农业部等不同部门的多个机构开展，而对于进口产品则由外贸和工业部负责。

截至2014年12月，埃及质量标准委员会共发布了6214个标准，其中信息文献类标准76个，食品类标准1370个，纺织类标准1091个，化工类标准1654个，计量类标准658个，机械类标准1365个。[①]

根据埃及1996年第180号部长令的规定，在不存在本国强制性标准的情况下，进口商可从7种国际标准中自由选择，它们是ISO标准、欧洲标准、美国标准、日本标准、英国标准、德国标准和针对食品的Codex标准。2010年7月25日，埃及贸易与工业部决定对进口商品进行更严格的质量控制，并禁止不符合质量标准的商品进入埃及市场，2011年重点整治的商品为摩托车、家具、成衣和家用电器等。

埃及政府在推动工业现代化进程中，积极开拓产品海外市场，促进国家发展并增加就业机会。政府对工业进行最根本的调整，投资部以国际认可的标准来改进埃及地产商品的质量。贸易与工业部对所有的质量标准进行检查，以使埃及的产品符合地区和国际市场的标准。

2. 埃及国家认证概况

据商务部网站消息，2004年埃及只有345家工业企业获得国际质量认证。2006年，埃及贸易与工业部长在工业现代化会议上表示，埃及已有1400家企业获得国际

① 资料来源：宁波出入镜检验检疫局，http：//www.nbcig.gov.cn/。

质量认证，这反映了埃及工业竞争力的显著提高。

3. 对产品包装和标签等的苛刻要求

埃及对食品实施最大有效期限（有效期限是指在此段时间内，产品在正常的包装、运输和储存条件下，可以保持其基本属性，并且可以食用和上市销售）的要求，但同时又规定食品超过其保质期的一半时间，不可供人类食用。这种做法等于缩短了食品的保质期，将给企业造成额外负担，而埃及本国产品则不受该法规的限制。食品标签要求非常严格和详细，以下信息必须用至少两种语言（包括阿拉伯文）标注：生产商名称、注册商标（若有）、原产地、商品名称、商品等级和种类、进口商名称和地址、生产日期、保质期、食品在销售前的制备方法、配料（进口商品必须标注配料的比例）、防腐和储藏条件（针对易腐烂食品）、产品的毛重和净重、添加剂和防腐剂或其他加工助剂。

作为非关税措施，埃及对产品包装和标签提出了较为苛刻的要求，某些产品还要求有特别单证。例如，所有进口产品（进入自由区和免税店的除外）应在每一件包装上用阿拉伯文标明产品名称及商标、产品规格数据、根据商品自然属性应标明的国际通用指示性和警告性标识、原产地、生产和失效日期。进口各类氧化物和危险化工产品，进口商除提供一般单证外，还要向海关提供一份“安全数据表”，包括产品稳定性、毒理学性质、生态学性质、运输仓储方法、防火方法、泄漏防护方法、废弃物处理方法等 10 多项内容。进口食品类化学原料，进口商要提供经埃及驻原产国使领馆认证的检验报告。到货后，海关根据包装上的生产日期估算，超过 3 个月将被拒绝入关。

8.4.3 埃及技术性贸易措施分析

1. 技术性贸易措施

①2010 年，埃及标准化和质量组织公布了以下标准：

2010 年第 32 号部颁法令：汽车门锁、机动车用白炽灯、机动车用制动片、机动车用报警装置、机动车用车速表、机动车用间接视野装置、机动车用催化剂转化器、轮胎、机动车用前照灯、高炉矿渣微粉、婴儿奶嘴等产品的相关标准。

2010 年第 779 号部颁法令：水泥的强制性标准。

2010 年 5 月 4 日，埃及标准化和质量组织公布了玩具标准，该标准与欧洲标准 EN 71—1、EN 71—2、EN 71—3 相一致。

2010 年 5 月 5 日，埃及标准化和质量组织公布了家用灯强制性标准 ES 6313—2009，即“家用灯能源效率标签”，该标准与欧盟指令（98/11/EC）相一致。

2010 年 6 月 21 日，埃及标准化和质量组织公布了 2010 年第 163 号部颁发令：小麦的埃及强制性标准 ES 1601—1/2010。

②2011 年，埃及标准化和质量组织公布了以下标准：

2011 年 6 月 20 日，埃及贸易与工业部核准通过 5 项纺织品新标准，分别为：儿童服装铅含量的限制；某些化学物质的禁用；婴幼儿服装甲醛的限量；成人直接接触皮肤服装以及非直接接触皮肤服装甲醛的限量。

③2012 年，埃及标准化和质量组织公布了以下标准：

2012 年 4 月 23 日，埃及标准与质量管理总局在 G/TBT/N/EGY/29 和 G/TBT/N/EGY/30 通报中分别通报了埃及贸易与工业部的法令 No626/2011。本法令规定了(a) 服装、成衣、制衣用亚麻制品和家用纺织品及其生产用品等纺织品；(b) 天然和人造皮革、鞋类及其部件和箱包等产品进口时应附带国际实验室认可合作组织（IL-AC）批准的认可机构或外贸部主管部长批准的埃及或外国官方机构颁发的检验和审核证明。

埃及海关总署 2012 年 9 月 4 日第 63 号公告，要求对全部进出口埃及中转商品都必须打开集装箱进行检查，出口商品则通过 X 射线扫描设备进行检查。

2012 年 6 月 15 日，埃及制定了两项鞋靴标准 ES 3571/2006 和 EMS 3572/2006。该新规是迄今埃及方面涵盖产品最广泛、技术要求最齐全、监管内容最完备的进口鞋靴法规。

2012 年 9 月 15 日，埃及进出口管制局（GOEIC）发出通知，部长级决议 626/2011 号和 660/2011 号中列出的进口纺织品和皮革制品强制性检验证明生效。

④2013 年，埃及标准化和质量组织公布了以下标准：

为了保护儿童的健康，埃及政府决定从 2013 年 7 月 1 日起，限制在儿童玩具和儿童护理用品中使用特定的邻苯二甲酸酯，该限制要求等效采用了欧盟 2005/84/EC 指令。

2013 年 2 月 21 日，埃及在 G/TBT/N/EGY/29/Rev.1 号 WTO/TBT 通报中发布了其贸易与工业部第 961/2012 号部长令，该令替代了第 626/2011 号部长令，明确了适用的进出口货物产品分类的“进口货物监管新规”。

2013 年 11 月 28 日，埃及标准与质量管理总局（EOS）发布了氧化锌颜料规范的强制标准以及强制标准 ES7634 交直流放电灯电子镇流器特殊要求（荧光灯除外）。

2. 卫生与植物卫生措施

埃及的卫生和植物卫生措施缺乏透明度且程序繁琐，部分进口食品质量标准缺乏科学依据，水果和蔬菜的植物卫生要求经常变动，出口商还必须满足繁琐的标签及包装要求，这增加了出口商的处理成本。例如，家禽制品和肉制品必须用密封袋包装，直接从原产地装船运到埃及。家禽制品和肉制品在包装的内侧和外部都必须标注相关的信息，包括原产地、产品名称和注册商标、屠宰厂名称、屠宰日期、进口商名称、屠宰过程的监督机构名称（根据伊斯兰教法，这类监督机构必须获得原产地商业部门的许可），且提供阿拉伯文的详细信息。但是，其中部分要求并不适用于本国产品。

埃及政府近年公布的卫生与植物卫生措施状况如下 ：

①马铃薯

2010 年 5 月 25 日，埃及农业和土地开垦部向 WTO 通报《关于马铃薯块进口要求的 2010 年第 503 号部长令》。该法令要求，为了保护植物和保护国家免受有害生物的其他危害，自2010年起进口马铃薯块（马铃薯种—马铃薯制品）至埃及，必须符合《国际植物保护公约》国际检验措施第4条和第10条的要求。

2010年8月20日，埃及农业和土地开垦部又向WTO通报《关于马铃薯块进口的2010年第1156号部长令》，宣布暂停有关埃及进口块茎马铃薯（马铃薯种—马铃薯制品）的植物卫生进口要求的2010年第503号部长令，延长2009年第1146号部长令至下一年度。该部长令已于2010年8月15日生效。

②小麦

2010年7月2日，埃及标准化和质量组织向WTO通报了《关于小麦的基本要求》(ES 1601－1/2010)。为了保证食品安全，该标准规定供消费者食用的小麦的最低要求，以及小麦的分析和测试方法。生效日期为2010年9月3日。

中国目前出口埃及的产品以低端产品为主，有的企业曾一味迎合国外客户低质低价的要求。随着埃及政府对玩具和儿童护理产品的管控要求越来越严格，相关出口埃及产品生产企业应积极转变观念，从源头开始，加强采购原辅材料和生产过程的质量控制，树立以质取胜的观点，不断提升产品质量，提升企业的核心竞争力。

3. 对埃及技术性贸易措施的分析

埃及对进口产品要求严格按照埃及标准检验。埃及进出口法附件中列出了必检商品清单，共有135大类，实际上任何进口产品都可能面临抽检。按照埃及向WTO提交的政策报告，进口检验只涉及安全、卫生、环保等内容，但实际上进口产品经常因为质量规格不符合“埃及标准”，而被“政府拒货”。一旦进口商品被埃及质检部门认定不符合标准，就必须作退关处理。近年来，在中埃贸易中发生的退货争端，许多就是由于产品质量不符合“埃及标准”引起的。

目前，出口埃及产品质量标准规制存在的问题主要有：(1) 产品标准的质量要求与中国或国际标准不一致；(2) 产品标准与检验标准缺乏；(3) 多种型号重复送样检测问题，等等。

案例5　对部分产品的检验双方存在项目差异

按照埃及进出口法规定，135大类商品进口时必须进行商品检验，但实际上任何进口商品都有可能受到严格的检验。根据埃及向WTO提交的政策报告，进口的法定检验只涉及安全、卫生、环保等内容。但实际操作中具体检验员随意性较大，无论什么指标都有可能受到检验。例如，我国某企业对埃及出口砂布，埃及有关部门要求检验二氧化硅的含量。对于这种指标，国际上的权威检验机构SGS和所有发达国家均无检验的要求，更无检验的标准，而埃及有关机构根据自己的检验标准和方法，对该批砂布进行检验，得出的结果和中国检验的指标相差甚远。对这一问题，虽经企业多次交涉，但最终不得不将该批货物退运回国。

案例6　对产品包装和标签有严格的规定

1998年，埃及贸易与工业部颁发了第553号部长令。该法令明确规定，进口商有义务将经过检查而不符合标签要求的进口产品退运出口。同年11月，进出口监管局依据该部长令作出了对产品标签的具体规定。规定的基本要求是：所有进口产品

（进入自由区和免税店的除外）应在每一件包装上用阿拉伯文标明产品的名称及商标、产品规格、根据商品自然属性应标明的国际通用的指示性和警告性标识、原产地、生产和有效日期。

案例7 对进口食品类化学原料也有新要求

进口商往往要求提供经埃及驻原产国使领馆认证的检验分析报告，货物到达埃及港口后，海关还将根据产品包装上的生产日期估算，如果超过了3个月，则货物将被拒绝入关。

案例8 关于多种型号产品送检测机构检测的问题

对涉及送检测机构检测的输埃产品，由于输埃产品往往一个系列有多种型号，如果每个型号都做型式试验，必将增加贸易周期，加重企业成本负担。

案例9 抛丸清理机无埃及强制性标准及国际标准

某企业出口埃及的抛丸清理机报检，由于没有相应的埃及强制性标准和国际标准，根据《关于对出口埃及工业产品实施装运前检验的通知》（国质检检函〔2009〕168号）的要求，检验员按照国家标准、企业和客户间协商的验收标准进行检验。其中，发现的问题主要如下：（1）电气控制柜门与控制柜之间未有保护联结导线，不符合《GB 5226.1—2008 机械电气安全机械电气设备第1部分：通用技术条件》第8.2.3之规定。（2）电气控制柜内保护联结导线为黑色，不符合《GB 5226.1—2008 机械电气安全机械电气设备第1部分：通用技术条件》第13.2.2之规定。（3）两根保护联结导线共用一个接线端连接，不符合《GB 5226.1—2008 机械电气安全机械电气设备第1部分：通用技术条件》第13.1.1之规定。（4）电气控制柜内电源开关的接线端子外裸，存在带电部件防护直接接触的防护等级达不到IP2X的现象，不符合《GB 5226.1—2008 机械电气安全机械电气设备第1部分：通用技术条件》6.2.2之规定。（5）电控柜急停操作器周围无黄色衬托色，不符合GB5226.1—2008 第10.7.3之规定：急停器件的操动器应着红色。最接近操动器周围的衬托色应着黄色。（6）设备无铭牌，不符合《GB 5226.1—2008 机械电气安全机械电气设备第1部分：通用技术条件》第16.4之规定。根据《中埃质检谅解备忘录》和埃及强制标准以及贸易合同（信用证）规定的埃及标准是确定产品符合性的依据。对于埃及没有强制性标准的产品，以国际标准化组织、国际电工委员会等国际组织的标准作为评定依据。根据上述原则仍无法确定评定依据的产品，以中国国家标准和《市场采购出口商品检验基本要求（试行）》（质检检函〔2006〕82号）作为评定依据。”而对于确实没有现行标准的，应该通过资料审核、客户沟通等方式明确商品的潜在质量风险，指导企业结合实际制定规范的自检自控程序，对产品的抽检依据、质量指标、产品合格判定和不合格处置等内容进行规范，从而使检验工作做到有据可依，确保装运前检验监管工作的规范性和装运前检验证书的严谨性。最终，检验员针对上述问题出具了不合格通知单，要求企业限期进行整改，并对企业进行了法规、技术等方面的指导和培训。在企业整改完成后检验员再次进行了现场检验，合格后方予以放行。

案例 10 埃及要求进口产品必须符合埃及标准

2014 年 12 月，埃及出台新措施，要求进口产品必须符合埃及标准，不符合埃及标准的产品将禁止入境甚至被勒令退运，没有注明埃及标准号的检验证书将不能通关。

为维护中国对埃及出口企业的合法权益，2014 年 12 月 1 日国家质检总局与埃及进出口监管总局进行了严厉交涉，埃及方同意将这项措施推迟到 2015 年 1 月 1 日实施，并承诺要求埃及进口商必须向中国出口商提供埃及标准。

国家质检总局为此发布警示通报。要求出口商和生产企业高度重视埃及进口产品清关新要求，千方百计搜集所经营出口产品的埃及标准，配合检验检疫工作，避免因出现滞港和退运等而造成不必要的损失。①

由本节分析可见，埃及技术性贸易措施体系虽不及南非国家技术性贸易措施体系健全，但相比于埃塞俄比亚、塞拉利昂及其他一些非洲国家，可以说是相对完善的。因此，埃及的技术性贸易壁垒对中国出口埃及市场产品的竞争力同样具有一定的影响。

8.5 全球化背景下的技术性贸易措施

8.5.1 经济一体化背景下的技术性贸易措施

随着经济全球化和贸易自由化的发展，关税、配额、许可证等传统贸易保护措施逐步削弱，技术性贸易措施对贸易的负面影响日益突出。近年来，国外技术性贸易措施使中国企业出口遭受的直接经济损失逐年增加，由 2005 年的 288 亿美元攀升至 2013 年的 662 亿美元，每年约有 1/3 的出口企业不同程度地遭受国外技术性贸易措施的影响。

近年来，欧盟、美国和日本等地区和国家，密集出台带有明显贸易保护主义色彩的技术性贸易措施。例如，欧盟发起针对进口假冒伪劣商品的打击行动，并把矛头指向了中国。美国成立联邦跨部门贸易执法中心，以“阻止假冒伪劣或不安全产品通过美国国境”，还加大了进口产品口岸监测和检查力度，大量截获不合格入境消费品。

这些技术性贸易措施给中国传统的民生产业及新兴的高科技产业造成很大的影响。例如，2006 年 9 月以来，欧盟非食品类消费品快速预警系统（RAPEX）对中国商品通报数量占欧盟总通报数量的 50%以上；在通报原因中，窒息、电击、外伤、

---

① 出口商和生产企业可以登录埃及进出口监管总局网站 http://www.goeic.gov.eg/descriptionsearc hinde.asp，使用“查询系统”按照品名或者 HS 编码查询产品的埃及标准。出口商和生产企业也可以登录国家质检总局网站 http://jyjgs.aqsiq.gov.cn/index.htm，下载国家质检总局搜集到的埃及标准目录，参考使用。

邻苯二甲酸盐、火灾、化学危险、烧伤、重金属伤害占风险总通报数的86%。美国CPSC召回中剔除港、澳、台地区，2008年至2010年中国商品被召回通报数量均占美国总召回通报数量的50%以上；被召回的主要原因包括：人类受到危害、电性能方面、化学物质污染、品质不合格以及燃烧性能方面。2010年，日本厚生劳动省公布各口岸卫生检疫所检出不合格进口产品共计1528批次，日本扣留的产品共涉及67个国家和地区，其中，中国产品占不合格总批次的25.9%，排在第一位；被扣留的产品中植物源性产品、动物源性产品、工业食品位居前三位；被扣留的主要原因包括微生物污染、农兽残不合格、食品添加剂不合格等。2009年以来，出口非洲市场产品的PSI业务急增。2011年，因技术性贸易措施导致中国产品被国外扣留、销毁、退货的直接损失达622.6亿美元，同比增加40.2亿美元。2012年1—8月份，全国共发生出口退运数量25168批，退货金额达17.09亿美元。可见，在全球经济持续低迷的形势下，各国源于保护性技术性贸易措施的贸易摩擦日益增加。

这里以产业保护为例，在局部均衡方法的基础上，采用一般均衡的方法进行分析。

在小国假设下，分析进口国产业保护视角的技术性贸易措施，具体见图8-1。

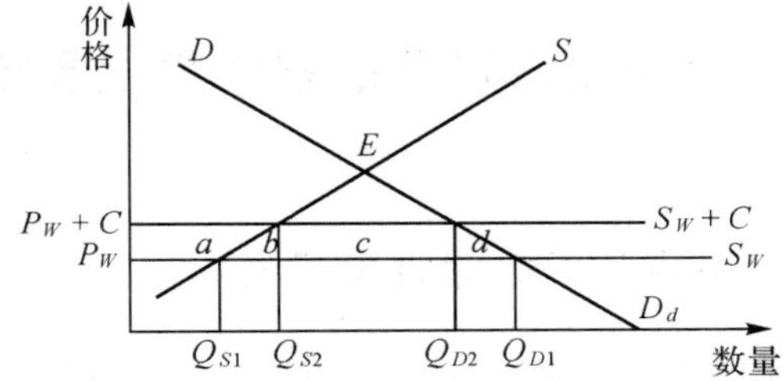

图8-1　小国假设下对进口国产业保护效应

图8-1中，比较设置技术性贸易壁垒状态与自由贸易状态时的情况可见，技术性贸易壁垒的存在，增加了进口国的生产者剩余，面积为a；提高了消费品的价格，减少了进口国的消费者剩余，面积为$a+b+c+d$之和；进口国生产者剩余的增加（a）全部来自于该国国内消费者剩余的减少。与自由贸易相比，这种技术性贸易壁垒产生了$b+c+d$的净福利损失。单位进口商品的额外成本C相当于对单位进口商品征收的从价关税。这种技术性贸易壁垒对关税壁垒具有一定的替代效应。关税壁垒直接给进口国带来了关税收入，提高了社会福利，而技术性贸易措施则提高了进口产品的进入成本，对小国的国内产业具有一定程度的保护作用。

8.5.2　技术性贸易措施对国际贸易竞争力的影响

首先，技术性贸易措施形势不容乐观，贸易量增速趋缓。

伴随着全球性金融危机，贸易保护主义抬头，国际贸易量增速趋缓，究其原因：一是金融危机导致发达经济体和不发达经济体增速减缓，需求降低；二是经济衰退滋生各种形式的贸易保护主义，技术性贸易壁垒遏制正常的自由贸易；三是信贷紧缩对投融资的环境的影响直接造成了进出口信贷、保险困难，金融危机还引起各国汇率波动、对国际贸易产生不利影响。

其次，贸易保护主义进入多发阶段，技术性贸易壁垒作用突出。

随着实体经济承受金融危机的冲击，各国贸易保护主义不断抬头，保护范围和影响呈扩大趋势。一是行政干预色彩明显，应对和解决技术性贸易壁垒难度加大。例如，欧美一些国家通过立法或者行政干预手段实施贸易保护主义。二是贸易保护领域增多，技术性贸易措施的作用将更加突出。保护领域从货物贸易向服务贸易、劳动力雇佣、及与贸易有关的投资和金融等领域延伸。三是技术性贸易措施方式多样，企业社会责任、节能环保领域的措施不断出现。

第三，国际贸易活动的不确定因素增多，加剧技术性贸易措施的频繁变化。

发达国家在国际货物贸易总量中的比例将进一步下降，包括非洲在内的新兴市场国家的比例将继续上升。一是区域内贸易在国际贸易中将占更大比重。自 2000 年以来，区域内贸易占国际贸易总量的比例在 55%～58%区间浮动。亚洲、北美的区域内贸易与区域间贸易比例大体平衡，非洲和南美同其他地区的贸易所占比例远大于其区域内部贸易，而欧洲由于加强内部经济联合，其区域内贸易约为与欧洲以外地区贸易量的 3 倍。在贸易保护主义抬头的情况下，区域贸易呈现出显著加强的趋势。二是服务贸易的发展势头或许会减缓。2007 年，全球服务贸易额增速近 5 年来首次超过货物贸易额，但由于金融危机造成的经济不景气和贸易保护主义，国际服务贸易额的迅速发展势头可能减缓，而中国以通信、计算机和信息产品外包业务为主的国际服务外包市场仍具有巨大的发展前景。

第四，经贸领域的冲突和博弈，国外技术性贸易措施对中国出口产品声誉的影响。

中国经济快速增长，势必引发同现有大国在经贸领域的冲突和博弈；一些大的经济体由于经济增长乏力、失业率增加，也有意将经贸问题政治化和国际化，借产品质量安全问题抵制“中国制造”，某种程度上导致中国出口产品长期占据美国、欧盟、日本通报召回问题产品数量的首位。其中，有确属产品质量问题，也有国外贸易保护主义和媒体炒作等原因。

最后，国外技术性贸易措施对中国出口产品竞争力存在以下影响。

(1) 国外技术性贸易措施对中国企业出口产品竞争力的影响。2013 年，约有 38%的出口企业受到国外技术性贸易措施不同程度的影响；全年出口贸易直接损失约 662 亿美元，比 2012 年降低 23 亿美元，占同期出口额的 3%，比 2012 年下降 0.34 个百分点；企业新增成本 242.5 亿美元，比 2012 年下降 17.1 亿美元。中国出口企业受国外技术性贸易措施影响的直接损失总额仍高居 600 亿美元以上，国外技术性贸易措施对中国对外贸易的影响仍然很大。数据的小幅下降表明近年中国部分行业企业转型升级取得一定成果，以质检部门为主导的技术性贸易措施工作取得一定成效。

(2) 对中国企业出口影响较大的国家和地区排在前五位的是美国、欧盟、日本、加拿大和拉美，分别占直接损失总额的 31.9%、29.2%、9.3%、3.7%和 2.7%。

（3）受国外技术性贸易措施影响较大的行业排在前五位的是机电仪器、纺织鞋帽、化矿金属、农产品和食品、玩具家具，分别占直接损失总额的41.7%、23.9%、18.1%、6.6%和4.6%。

（4）受国外技术性贸易措施影响较大的省份排在前五位的是江苏、天津、广东、山东和浙江，分别占直接损失总额的27.2%、11.2%、11.1%、10.4%和9.5%。

（5）主要贸易伙伴影响中国工业品出口的技术性贸易措施类型集中在认证要求、技术标准要求、标签和标志要求、工业产品中有毒有害物质限量要求、包装及材料的要求等五个方面；影响农产品和食品出口的技术性贸易措施类型集中在食品中农兽药残留限量要求、重金属等有害物质限量要求、微生物指标要求、食品标签要求以及加工厂、仓库注册要求等五个方面。

8.5.3 非洲区域经济一体化及其技术性贸易壁垒

1. 区域经济一体化背景下的全球自贸区

回顾世界区域经济一体化历程，全球自贸区发展正经历着：WTO多边谈判受阻，从而出现‘FTA[①]热’；FTA谈判趋于‘广域’，从相邻国家（地区）向跨区域转变；大国参与FTA谈判，从而令‘大型FTA’不断涌现；出现‘FTA’连锁现象，且一个国家同时推动多项FTA谈判。[②]

因启动于2001年的WTO多哈回合贸易谈判多年来陷入僵局，特别是当2008年年底金融危机波及全球之时，世界各国经济衰退，贸易竞争加剧，贸易保护主义愈演愈烈，全球贸易受到重创。在此背景下，各国为取得主动权，纷纷把FTA谈判作为本国的贸易战略进行规划和实施。

截至2013年12月10日，全球已生效的FTA共253项，已签署的FTA共25项，正在谈判中的FTA共77项，处于研究阶段、正在进行政府间预备谈判的FTA共27项。

随着全球一体化的深入发展，世界经济正由多边自由贸易向区域经济一体化转变。发达国家企图通过区域性自贸区建设等渠道来主导新一代全球经贸规则。

---

① 自由贸易区（Free Trade Area，FTA）通常指两个或两个以上的国家或地区，通过签订自由贸易协定，相互取消绝大部分货物的关税和非关税壁垒，取消绝大多数服务部门的市场准入限制，开放投资，从而促进商品、服务和资本、技术、人员等生产要素的自由流动，实现优势互补，促进共同发展。有时，它也用来形容一国国内一个或多个消除了关税和贸易配额，并且对经济的行政干预较小的区域。“自由贸易协定”也指两个或两个以上独立关税区为实现相互之间的贸易自由化所作的区域性贸易安排。

② 参见中国贸易救济网，http://www.cacs.gov.cn。

2. 非洲区域经济一体化

当全球正面临新的 WTO 时刻[①]，非洲地区也紧锣密鼓地加快区域经济一体化进程。

众所周知，非洲经济的快速发展已引起国际社会的极大关注。非洲或许将成为继亚洲和拉丁美洲之后的又一个世界经济“新增长极”。非洲经济发展一个重要的推动力，就是非洲经济一体化。[②]

(1) 经济一体化成绩显著

早在 20 世纪 60 年代非洲许多国家独立之初，非洲大陆就已经开始了经济一体化进程。在 20 世纪非洲统一组织的许多重要文件，包括《非洲统一组织宪章》、《拉各斯行动计划》、《非洲经济共同体条约》等中，都对非洲经济一体化做了设计。但是由于各种复杂的原因，非洲经济一体化的速度比较缓慢。进入 21 世纪，在经济全球化的推动下，非洲呈现出边缘化的趋势，非洲国家在总结了独立后的经验教训后，决定加快经济一体化进程，并且制定了“联合自强，自主发展”的发展战略，以非洲联盟代替了非洲统一组织，加快推行《非洲发展新伙伴计划》。

在此基础上，非洲经济一体化速度明显加快，而且取得了令人瞩目的成绩：一是建立了比较健全的组织机构和运作制度；二是制定了实现经济一体化的路线图和时间表；三是迈向跨次区域经济合作；四是一体化促进了非洲经济发展；五是经济一体化推动了非洲大陆的经济发展，从而提升了非洲的国际地位。

(2) 经济一体化面临的困难

尽管非洲大陆在经济一体化进程中已经取得了很大的进展，但还是面临不少问题：一是非洲大陆经济落后，因此经济一体化的物质基础较差；二是非洲国家经济发展不均衡；三是非洲区域经济组织彼此重叠，成员国相互交叉；四是成员国的国家主权伸张对非洲一体化发展的制约问题。

此外，非洲大陆局部地区和国家政局动荡、非洲国家之间经济互补性差等，也阻碍了经济一体化进程。

(3) 经济一体化成为必然趋势

分析当前非洲的经济一体化形势，可以得出以下结论：第一，经过多年的探索和实践，非洲国家领导人已经深刻认识到经济一体化的重要性；第二，非洲经济一体化推动了非洲经济发展；第三，非洲大陆的经济一体化进程尽管取得了很大进展，但是其整体水平还比较低下。

总之，非洲大陆的经济一体化进程呈现加速发展的态势。但是，由于原先的经济发展水平较低，经济一体化至今也还处于较低水平的阶段。不过，经济一体化已经成

---

① 中国顺应形势加强与各国合作，参与《区域全面经济伙伴关系协定》(RCEP) 谈判，推进中韩、中瑞、中海、中冰、中哥等《自由贸易协定》等一体化进程。截至 2013 年 12 月底，已与 20 个国家和地区签署了《自由贸易协定》。

② 舒运国. 非洲经济一体化：渐入佳境 [J]. 当代世界，2013 (3).

为非洲大陆不可逆转的历史发展趋势。因此可以期望，非洲大陆在经济一体化道路上定会走得更快更稳。

3. 非洲区域性贸易壁垒

随着非洲大陆经济一体化进程的加快，非洲区域经济组织所反映出来的贸易保护措施不容忽视。

非洲国家的贸易保护政策主要表现为以下 4 个方面：(1) 对于许多非洲国家来说，传统的提高关税和直接的进口管制仍是主要贸易保护手段；(2) 非洲工业较发达的国家，如南非和埃及，均对进口产品设置了严格的技术性贸易壁垒；(3) 在当前金融危机背景下，许多非洲国家针对本国产业，特别是对落后产业的保护进一步增强；(4) 在贸易保护主义趋势下，中非贸易争端也有加剧的趋势。

WTO 虽然倡导自由贸易，但也认可一些贸易保护的例外条款，以保障各成员方的利益。例如，其允许缔约方在满足一定的严格标准的情况下，在其领土之间建立以关税同盟或自由贸易区为形式的区域贸易集团，并且规定了在区域贸易集团中的贸易自由化行动可以偏离最惠国待遇原则，对集团内成员间相互给予的贸易优惠可不给予集团外的国家。区域贸易集团从本质上讲违背了世贸组织的一般原则，特别是最惠国待遇原则的，但世贸组织将此行为视为其规则的一个重要例外。也即，区域性贸易集团在成员内部实行贸易自由化的同时，对集团外的竞争者有遏制作用。由此，贸易保护从独立国家贸易壁垒转向了区域性贸易壁垒。在金融危机的背景下，区域贸易集团还存在进一步转向更加封闭和更具有排他性集团的趋势。

当前国际贸易环境急剧恶化，贸易保护主义抬头，许多非洲国家更加关注开发区域组织内部市场，非洲各区域组织也纷纷加快了一体化进程，试图借此促进经济和贸易增长。2008 年 8 月 17 日，南部非洲发展共同体自由贸易区正式启动。2009 年 6 月 7 日，东南非共同市场正式成立关税同盟，旨在实现该地区对外贸易的高度统一。东非共同体已于 2009 年 11 月签署了共同市场协议，以实现人员、货物、服务和资本的完全自由流通。

东非共同体、东南非共同市场和南部非洲发展共同体在 2008 年 10 月商议合并为统一的非洲贸易集团。东非共同体、东南非共同市场、南部非洲发展共同体这三大非洲区域组织已确定统一关税和贸易规则的草案。草案一旦得以实施，三大组织所有成员国之间完全自由贸易的目标将不再遥远。三大非洲区域组织都有意加强合作，协调贸易安排，共同实施地区间基础设施项目，最终创建统一的地区经济共同体。

随着非洲区域贸易集团加快贸易自由化步伐，中国对非洲贸易发展在一程度上将面临非洲区域性贸易壁垒的制约。

由本章关于非洲的技术性贸易措施这一制度环境及其对中国出口产品竞争力的影响分析可见：

(1) 南非的技术性贸易措施体系相对于其他非洲国家而言比较完善，但是南非的技术性贸易壁垒却对中国出口南非市场产品的竞争力造成了一定的影响。

（2）埃塞俄比亚和塞拉利昂的技术性贸易措施体系相对于南非而言比较落后。中国出口埃塞俄比亚和塞拉利昂的产品，一方面面临着装运前检验等繁琐的检验检疫程序，另一方面面临着埃塞俄比亚和塞拉利昂标准的滞后问题。因此，埃塞俄比亚和塞拉利昂的技术性贸易壁垒对中国出口埃塞俄比亚和塞拉利昂市场产品的竞争力造成了一定的影响。

（3）埃及技术性贸易措施体系虽不及南非技术性贸易措施体系健全，但相对于埃塞俄比亚、塞拉利昂及其他一些非洲国家而言是比较完善的。因此，埃及的技术性贸易壁垒对中国出口埃及市场产品的竞争力同样具有一定的影响。

（4）随着经济全球化和贸易自由化的发展，关税、配额、许可证等传统贸易保护措施逐步削弱，技术性贸易措施对贸易的负面影响日益突出。这些技术性贸易措施给中国传统的产业及新兴的高科技产业造成了很大的影响。

（5）在2008年席卷全球的金融危机背景下，国际贸易保护主义甚嚣尘上，各国都试图通过形式多样的保护措施减少金融危机对本国的冲击。但是，20世纪30年代经济大萧条的历史教训警示我们，一味地实行贸易保护主义只会延长经济的萧条期，唯有摈弃贸易保护主义，推行贸易自由化政策，才能使全球经济和国际贸易步入平衡发展的轨道。非洲作为我国的重要贸易伙伴，在长达半个多世纪的发展历程中发挥了重大的作用，尽管期间发生了一些摩擦，但并不影响两国经贸关系的长远发展。在跨越21世纪第一个10年之后，中非双方的经贸关系上了更高的台阶，双方应继续保持这种态势，以期为中非人民创造更大的福利。

9 中国对非洲市场出口贸易风险分析

由于非洲地区各国政治经济发展的不平衡性，中国出口非洲市场的低规模比重性、产品结构单一性、贸易伙伴的高度集中性，以及中非贸易摩擦的多发性，均对中国出口非洲市场产品带来了一定的风险，从而影响着中国出口非洲市场产品的竞争力。本章从宏观层次分析中国对非洲市场出口贸易风险，并对产品结构及市场份额方面作了一些微观分析。

9.1 非洲各国经济发展不平衡风险

9.1.1 非洲各国面临的经济困境及其发展

非洲地区各发展中国家面临的政治经济困境：一是非洲地区各发展中国家对发达国家的依附地位；二是非洲对发达国家的依赖性使非洲地区各发展中国家付出的沉重代价；三是非洲对发达国家的依赖性给非洲地区各发展中国家带来严重的后果。

1. 对发达国家的依附性

为巩固政治独立地位，二战后相继独立的非洲各国都把发展民族经济、争取实现工业化放在首位。然而，由于西方发达国家顽固地维持旧的国际经济关系，并利用其掌握的技术和经济优势，对非洲地区发展中国家进行剥削和控制，大多数非洲地区发展中国家时至今日仍居于从属地位。这种依附性具体表现在以下几个方面：

（1）在生产领域，殖民统治时期遗留下来的国际分工格局没有从根本上被打破。西方发达国家垄断了工业制成品的生产，非洲地区各发展中国家仍然是原宗主国的原料供应地。

（2）在技术领域，西方跨国公司通过对技术研究和销售的垄断，造成非洲地区发展中国家在技术上对西方国家的依附地位。

（3）在贸易领域，西方垄断资本极力操纵国际市场，一方面对非洲地区发展中国家规定种种歧视性的贸易壁垒；另一方面抬高工业品的价格，压低原料和初级产品的价格，对非洲地区发展中国家进行严重的不等价剥削。

(4) 在国际金融领域，非洲地区发展中国家不仅在货币制度上依附于西方发达国家，在资本主义国际货币制度中完全处于无权地位，而且西方发达国家还通过政府贷款、国际多边机构贷款和国际商业银行等形式，使非洲地区发展中国家在金融上处于对发达国家的依附地位。

2. 依附地位的代价及其后果

(1) 依附性付出的代价

非洲对发达国家的上述依赖性使非洲地区发展中国家付出了沉重代价，具体表现在：贸易逆差、损失惨重；外债加重，资金倒流；外资利润增加；等等。

(2) 依附性带来的后果

非洲对发达国家的上述依赖性给非洲地区发展中国家带来了严重的后果，具体表现在：影响了发展中国家的积累规模和速度，使它们发展民族经济的努力遭到严重挫折，以至到 90 年代仍面临着许多方面的问题和挑战。例如，区域、集团化的影响；资金流入减少，资金短缺问题难以解决；外债问题严重；科技差距继续拉大；人才短缺与外流；产业结构落后；贸易条件继续恶化；人口增长大大高于发达国家；生态环境继续遭到严重破坏；南北经济差距拉大；等等。

非洲各发展中国家要彻底摆脱对西方发达国家的依附地位，就必须打破国际经济旧秩序，建立国际经济新秩序；开展“南北对话”，加强“南南合作”；建立以和平共处五项原则为基础的国际经济新秩序。

3. 近 10 年非洲经济的快速发展

尽管在非洲经济发展上面临种种困难和挑战，但只要采取适合非洲本土情况的发展战略，非洲也能够在经济方面取得令世人瞩目的成就。非洲经济发展潜力巨大，并有望在未来成为世界经济舞台上的一个新亮点。

但对非洲的乐观仍需谨慎，因为非洲大陆大部分地区现状仍不尽人意：生活水平低下；平均预期寿命低下；部分国家政治环境恶化；森林砍伐和沙漠化严重带来的气候恶化；等等。

目前，非洲大陆拥有 56 个国家，各国在政治、经济和社会发展水平等方面千差万别。此外，经济全球化使发展中国家之间的差距进一步加大。在非洲地区，撒哈拉以南的非洲由于工业基础薄弱、竞争力低下以及吸引外资条件欠缺，使得经济发展波动明显；而北非则由于制造业技术水平低、技术工人短缺、政治冲突不断，导致吸引外资能力偏低。

一些国家的经济增长速度惊人，如安哥拉和赤道几内亚，但它们的经济主要依赖石油出口；还有一些国家，如卢旺达和埃塞俄比亚，尽管经济发展开始步入正轨，但是政治环境却在恶化；刚果的虚假大选使得腐败严重到看起来局势失控；津巴布韦是其他南部非洲国家永远的痛；而南非曾被视为非洲国家的典范，现在也受到腐败问题的严重困扰。

尽管存在这样那样的问题，非洲仍然在许多方面取得了重大进步。在过去 10 年里，非洲经济的快速发展使中产阶级人数不断增加，非洲现在拥有了一个不断壮大的中产阶级。非洲11亿人口中有34%是中产阶级，预计到2060年，这一比例将上升到42%。过去20年，非洲经济强劲发展，贫困问题也有所改善。中产阶级人数最多的是来自北非各国，大约77%的非洲人口是中产阶级。中产阶级人数最少的则是来自东非国家，只有约25%的非洲人口是中产阶级。①

值得指出的是，中国的参与改善了非洲的基础设施，促进了非洲制造业部门的发展。非洲与中国的经济联系日益紧密，在很大程度上有力地推动了非洲的经济发展。建立在互利、双赢基础上的中非经贸关系迅速发展，中国已成为非洲第一大贸易伙伴国，非洲则成为中国重要的海外投资目的地之一。

9.1.2 非洲最发达的国家

在非洲，南非是最发达的国家。

1. 南非概况

南非一般指南非共和国，英文名为 The Republic of South Africa。

南非地处南半球，有"彩虹之国"的美誉，位于非洲大陆的最南端，陆地面积为1219090平方千米，其东、南、西三面被印度洋和大西洋环抱，陆地上与纳米比亚、博茨瓦纳、莱索托、津巴布韦、莫桑比克和斯威士兰接壤。东面隔印度洋和澳大利亚相望，西面隔大西洋和巴西、阿根廷相望。

南非是非洲第二大经济体。2013年，尼日利亚国内生产总值（GDP）超过了5000亿美元，一举超过近年来饱受罢工和经济增长缓慢影响的南非，成为非洲第一大经济体、世界第26大经济体。②

南非国民享有很高的生活水平，南非的经济相比于其他非洲国家而言相对稳定。

南非财经、法律、通信、能源、交通业发达，拥有完备的硬件基础设施和股票交易市场，黄金、钻石生产量均占世界首位，深井采矿等技术居于世界领先地位。

南非拥有三个首都：行政首都（中央政府所在地）为比勒陀利亚（现已更名为茨瓦内），司法首都（最高法院所在地）为布隆方丹，立法首都（议会所在地）为开普敦。

2. 南非外贸

南非是世界最大的黄金生产国和出口国。

因国际市场黄金价格下跌，铂族金属已逐渐取代黄金成为最主要的出口矿产品。南非铂金企业成立了国际联盟，南非最大的6家铂金企业将共同筹资在伦敦设立世界铂金投资委员会，在亚洲和美国设立办公室，鼓励金融机构、富豪和小额投资者对南非进行投资。南非还是世界主要钻石生产国。

---

① 资料来源：非洲网，http://www.feizhou.net/；中国新闻网，http://www.chinanews.com。

② 资料来源：中国新闻网，http://www.chinanews.com。

南非实行自由贸易制度，是 WTO 的创始会员国。欧盟与美国等是南非传统的贸易伙伴，南非与亚洲、中东等地区的贸易也在不断增长。2004—2009 年南非对外贸易情况如表 9-1 所示。

表 9-1　2004—2009 年南非对外贸易情况

（单位：亿兰特）

年份	2004	2005	2006	2007	2008	2009
出口额	2962	3314	3965	4919	6631	5154
进口额	3069	3517	4650	5612	7276	5412

资料来源：南非税务总局网站。

近年来，南非出口产品主要有：黄金，金属及金属制品，钻石，食品、饮料及烟草，机械及交通运输设备等制成品。近年来，南非主要进口机械设备，交通运输设备，化工产品，石油等。近年来，南非出口的主要目的地国为：中国、日本、美国、德国、英国、荷兰、印度、津巴布韦、赞比亚、西班牙等。近年来，南非的主要进口来源国为：中国、德国、美国、沙特阿拉伯、安哥拉、伊朗、日本、英国、法国、印度等。

9.1.3　非洲最不发达的国家

1. “最不发达国家”概念

“最不发达国家”（Least Developed Country，LDC）是指那些社会、经济发展水平以及联合国所颁布的人类发展指数最低的一系列国家。

“最不发达国家”一词最早出现在 1967 年“77 国集团”通过的《阿尔及利亚宪章》中。1971 年，联合国大会通过了正式把最不发达国家作为国家类别的 2678 号决议，并制订了衡量最不发达国家的 3 条经济和社会标准：（1）人均国民生产总值在 100 美元以下；（2）在国内生产总值中制造业所占比重低于 10%；（3）人口识字率在 20%以下。根据这个标准，当时联合国把 24 个成员国列为最不发达国家，即所谓的“最穷国”。后来，联合国对最不发达国家的标准作了几次修改和调整。

2. “最不发达国家”的标准

最不发达国家的标准制定、进入 LDC 名单及毕业问题，由联合国经济和社会理事会（ECOSOC）下属发展政策委员会负责，每 3 年审定一次。

2000 年至今，LDC 的标准有四条（2000 年制定）：

第一，低收入标准。三年人均 GDP 小于 900 美元准入 LDC，大于 1035 美元毕业。

第二，人文资源的匮乏标准。主要指标为：（a）营养；（b）健康；（c）教育；（d）成人扫盲率。

第三，经济脆弱性标准。包括：（a）农业生产的不稳定性；（b）货物和服务出口的不稳定性；（c）制造业和现代服务业在国民生产总值中所占比例；（d）货物出口的综合评价指数；（e）经济规模。

第四，满足以上三条标准，且人口不超过7500万方可成为LDC。

3. “最不发达国家”的代表性国家

根据上述4条现行标准，截至2014年，全世界经联合国认定的最不发达国家已经有48个。

2014年11月27日，由联合国贸易和发展会议与北京大学国际关系学院联合举办的《2014年最不发达国家报告》全球发布会在北京大学举行。

联合国贸易与发展会议《2014年最不发达国家报告》显示，目前共有48个国家被联合国定为“最不发达国家”①，它们是：

非洲（34个）：安哥拉、贝宁、布基纳法索、布隆迪、中非共和国、乍得、科摩罗、刚果民主共和国、吉布提、赤道几内亚、厄立特里亚、埃塞俄比亚、冈比亚、几内亚、几内亚比绍、莱索托、利比里亚、马达加斯加、马拉维、马里、毛里塔尼亚、莫桑比克、尼日尔、卢旺达、圣多美和普林西比、塞内加尔、塞拉利昂、索马里、南苏丹、苏丹、多哥、乌干达、坦桑尼亚、赞比亚。

亚洲（9个）：阿富汗、孟加拉国、不丹、柬埔寨、老挝、缅甸、尼泊尔、东帝汶、也门。

加勒比（1个）：海地。

太平洋（4个）：基里巴斯、所罗门群岛、图瓦卢、瓦努阿图。

可见，在联合国列入的全世界48个最不发达国家名单中，非洲占了34个，即占2/3以上，且在非洲大陆国家中占了3/5以上。

4. “最不发达国家”发展现状

据世界银行统计，最不发达国家现状如下：共有7.5亿人口（其中，34个国家位于撒哈拉以南的非洲地区，人口近7亿），近半数人每天的生活费不足1美元。文盲比例最高的占全国人口的78.1%（利比里亚）；婴儿死亡率最高的达16.2%；人均寿命最短（仅43.6岁）的阿富汗，仅为日本人均寿命82.7岁的一半略高。世界最穷国是津巴布韦，日人均国民生产总值0.1美元，与卢森堡有着天壤之别。卢森堡人均国民生产总值113533美元，为全球第一。

为帮助最不发达国家摆脱贫困，联合国在1981年和1990年两次在巴黎召开了关于最不发达国家问题的会议，分别通过了援助最不发达国家的《80年代新实质性行动纲领》和《90年代行动纲领》。这两个《纲领》为最不发达国家确定了具体的发展目标，并在官方发展援助、商品贸易和减免债务等方面，提出了一系列国际支援和帮助措施。但是，由于最不发达国家所面临的外部经济条件没有明显改善，国际社会，尤其是发达国家对最不发达国家的援助指标和减轻债务负担的安排未能兑现，加之最不发达国家本身受国内政治动乱、武装冲突等不利因素影响，最不发达国家的贫困状

① 资料来源：凤凰网，http://www.ifeng.com/，2014-11-28.

况仍在恶化。[①]

中非贸易虽然增长迅速、成绩显著，但是目前依然处在较低层次、面临较多问题，需要中非双方予以重视并协力应对。

9.2 出口产品对非洲市场的低规模比重风险

9.2.1 对非贸易占中国进出口贸易总额的份额

2012年，中国进出口贸易额达到38671.19亿美元，其中对非贸易1985.61亿美元，仅占中国进出口贸易额5.13%的份额，远低于亚洲（占52.88%）、欧洲（占17.66%）、北美洲（占13.87%），也低于拉丁美洲（占6.76%）。具体如表9-2所示。

表9-2 2012年中国同各国（地区）进出口总额占中国与世界进出口总额比率

中国的贸易地区	进出口总额（亿美元）	占中国与世界进出口总额比率（%）
中国与世界进出口总额	38671.19	100.00
中国同亚洲各国（地区）进出口总额	20451	52.88
中国同非洲各国（地区）进出口总额	1985.61	5.13
中国同欧洲各国（地区）进出口总额	6831	17.66
中国同拉丁美洲各国（地区）进出口总额	2613	6.76
中国同北美洲各国（地区）进出口总额	5363	13.87
中国同大洋洲及太平洋群岛各国（地区）进出口总额	1365	3.53

资料来源：笔者根据前述数据整理计算所得。

据新华网报道，中非贸易额在中国GDP中的比重较低，2012年中国国内生产总值534123亿元人民币，2012年中国同非洲各国（地区）进出口总额1985.61亿美元，中非贸易额占中国GDP的比重仅为2.30%。同年，中国同非洲进出口总额占中国与世界进出口总额的比率也只有5.13%。

9.2.2 中国出口贸易在非洲市场的占有率

2012年，在非洲市场上，欧洲市场占有率32.7%；美国市场占有率6.0%；日本市场占有率2.2%；发达经济体总的市场占有率42.7%。可见，欧美发达国家长期占据着非洲近一半的市场。具体如表9-3所示。

---

① 资料来源：http://baike.baidu.com/view/416336.htm? fr=aladdin。

表 9-3　2012 年发达经济体在非洲的市场占有率

非洲的贸易地区	在非洲的市场占有率（%）
欧洲	32.7
美国	6.0
日本	2.2
发达经济体	42.7

资料来源： 笔者根据前述数据整理计算所得。

2012 年，非洲进口额 6098.55 亿美元，中国出口非洲市场 853.11 亿美元，中国出口产品在非洲市场的占有率为 13.99%。这意味着中非贸易对中国经济增长的作用仍较小。可见，中非贸易的小规模、低水平，与中非之间长期友好的政治关系尚不相称。

9.2.3　最优消费选择与 IC 分析

国际市场占有率反映了出口产品国际市场的消费者认知价值度。

作为出口企业，无论是组织产品生产还是人力资源分配，都与经济效益密不可分；而作为消费者，无论是从预算的角度还是从效用的角度选择，总期望以最小的成本获得最大的效率。

众所周知，无差异曲线表示两种商品或两组商品的不同数量组合对消费者提供的效用相同，是消费者感受满足程度相等的商品组合点的轨迹，也是消费者主观嗜好的几何表现。无差异曲线具有无数条、不相交、从原点向外效用值递增、凸向原点四个特征。

无差异曲线在出口目的国消费行为中的运用可简述如下。

由于边际效用递减是一条不可改变的规律，因此在人们收入和商品价格既定的条件下，如何使用有限的收入获得最大效用就成了消费者最关心的问题。

序数效用论将无差异曲线和预算线结合起来说明消费者均衡。消费者的偏好决定了消费者的无差异曲线（U），一个消费者关于任何两种商品的无差异曲线有无数条；消费者的收入和商品价格决定了消费者的预算线（I），在收入和商品价格既定的条件下，一个消费者关于两种商品的预算线只有一条。只有既定的预算线与其中一条无差异曲线的相切点，才是消费者均衡点。在切点（E），无差异曲线和预算线的斜率相等。无差异曲线的斜率的绝对值即商品的边际替代率，预算线的斜率的绝对值即两种商品价格之比。具体如图 9-1 所示。

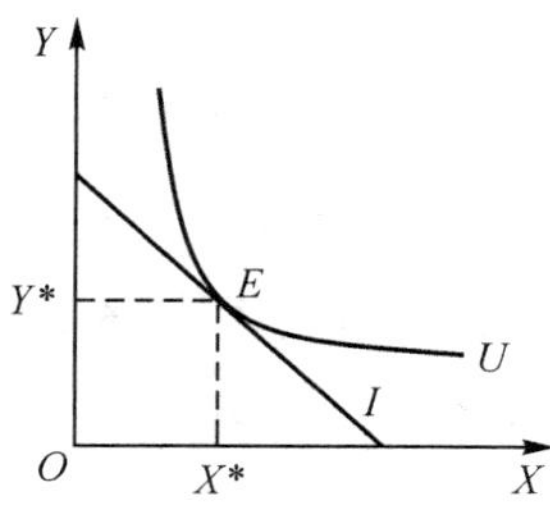

图 9-1　最优消费选择的无差异曲线分析图

图 9-1 表示，既定的预算线 I 与无差异曲线 U 相切于 E 点，E 点是消费者均衡点。在均衡点 E 上，消费者关于商品 X 和商品 Y 的最优购买数量的组合为（X^*，Y^*）。

在针对出口非洲市场的消费行为的决策中，消费者均衡可以指导微观层面上的出口非洲企业及经营者分析出口非洲市场潜在消费者的消费倾向，从而投入一定的资本、劳动力、土地等要素，组织出口产品的生产，达到在宏观层面上有效规避中国出口产品在非洲市场的低规模、低比重风险。

9.3 出口非洲市场产品结构单一性风险

9.3.1 南非自中国进口主要商品构成

从表 9-4 可见，2014 年 1—6 月，南非自中国进口的主要产品为：电机、电气、音像设备及其零附件；核反应堆、锅炉、机械器具及零件。这两类产品占南非自中国进口总额的 47.40%。

表 9-4 2014 年 1—6 月南非自中国进口主要商品构成（章）

（单位：百万美元）

HS 编码	商品类别	2014 年 1—6 月	2013 年同期	同比增长（%）	占比（%）
章	总值	7212	7506	−3.9	100.0
85	电机、电气、音像设备及其零附件	1771	1698	4.3	24.6
84	核反应堆、锅炉、机械器具及零件	1642	1806	−9.1	22.8
64	鞋靴、护腿和类似品及其零件	292	315	−7.5	4.1
61	针织或钩编的服装及衣着附件	273	281	−3.1	3.8
39	塑料及其制品	216	198	9.1	3.0
62	非针织或非钩编的服装及衣着附件	206	227	−9.1	2.9
73	钢铁制品	198	219	−9.8	2.7
87	车辆及其零附件，但铁道车辆除外	192	199	−3.4	2.7
94	家具；寝具等；灯具；活动房	178	195	−8.4	2.5
29	有机化学品	168	158	6.5	2.3
72	钢铁	159	186	−14.5	2.2
40	橡胶及其制品	129	139	−7.9	1.8
90	光学、照相、医疗等设备及零附件	118	105	12.3	1.6
95	玩具、游戏或运动用品及其零附件	112	107	4.2	1.6
86	铁道车辆；轨道装置；信号设备	82	39	112.7	1.1
42	皮革制品；旅行箱包；动物肠线制品	79	84	−6.4	1.1
69	陶瓷产品	79	91	−13.7	1.1
28	无机化学品；贵金属等的化合物	78	80	−1.7	1.1
54	化学纤维长丝	64	57	12.5	0.9
48	纸及纸板；纸浆、纸或纸板制品	64	60	6.3	0.9

续表

HS 编码	商品类别	2014 年 1—6 月	2013 年同期	同比增长（%）	占比（%）
章	总值	7212	7506	−3.9	100.0
76	铝及其制品	62	57	8.4	0.9
82	贱金属器具、利口器、餐具及零件	61	62	−1.8	0.9
83	贱金属杂项制品	59	60	−1.1	0.8
63	其他纺织制品；成套物品；旧纺织品	58	67	−14.0	0.8
60	针织物及钩编织物	57	50	13.6	0.8
38	杂项化学产品	53	51	4.7	0.7
96	杂项制品	46	48	−3.9	0.6
70	玻璃及其制品	44	44	1.3	0.6
27	矿物燃料、矿物油及其产品；沥青等	40	22	76.6	0.6
20	蔬菜、水果等或植物其他部分的制品	34	44	−23.6	0.5
	以上合计	6612	6749	−2.0	91.7

资料来源： 中华人民共和国商务部。

从表 9-5 可见，2013 年，南非自中国进口的主要产品为：电机、电气、音像设备及其零附件；核反应堆、锅炉、机械器具及零件。这两类产品占南非自中国进口总额的 46.20%。

表 9-5　2013 年南非自中国进口主要商品构成（章）

（单位：百万美元）

HS 编码	商品类别	2013 年	2012 年	同比增长（%）	占比（%）
章	总值	15977	14592	9.5	100.0
85	电机、电气、音像设备及其零附件	3790	2647	43.2	23.7
84	核反应堆、锅炉、机械器具及零附件	3597	3579	0.5	22.5
64	鞋靴、护腿和类似品及其零件	678	698	−2.9	4.2
61	针织或钩编的服装及衣着附件	512	479	7.0	3.2
62	非针织或非钩编的服装及衣着附件	495	464	6.6	3.1
73	钢铁制品	459	478	−4.1	2.9
39	塑料及其制品	456	409	11.5	2.9
94	家具；寝具等；灯具；活动房	446	458	−2.7	2.8
87	车辆及其零附件，但铁道车辆除外	417	481	−13.3	2.6
72	钢铁	351	224	56.4	2.2
29	有机化学品	337	336	0.4	2.1
95	玩具、游戏或运动用品及其零附件	297	342	−13.2	1.9
40	橡胶及其制品	286	273	4.7	1.8
90	光学、照相、医疗等设备及零附件	240	215	11.4	1.5
69	陶瓷产品	214	197	8.8	1.3
42	皮革制品；旅行箱包；动物肠线制品	204	197	3.8	1.3
28	无机化学品；贵金属等的化合物	178	160	10.8	1.1
10	谷物	172	221	−21.9	1.1

续表

HS 编码	商品类别	2013 年	2012 年	同比增长（%）	占比（%）
章	总值	15977	14592	9.5	100.0
82	贱金属器具、利口器、餐具及零件	143	131	8.5	0.9
38	杂项化学产品	139	118	17.7	0.9
63	其他纺织制品；成套物品；旧纺织品	133	133	0.1	0.8
48	纸及纸板；纸浆、纸或纸板制品	133	125	6.4	0.8
83	贱金属杂项制品	130	125	4.4	0.8
54	化学纤维长丝	126	125	0.5	0.8
27	矿物燃料、矿物油及其产品；沥青等	125	57	118.6	0.8
76	铝及其制品	119	117	2.1	0.8
96	杂项制品	108	102	5.9	0.7
60	针织物及钩编织物	103	82	26.2	0.7
70	玻璃及其制品	94	99	−5.0	0.6
86	铁道车辆；轨道装置；信号设备	80	57	42.3	0.5
	以上合计	14562	13130	10.9	91.2

资料来源：中华人民共和国商务部。

从表 9-6 可见，2013 年，南非自中国进口的主要产品为：第 16 类机电产品，占南非自中国进口总额的 46.20%；其次为：第 11 类纺织品及原料，占南非自中国进口总额的 9.90%。这两类产品占南非自中国进口总额的 56.10%。

表 9-6 2013 年南非自中国进口主要商品构成（类）

（单位：百万美元）

海关分类	HS 编码	商品类别	2013 年	2012 年	同比增长（%）	占比（%）
类	章	总值	15977	14592	9.5	100.0
第 16 类	84—85	机电产品	7386	6226	18.6	46.2
第 11 类	50—63	纺织品及原料	1586	1523	4.1	9.9
第 15 类	72—83	贱金属及制品	1289	1163	10.8	8.1
第 6 类	28—38	化工产品	900	885	1.7	5.6
第 20 类	94—96	家具、玩具、杂项制品	850	902	−5.7	5.3
第 12 类	64—67	鞋靴、伞等轻工产品	767	798	−3.9	4.8
第 7 类	39—40	塑料、橡胶	742	682	8.8	4.7
第 17 类	86—89	运输设备	499	542	−7.8	3.1
第 13 类	68—70	陶瓷；玻璃	361	347	4.1	2.3
第 18 类	90—92	光学、钟表、医疗设备	289	264	9.6	1.8
第 2 类	06—14	植物产品	244	329	−25.7	1.5
第 8 类	41—43	皮革制品；箱包	210	201	4.1	1.3
第 4 类	16—24	食品、饮料、烟草	162	157	3.4	1.0
第 10 类	47—49	纤维素浆；纸张	160	155	3.0	1.0
第 5 类	25—27	矿产品	147	82	79.4	0.9
		其他	383	337	13.7	2.4

资料来源：中华人民共和国商务部。

9.3.2 阿尔及利亚自中国进口主要商品构成

由于国家相关统计网站对南非、阿尔及利亚和摩洛哥贸易统计数据相对连续和完整，因此在本节和下一节中，将增加对阿尔及利亚和摩洛哥自中国进口的主要商品构成的讨论内容。

从表 9-7 可见，2013 年，阿尔及利亚自中国进口的主要产品为：核反应堆、锅炉、机械器具及零件；车辆及其零附件，但铁道车辆除外；电机、电气、音像设备及其零附件。这三类产品占阿尔及利亚自中国进口总额的 61.70%。

表 9-7 2013 年阿尔及利亚自中国进口主要商品构成（章）

（单位：百万美元）

HS 编码	商品类别	2013 年	2012 年	同比增长（%）	占比（%）
章	总值	6820	5965	14.3	100.0
84	核反应堆、锅炉、机械器具及零件	1893	1455	30.1	27.8
87	车辆及其零附件，但铁道车辆除外	1241	1250	−0.7	18.2
85	电机、电气、音像设备及其零附件	1071	880	21.7	15.7
73	钢铁制品	315	373	−15.6	4.6
40	橡胶及制品	260	256	1.7	3.8
39	塑料及其制品	187	139	34.1	2.7
94	家具和床具	180	179	0.9	2.7
69	陶瓷产品	111	100	11.9	1.6
64	鞋靴、护腿和类似品及其零附件	111	99	12.0	1.6
54	人造纤维及制品	102	79	29.8	1.5
62	非针织或非钩编的服装及衣着附件	101	81	24.2	1.5
90	光学、照相、医疗等设备及零附件	96	78	22.2	1.4
44	木及木制品；木炭	87	87	0.4	1.3
61	针织或钩编的服装及衣着附件	81	71	13.4	1.2
76	铝及其制品	72	77	−7.0	1.1
83	贱金属杂项制品	67	50	35.2	1.0
70	玻璃及其制品	64	55	16.0	0.9
20	蔬菜、水果等或植物其他部分的制品	60	58	2.6	0.9
72	钢铁	54	24	130.4	0.8
29	有机化学品	53	67	−20.1	0.8
63	其他纺织制品；成套物品；旧纺织品	52	44	18.6	0.8
38	杂项化学产品	46	41	11.3	0.7
42	皮革制品；旅行箱包；动物肠线制品	42	36	15.8	0.6
95	玩具、游戏或运动用品及其零附件	41	32	29.7	0.6
96	杂项制品	40	33	20.3	0.6
82	贱金属器具、利口器、餐具及零件	30	28	8.1	0.4
30	药品	30	38	−21.5	0.4
68	矿物材料的制品	26	19	34.0	0.4

续表

HS 编码	商品类别	2013 年	2012 年	同比增长（%）	占比（%）
9	咖啡、茶、马黛茶及调味香料	26	27	−4.3	0.4
48	纸及纸板；纸浆、纸或纸板制品	26	19	35.8	0.4
	以上合计	6566	5775	13.7	96.3

资料来源： 中华人民共和国商务部。

从表 9-8 可见，2013 年，阿尔及利亚自中国进口的主要产品为：第 16 类机电产品，占阿尔及利亚自中国进口总额的 43.50%；其次为：第 17 类运输设备，占阿尔及利亚自中国进口总额的 18.20%；再次为：第 15 类贱金属及制品，占阿尔及利亚自中国进口总额的 8.20%；第四是：第 7 类塑料、橡胶，占阿尔及利亚自中国进口总额的 6.60%；第五是：第 11 类纺织品及原料，占阿尔及利亚自中国进口总额的 6.00%。这五类产品占阿尔及利亚自中国进口总额的 82.5%。

表 9-8 2013 年阿尔及利亚自中国进口主要商品构成（类）

（单位：百万美元）

海关分类	HS 编码	商品类别	2013 年	2012 年	同比增长（%）	占比（%）
类	章	总值	6820	5965	14.3	100.0
第 16 类	84—85	机电产品	2964	2335	26.9	43.5
第 17 类	86—89	运输设备	1243	1251	−0.6	18.2
第 15 类	72—83	贱金属及制品	557	565	−1.5	8.2
第 7 类	39—40	塑料、橡胶	447	395	13.1	6.6
第 11 类	50—63	纺织品及原料	410	338	21.2	6.0
第 20 类	94—96	家具、玩具、杂项制品	262	244	7.3	3.8
第 13 类	68—70	陶瓷；玻璃	202	174	15.7	3.0
第 6 类	28—38	化工产品	176	185	−5.1	2.6
第 12 类	64—67	鞋靴、伞等轻工产品	121	106	14.0	1.8
第 18 类	90—92	光学、钟表、医疗设备	102	84	21.9	1.5
第 9 类	44—46	木及制品	88	83	6.0	1.3
第 4 类	16—24	食品、饮料、烟草	83	80	4.3	1.2
第 2 类	06—14	植物产品	67	50	32.6	1.0
第 8 类	41—43	皮革制品；箱包	42	37	15.6	0.6
第 10 类	47—49	纤维素浆；纸张	34	22	52.2	0.5
		其他	23	16	43.8	0.3

资料来源： 中华人民共和国商务部。

9.3.3 摩洛哥自中国进口主要商品构成

从表 9-9 可见，2013 年，摩洛哥自中国进口的主要产品为：电机、电气、音像设备及其零附件；核反应堆、锅炉、机械器具及零件；咖啡、茶、马黛茶及调味香料。这三类产品占摩洛哥自中国进口总额的 44.10%。

表 9-9　2013 年摩洛哥自中国进口主要商品构成（章）

（单位：百万美元）

HS 编码	商品类别	2013 年	2012 年	同比增长（%）	占比（%）
章	总值	3106	2946	5.4	100.0
85	电机、电气、音像设备及其零附件	598	542	10.5	19.3
84	核反应堆、锅炉、机械器具及零件	580	546	6.2	18.7
9	咖啡、茶、马黛茶及调味香料	188	165	14.2	6.1
73	钢铁制品	145	106	35.9	4.7
87	车辆及其零附件，但铁道车辆除外	145	132	9.3	4.7
60	针织物及钩编织物	125	139	－10.5	4.0
55	化学纤维短纤	104	96	8.0	3.3
94	家具；寝具等；灯具；活动房	103	111	－6.9	3.3
54	化学纤维长丝	91	108	－15.6	2.9
39	玻璃及其制品	83	70	19.6	2.7
90	光学、照相、医疗等设备及零件	71	63	12.2	2.3
64	鞋靴、护腿和类似品及其零附件	66	64	4.3	2.1
62	非针织或非钩编的服装及衣着附件	46	49	－5.8	1.5
70	玻璃及其制品	46	46	－1.5	1.5
56	絮胎、毡呢及无纺织物；线绳制品等	46	45	0.7	1.5
95	玩具、游戏或运动用品及其零附件	44	42	4.6	1.4
96	杂项制品	39	39	2.0	1.3
83	贱金属杂项制品	36	37	－1.5	1.2
69	陶瓷产品	34	38	－8.8	1.1
61	针织或钩编的服装及衣着附件	34	33	2.5	1.1
29	有机化学品	33	35	－5.5	1.1
40	橡胶及其制品	33	29	13.8	1.1
52	棉花	33	44	－25.4	1.1
59	浸、包或层压织物；工业用纺织制品	31	24	29.9	1.0
42	皮革制品；旅行箱包；动物肠线制品	31	35	－10.5	1.0
58	特种机织物；簇绒织物；刺绣品等	30	29	3.6	1.0
82	贱金属器具、利口器、餐具及零件	23	25	－4.7	0.8
86	铁道车辆；轨道装置；信号设备	19	2	755.8	0.6
76	铝及其制品	18	16	11.4	0.6
	以上合计	2887	2710	6.5	92.9

资料来源：中华人民共和国商务部。

从表 9-10 可见，2013 年，摩洛哥自中国进口的主要产品为：第 16 类机电产品，占摩洛哥自中国进口总额的 37.9 %；其次为：第 11 类纺织品及原料，占摩洛哥自中国进口总额的 18.40%；再次为：第 15 类贱金属及制品，占摩洛哥自中国进口总额的 7.60%；第四是：第 2 类植物产品，占摩洛哥自中国进口总额的 6.40%；第五是：第 20 类家具、玩具、杂项制品，占摩洛哥自中国进口总额的 6.00%。这五类产品占摩洛哥自中国进口总额的 76.30%。

表 9-10　2013 年摩洛哥自中国进口主要商品构成（类）

（单位：百万美元）

海关分类	HS 编码	商品类别	2013 年	2012 年	同比增长（%）	占比（%）
类	章	总值	3106	2946	5.4	100.0
第 16 类	84—85	机电产品	1178	1088	8.3	37.9
第 11 类	50—63	纺织品及原料	570	602	−5.3	18.4
第 15 类	72—83	贱金属及制品	237	202	17.5	7.6
第 2 类	06—14	植物产品	198	176	12.[illegible]	6.4
第 20 类	94—96	家具、玩具、杂项制品	186	191	−2.6	6.0
第 17 类	86—89	运输设备	174	135	29.1	5.6
第 7 类	39—40	塑料、橡胶	117	99	17.9	3.8
第 6 类	28—38	化工产品	87	97	−10.3	2.8
第 13 类	68—70	陶瓷；玻璃	85	92	−7.1	2.7
第 18 类	90—92	光学、钟表、医疗设备	81	73	11.7	2.6
第 12 类	64—67	鞋靴、伞等轻工产品	74	71	4.0	2.4
第 8 类	41—43	皮革制品；箱包	32	35	−10.3	1.0
第 1 类	01—05	活动物；动物产品	25	23	10.1	0.8
第 4 类	16—24	食品、饮料、烟草	16	16	4.5	0.5
第 9 类	44—46	木及制品	14	18	−22.5	0.4
		其他	31	29	6.9	1.0

资料来源：中华人民共和国商务部。

9.3.4　产品结构调整与 PPF 分析

要素稀缺性决定了产品结构调整及生产过程中将面临资源配置是否达到帕累托最优的选择问题。

假设资源固定、充分就业、生产技术不变，且某一经济仅生产两种产品。图 9-2 描绘了斜率为负且凹向原点的生产可能性曲线（生产可能性边界，PPF），其经济含义为：

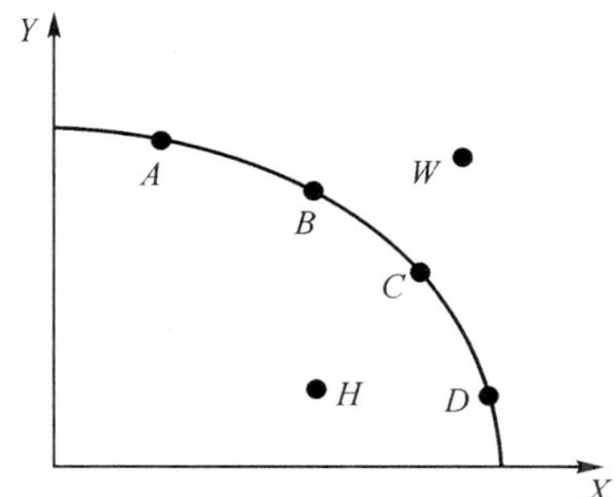

图 9-2　资源配置中的生产可能性曲线

（1）生产可能性曲线揭示了稀缺法则。也即，任何经济都不可能无限量地生产。图 9-2 中的外点（如 W 点）代表了在现有条件下不可能实现的产量组合。

（2）任何一个经济不可能同时选择两个不同的点生产，决定在生产可能性曲线上的某一点（如 A、B、C、D 点）进行生产，就意味着选择了对应的资源配置。

（3）生产可能性曲线乃最大可能的产量组合轨迹，一般凹向原点，隐含着机会成本递增法则。曲线之外点（如 W 点）表明不可能实现，内点（如 H 点）则表明缺乏效率。

（4）选择会产生机会成本。生产可能性曲线上任意点的斜率代表着该产量水平上 X 的机会成本，其斜率为负，表明增加一种产品的产量势必要减少另一种产品的产量。

（5）具有凹性的生产可能性曲线反映了机会成本递增法则。它指随着每一单位 X 产品（如纺织服装）产量的增加，所放弃的 Y 产品（如机电、轻工）产量的递增趋势。可见，多数情况下经济资源并非完全适应于其他可供选择的用途，即资产具有专用性。如果资源具备完全替代性，那么机会成本便为某一常数，生产可能性曲线则为一条斜率为负的直线。

（6）生产可能性曲线可以反映资源分配效率。如果增加某产品产量的同时不可能不减少其他产品的产量，则资源分配是有技术效率的。生产可能性曲线上的任意一点都隐含着资源分配技术效率，即帕累托效率，这一定义由意大利经济学家帕累托（Pareto）首先提出。

在非洲出口市场，针对不同的产品结构，在组织生产及进行决策时，生产可能性曲线上不同点的选择所对应的资源配置、机会成本、稀缺法则可以帮助出口非洲企业及经营者在微观层面上提高资源分配效率，达到帕累托最优，最终在宏观层面上有效规避出口非洲产品结构单一性的风险。

9.4 对非洲贸易伙伴的高集中度风险

9.4.1 中国对非贸易主要集中于少数非洲国家

由于中国对非贸易的产品种类比较少，加上非洲国家的经济结构比较单一，中国在非洲的贸易伙伴尤其是进口来源主要集中于少数非洲国家。

2012 年，中国同非洲进出口总额 19856125 万美元，其中，中国向非洲出口总额 8531061 万美元，中国从非洲进口总额 11325064 万美元。

由表 9-11 可见，中国同非洲国家进出口额占中国同非洲进出口总额比率居前 10 位的国家分别是：南非、安哥拉、尼日利亚、埃及、利比亚、阿尔及利亚、加纳、刚果（布）、刚果（金）和苏丹。中国同南非进出口总额占中国同非洲进出口总额的 30.21%。中国同安哥拉进出口总额占中国同非洲进出口总额的 18.94%。中国同非洲国家进出口额居前 5 位国家的进出口总额为 1264.703 亿美元，占中国同非洲进出口总额比率高达 63.69%。中国同非洲国家进出口额居前 10 位国家的进出口总额为 1527.938 亿美元，占中国同非洲进出口总额比率高达 76.95%。

表 9-11 2012 年中国同非洲前 10 位国家进出口额分别占中国同非洲进出口总额比率

贸易对象	进出口总额（亿美元）	占中国同非洲进出口总额比率（%）
非洲	1985.6125	100.00
南非	599.948	30.21
安哥拉	376.0094	18.94
尼日利亚	105.6995	5.32
埃及	95.4473	4.81
利比亚	87.6036	4.41
阿尔及利亚	77.2856	3.89
加纳	54.3427	2.74
刚果（布）	50.7741	2.56
刚果（金）	43.5040	2.19
苏丹	37.3289	1.88
居前 10 位国家合计	1527.938	76.95

9.4.2 中国在非洲的主要进口来源国

中国在非洲的最大进口来源国为南非①，其次是安哥拉、利比亚、刚果、赞比亚、阿尔及利亚②等。2012 年，中国从同非洲前 5 位的国家进口高达 926.79 亿美元，占中国从非洲进口总额的 81.83%以上；中国从非洲前 10 位国家进口高达 1025.24 亿

① 据南非国税局统计，2013 年南非货物进出口额为 1838.3 亿美元，同比下降 2.6%。其中，出口 834.4 亿美元，同比下降 4.4%；进口 1004 亿美元，同比下降 1.1%。贸易逆差 169.6 亿美元，同比增长 18.7%。

12 月当月，南非货物进出口 136.5 亿美元，同比下降 3.5%。其中，出口 66.3 亿美元，同比下降 4.0%；进口 70.3 亿美元，同比下降 3%。贸易逆差 4 亿美元，同比增长 16.7%。

2013 年南非与中国的双边货物进出口额为 273 亿美元，同比增长 10.4%。其中，南非对中国出口 113.2 亿美元，同比增长 11.8%，占南非出口总额的 13.6%，上升 2 个百分点；自中国进口 159.8 亿美元，同比增长 9.5%，占南非进口总额的 15.9%，上升 1.5 个百分点。南非对中国的贸易逆差 46.6 亿美元，同比增长 4.2%。

截至 12 月，中国为南非第一大贸易伙伴，同时是南非第一大出口市场和第一大进口来源地。

资料来源：中华人民共和国商务部。

② 据阿尔及利亚统计局统计，2013 年 1—12 月，阿尔及利亚货物进出口额为 1207.7 亿美元，同比增长 1.2%。其中，出口 659.2 亿美元，同比下降 8.3%；进口 548.5 亿美元，同比增长 8.9%。贸易顺差 110.7 亿美元，同比下降 54.6%。

12 月当月，阿尔及利亚货物进出口 106.8 亿美元，同比增长 4.4%。其中，出口 59.8 亿美元，同比增长 3.1%；进口 47.0 亿美元，同比下降 0.3 %。贸易顺差 12.8 亿美元。

1—12 月，中阿双边货物进出口额为 90.0 亿美元，同比增长 5.1%。其中，阿尔及利亚对中国出口 21.8 亿美元，同比下降 16.1%，占阿尔及利亚出口总额的 3.3%，同比下降 0.3 个百分点；阿尔及利亚自中国进口 68.2 亿美元，同比增长 14.3%，占阿尔及利亚进口总额的 12.4%，同比增长 0.6 个百分点。1—12 月，阿尔及利亚对中国贸易逆差 46.4 亿美元，同比增长 38.1%。

截至 12 月底，中国在阿尔及利亚的出口贸易中位居第十位，但在阿进口贸易中居第一位。

资料来源：中华人民共和国商务部。

美元，占中国从非洲进口总额的 90.53%以上。中国从非洲进口居前 20 位国家进口高达 1096.99 亿美元，占从非洲进口总额的 96.86% 以上，而其余非洲国家或地区之和所占比重还不到 3.2%。具体见表 9-12。

表 9-12　2012 年中国从非洲进口居前 20 位的国家

序号	指　标	从非洲相应国家进口总额（万美元）	占中国从非洲进口总额比率（%）
	中国从非洲进口总额	11325064	100.00
1	中国从南非进口总额	4467127	39.44
2	中国从安哥拉进口总额	3356191	29.64
3	中国从利比亚进口总额	637612	5.63
4	中国从刚果（布）进口总额	455631	4.02
5	中国从刚果（金）进口总额	351291	3.10
6	中国从赞比亚进口总额	269196	2.38
7	中国从阿尔及利亚进口总额	231191	2.04
8	中国从赤道几内亚进口总额	182283	1.61
9	中国从苏丹进口总额	155427	1.37
10	中国从毛里塔尼亚进口总额	146497	1.29
11	中国从埃及进口总额	132074	1.17
12	中国从尼日利亚进口总额	127392	1.12
13	中国从喀麦隆进口总额	89043	0.79
14	中国从加纳进口总额	64361	0.57
15	中国从加蓬进口总额	61797	0.55
16	中国从津巴布韦进口总额	58443	0.52
17	中国从摩洛哥进口总额	55964	0.49
18	中国从塞拉利昂进口总额	50298	0.44
19	中国从莫桑比克进口总额	40178	0.35
20	中国从坦桑尼亚进口总额	37930	0.33
	中国从非洲进口居前 20 位国家进口总额	10969926	96.86

资料来源： 中华人民共和国国家统计局。

9.4.3　中国对非洲出口的主要目的国

同样，中国对非洲的出口目的国也主要集中于南非、尼日利亚、埃及、阿尔及利亚、加纳等少数国家。2012 年，中国对非洲出口居前 5 位的国家出口总额为 430.50 亿美元，占中国当年对非洲出口总额的 50.46% 左右；中国对非洲出口居前 10 位的国家出口总额为 598.39 亿美元，占中国当年对非洲出口总额的 70.14% 左右；中国对非洲出口居前 20 位的国家出口总额为 755.71 亿美元，占中国当年对非洲出口总额的 88.58% 左右。中国在非洲的进出口对象过于集中在某些国家，使中非贸易的发展面临很大局限和严重的安全隐患。具体见表 9-13。

表 9-13 2012 年中国出口非洲居前 20 位的国家

序号	指标	中国对非洲相应国家出口总额（万美元）	占中国对非洲出口总额比率（%）
	中国对非洲出口总额	8531061	100
1	中国对南非出口总额	1532302	17.96
2	中国对尼日利亚出口总额	929603	10.90
3	中国对埃及出口总额	822399	9.64
4	中国对阿尔及利亚出口总额	541666	6.35
5	中国对加纳出口总额	479066	5.62
6	中国对安哥拉出口总额	403903	4.73
7	中国对利比里亚出口总额	344655	4.04
8	中国对多哥出口总额	338310	3.97
9	中国对摩洛哥出口总额	313119	3.67
10	中国对肯尼亚出口总额	278874	3.27
11	中国对贝宁出口总额	241366	2.83
12	中国对利比亚出口总额	238424	2.79
13	中国对苏丹出口总额	217862	2.55
14	中国对坦桑尼亚出口总额	208972	2.45
15	中国对埃塞俄比亚出口总额	152948	1.79
16	中国对突尼斯出口总额	139192	1.63
17	中国对喀麦隆出口总额	106432	1.25
18	中国对莫桑比克出口总额	94089	1.10
19	中国对吉布提出口总额	90178	1.06
20	中国对刚果（金）出口总额	83749	0.98
	中国出口非洲居前 20 位国家出口总额	7557109	88.58

资料来源：中华人民共和国国家统计局。

9.5 出口非洲市场贸易摩擦风险

9.5.1 中国与非洲国家的贸易摩擦进入高发期

1. 中国遭遇的贸易摩擦日益增多

随着中国国际贸易地位的提升和出口竞争力的增强，并受国际上贸易保护主义倾向抬头和国际竞争日趋激烈等因素的影响，中国遭遇的贸易摩擦日益增多，已进入贸易摩擦高发期。中国与主要贸易国家和地区发生的贸易摩擦会越来越多，企业遭受的损失也可能会越来越大。中国遭遇的贸易摩擦呈现出以下特点：

(1) 涉案产品范围不断扩大，而且主要集中在轻工、纺织、机电等中国具有传统竞争优势的劳动密集型产品上。此外，中国与包括非洲国家在内的发展中国家贸易摩擦接踵而至。

（2）在中国与发达国家贸易摩擦不断增多的同时，中国与包括非洲国家在内的发展中国家的贸易摩擦也呈扩大化趋势。目前，包括非洲国家在内的发展中国家对中国发起贸易救济调查的数量占案件总数的比例已经不容忽视。

（3）从贸易保护手段来看，反倾销仍是对中国使用最多的贸易救济手段。部分WTO成员援引《中国加入WTO议定书》第16条对中国发起的特保调查增多。此外，发达国家以及包括非洲国家在内的发展中国家还利用技术性贸易壁垒、技术标准、检验检疫等非关税壁垒和手段，限制中国产品出口。

（4）贸易摩擦逐步由货物贸易领域扩展到服务贸易、投资、知识产权等多个领域，由企业微观层面向宏观体制层面延伸。在人民币汇率、知识产权保护等方面，中国面临的压力越来越大。

2. 中非之间的贸易摩擦日益严重

随着中国与非洲经贸合作规模的不断扩大，双方在贸易、投资等方面存在的矛盾也日益突出。中国的纺织品、服装、鞋类、摩托车等商品大量涌入非洲，在一定程度上影响了非洲刚刚起步的制造业的发展。同时，中国商品在国际市场上与非洲同类商品的竞争，进一步削弱了非洲的出口能力，间接损害了非洲相关产业，也影响了国际商家对非洲直接投资的积极性。

特别是近几年来，中非贸易快速增长，中国与非洲国家的贸易摩擦进入高发期，针对中国产品的贸易保护调查不断出现。据中国商务部统计，自WTO成立至2006年，中国遭受非洲国家反倾销及保障措施案共计48起，占中国同期遭受国外贸易保护调查案件总数的6.2%，远高于中非贸易额占中国外贸总额的比重。[①] 其中，南非与埃及是对中国产品发起反倾销调查最多和最主要的非洲国家。若不及时扭转这种局面，对中非贸易的健康发展非常不利。

9.5.2 南非对中国产品发起的贸易救济措施调查

据WTO统计，1995—2010年，南非共启动226起贸易救济调查，占全球贸易救济调查总数的5.2%，在全球55个启动贸易救济调查的WTO成员国中位列第6位。其中，反倾销212起，反补贴13起，保障措施1起。同期，南非共遭遇了59起反倾销调查和6起反补贴调查。截至2012年年底，南非共对中国产品发起49起贸易救济措施调查，其中反倾销调查46起，反倾销和反补贴合并调查1起，保障措施2起。纺织品、金属制品和化工产品是南非对华反倾销的重点。

9.5.3 埃及对中国产品发起的贸易救济措施调查

2010年，埃及未对中国发起反倾销调查，但截至2010年年底，埃及共对中国产

① 资料来源：国际海事信息网，http://www.simic.net.cn/。

品发起 18 起贸易救济措施调查，其中反倾销调查 17 起，保障措施 1 起，主要涉及机电、轻工、化工和五矿等产品。

此外，还有一些非洲国家对中国产品采取限制进口甚至禁止进口的措施。中非贸易摩擦的原因是多方面的，其中之一是中国对非洲出口产品存在质量和服务等问题。中国的纺织品、五金制品以及日杂用品在一些非洲国家的市场有较高的占有率，但产品质量参差不齐，有些产品甚至存在安全隐患，对中国商品在非洲市场上的整体信誉造成了极坏的影响，而非洲各国需求较多的机电产品则存在售后服务不及时等问题。除纺织服装等少数产品外，中国产品在非洲市场的整体竞争力不及美国和欧盟等国家或地区的产品，这也使中国企业和产品在非洲客户中的信誉受到影响。

通过本章关于中国对非洲市场出口贸易风险分析，可以发现：

(1) 本章认为，面对全球经济的不确定性因素，国际市场格局不断变化，国外市场需求有所减少，欧美市场复苏缓慢。国内出口企业应转换思路，积极开拓非洲等新兴市场，通过与非洲等新兴市场的贸易增长来弥补与发达经济体的贸易缺口，借助市场多元化减小全球经济不确定性带来的影响。但由于非洲等新兴市场政局相对不稳、经济落后，加之法律制度不够完善，信用环境普遍偏差，导致出口贸易风险增加，且风险出现的国家较为分散，风险种类也多种多样。

(2) 本章就中国对非洲市场出口贸易风险的分析表明，由于非洲地区各国政治经济发展的不平衡性、中国出口非洲市场的低规模比重性、产品结构的单一性、贸易伙伴的高度集中性，以及中非贸易摩擦的多发性，中国出口非洲市场产品面临着一定的风险。这种风险会直接影响中国出口非洲市场产品的竞争力。

(3) 本章通过中国对非洲市场出口贸易的风险分析，以期提高对中国出口非洲市场产品贸易风险的认识，达到风险控制、风险规避、风险防范的目的，提高我国出口非洲市场产品的竞争力。

10　中国出口非洲产品竞争力综合评价

在前述第 4 章至第 7 章对微观层次企业及其生产的产品的结构、分布、质量等分析的基础上，以及在第 8 章从宏观视角对非洲技术性贸易措施制度环境及对中国出口非洲市场产品竞争力影响分析、第 9 章基于宏观层次对中国出口非洲市场贸易风险分析的基础上，本章从中观层次，运用迈克尔·波特的国家竞争优势等理论对中国出口非洲贸易状况进行竞争力评价与分析。

10.1　中国出口非洲市场产业内贸易指数

10.1.1　产业内贸易指数模型

产业内贸易的发展程度可用产业内贸易指数（Index of Intra-industry Trade，IIT）来衡量。也就是说，产业内贸易指数是用来测度一个产业的产业内贸易程度的指数，是指在相同产业中双方国家互有不同质的贸易往来，在统计数据上显示同一类产业同时存在进口和出口的商品数额，表明在该产业有着互补性的贸易需求，并且越是高位的分类显示出的产业内贸易指数越有说服力。

1. 产业内贸易理论

自 20 世纪 60 年代开始，许多学者便对赫克歇尔—俄林模型进行了实证分析。例如，Vernoorn（1960）、Balassa（1965）等人对欧共体成员之间的研究表明，其间的大部分国际贸易并不是反映各国资源禀赋的产业间贸易，而是产业内贸易。由于产业内贸易涉及各种不完全竞争的特点（如产品的差异性、规模经济、垄断竞争或寡占行为以及跨国公司的活动等）及更广的范围，故建立在完全竞争假设上的传统国际贸易理论很难对此加以解释，于是就自然而然地产生了许多关于产业内贸易的模型和研究。1975 年，Grubel 和 Lloyd 在《产业内贸易：异质产品国际贸易理论及测度》一书中建立了著名的 G—L 指数，对产业内贸易进行理论和实证研究。后来，又出现了基于垂直产品差异的新赫克歇尔－俄林模型（Falvey 等，1984），该理论试图在产品特性与劳动和资本等基本要素的不同组合间建立联系，以解释产业内贸易，但仍旧用要素禀赋来预测贸易。基于水平产品差异的新张伯伦模型（Krugman，1979）和兰卡斯特模型（Lankaster，1980），前者认为在产品具有水平差异性并在生产的平均成本递减的情况下，即使在两个完全相同的国家间也能展开贸易，并且这种贸易能够增加两国的福利，后者则以产品特性和消费者偏好的唯一占优选择性为基础来解释两国贸易，也得出了与前者相同的结论。基于寡占假定的布兰德—克鲁格曼模型（Brander & Krugman，1983）和垂直差异性模型，前者利用古诺假定建模，讨论寡占均衡问题，后者用研究与开发作为固定成本来分析，结果均表明，如果两个国家收入水平不同，就会产生产业内贸易，高收入国家出口高质量产品，低收入国家出口低质量产品。此外，在随后的研究中，又有许多学者对前人的成果进行了拓展与改进，比如，Havryshyn 和 Civan（1983）、Marique（1987）、Lee（1993）、Stone 和 Lee（1995）、Gonzalez 和 Velez（1995）、Havrylyshyn 和 Kuzne（1997）、Nilsson（1999）、Ekanayake（2001）、李俊（1998）、许统生（2000）以及郑理明和王雷（2003）等。

概言之，产业内贸易的发展是被充分肯定的，对它的研究也必将随着产业内贸易的不断深化而深化，这是历史发展的必然，也是贸易演进的必然。

2. 产业内贸易测量

如何测量产业内贸易是产业内贸易理论所研究的一个重要问题。

（1）G—L 指数

测量产业内贸易的最为广泛使用的是 Grubel 和 Lloyd（1975）在《产业内贸易：异质产品国际贸易理论及测度》一书中提出的 G—L 指数，即格鲁贝尔一劳埃德指数。G—L 指数是研究产业内贸易时使用较普遍的一个指标，与人们选择哪一级的 SITC 数据作为产业划分标准有关。尽管自 20 世纪 60 年代以来，许多学者建立了各自的测量指标，但最为广泛采用的仍是一些 G—L 指数的变形。G—L 指数被认为是讨论在一个简单时期内产业贸易模式的最为适当的方法，具体来说，它测量了一国（j 国）某一产业（i 产业）的产业内贸易份额，其对产业内贸易的衡量指数公式如下：

$$IIT_{ij}=[(X_{ij}+M_{ij})-|X_{ij}-M_{ij}|]/(X_{ij}+M_{ij})$$
$$=1-|X_{ij}-M_{ij}|/(X_{ij}+M_{ij}) \quad (10\text{-}1)$$

式中，X_{ij} 和 M_{ij} 分别代表 j 国 i 产业出口额和进口额，指数 IIT_{ij} 用作测量 j 国 i 产业的产业内贸易程度或比例，如果 j 国 i 产业的所有贸易均为产业间贸易．即 $X_{ij}=0$ 或 $M_{ij}=0$，则 $IIT_{ij}=0$；如果 j 国 i 产业的所有贸易均为产业内贸易，即 $X_{ij}=M_{ij}$，则 $IIT_{ij}=1$，故 $0\leqslant IIT_{ij}\leqslant 1$。

（2）巴拉萨指数

巴拉萨（B. Balassa）曾对产业内贸易现象作过统计研究，并提出测量产业内贸易重要性程度的指标——产业内贸易指数。其计算公式为：

$$T_i=1-|X_i-M_i|/(X_i+M_i) \quad (10\text{-}2)$$

式中，X_i 和 M_i 分别表示某一特定产业或某一类商品的出口额和进口额，并且对 X_i

$-M_i$ 取绝对值。T_i 的取值范围为 [0，1]，$T_i=0$ 时，表示没有发生产业内贸易；$T_i=1$ 时，表明产业内进口额与出口额相等；T_i 值越大表明产业内贸易程度越高。

3. 产业内贸易指数理论的两个条件

产业内贸易指数理论中所指的产业必须具备两个条件：一是生产投入要素相近，二是产品在用途上可以相互替代。符合这两个条件的产品又可以分为同质产品和异质产品，也称作相同产品或差异产品。

（1）同质产品的产业内贸易

同质产品或相同产品是指产品间可以完全相互替代，也就是说，产品有很高的需求交叉弹性，消费者对这类产品的消费偏好完全一样。这类产品的贸易形式通常都属于产业间贸易，但由于市场区位、市场时间等的不同，也会发生产业内贸易。

① 两国边境大宗产品的交叉型产业内贸易。在矿石、钢铁、木材和玻璃等建筑材料等大宗交易产品当中，运输费用占据了总成本中的很大一部分。

② 季节性贸易。有些产品的生产和市场需求具有一定的季节性，因此国家为了满足国内需求也会鼓励产业内贸易。例如，欧洲一些国家之间为了相互解决用电高峰期问题而进行的电力“削峰填谷”的进出口。另外，一些果蔬的季节性进出口也属于此类。

③ 大量的转口贸易。转口贸易中，转口国的进口项目和出口项目中会出现同类产品，在统计上就构成了产业内贸易。

④ 相互倾销。不同国家生产同样产品的企业，为了占领更多的市场，有可能在竞争对手的市场上倾销自己的产品，从而形成产业内贸易。

⑤ 政府的外贸政策。一国政府在对外贸易政策中实行出口退税、进口优惠时，国内企业为了与进口商品竞争，就不得不先以出口得到出口退税，然后再进口以享受进口优惠，这样一来就产生了产业内贸易。

⑥ 跨国公司的内部贸易。跨国公司的内部贸易也称为公司内贸易，指的是在母公司与子公司或者子公司与子公司之间产生的国际贸易。由于统计上常常将零部件、中间产品以及加工产品视为同样的产品，因此，跨国公司的内部贸易也会形成产业内贸易。

（2）异质产品的产业内贸易

差异产品又可以分成三种：水平差异产品、技术差异产品和垂直差异产品。

不同类型的差异产品引起的产业内贸易也不相同，分别为水平差异产业内贸易、技术差异产业内贸易和垂直差异产业内贸易。

① 水平差异产业内贸易。水平差异是指由同类产品相同属性的不同组合而产生的差异，烟草、服装及化妆品等行业普遍存在这类差异。

② 技术差异产业内贸易。技术差异是指由于技术水平提高所带来的差异，也就是新产品的出现带来的差异。从技术的产品角度看，是产品的生命周期导致了产业内贸易的产生。技术先进的国家不断地开发新产品，技术后进的国家则主要生产那些技术已经成熟的产品，因此，处于不同生命周期阶段的同类产品间产生了产业内贸易。

③垂直差异产业内贸易。垂直差异就是产品在质量上的差异，汽车行业中普遍存在着这种差异。为了占领市场，人们需要不断提高产品质量，但是一个国家的消费者不能全部追求昂贵的高质量产品，而是因个人收入的差异，不同的消费者需要不同档次的产品。为了满足不同层次的消费需求，高收入国家就有可能进口中低档产品来满足国内中低收入阶层的需求；同样，中低收入水平的国家也可能进口高档产品来满足国内高收入阶层的需求，从而产生了产业内贸易。

10.1.2 中国出口非洲市场产业内贸易指数的实证分析

表 10-1 中的中国与非洲产业内贸易指数（IIT）是根据中国与非洲进出口金额、采用上述格鲁贝尔—劳埃德指数和巴拉萨指数计算的 IIT 指数，可用来对中国出口非洲市场产业内贸易进行评估。

表 10-1 2004—2014（1—11 月）中国与非洲产业内贸易指数（IIT）

SITC（0～9）	2004	2005	2006	2007	2008	2009	2010	2011	2012	2013	2014（1—11 月）
合计	0.93	0.93	0.95	0.99	0.96	0.95	0.94	0.88	0.86	0.88	0.95
0～4 初级产品	0.10	0.09	0.08	0.08	0.08	0.10	0.09	0.10	0.09	0.10	0.10
0 食品及活动物	0.32	0.36	0.24	0.21	0.25	0.16	0.23	0.23	0.23	0.29	0.37
1 饮料及烟类	0.65	0.49	0.48	0.38	0.45	0.61	0.52	0.34	0.27	0.28	0.17
2 非食用原料（燃料除外）	0.10	0.07	0.05	0.06	0.04	0.04	0.04	0.04	0.04	0.04	0.04
3 矿物燃料、润滑油及有关原料	0.02	0.02								0.03	0.04
4 动、植物油、脂及蜡	0.31	0.74	0.31	0.19	0.73	0.22	0.22	0.74	0.52	0.82	0.47
5～9 工业制品	0.33	0.30	0.24	0.23	0.24	0.26	0.37	0.56	0.66	0.66	0.58
5 化学品及有关产品	0.48	0.42	0.38	0.32	0.31	0.32	0.38	0.24	0.23	0.21	0.17
6 按原料分类的制成品	0.53	0.51	0.43	0.44	0.42	0.52	0.66	0.62	0.58	0.59	0.64
7 机械及运输设备	0.11	0.09	0.08	0.06	0.04	0.03	0.03	0.02	0.03	0.04	0.03
8 杂项制品	0.01	0.01	0.01	0.01	0.02	0.02	0.02	0.03	0.02	0.02	0.02
9 未分类的商品及交易品	0.66	0.84	0.96	0.65	0.02	0.03	0.01	0.00	0.00	0.00	0.00

资料来源： 中华人民共和国海关总署。

通过观察产业内贸易总指数与 SITC 分类产品的产业内贸易指数，我们可以得出以下结论。

（1）设定 IIT＞0.8 为“明显产业内贸易”，观察表 10-1 中的数据可知：

①2004 年 1 月至 2014 年 11 月间，中非产业内贸易总指数的变化总体趋稳，产业

内贸易总指数均在 0.86 以上。

②2008 年金融危机之前，中非贸易产业内贸易总水平逐年不断提高，但在 2008 年金融危机之后，产业内贸易总水平略有回落。

③2004—2014 年，中非产业内贸易总指数都较高；尤其是 2004—2010 年这段时期内，中非产业内贸易总指数均在 0.90 以上，表明中非产业内贸易总程度很高。

④2008 年金融危机前一年的 2007 年，中非产业内贸易总指数达到 0.99 的最高峰。

由上述分析可见，2004 年至 2014 年 11 月间，中非产业内贸易总指数的变化总体在 0.86 以上；其中，2007 年中非产业内贸易指数达到 0.99 的最高峰。这说明，中非之间在贸易产品的总体质量和属性等方面具备多样性，中国对非洲进口与出口贸易基本持平。这与中非进出口贸易实际情况是相符合的。

（2）设定 0.5≤IIT≤0.8 为“产业内贸易与产业间贸易形式并存，但产业内贸易占比稍高”的正常产业内贸易情况。中非 SITC 分类产品贸易属于正常产业内贸易情况的只有一类，即 SITC 6 分类的“按原料分类的制成品”。2012 年、2013 年和 2014 年 1—11 月制成品的产业内贸易指数分别为 0.66、0.66 和 0.58。

（3）设定 0.1≤IIT≤0.5 为“产业内贸易与产业间贸易形式并存，但产业间贸易占比稍高”的产业内贸易情况。产业内贸易指数在［0.1，0.5］区间内的 SITC 分类产品有“0 类：食品及活动物；1 类：饮料及烟类；4 类：动、植物油、脂及蜡；5 类：化学品及有关产品”。这说明，上述四大类产品虽然也具有产业内贸易趋势，但产业内贸易比例在总贸易额中的比重并不高。

（4）设定 IIT＜0.1 为“具有明显的产业间贸易趋势”。产业内贸易指数 0.1 以下的 SITC 分类产品有“2 类：非食用原料（燃料除外）；3 类：矿物燃料、润滑油及有关原料；7 类：机械及运输设备；8 类：杂项制品”。

（5）设定 IIT＝0 为“没有发生产业内贸易”。产业内贸易指数为 0 的 SITC 分类产品只有“9 类：未分类的商品及交易品”。这说明，该类产品具有明显的产业间贸易趋势。

（6）以下两点值得重视：

①SITC 分类产品：“0～4 类：初级产品”产业内贸易指数近 11 年来均在 0.1 以下，说明“0～4 类：初级产品”具有明显的产业间贸易特征。

②SITC 分类产品：“5～9 类：工业制品”产业内贸易指数近 11 年来从 0.33 略有回落之后上升到 0.58，说明“5～9 类：工业制品”处于产业内贸易与产业间贸易形式并存，但产业内贸易超过产业间贸易的正常产业内贸易状况。具体如图 10-1 所示。

综上所述，中国与非洲国家 SITC 分类产品贸易的产业内贸易情况变化区间较大，非洲各国与中国在产品进出口方面主要是以满足国内需求为主，整体产业内贸易的活跃度较为欠缺，而且中国与非洲产品进出口结构存在差异。

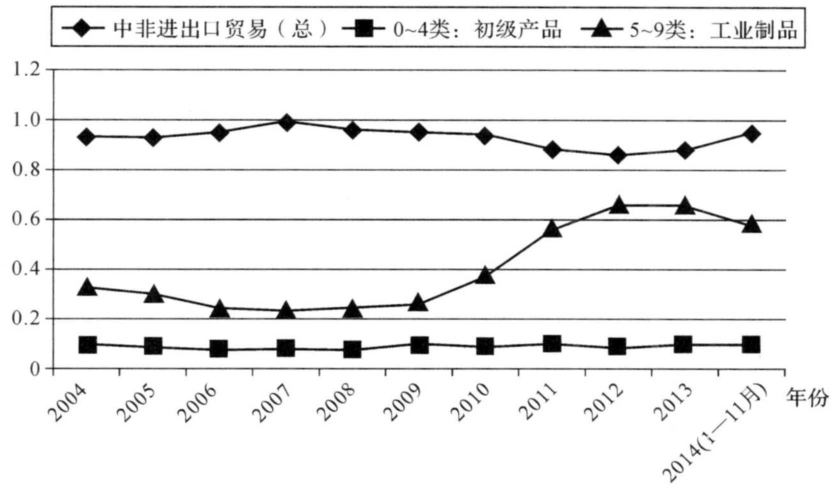

图 10-1 2004—2014（1—11 月）中国与非洲产业内贸易指数（IIT）走势

10.2 中国出口非洲市场产品贸易竞争力指数

10.2.1 贸易竞争力指数模型

1. 贸易竞争力与相关概念的关系

贸易竞争力是国际竞争力的重要构成之一，贸易竞争力与国际竞争力具有异常紧密的联系。广义的国际竞争力是指一个国家在市场经济竞争的环境和条件下，在与世界各国的竞争比较中所能创造的增加值，及国民财富的持续增长和发展的系统能力水平。狭义国际竞争力的首要表现是，各国产品和服务在国际市场中的竞争位势和竞争状态。因而，贸易竞争力构成了国际竞争力的重要内容之一。特别是在进出口分析中，贸易竞争力也称为外贸竞争力。例如，马丁·杜兰德、克里斯托弗·曼德萨和弗拉维·特瑞布（Martine Durand，Christophe Madaschi & Flavia Terrible，1998）认为，国际竞争力的测算是围绕国内市场和国际市场的竞争展开的，完全可以由进口和出口竞争力来表示。瑞士洛桑国际管理学院（IMD）和世界经济论坛（WEF）以及经合组织（OECD）在其国际竞争力测算指标中，也都将外贸竞争力列为考察内容。中国学者叶耀明等（2002）也认为外贸竞争力的概念最早源于国际竞争力，是国际竞争力概念的推广，反映了本国产品在国际市场上的竞争力情况，相当于在国际市场上的产业竞争力。

外贸竞争力主要以出口竞争力来衡量。与外贸竞争力密切联系的另一个概念是出口竞争力。从某种程度上说，外贸竞争力等同于出口竞争力，只是两者分析的角度有所不同。乔·麦克格瑞汉（Joy M. McGreehan，1968）认为，竞争力问题最初是由外贸进出口所引发的。阿基米（Riad Ajami）则直接将国际竞争力定义为该国出口占世界出口的份额及其增长。当然，也有学者反对直接以出口竞争力来衡量国际竞争力。皮特·伯克利（Peter J. Buckley，1998）认为，将贸易业绩定义为竞争力有可能忽视了技术和投资的流量，忽视了将来的竞争力。

外贸竞争力是国家竞争力的直接体现。对外贸易是拉动国家经济增长的动力之一，在各国竞争日益激烈的今天，对外贸易的强弱更成为衡量国家竞争力的重要指标。马库森（Markusen，1992）指出，在一个自由贸易的环境中，一国通过贸易，其实际收入的增长速度高于贸易伙伴，则说明该国有竞争力。丹尼尔·博顿（Daniel F. Burton，1994）认为，国家竞争力由四个层次概念构成，最上层是生活水平，最下层是投资，中间层是贸易和生产率。当然，也有人反对将外贸竞争力作为国家竞争力的重要组成。奥波瑞（O'brien，1998）认为，一国在某些领域相对于其他国家来说是缺乏竞争力的，因为一国不可能在所有产品或服务领域都有效率。

在外贸竞争力的具体构成内容方面，产品、企业和产业都成为体现外贸竞争力的不同层面，相应地，就有了产品外贸竞争力、企业外贸竞争力和产业外贸竞争力的概念。卡米舍尔（Carmichael，1978）认为，外贸竞争力体现为一个国家的企业或者产业在国际市场上销售其产品的能力。沙加亚（Sanjaya Lall，2001）使用制成品增值指数（MVA）和制成品出口指数，分析东亚地区（包括中国）、拉美和加勒比地区（包括墨西哥）和不包括墨西哥在内的其他拉美地区、南亚五国、非洲中东部和北部（包括土耳其但不包括以色列）以及亚撒哈拉区域的发展中国家1980—2000年间所生产产品的世界市场份额。麦克菲卓基（Donald G. McFetridge，1995）则提出将产业竞争力定义为出口份额的增减。

2. 贸易竞争力的影响因素

有关贸易竞争力影响因素的研究既有从理论角度分析，也有从实证角度分析。乔·麦克格瑞汉（Joy M. McGreehan，2005）在分别对价格、成本因素以及非价格因素，如地理的和商品贸易方式、贸易壁垒、需求压力利润率等，对贸易竞争力的影响进行分析后认为，价格和出口之间具有很清晰的联系。但是，非价格因素也会影响产品在国际上的销售能力，尽管不可能从数量上来估计非价格因素的影响，非价格因素对不同的商品组合以及在某些情况下的作用仍非常大。毛瑞恩（Lankhuizen Maureen，1968）指出，出口作为经济增长的重要源泉，其竞争力来源首先是技术进步及其带来的生产率和产品质量的提高，其次是较低的工资水平，最后汇率贬值对一国的竞争力也会有所提升。张金昌（2002）用公式表明，进出口差额由产品生产成本、利润加成、国外竞争产品价格、进口国外产品价格、国内外市场需求、汇率等多种因素决定。

（1）价格对外贸竞争力的影响。价格是商品在国际竞争中所要考虑的首要条件，因而价格的变动对于各国产品国际市场占有份额具有重要作用。对研究价格和竞争力的关系做出突出贡献的是克拉维斯和李普赛（Inving B. Kravis & Robert E. Lipsey，1971），他们以美国、英国、德国和日本以及欧共体其他成员20世纪五六十年代9类重要商品的实际出口价格为基础，编制了反映出口价格变化的普遍价格指数、反映具体两国出口价格相对水平的价格竞争力指数，以对这些国家出口商品在价格方面的竞争力情况进行比较。琼兹和洪博格（Junz & Rhomberg，1964）对11个主要工业国家1956—1963年的商品出口进行了研究，发现有43%的工业品出口份额变化是由相关产品出口价格的影响造成的，而且价格恶化1%将导致出口下降约3%。帕金逊（J. R. Parkinson，1966）研究了英国1953—1963年间24种制成品的出口商品单位价值和出口量变化之间的关系，结果表明这种关系在不同商品之间大不相同。雷（G. F. Ray，1966）研究了英国产品在东欧国家的出口竞争力，表明价格波动是竞争力的一个重要方面。当然，也有反对以价格作为研究竞争力的唯一要素的观点。例如，豪森克尔（Houthakker，195）认为，仅用一种分析方法会夸大价格变化对竞争力的影响，他认为为了更充分地理解产品的竞争位势，还有必要从历史的角度去分析，或者直接比较不同国家之间的总体价格水平。

（2）汇率对外贸竞争力的影响。豪森克尔（Houthakker，1957）通过计算认为，一国商品在国际市场上竞争不利的原因是由于本国的货币价格太高。荷兰学者C.A.范·登·贝尔德和D.范·登·沃尔夫（C.A. Van den Beld & D. Van der Werf，1965）在研究中应用了巴拉萨（Balassa，1965）计算出的剔除了服务贸易的GNP购买力来分析价格竞争力，并将出口份额作为相关商品的出口价格和初始价格位置的一个函数，比较1958年美国、英国和联邦德国制造业的单位产出价格。OECD则在1998年研究亚洲新兴市场经济国家的竞争力影响的一份报告中认为，1997年的金融危机使亚洲一些国家的货币出现大幅度贬值，这种贬值使OECD成员国和非成员国的商品在国际市场的竞争态势受到了严重影响。

（3）其他非价格因素对外贸竞争力的影响。主要有关于成本、产品设计、地理和商品贸易方式等对外贸竞争力的影响。巴拉萨（Balassa，1965）的研究结果表明，批发价格的运动大体上紧随成本的两个主要内容（劳动和产业原料）的运动。关于产品设计与外贸竞争力的关系，D.A.图凯（D.A. Tookey，1964）在研究了英国针织品和毛织物出口后，认为这两类产品出口份额下降的原因在于欧洲国家尤其是意大利的技术革新，而类似的技术在英国制造商中被非常缓慢地采用。关于地理和商品贸易方式对外贸竞争力的影响，乔·麦克格瑞汉（Joy M. McGreenhan，1968）认为，一国的竞争力在多大范围内能够经受得住时间的考验，不仅要看其在本国和同类产品中能够销售出去的能力，还要看其是否具备了适应地理和商品贸易方式变化的能力。

3. 贸易竞争力的国内理论

国内对贸易竞争力的研究始于20世纪90年代后期，并随着中国对外贸易在国民经济中地位的日益上升而日渐增多。归纳起来，国内有关贸易竞争力的研究主要包括以下方面：

（1）外贸竞争力概念的界定。一是陈春宝（1997）提出的产品外贸竞争力的概念，即一个国家或地区可贸易的本国产品在向本国开放的外国市场上所具有的开拓、占据其市场并以此获得利润的能力。二是由贾继锋（2001）提出的外贸竞争力的概念，即一个国家或地区可贸易的本国产品、产业以及从事贸易的企业在向本国开放的外国市场上所具有的开拓、占据其市场并以此获得利润的能力。陈春宝（1997）的概念侧重于从产品的角度来定义外贸竞争力，而贾继锋（2001）则将外贸竞争力从产品竞争力扩大到了企业和产业层面，研究外贸竞争力更多地采用了后者的定义。

（2）产品的外贸竞争力研究。金碚（1997）从1995年开始对中国工业国际竞争力进行的研究，是对产品外贸竞争力的较早研究。1997年《中国工业国际竞争力——理论、方法与实证研究》的发表，在指出产业国际竞争力分析的理论基础、分析范式和分析方法的基础上，应用外贸竞争力的各项分析指标对中国工业品的总体竞争力进行了分析，并进一步对中国工业内部各产业的产品的国际竞争力进行了实证研究。2005年，金碚牵头的课题组对中国工业制成品的国际竞争力情况进行了跟踪研究，分析了中国工业品的整体出口竞争力、国际市场占有率、制成品相对出口优势、工业制成品的贸易结构，并计算了中国工业品的显示性比较优势指数、贸易竞争指数、出口优势变差指数。程春梅（2000，2001）利用外贸竞争力的显示性指标研究了中国产品的外贸竞争力，指出中国出口产品在国际市场上的竞争力仍然很弱，较具有竞争力的劳动密集型产品正面临着严峻的挑战，而附加值高的技术或资金密集型产品的竞争力则处于劣势。除了对工业制成品外贸竞争力的研究外，对于作为中国劳动密集型产品重要构成的农产品外贸竞争力的研究，也随着近年来中国农产品在国际市场上遭受日益增多的贸易抵制和制裁而不断增多。乔娟（2002）选取在中国劳动密集型农产品中具有重要地位，并在国际市场上具有较大比较优势的肉类产品作为研究对象，于2002年出版了《中国肉类产品国际竞争力研究》一书。其他关于农产品外贸竞争力的研究还包括对畜产品、棉花、柑橘、蔗糖、蔬菜、大蒜等产品国际竞争力的研究。

4. 贸易竞争力指数

一种产品在国际市场上的竞争优势不仅要看该产品的进口与出口差额的大小，还应该看这一进出口差额占该产品进出口总额的比重。因此，这里用贸易竞争力指数来定量分析中国主要出口工业制成品的国际竞争力。

贸易竞争力（Trade Competitiveness）指数，即 TC 指数，是对国际竞争力分析时比较常用的测度指标之一，表示一国进出口贸易的差额占进出口贸易总额的比重，即 TC 指数＝（出口额－进口额）/（出口额＋进口额），公式为：

$$TC=(X_i-M_i)/(X_i+M_i) \tag{10-3}$$

式中，X_i 代表 i 产品的出口额，M_i 代表 i 产品的进口额。

该指标作为一个与贸易总额的相对值，剔除了经济膨胀、通货膨胀等宏观因素波动的影响，即无论进出口的绝对量是多少，该指数取值均在［－1，1］区间。其值越接近于0表示竞争力越接近于平均水平；该指数为－1时表示该产业只进口不出口，越接近于－1表示竞争力越弱；该指数为1时表示该产业只出口不进口，越接近于1表示竞争力越大。

$TC<0$，即 $X_i<M_i$，说明该国该产品的进口大于出口，竞争力较弱；$TC=-1$ 时，国际竞争力达到最低点；$TC>0$，即 $X_i>M_i$，说明该国该产品的出口大于进口，表明该国具有很强的国际竞争力；$TC=1$ 时，国际竞争力达到最高水平。

10.2.2 中国出口非洲市场产品贸易竞争力指数的实证分析

1. 中国对非洲进出口贸易竞争力

这里应用上述式（10-3）计算中国出口非洲市场产品的贸易竞争力指数。表 10-2 反映了 2002—2012 年中国与非洲进出口总额及贸易竞争力指数，图 10-2 描绘了 2002—2012 年中国与非洲进出口总额趋势，图 10-3 描绘了 2002—2012 年中国出口非洲市场产品贸易竞争力指数。这些图表是根据中国与非洲进出口金额计算的贸易竞争力指数，可用来对中国出口非洲市场产品的贸易竞争力进行评估。

表 10-2 2002—2012 年中国与非洲进出口总额及贸易竞争力指数

年份	中国与非洲进出口总额（亿美元）	中国自非洲进口总额（亿美元）	中国对非洲出口总额（亿美元）	中国在非洲市场的贸易竞争力指数
2002	123.88	54.27	69.61	0.12
2003	185.42	83.60	101.82	0.10
2004	294.59	156.46	138.13	−0.06
2005	397.44	210.62	186.82	−0.06
2006	554.60	287.72	266.88	−0.04
2007	736.57	363.59	372.98	0.01
2008	1072.07	559.67	512.40	−0.04
2009	910.66	433.31	477.35	0.05
2010	1270.46	670.92	599.54	−0.06
2011	1663.23	932.40	730.83	−0.12
2012	1985.61	1132.51	853.11	−0.14

资料来源：笔者根据前述数据整理计算所得。

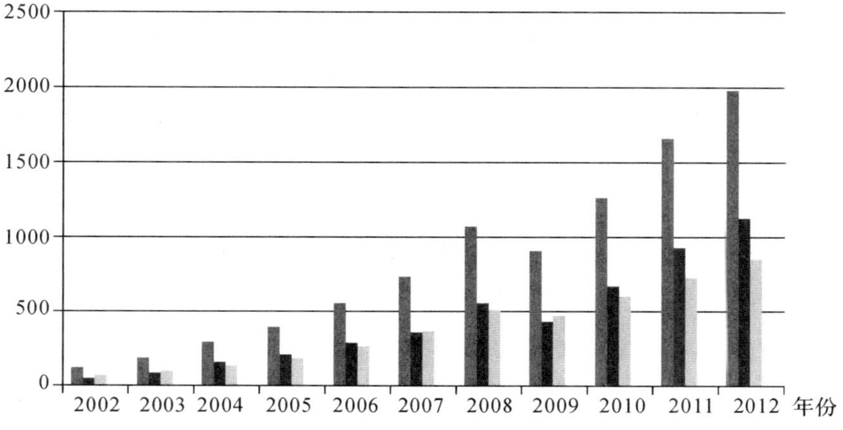

图 10-2 2002—2012 年中国与非洲进出口总额

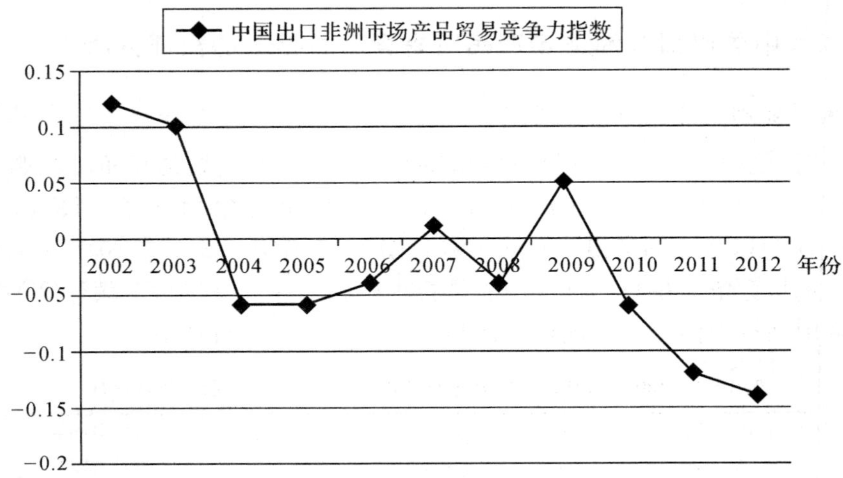

图 10-3 2002—2012 年中国出口非洲市场产品贸易竞争力指数

分析表 10-2、图 10-2 和图 10-3 可见：

(1) 2002—2012 年间，中国出口非洲市场贸易竞争力指数的变化趋势总体平稳，略有起伏和波动，基本维持在［−0.14，0.14］区间内。

(2) 金融危机之前的 2004—2007 年，中国出口非洲市场贸易竞争力指数逐年不断提高，提高幅度 0.07。

(3) 2007—2008 年中国出口非洲市场贸易竞争力指数略有下降，下降幅度 0.05。

(4) 2008—2009 年中国出口非洲市场贸易竞争力指数略有提高，提高幅度 0.09。

(5) 在 2009 年之后，中国出口非洲市场贸易竞争力指数略有下滑，2009—2012 年，中国出口非洲市场贸易竞争力指数回落 0.18。

(6) 2002—2012 年间，中国出口非洲市场贸易竞争力指数最高达到 0.12，最低回落至−0.14，落差达 0.26。

(7) 中国出口非洲市场贸易竞争力指数越接近于 0，表示竞争力越接近于平均水平；该指数为负值时，表示进口超过出口，竞争力有所下降；该指数为正值时，表示出口超过进口，竞争力有所提高。

(8) 当然，“将贸易业绩定义为竞争力有可能忽视了技术和投资的流量，忽视了将来的竞争力”。

(9) 此外，中国在非洲市场贸易竞争力指数总体趋稳；但在中国与非洲进出口总额逐年上升的背后，中国在非洲市场贸易竞争力指数近年略有回落；这反映了对非贸易存在一定数额的贸易逆差，需引起重视。

2. 中国对世界进出口贸易竞争力

根据中国与世界进出口金额，可以计算出中国进出口贸易竞争力指数，对中国进出口贸易竞争力指数进行评估，并与中国出口非洲市场贸易竞争力指数进行比较。表 10-3 反映了 1997—2012 年中国在世界市场上的进出口总额及贸易竞争力指数，图 10-4

描绘了 1997—2012 年中国进出口贸易总额趋势，图 10-5 描绘了 1997—2012 年中国进出口贸易竞争力指数。

表 10-3　1997—2012 年中国进出口总额及贸易竞争力指数

年份	中国进出口总额（亿美元）	中国进口总额（亿美元）	中国出口总额（亿美元）	中国贸易竞争力指数
1997	3251.60	1423.70	1827.90	0.124308
1998	3239.50	1402.40	1837.10	0.134187
1999	3606.30	1657.00	1949.30	0.081053
2000	4743.00	2250.90	2492.00	0.050833
2001	5096.50	2435.50	2661.00	0.044246
2002	6207.70	2951.70	3256.00	0.04902
2003	8509.90	4127.60	4382.30	0.02993
2004	11545.60	5612.30	5933.30	0.027803
2005	14219.00	6599.50	7619.50	0.071735
2006	17604.39	7914.61	9689.78	0.100837
2007	21765.72	9561.16	12204.56	0.121448
2008	25632.60	11325.67	14306.93	0.116307
2009	22075.35	10059.23	12016.12	0.088646
2010	29739.98	13962.44	15777.54	0.061032
2011	36420.60	17434.60	18986.00	0.042597
2012	38667.60	18178.30	20489.30	0.059766

资料来源： 笔者根据中华人民共和国国家统计局统计数据计算所得。

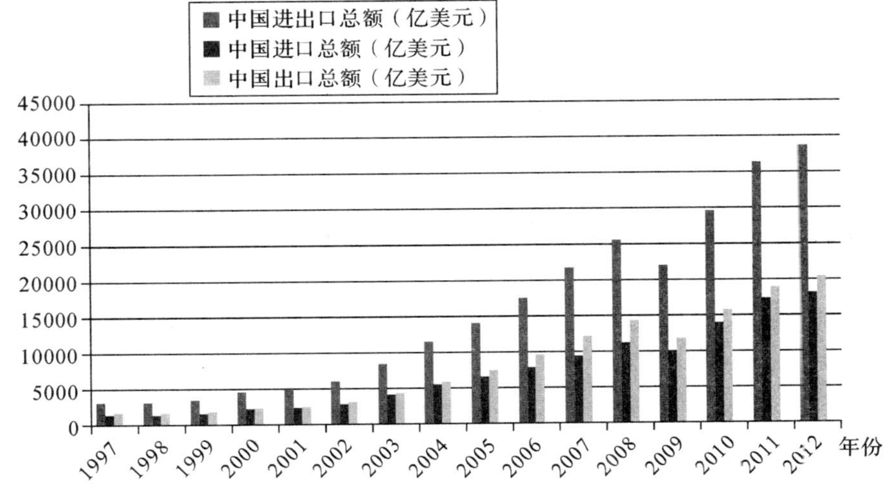

图 10-4　1997—2012 年中国进出口贸易总额

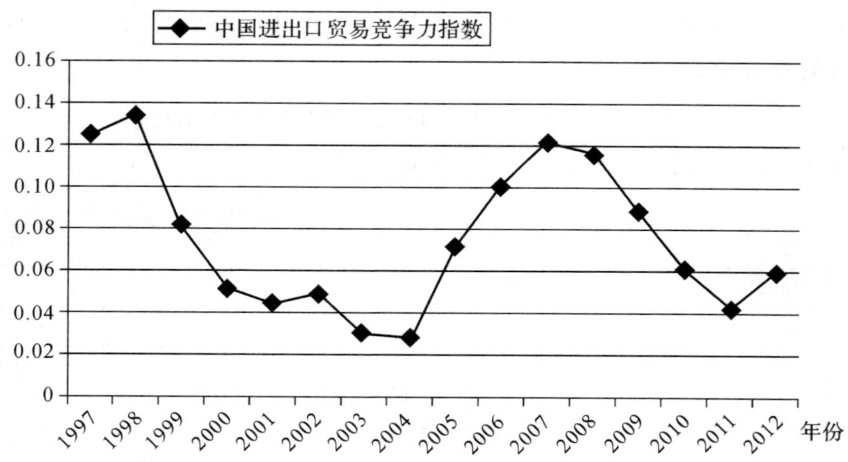

图 10-5　1997—2012 年中国进出口贸易竞争力指数

分析表 10-3、图 10-4 和图 10-5 可见：

（1）1997—2012 年间，中国进出口贸易竞争力指数的变化趋势总体平稳，略有起伏和波动，基本维持在［0，0.14］区间内。

（2）1997—1998 年间，中国进出口贸易竞争力指数略有提高，提高幅度 0.01。

（3）1998—2004 年间，中国进出口贸易竞争力指数有所下降，下降幅度 0.11。

（4）2004—2007 年间，中国进出口贸易竞争力指数略有提高，提高幅度 0.09。

（5）2007—2011 年间，即金融危机之前一年至金融危机之后三年，中国进出口贸易竞争力指数有所下降，下降幅度 0.08。

（6）2011—2012 年间，中国进出口贸易竞争力指数略有提高，提高幅度 0.02。

（7）1997—2012 年间，中国进出口贸易竞争力指数最高达到 0.134，最低回落至 0.028，落差达 0.106。

（8）中国进出口贸易竞争力指数越接近于 0，表示竞争力越接近于平均水平；该指数为正值，表示中国出口贸易超过进口贸易，中国出口产品在国际上具有较强的竞争力。

（9）此外，在中国与世界进出口总额上升的同时，近年来，中国在世界市场的贸易竞争力指数有所回升，反映出中国进出口贸易总体上保持着顺差。

（10）非洲作为中国对外贸易的新兴市场，是欧、美、日等传统市场的重要补充，中非贸易必将取得新的进展。

3. 中国 SITC 分类产品对非洲贸易竞争力指数（TC）分析

前已述及，中国从非洲进口比较劣势产品为初级产品，中国对非洲出口比较优势产品为工业制成品。这里就中国 SITC 分类产品对非洲进出口的贸易竞争力指数进行实证检验，具体见表 10-4。

表 10-4 2004—2014（1—11 月）中国对非洲贸易竞争力指数（TC）

SITC（0～9）	2004	2005	2006	2007	2008	2009	2010	2011	2012	2013	2014（1—11 月）
合计	−0.07	−0.07	−0.05	0.01	−0.04	0.05	−0.06	−0.12	−0.14	−0.12	−0.05
0～4 初级产品	−0.90	−0.91	−0.92	−0.92	−0.92	−0.90	−0.91	−0.90	−0.91	−0.90	−0.90
0 食品及活动物	0.68	0.64	0.76	0.79	0.75	0.84	0.77	0.77	0.77	0.71	0.63
1 饮料及烟类	−0.35	−0.51	−0.52	−0.62	−0.55	−0.39	−0.48	−0.66	−0.73	−0.73	−0.83
2 非食用原料（燃料除外）	−0.90	−0.93	−0.95	−0.94	−0.96	−0.96	−0.96	−0.96	−0.96	−0.96	−0.96
3 矿物燃料、润滑油及有关原料	−0.98	−0.98								−0.97	−0.96
4 动、植物油、脂及蜡	−0.69	0.26	0.69	−0.81	0.27	−0.78	−0.78	−0.26	−0.48	−0.18	−0.53
5～9 工业制品	0.67	0.70	0.76	0.77	0.76	0.74	0.63	0.44	0.34	0.34	0.42
5 化学品及有关产品	0.52	0.58	0.62	0.68	0.69	0.68	0.62	0.76	0.77	0.80	0.83
6 按原料分类的制成品	0.47	0.49	0.57	0.56	0.58	0.48	0.34	0.38	0.42	0.41	0.36
7 机械及运输设备	0.89	0.91	0.92	0.94	0.96	0.97	0.97	0.98	0.97	0.96	0.97
8 杂项制品	0.99	0.99	0.99	0.99	0.98	0.98	0.98	0.97	0.98	0.98	0.98
9 未分类的商品及交易品	−0.34	−0.16	−0.04	−0.35	−0.98	−0.97	−0.99	−1.00	−1.00	−1.00	−1.00

上述表 10-4 显示：

（1）如果 $TC<0$，即 $X_i<M_i$，说明该国该产品的进口大于出口，竞争力较弱。

$TC<0$ 的 SITC 分类产品有：1 类饮料及烟类，2 类非食用原料（燃料除外），3 类矿物燃料、润滑油及有关原料，4 类动、植物油、脂及蜡。

（2）当 $TC=-1$ 时，国际竞争力达到最低点。

$TC=-1$ 的 SITC 分类产品有：9 类未分类的商品及交易品。

接近于 $TC=-1$ 的 SITC 分类产品有：2 类非食用原料（燃料除外），3 类矿物燃料、润滑油及有关原料，TC 均为−0.96。

（3）如果 $TC>0$，即 $X_i>M_i$，说明该国该产品的出口大于进口，表明该国具有很强的国际竞争力。

$TC>0$ 的 SITC 分类产品有：0 类食品及活动物、5 类化学品及有关产品，6 类按原料分类的制成品，7 类机械及运输设备，8 类杂项制品。

（4）当 $TC=1$ 时，国际竞争力达到最高水平。

接近于 $TC=1$ 的 SITC 分类产品有：7 类机械及运输设备，8 类杂项制品，5 类化学品及有关产品，TC 分别为 0.97、0.98 和 0.83。

（5）值得注意的是：

①2014（1—11 月），0～4 类初级产品＝−0.90，$TC<0$，即 $X_i<M_i$，国际竞争力达到较低点。

②2014（1—11 月），5～9 类工业制品＝0.42，$TC>0$，即 $X_i>M_i$，说明具有较强的国际竞争力。

具体见图 10-6。

（6）由上述中国对非洲贸易竞争力指数分析可见：中国对非洲的初级产品出口不具有比较优势，而中国对非洲的工业制品出口具有比较优势；中国对非洲出口的工业制品中，特别是机械及运输设备、杂项制品、化学品及有关产品，具有很高的比较优势。

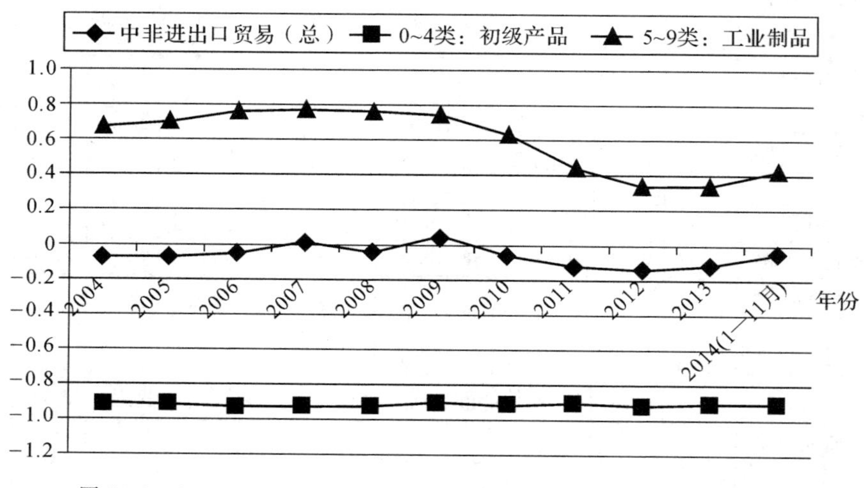

图 10-6　2004—2014（1—11 月）中国对非洲贸易竞争力指数（TC）

10.3　中国出口非洲市场产品国际市场占有率

10.3.1　国际市场占有率模型

1. 国际市场占有率理论

回顾国际市场占有率理论，Smirlock（1985）曾以美国 2700 家银行为研究对象，探讨利润率与市场结构的关系，认为市场占有率与银行利润率具有正相关性且对后者有明显影响。Joseph C. Salvacruz（1996）采用国际市场份额、国际市场份额获利指数和出口比重三种竞争力衡量指标，比较了美国和东盟成员国在世界农产品市场上的竞争力。黄伟、张阿玲、张晓华（2005）认为，一个区域的产业竞争力是指在市场经济条件下，某一区域的特定产业具有的开拓和占据市场的能力，通常用该区域的产业或产品在某区域市场中的占有率来衡量。

目前，可以采用进出口数据指标，通过市场份额计算来衡量产业竞争力。具体指标包括显示性比较优势指数（RCA）、贸易竞争指数（TC）、国际市场占有率（MS）、产业内贸易指数（IIT）、显示性竞争优势指数（CA）、出口产品质量指数、进出口价格比以及出口优势变差指数等（汪莹，2010）。

2. 国际市场占有率

国际市场占有率是指一国出口总额占世界出口总额的比重，国际市场占有率反映了一国某产业或产品的国际竞争力或竞争地位。如一国的国际市场占有率提高，则说明该国该产业或产品的出口竞争力增强。

国际市场占有率包括在开放的国际市场上，同一产品或同类产品不同国家或地区的销售额占世界总销售额的比重，或者出口额占世界总出口额的比重。

一个产业的国际竞争力的大小，最终将表现在该产业的产品在国际市场上的占有率。在自由、良好的市场条件下，本国市场和国际市场一样，都是对各国开放的。一种产品在国际市场上的占有率，反映了该产品所处产业国际竞争力的大小。

国际市场占有率（MS）是指一国某类产品出口额占全世界该类产品出口总额的比重。某类产品的国际市场占有率越高，表明该类产品的国际竞争力越强。

国际市场占有率＝一国出口总额/世界出口总额。用公式表示为：

$$MS_{ij}=X_{ij}/X_{wj} \tag{10-4}$$

式中：

MS_{ij} 表示 i 国 j 产品的国际市场占有率；X_{ij} 表示 i 国 j 产品的出口总额；X_{wj} 表示世界 j 产品的出口总额。

MS_{ij} 值越高，表示该产品所处产业的国际竞争力越强，反之则越弱。

3. 国际市场份额指数

一国出口产品在国际市场上的份额是直接体现国际竞争力的重要指标。国际市场份额，即产品在国际市场上的占有率指标，可以用来分析中国出口产品国际竞争力的强弱。

国际市场份额指数＝一国出口总额/世界出口总额，即

$$S_i=E_i/E_w \tag{10-5}$$

式中：

S_i 表示国际市场份额指数；E_i 表示一国出口总额；E_w 表示世界出口总额。

国际市场份额指数越高，反映出口产品的竞争力越强，反之则反是。

此外，国际市场占有率又称为出口市场占有率，计算方法相同。

4. 中国出口非洲市场产品国际市场占有率

通过上述分析可以发现，国际市场占有率与国际市场份额指数以及出口市场占有率的计算方法是相同的。这里采用国际市场占有率概念的计算公式进行计算，并对计算公式作了一些修正。

中国出口非洲市场产品国际市场占有率＝中国出口非洲总额/世界出口非洲总额。即

$$MS_c=X_c/X_w \tag{10-6}$$

式中：

MS_c 表示中国出口非洲市场产品的国际市场占有率；X_c 表示中国出口非洲市场产品的出口总额；X_w 表示世界出口非洲市场产品的出口总额。

10.3.2 中国出口非洲市场产品国际市场占有率的实证分析

1. 同一国家和地区不同时间的纵向比较

为了更加深入地分析和说明出口非洲市场产品的国际竞争力，必须进行横向（以区域为自变量，以出口非洲市场产品国际市场占有率为因变量）或纵向的比较（以时间为自变量，以出口非洲市场产品国际市场占有率为因变量），这里我们首先进行纵向比较。

根据式（10-6），中国出口非洲市场产品国际市场占有率为中国出口非洲总额占世界出口非洲总额之比，可以得到表 10-5 和图 10-7。

表 10-5　1999—2013 年中国出口非洲国际市场占有率（MS_c）

年份	1999	2000	2001	2002	2003	2004	2005	2006	2007	2008	2009	2010	2011	2012	2013
中国对非洲出口总额（亿美元）	41.15	50.42	59.69	68.96	101.82	138.13	186.82	266.88	372.98	512.40	477.35	599.54	730.83	853.11	927.99
世界出口到非洲总额（亿美元）	1184.23	1258.56	1299.12	1369.78	1582.42	2125.67	2562.05	2826.61	3750.53	4576.39	4047.67	4917.99	5696.43	6135.46	6277.17
中国出口非洲国际市场占有率（%）	3.47	4.01	4.59	5.03	6.43	6.50	7.29	9.44	9.94	11.20	11.79	12.19	12.83	13.90	14.78

资料来源：笔者根据 UNCTAD 统计数据计算得到。

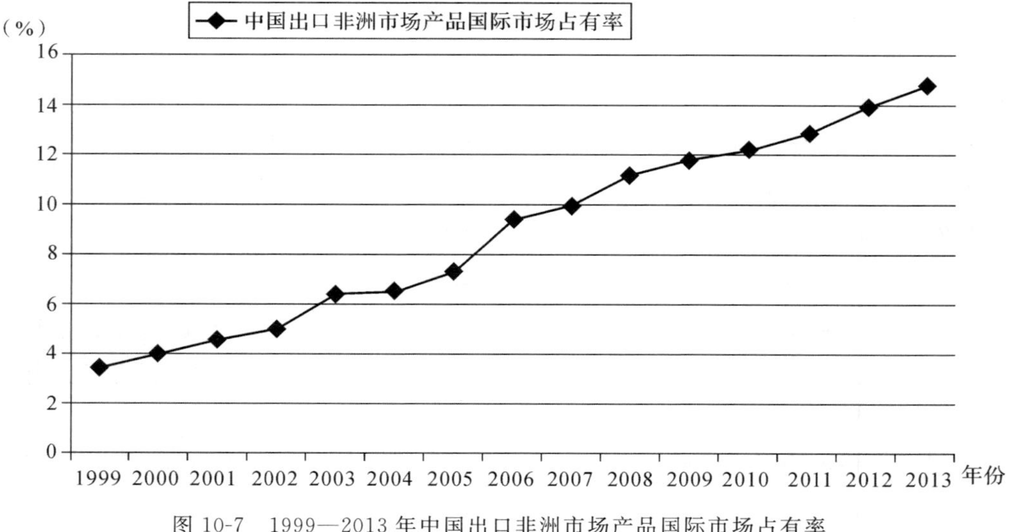

图 10-7　1999—2013 年中国出口非洲市场产品国际市场占有率

设定中国出口非洲市场产品国际市场占有率为 MS_c、时间变量为 T，建立 OLS

回归方程：

$$MS_c = bT + C \tag{10-7}$$

经 Eviews 3.0 统计，可以得到表 10-6。

表 10-6 Eviews 3.0 统计结果汇总

解释变量	OLS 回归结果
C	2.136095*** (8.899723)
T	0.844571*** (31.99319)
n	15
R^2	0.987459
F	1023.564
$D-W$	1.415141
备注：①括号内为 t 统计量；② * 表示显著性水平＜10%，** 表示显著性水平＜5%，*** 表示显著性水平＜1%；③被解释变量为 MS_c。	

表 10-6 显示的 OLS 回归结果为：

$$MS_c = \underset{(31.99)^{***}}{0.84T} + \underset{(8.90)^{***}}{2.14} \tag{10-8}$$

$$R^2 = 0.99 \quad F = 1023.56 \quad D-W = 1.42$$

式（10-8）中：自变量为 T，因变量为 MS_c；回归系数为 0.84，干扰项为 2.14；括号内为 t 统计量，显著性水平＜1%；$R^2=0.99$，$F=1023.56$，$D-W=1.42$。自变量 T 较好地解释了因变量 MS_c，时间自变量 T 每增加一单位，中国出口非洲国际市场占有率因变量 MS_c 变动 0.84，表明中国出口非洲国际市场占有率随着时间推移呈线性增长态势。

由表 10-5、表 10-6 及图 10-7 可见：

（1）1999—2013 年间，中国出口非洲市场产品国际市场占有率逐年递增，从 1999 年的 3.47%上升至 2013 年的 14.78%，上升 11.31%。

（2）中国出口非洲市场产品国际市场占有率 MS_c 与时间变量 T 呈线性相关，相关系数 0.84，被解释变量 MS_c 随着解释变量 T 的增加而增加。

（3）自 2008 年国际金融危机爆发以后，中国出口非洲市场产品国际市场占有率一直保持在 10%以上，显示出较强的国际竞争力水平。

（4）中国出口非洲市场产品国际市场占有率越来越高的增长趋势表明，中国出口产品在非洲市场的国际竞争力越来越强。

2. 同一时间不同国家和地区的横向比较

在上述对中国出口非洲市场产品国际市场占有率作了纵向比较的基础上，我们再对中国出口非洲市场产品国际市场占有率作横向（以区域为自变量，以出口非洲市场产品国际市场占有率为因变量）比较。

根据式（10-6），可以对2012年各相关经济体、国家及中国出口产品在非洲的国际市场占有率进行计算。具体见表10-7和图10-8。

表10-7 2012年各相关各经济体、国家及中国出口产品在非洲的国际市场占有率

国家（地区）	在非洲的国际市场占有率（%）
欧洲	32.7
美国	6.0
日本	2.2
发达经济体	42.7
转型经济体	2.9
中国	13.99

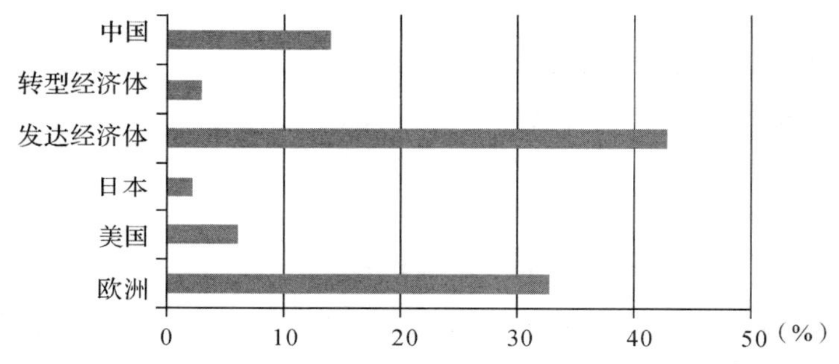

图10-8 2012年各经济体、国家及中国出口产品在非洲的国际市场占有率

由表10-7和图10-8可见：

（1）2012年，在非洲市场上，欧洲出口产品的市场占有率为32.7%，美国出口产品的市场占有率为6.0%，日本出口产品的市场占有率为2.2%。发达经济体总的市场占有率为42.7%，欧、美、日等发达地区和国家长期占据着非洲高达一半左右的市场。

（2）2012年，转型经济体出口产品在非洲市场的占有率为2.9%。

（3）2012年，中国出口产品在非洲市场的占有率为13.99%。

上述分析表明，采用中国出口非洲总额与世界出口非洲总额之比，来计算中国出口非洲市场产品的国际市场占有率。国际市场占有率数值越大，表明中国产品在非洲市场上所占的比重越大，中国产品在非洲市场具有一定的竞争优势，比重升高说明出口竞争力增强。

2010年，中国出口非洲总额为5995405万美元，之后逐年增加，2011年达到7308303万美元，2012年达到8531061万美元，2013年达到9279937万美元，这四年中国出口非洲市场产品的国际市场份额分别为 12.19%、12.83%、13.90% 和 14.78%，增长速度较快。正因如此，中国从 20 世纪 90 年代起一跃成为世界贸易大国，2003 年在世界贸易中排名第四，2013 年中国已成为世界第一货物贸易大国。可以说，这是中国作为发展中国家，在对外贸易道路上树立起的新里程碑，也是中国坚持改革开放和参与经济全球化的重大成果。

但是，从出口的规模，尤其是从国际市场份额来看，中国与发达国家相比还存在一定的差距。

欧、美、日等发达经济体在非洲市场总的国际市场占有率为 42.7%；而作为发展中经济体的中国，出口产品在非洲市场的占有率为 13.99%。

10.4 中国出口非洲市场产品质量竞争力指数

10.4.1 质量竞争力指数模型

质量竞争力指数是指质量因素在塑造核心竞争力过程中的作用程度，它通过分析与质量密切相关的因素来建立评价指标体系，并运用适宜的指数化评价方法进行量化测评，可以简明、直观地体现质量竞争力的水平和状态。

1. 质量指数化与质量竞争力指数理论

到目前为止，国际上专门探讨质量指数化测评方法的文献还不多见，但仍有一些学者侧重研究了在组织、行业和国家层面上测量生产力和质量水平的指数化方法。例如，Alexander (1996)、Beaumont 和 Libizewski (1993)、Bergenbahl 和 Wachtmeister (1993)、Ennew 等 (1993)、Brecka (1994)、Ellis 和 Curtis (1995)、Hudson (1995)、Low 和 Aw (1997)、Kumar 等 (2002)、Brust 和 Gryna (2002)、Fagerberg (2000)、Domingo (2002) 所作的各项专题研究。

Beaumont 和 Libizewski (1993) 描述了质量指数模型在医药行业以及其他健康服务领域的应用方法。Bergenbahl 和 Wachtmeister (1993) 则通过一家瑞士电信公司的应用示例，阐述了全面质量指数 (TQI) 的建立问题。全面质量指数由 36 个核心业绩指标组成，既包括绝对测量指标，也包括相对测量指标，分配给指标的权重表明了每个特定的指标是如何对公司业务范围内的质量目标发挥显著作用的。Ennew 等 (1993) 提出了一系列用于测量金融服务质量的指数和评分方法。尽管这一服务质量指数的维度相对较窄，但该项研究为整个银行业以及单个银行测量其服务质量水平建立了框架。Anderson (2000) 和 Brecka (1994) 解释了美国顾客满意度指数 (ACSI) 是如何定量化质量和顾客满意，并将两者与企业的财务业绩联系起来的。ACSI 利用一个计量经济学模型，测量了美国经济中 7 个部门 40 个行业超过 200 家公司和组织的顾客，对来自公司和政府部门的产品和服务质量的主观感受。根据 Hunson

(1995) 的观点，ACSI 指数测量了人们在购买、饮食、出行以及其他消费活动方面的满意度。尽管 ACSI 最终可以将测评结果上升到行业乃至国家层面，但是 ACSI 测评的基础仍然是某些具体企业的产品和服务质量。Ellis 和 Curtis (1995) 讨论了一个纳入了反应能力、技术和质量与可靠性因素的顾客满意度指数。但这一指数并没有考虑能够带来顾客满意的成本竞争力和其他潜在因素。Alexander (1996) 讨论了一个最近被缅因州公用事业委员会批准的服务质量指数 (SQI)，该指数包含 12 项指标，其中 3 项测量顾客服务，5 项测量服务可靠性，4 项测量顾客满意度。Low 和 Aw (1997) 提出了一个用来测量国民生活质量的人力开发指数 (HDI)，该指数也是一个间接测量劳动力的生产力水平的指标。尽管 HDI 明显发挥了作用，但它主要适用于测量生活质量的特定领域。Kumar 等 (2002) 提出了一个包括质量要素、部门/职能单位和质量意识的阶段等 3 类变量，用于测量组织全面质量管理效果的质量竞争力指数 (QCI) 模型。

从理论层面来看，以上研究主要集中在质量指数化测评方法的构建方面，而且基本上停留在微观企业层面。Brust 和 Gryna (2002)、Fagerberg (2000)、Domingo (2002) 等人的研究则力图上升到更高层面，尽管有关研究还未达到指数化阶段，但这些探讨却为从宏观层面上研究质量竞争力问题指明了方向。Brust 和 Gryna (2002) 提出了一个包括出口方面的竞争优势、国家贸易逆差、经济增长、生产力与顾客满意、标准化等五个关键因素在内的质量竞争力分析框架。显然，这一框架突破了微观层面的研究，把关注的焦点放在了质量竞争力的宏观表现上。Fagerberg (2000) 则在研究欧洲经济增长的衰退问题时，认为提高创新能力和质量竞争力是欧洲企业（特别是中小企业）摆脱困境的必然选择。Domingo (2002) 提出了全球性竞争力始于质量竞争力又终于质量竞争力的见解，并由此建议，企业在努力寻求价格竞争力、成本竞争力和技术竞争力之前，必须首先获得质量竞争力。

国内对质量指数化测评技术的研究也不多见，但仍有学者专门探讨过这类问题。例如，一些从事国防科技工业质量问题研究的学者曾经提出过军工企业质量水平定量化测评方法，以及型号产品的质量水平定量评价方法。另外一些学者受到 MBNQA 业绩评价模型的启发，提出了以质量管理奖的评价模式为基本框架的质量指数测评方法。还有一些学者将质量评价要素与企业竞争力理论结合起来，提出了质量竞争力的理论框架和相应的质量竞争力指数测评方法。该指数包含 9 个指标，其中 3 项测量基础要素，3 项测量过程要素，3 项测量结果要素。该指数化测评方法旨在将企业的质量实践活动及其效果与企业可能拥有的核心能力联系起来，这一点与 Kumar 等 (2002) 提出的旨在测量组织全面质量管理效果的 QCI 模型完全不同。

Kumar 等 (2002) 在 QCI 评价模型中提出了 3 条重要的理论假设，即可加性假设、独立性假设和完备性假设。其中，可加性设想是指每个质量要素或子要素的单个贡献是可加的，也就是说，整个 QCI 是建立在部门和部门质量意识阶段 基础之上的所有质量要素 i、子要素 j 的贡献总和。用公式表示为：

$$QCI = \sum_{ij} QCI_{ij} \tag{10-9}$$

独立性假设是指每个质量要素独立地对企业的质量竞争力做出贡献，完备性假设是指受每个子要素作用的质量竞争力是3类变量及其交互作用的函数。具体可描述如下：

$$QCI_{ij}=F_{ij}\ \{A,\ B,\ C,\ AB,\ BC,\ CA,\ ABC\} \tag{10-10}$$

这里，F_{ij}是与3类变量相关的函数（A、B和C分别展示质量要素类、部门/职能单位类和质量意识的阶段类）以及它们对质量要素i、子要素j的质量竞争力指数所产生的所有交互作用。

一组变量的影响QCI_{ij}，可以看成是要素i的子要素j对整个竞争力空间中的贡献的微小单元的体积。竞争力空间是一个概念上封闭的空间，用影响竞争力的3类变量的范围来界定，即子要素、部门和质量意识的阶段。

2. 质量竞争力指数测评指标及权重体系

（1）国家质量竞争力指数研究

经济学家指出，进入21世纪以来，任何致力于赢得竞争优势的经济体，都无一例外地面临以下现实：价格竞争力的主流地位正在面临质量竞争力的挑战，必须大力提高产品与服务质量，才能以卓越的质量优势取胜。

现代社会的经济增长体现在两个方面：一是数量的增长，二是质量的提高。要准确评价一个国家的经济增长状况，就必须同时对数量增长和质量提高两个方面进行测量。由于不同种类的产品和服务之间存在很大差别，简单利用具体产品和服务的质量技术指标难以形成具有宏观经济意义的质量水平指标，更无法将其综合成一个全国性的指数。

中国正处在经济发展的转折时期，要实现经济增长方式从粗放型向集约型的转变，质量是很重要的指标。因此，自2002年年初开始，国家质检总局开展了国家宏观质量水平评价指标体系——国家质量竞争力指数的研究，构建质量竞争力指数及与之相适应的数学模型和权重体系。

建立科学合理的国家宏观质量水平评价指标体系，并将其纳入国民经济和社会发展规划，对实施政府宏观调控、促进经济增长质量和效益的提高，具有重要的战略意义和积极的现实意义。从学术研究上说，国际上对于宏观质量评价体系的研究一直没有大的进展，质量竞争力指数的推出可以看作一个新的突破。

（2）质量竞争力指数测评体系

质量竞争力指数按照特定的数学方法生成，可反映中国制造业质量竞争力的整体水平，包括2个二级指标（质量水平、发展能力）、6个三级指标（标准与技术水平、质量管理水平、质量监督与检验水平、研发与技术改造能力、核心技术能力、市场适应能力）和12个统计指标（产品质量等级品率、微电子控制设备比重、质量管理体系认证率、质量损失率、产品监督抽查合格率、出口商品检验合格率、研究与试验发展经费比重、技术改造经费比重、每百万元产值拥有专利数、新产品销售比重、平均产品销售收入和国际市场销售率）。

二级指标质量水平反映的是质量发展的当前状况，是对“现状”的测量。质量水平指标是由标准与技术水平、质量管理水平、质量监督与检验水平 3 个三级指标来衡量的。其中，标准与技术水平代表的是研制过程中依据的技术标准水平和制造过程中的装备与设施水平，质量管理水平代表的是企业的质量管理能力，质量监督与检验水平代表的是产品的实物质量与产品标示标准的符合程度。

二级指标发展能力主要评价企业的质量可持续发展能力。发展能力是由研发与技术改造能力、核心技术能力、市场适应能力 3 个三级指标组成的。其中，研发（研究与试验发展，R&D）与技术改造能力测量的是企业科技活动的投入力度，是确保质量上水平、产品上档次、技术上台阶的重要因素。核心技术能力测量的是企业科技活动的效果，是影响质量竞争力的关键因素。市场适应能力测量的是企业产品质量对顾客或消费者的适应性和质量再投资能力。

每个三级指标又进一步由两个易于测量、具有明确经济意义且相互独立的统计指标构成。各统计指标的具体含义见表 10-8。

表 10-8 质量竞争力指数测评指标及权重体系

一级指标	二级指标	三级指标	观测变量	负责单位
质量竞争力指数	质量水平	标准与技术水平	产品质量等级品率	质监局
			微电子控制设备比重	统计局
		质量管理水平	质量管理体系认证率	质监局
			质量损失率	质监局
		质量监督与检验水平	产品监督抽查合格率	质监局
			出口商品检验合格率	检验局
	发展能力	研发与技术改造能力	研究与试验发展经费比重	统计局
			技术改造经费比重	统计局
		核心技术能力	每百万元产值拥有专利数	统计局
			新产品销售比重	统计局
		市场适应能力	平均产品销售收入	统计局
			国际市场销售率	统计局

表 10-8 表示质量竞争力指数是通过对 12 个统计指标的分行业和分地区的原始数据进行标准化转化，再对相应的标准化得分进行线性加权的方法计算获得的。

10.4.2 中国出口非洲市场产品质量竞争力指数的实证分析

1. 中国出口非洲市场产品质量竞争力指数模型假设

综合分析以上内容，在可以测量到的前述各种度量指标的基础上，假设中国出口非洲市场产品质量竞争力指数为：

$$Q=f(C, S, Z, J, CS, CZ, CJ, SZ, SJ, ZJ, CSZJ, W) \quad (10\text{-}11)$$

式中：

Q 表示中国出口非洲市场产品质量竞争力指数；C 表示产品结构对中国出口非洲市场产品质量竞争力的影响；S 表示市场份额对中国出口非洲市场产品质量竞争力的影响；Z 表示产品质量对中国出口非洲市场产品质量竞争力的影响；J 表示技术性贸易措施规制环境及出口风险因素对中国出口非洲市场产品质量竞争力的影响；CS 表示产品结构与市场份额相互作用对中国出口非洲市场产品质量竞争力的影响；CZ 表示产品结构与产品质量相互作用对中国出口非洲市场产品质量竞争力的影响；CJ 表示产品结构与技术性贸易措施规制环境及出口风险因素相互作用对中国出口非洲市场产品质量竞争力的影响；SZ 表示市场份额与产品质量相互作用对中国出口非洲市场产品质量竞争力之的影响；SJ 表示市场份额与技术性贸易措施规制环境及出口风险因素相互作用对中国出口非洲市场产品质量竞争力的影响；ZJ 表示产品质量与技术性贸易措施规制环境及出口风险因素相互作用对中国出口非洲市场产品质量竞争力的影响；$CSZJ$ 表示产品结构、市场份额、产品质量、技术性贸易措施规制环境及出口风险因素交互作用对中国出口非洲市场产品质量竞争力的影响；W 表示研发、技术改造及其他未预见因素对中国出口非洲市场产品质量竞争力的影响。

式（10-11）表明，产品结构、市场份额、产品质量、技术性贸易措施规制环境及出口风险因素及其相互和交互作用，会对中国出口非洲市场产品质量竞争力产生影响。式（10-11）中，产品结构、市场份额、产品质量、技术性贸易措施规制环境及出口风险因素为自变量，中国出口非洲市场产品质量竞争力为因变量。式（10-11）反映了前述微观、宏观与中观层面各种自变量与因变量之间的函数关系。国家质量竞争力指数的 12 个统计指标，基本包含在式（10-11）中。

2.2013 年全国制造业质量竞争力指数报告

国家质检总局发布的 2013 年全国制造业质量竞争力指数显示：根据对全国近 32 万家规模以上制造业企业相关数据的测算，2013 年全国规模以上制造业（以下简称制造业）质量竞争力指数为 83.14，比 2012 年小幅升高 0.08，质量升级平稳推进。

从三级指标来看，标准与技术水平、研发与技改能力、核心技术能力和市场适应能力分别较 2012 年提高了 1.33、0.61、1.47 和 0.72，但质量管理水平、质量监督与检验水平分别下降了 2.62 和 1.52。

报告显示，2013 年质量竞争力主要呈现出 3 个特点：（1）中国制造遭遇转型升级阵痛，质量竞争力增幅收窄。当前中国制造的传统比较优势已经明显减弱，质量竞争力提升压力增大。2009—2013 年，全国制造业质量竞争力指数增幅分别为 1.18%、0.52%、0.38%、0.22%和 0.10%，呈现出增速放缓态势。（2）东部“质量高地”继续引领“中国质量”发展。从区域分布看，2013 年东、中、西部地区制造业质量竞争力指数分别为 86.52、81.85 和 80.69，东部地区质量竞争力整体较强。东部各省市连块环岛式分布形成了东部“质量高地”，继续引领“中国质量”发展。西部地区除重庆具备中等质量竞争力外，大多数省区仍处在欠竞争力发展阶段，西藏、青海、新疆、云南、广西、甘肃、宁夏等地的质量竞争力指数均不到 80 分，连片形成

"质量洼地"。(3) 三大类制造业质量竞争力呈阶梯状分布。2013 年机械电子类制造业、资源加工类制造业和食品类制造业 3 大制造行业质量竞争力指数分别为 88.70、80.86 和 78.25，由高到低呈阶梯状分布。

从分行业来看，计算机、通信和其他电子设备制造业的质量竞争力指数为 90.97 分，已进入较强竞争力发展阶段。仪器仪表制造业、医药制造业等 10 个行业的质量竞争力指数在 84 分以上，处于中等质量竞争力发展阶段，具备一定的竞争优势和发展潜力。橡胶和塑料制品业、有色金属冶炼和压延加工业、金属制品业等 8 个行业的质量竞争力指数位于 80～84 分之间，处于初等质量竞争力发展阶段。木材加工和木、竹、藤、棕、草制品业，石油加工、炼焦和核燃料加工业，皮革、毛皮、羽毛及其制品和制鞋业等 9 个行业的质量竞争力指数不到 80 分，仍处于欠竞争力阶段。

国家统计局统计数据显示，尚处于中等质量竞争力发展阶段的仪器仪表制造业，2013 年上半年企业主营收入 3758.8 亿元，同比增长 12.5%，比全行业增长多 3.9 个百分点；利润总额 284.8 亿元，同比增长 13.3%。2013 年中国仪器仪表制造业规模以上企业主营收入为 7681.9 亿元，同比增长 14.6%。

总体来看，尽管 2013 年全国制造业质量发展态势良好，但也出现了一些不利于质量升级的趋势。首先，制造业研发投入比重偏低。中国规模以上制造业 R&D 经费占主营业务收入的比重仅为 0.85%。国际上普遍认为这一比例达到 2.5%时企业方可维持生存，达到 5%以上时企业才具有市场竞争力。作为先进生产力的代表，中国制造业企业 500 强 2012 年的 R&D 费用占营业收入的平均比例也仅为 1.87%。

其次，企业创新能力不强，新产品销售比重不高。自 2009 年以来，多数中国制造的新产品销售比重连续下降。从发展方式上看，长期以来中国制造业依靠技术引进和模仿制造，在大规模投资基础上快速形成了庞大的生产能力，但粗放型的增长模式也产生了自主创新能力不足的问题。在汤姆森路透评选的全球创新企业百强榜单中，2011—2013 年连续 3 年中国企业无一入选。

由上述分析可见，2013 年，中国出口非洲市场的产品中，分大类的机械电子制造业质量竞争力指数居高位，分行业的计算机、通信和其他电子设备制造业进入较强竞争力发展阶段，说明中国出口非洲市场的机械与电子产品具有较高的竞争力。

10.5 中国出口价格变动指数

10.5.1 价格指数与价格变动指数

国际竞争力也表现在价格竞争力上，价格指数和出口价格变动指数都是评价一国产品国际竞争力的指标之一。

1. 价格指数

价格指数是反映不同时期一组商品（服务项目）价格水平的变化方向、趋势和程度的经济指标，是经济指数的一种，通常以报告期和基期相比的相对数来表示。价格指数是研究价格动态变化的一种重要工具。

编制价格指数的历史较早。18 世纪，英国和一些欧美国家的政府和经济学家便开始从事价格指数理论的研究和应用。随着资本主义经济的发展，19 世纪末 20 世纪初，世界各国广泛开始编制和应用价格指数。中国于 1920 年正式开始编制价格指数。1927 年天津南开大学编制和发布了华北地区批发价格指数，以后又编制和公布了一系列的物价指数。其中，包括 1867—1937 年的进出口贸易物价指数、1913—1952 年的华北批发物价指数和 1926—1952 年的天津生活费用指数等。国民政府以 1926 年为基期，编制有比较系统的批发物价指数。广东省在 20 世纪 40 年代初开始了对主要商品零售价格的统计，北京、上海等地也以 1926 年为基期，编制有系统的职工生活费用价格指数。

价格指数按其所包括范围的不同，可分为：(1) 个体指数，反映某一种商品价格水平升降程度的指数；(2) 类指数，即分类商品价格指数，反映某一类商品价格水平升降程度的指数；(3) 总指数，反映全部商品价格总水平升降程度的指数。

价格指数按其计算时所采用基准期的差别，可以分为环比价格指数（以上一期为基期）、年距环比价格指数（以上年同期为基期）和定基价格指数（以某一固定时期为基期）。

2. 出口价格变动指数

出口价格变动指数也是衡量一国产品国际竞争力的重要指标。出口价格变动指数可定义为，某一出口商品在一段时间后的出口价格与基期出口价格的比值。指数大于 1，表明在这段时间内这种商品的价格上升，在国际市场上具有一定的竞争力；指数小于 1，表明价格下降，在国际市场上缺乏竞争力。

价格变动指数＝（报告期价格/基期价格）×100%

即：

$$I = (P_t / P_i) \times 100\% \tag{10-12}$$

式中，I 表示价格变动指数；P_t 表示报告期价格；P_i 表示基期价格。

根据式（10-12）可以计算某一出口商品在某一段时间的价格变动指数，进而评价出口产品竞争力。

10.5.2 出口商品同比价格指数

1. 中国出口商品贸易同比价格指数

根据式（10-12）的出口价格变动指数计算方法，可以得到表 10-9、表 10-10 和图 10-9。

表 10-9　2013 年 12 月中国出口商品贸易同比指数（HS2 分类）

（单位：%）

商品大类	价格指数	数量指数	价值指数
总指数	100.1	104.2	104.3
1 类 活动物；动物产品	101.7	108.5	110.4
总指数	100.1	104.2	104.3
2 类 植物产品	107.6	109.7	118.1
3 类 动、植物油、脂、蜡；精制食用油脂	95.8	104.0	99.6
4 类 食品；饮料、酒及醋；烟草及制品	102.7	99.4	102.1
5 类 矿产品	101.2	113.5	114.8
6 类 化学工业及其相关工业的产品	96.6	106.2	102.6
7 类 塑料及其制品；橡胶及其制品	99.2	111.8	111.0
8 类 皮革、毛皮及制品；箱包；肠线制品	85.6	104.2	89.2
9 类 木及制品；木炭；软木；编织品	102.8	104.6	107.6
10 类 木浆等；废纸；纸、纸板及其制品	109.4	106.3	116.3
11 类 纺织原料及纺织制品	100.3	107.6	107.9
12 类 鞋帽伞等；羽毛品；人造花；人发品	104.8	97.6	102.2
13 类 矿物材料制品；陶瓷品；玻璃及制品	103.6	107.8	111.7
14 类 珠宝、贵金属及制品；仿首饰；硬币	91.2	138.7	126.5
15 类 贱金属及其制品	104.2	101.5	105.8
16 类 机电、音像设备及其零件、附件	99.4	102.6	102.0
17 类 车辆、航空器、船舶及运输设备	101.0	101.4	102.4
18 类 光学、医疗等仪器；钟表；乐器	103.3	88.3	91.2
19 类 武器、弹药及其零件、附件	81.1	113	91.6
20 类 杂项制品	101.4	105.2	106.6
21 类 艺术品、收藏品及古物	100.4	264.0	265.0

表 10-10　2010.10—2013.10 中国出口商品价格指数（总指数）

（单位：%）

时间	中国出口商品价格指数（总指数）（上年同期=100）
2010.10	104.8
2010.11	107.6
2010.12	104.9
2011.01	111.0
2011.02	111.4
2011.03	107.5
2011.04	110.9
2011.05	109.4
2011.06	110.9
2011.07	110.3
2011.08	109.2
2011.09	109.5

续表

时间	中国出口商品价格指数（总指数）（上年同期=100）
2011.10	109.5
2011.11	109.6
2011.12	111.1
2012.01	106.9
2012.02	105.1
2012.03	102.1
2012.04	104.8
2012.05	102.9
2012.06	102.9
2012.07	101.1
2012.08	101.3
2012.09	99.0
2012.10	99.3
2012.11	99.5
2012.12	101.8
2013.01	100.7
2013.02	99.8
2013.03	99.1
2013.04	99.9
2013.05	99.1
2013.06	99.3
2013.07	97.7
2013.08	100.7
2013.09	97.9
2013.10	100.1

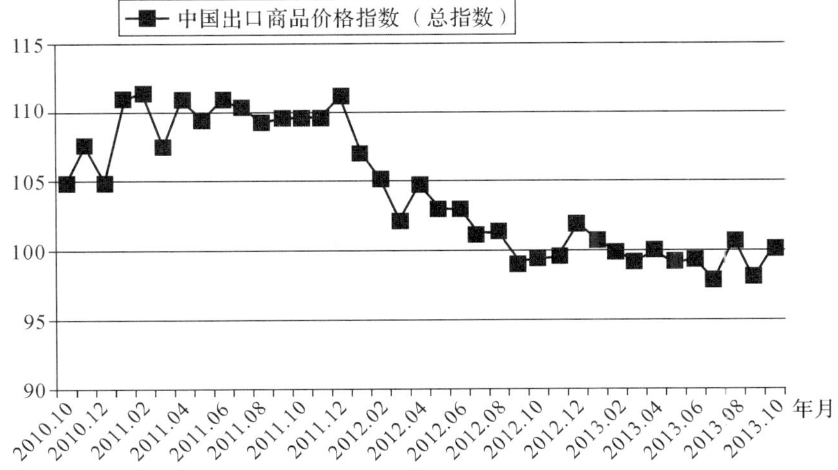

图10-9　2010.10—2013.10 中国出口商品价格指数（总指数）（上年同期=100）

由表10-9、表10-10和图10-9可见，中国出口至包括非洲市场在内的商品贸易同比价格指数变动情况为：

（1）2010年10月至2013年10月期间，出口商品价格总指数在［97.7，111.4］区间波动。

（2）2011年2月，出口商品价格总指数为区间的最高值，达111.4。

（3）2013年7月，出口商品价格总指数为区间的最低值，为97.7。

（4）2012年8月以后，出口商品价格总指数基本上在100左右小幅平稳波动。

2. 中国制造业出口商品同比价格指数

表10-11、图10-10、表10-12和图10-11反映了中国制造业出口及进口商品同比价格指数。

首先，分析中国制造业出口商品同比价格指数变动情况。

表10-11　2010.10—2013.09 中国制造业出口商品同比价格指数

（单位：%）

时间	中国制造业出口商品同比价格指数（上年同期＝100）
2010.10	104.6
2010.11	107.3
2010.12	104.5
2011.01	109.9
2011.02	111.3
2011.03	107.7
2011.04	109.2
2011.05	108.9
2011.06	110.8
2011.07	111.4
2011.08	110.2
2011.09	108.5
2011.10	110.2
2011.11	109.1
2011.12	108.8
2012.01	106.8
2012.02	104.5
2012.03	101.9
2012.04	104.7
2012.05	102.9
2012.06	102.7
2012.07	103.4
2012.08	101.3
2012.09	98.9
2012.10	99.2

续表

时间	中国制造业出口商品同比价格指数（上年同期＝100）
2012.11	99.3
2012.12	101.5
2013.01	101.1
2013.02	100.3
2013.03	100.0
2013.04	100.1
2013.05	99.5
2013.06	99.8
2013.07	97.8
2013.08	98.0
2013.09	101.0

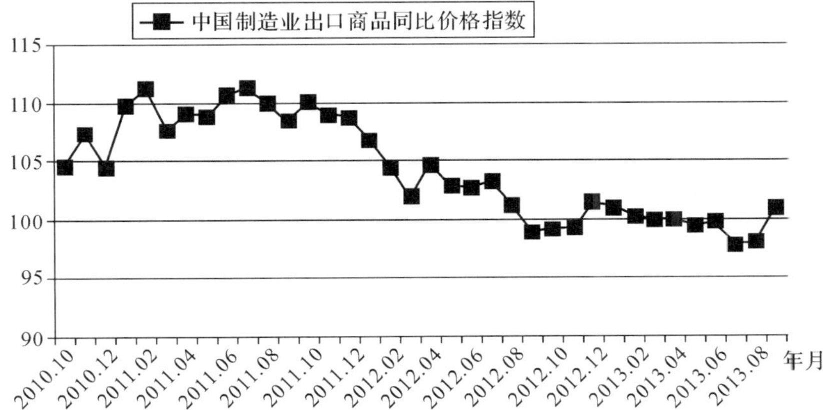

图 10-10　2010.10—2013.09 中国制造业出口商品同比价格指数（上年同期＝100）

由表 10-11 和图 10-10 可见，中国制造业出口至包括非洲市场在内的商品同比价格指数变动情况为：

(1) 2010 年 10 月至 2013 年 9 月期间，中国制造业出口商品同比价格指数在［97.8，111.3］区间波动。

(2) 2011 年 2 月，中国制造业出口商品同比价格指数为区间的最高值，达 111.3。

(3) 2013 年 7 月，中国制造业出口商品同比价格指数为区间的最低值，为 97.8。

(4) 2012 年 8 月以后，中国制造业出口商品同比价格指数基本上在 100 左右小幅平稳波动。

(5) 2010 年 10 月至 2013 年 9 月期间，中国制造业出口商品同比价格指数变动与前述中国出口商品贸易同比价格指数变动基本一致，这与中国工业制成品出口占比逐年升高的状况基本相符，特别是与中国 2011、2012、2013 年工业制成品出口占比分别为 94.70％、95.09％和 95.14％的状况基本相符。

其次，分析中国制造业进口商品同比价格指数变动情况。

表 10-12　2010.09—2013.09 中国制造业进口商品同比价格指数

（单位：%）

时间	中国制造业进口商品同比价格指数（上年同期=100）
2010.09	105.0
2010.10	104.5
2010.11	102.2
2010.12	103.6
2011.01	104.8
2011.02	110.6
2011.03	107.7
2011.04	104.5
2011.05	111.0
2011.06	110.8
2011.07	108.8
2011.08	108.9
2011.09	109.0
2011.10	108.3
2011.11	107.4
2011.12	108.1
2012.01	107.6
2012.02	108.0
2012.03	97.3
2012.04	100.0
2012.05	92.8
2012.06	101.0
2012.07	92.9
2012.08	100.1
2012.09	103.3
2012.10	102.1
2012.11	100.5
2012.12	99.8
2013.01	93.0
2013.02	97.2
2013.03	103.5
2013.04	99.9
2013.05	98.5
2013.06	99.7
2013.07	100.1
2013.08	98.4
2013.09	98.8

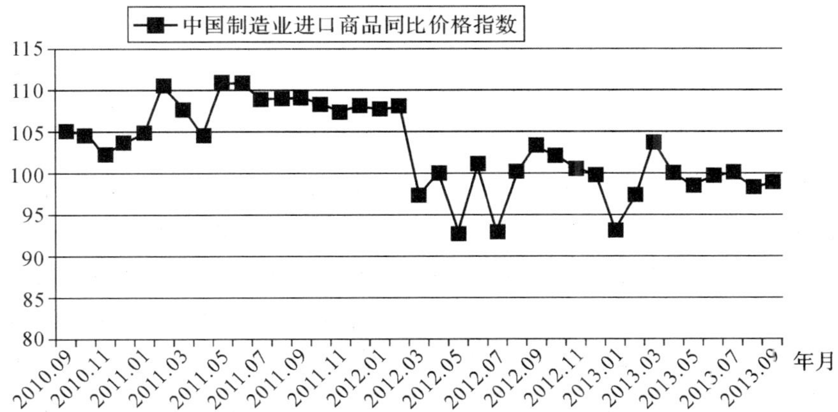

图 10-11　2010.09—2013.09 中国制造业进口商品同比价格指数（上年同期＝100）

由表 10-12、图 10-11 可见，中国制造业进口商品（包括从非洲进口商品）同比价格指数变动情况为：

（1）2010 年 9 月至 2013 年 9 月期间，中国制造业进口商品同比价格指数在[92.8，111.0] 区间波动。

（2）2011 年 5 月，中国制造业进口商品同比价格指数为区间的最高值，达 111.0。

（3）2012 年 5 月，中国制造业进口商品同比价格指数为区间的最低值，为 92.8。

（4）2012 年 2 月以后，中国制造业进口商品同比价格指数基本在 100 左右小幅平稳波动。

（5）2010 年 9 月至 2013 年 9 月期间，中国制造业进口商品同比价格指数变动与前述中国制造业出口商品同比价格指数相比较，前者波动幅度比后者大，前者略比后者平稳，后者呈下滑态势，但近期有所回升。

通过本章对中国出口非洲贸易竞争力的评价与分析可见：

（1）中国对非贸易深刻反映出国内经济结构、资源配置和国际市场的需求状况；

（2）产业内贸易指数越大，说明产业内贸易程度越高。

2004 年 1 月至 2014 年 11 月期间，中非产业内贸易总指数在［0.86，0.99］区间内变化，说明中国对非洲进口与出口贸易基本持平。中国在对非洲的进出口贸易中：首先，“SITC 0～4 类：初级产品” IIT 在 0.1 以下，具有明显的产业间贸易特征；其次，“SITC 5～9 类：工业制品” IIT 从 0.33 略有回落之后升高到 0.58，处于产业内贸易与产业间贸易形式并存，但产业内贸易超过产业间贸易的正常产业内贸易状况。特别是，2012 年 1 月至 2014 年 11 月期间的工业制成品产业内贸易指数每年分别达到 0.66、0.66 和 0.58，说明中国对非洲的工业制成品产业内贸易程度较高。

（3）贸易竞争力是国际竞争力的重要构成之一。贸易竞争力指数大于零，说明该国该产品的出口大于进口，表明该国具有很强的国际竞争力。

1997 年至 2012 年 16 年间，中国进出口贸易竞争力指数均保持在大于零，出口多于进口，总体上中国产品具有较强的竞争力。但是，中国出口非洲市场产品的贸易竞争力指数在2002年至2012年间处于［－0.14，0.14］区间小幅振荡，近期略有下滑，值得关注。此外，从中国2004年1月至2014年11月期间SITC分类产品对非洲贸易竞争力指数的测算与分析可见，中国对非洲的初级产品出口不具有比较优势，而中国对非洲的工业制品出口具有比较优势。中国对非洲出口的工业制品中，特别是机械及运输设备、杂项制品、化学品及有关产品，具有很高的比较优势。

（4）国际市场占有率的变化是贸易结构变化或产业竞争力变化的结果。

研究表明，1999年至2013年15年间，中国出口非洲国际市场占有率逐年上升，特别是2010、2011、2012和2013年，分别达12.19％、12.83％、13.90％和14.78％，增长速度较快，这反映出中国产品在非洲市场具有较强的国际竞争力。中国出口非洲国际市场占有率MS_c与时间变量T呈线性相关，相关系数0.84，被解释变量MS_c随着解释变量T的增加而增加。欧、美、日等发达经济体在非洲市场总的国际市场占有率为42.7％，而作为发展中经济体的中国，出口产品在非洲市场的占有率为13.99％。

（5）质量竞争力反映了中国制造业质量竞争力的整体水平。

2013年，中国出口非洲市场产品中，分大类的机械电子制造业质量竞争力指数居高位，而分行业的计算机、通信和其他电子设备制造业进入较强竞争力发展阶段，这说明中国出口非洲市场机械电子产品具有较强的国际竞争力。

（6）国际竞争力也表现在价格竞争力上。价格指数和出口价格变动指数都是评价一国产品国际竞争力的指标之一。2010年10月至2013年9月期间总出口和制造业出口商品同比价格指数，反映了这三年中国工业制成品的出口价格指数总体趋稳，且略有回落，在国际市场上尚缺乏强劲的竞争力。而2010年9月至2013年9月期间的制造业进口商品同比价格指数亦有下降的趋势，但下降趋势较为平缓。

11 提升中国出口非洲市场产品竞争力策略探讨

从对中非贸易前人研究成果的综述，到中国出口非洲市场产品结构、市场份额、质量、案例的特点分析以及非洲市场技术性贸易措施的制度比较，再到中国出口非洲市场产品风险分析，特别是中国出口非洲市场的竞争力研究，最后的落脚点便是聚焦于中国出口非洲市场产品竞争力的政策抉择，这也是本章研究的重点。

11.1 拓展中非经济合作领域，构建区域性产业价值链

11.1.1 充分利用中非经济互补互惠，创造中非贸易合作双赢局面

从中非关系发展的历程可以发现，其有着鲜明的时代特征。最早的中非经贸合作是为中国的外交和政治服务的，主要是向非洲提供一些援助。中国实行改革开放后，中非关系进入健康、良性发展的轨道。这一时期中非关系的特点可以概括为：政治利益与经济利益并重，经济关系强调互利合作、共同发展，合作领域逐步向全方位拓展，合作形式多样化。进入 21 世纪后，在和平与发展两大时代主题下，经济外交、贸易合作变得更加重要。

中非经贸关系 2013 年进入快车道，在全球经济下行的背景下，双边贸易额达到了 2103 亿美元，同比增长 5.9%。这主要是由中非双方的多种因素所决定的。

首先，从非洲的角度来看，非洲各国有着发展经济的内在需求，非洲消费者对中国产品有着旺盛的需求，这是中非贸易发展的内在动力。

其次，非洲国家经过一定的困难时期之后，政治局面相对处于稳定状态。当然，有一些国家和个别地区还存在局部性的冲突，但是总体来讲非洲政治、经济、社会是比较稳定的，或者说大多数地方是趋于稳定的，这为中非双边贸易和投资的增长创造了良好的环境。

第三，中非经济具有较高的互补性。从产品方面来说，非洲国家普遍存在经济结构单一、工业基础薄弱等问题，对轻工和电子产品的需求较大，而这些产品正是中国最具国际竞争力的产品。另外，中国正处于迅速发展时期，非洲大陆丰富的矿产资源

和能源有助于满足中国经济快速发展之需。

第四，世界经济环境的变化为中非经贸合作提供了新的机遇和挑战，新形势下中非双方将基于各自的转型与发展目标，来构建利益契合点与增长点，未来的中非经贸关系将呈现“发展导向、投资引领、多元互动、推动转型”的趋向。中非之间正在形成一种“互为动力和机遇、互补经济和资源”的发展结构，双方致力于通过经贸合作加快推动各自的结构转型。

第五，从中国的角度来说，经过30多年的改革开放，中国企业在贸易投资方面已经具备了一定的实力，提高了参与国际合作的能力。许多企业在这一过程中，能力不断得以提高，经验也不断得到积累。

因此，充分利用中非经济的互补互势，才能创造中非贸易合作的双赢局面。

11.1.2 拓展中国在全球产业价值链上的升值空间

1. 从中非经贸战略伙伴高度分析

当前，中国经济已从总有效供给不足转变为总有效需求不足，中国企业只有把具有比较优势的供给过剩能力转移到包括非洲市场在内的国际市场，积极主动地参与国际竞争，在经济全球化中占据有利地位，才能继续发展壮大。加强与发展中国家的经济合作，特别是加强与非洲国家的合作，已成为促进中国外部经济可持续发展的一个重要选择。

目前，非洲国家普遍存在工业制成品短缺，资金、技术、人才匮乏等问题，极其希望中国增加对非洲经贸领域的合作。而随着非洲政局日趋稳定和经济形势的日益好转，非洲越来越成为中国理想的经贸合作伙伴。

从可持续发展的角度来看，中国许多原材料和能源目前是结构性短缺，这些原材料和能源在非洲又都能找到。从这个意义上讲，非洲需要中国，中国也需要非洲，非洲对中国未来外部经济的可持续发展颇为重要。

2. 从国际产业价值链角度分析

一方面，从技术层面分析，多数非洲国家的技术水平在国际产业链中处于下游，中国不少企业的技术和相关设备等不仅适合非洲国家的需要，并且因面临升级换代而有大量剩余可以为非洲国家所用。

另一方面，非洲面对基建、制造业和民生领域的巨大需求“心有余而力不足”，吸引投资成为主要诉求之一。中国推动新一轮扩大开放，“走出去”的中国企业必须积极拓展在全球价值链上的升值空间，中非经贸合作正从贸易先行向投资引领转型。

同时，帮助非洲改善基础设施匮乏和电力供应不足，有助于中国企业尤其是制造业企业跟进投资，构建区域性产业链。尽管中非经贸合作面临越来越激烈的外部挑战，并且还必须注意到，中非经贸合作中出现的摩擦和利益分歧有可能被放大或“国际化”。

11.2 实施中非贸易资源战略，提升中非国际地位

11.2.1 非洲资源新格局下中国企业的战略选择

1. 中国企业的非洲资源合作

非洲大陆具有丰富的矿产资源，是中国境外资源合作的主要区域之一。中非外交为中非资源合作营造了良好的氛围，互利共赢模式使中非资源合作取得了积极成果，并使中非资源合作得到了长足发展。在20世纪90年代，中国通过大量提供不附加任何政治条件的优惠贷款，迅速和许多非洲国家建立了友好关系，如今中国在资源合作方面显然得到了回报。中国除了从苏丹、安哥拉、尼日利亚、加蓬、阿尔及利亚等一些产油大国获得急需的石油和天然气之外，还和一些非洲国家就铜、钴、黄金、金刚石、铬、锰、铀、铝土矿、稀土等的开采展开合作。中国企业的非洲资源合作已步入了一片新天地。

中国靠平等互利赢得非洲国家的信任，但是，中国在非洲的资源战略引起了西方国家的不安，中非资源合作战略也饱受国际社会的非议和责难。

2011年年初，突尼斯爆发"茉莉花革命"并迅速传导给其他阿拉伯国家，背后都有着西方国家"民主人权输出"的黑手。① 2011年利比亚动乱背后的"资源"较量，加大了中国境外资源合作的风险。② 这些均使得中国企业非洲资源合作的未来充满不确定性。

2. 中国石油企业的战略选择

近年来，非洲油气资源探明储量快速增长，油气产量前景广阔，不仅在北非、西非等传统产油区获得重要进展，而且在东非、非洲内陆以及南部非洲都取得重要突破。2013年，非洲原油储量增至1276×108bbl（桶），天然气储量增至515×1012ft^3（立方英尺），油气储量占全球的比重从1991年的6%增至2011年的8%。2010年，

---

① 国防大学中国特色社会主义理论体系研究中心. 认清西方"民主人权输出"的实质［N］. 人民日报，2012-05-25.

② 进入2011年2月下旬以来，利比亚爆发严重政治危机。面对这一突发性事件，中国政府采取果断措施，调动一切海陆空交通工具，对利比亚的3.6万多中国公民展开了一场自二战以来最大规模的撤退。中国政府果断伸出援手，虽然比较有效地化解了身处利比亚社会暴乱中的3万余名中国公民的生命安全风险，但数十家中国公司在利比亚动乱中遭受的巨大经济损失，犹如长江之水，逝者如斯。商务部声明称，中国在利比亚开展投资合作的企业多达75家，涉及50个项目、188亿美元，其中27个利比亚中资企业工地、营地的车辆、施工机具、材料、办公设备及现金等遭到抢、砸和烧毁，正在施工的工程遭到严重破坏，数十名工人受到伤害，经济损失惨重。

作为非洲第一大储油国和第四大石油生产国的利比亚，历来是欧洲的重要能源供应地，西方各国的石油集团在利比亚都有大量的投资。（参见新华网，http://www.news.cn，2011-12-29。）

非洲原油产量达到 1077.0×104bbl/d（桶/日），占全球产量的 12.4%，后因局势动荡，产量急剧下滑。2011 年，非洲天然气产量达到 71235.3×108ft³（立方英尺），占全球产量的 6.1%。非洲是中国第二大石油进口来源地和最大的海外份额油来源地，中非能源合作方式正迈向多元化，从贸易合作到投资开发，再到“贷款换石油”，但存在投资合作少、份额油少、合作对象中大型产油国少、合作项目中区块权益类少等特点。

非洲在全球能源格局中的地位大幅提升，市场竞争也日趋激烈，石油工业本土化趋势明显。中国石油企业的合作战略可从国际化向本土化转变，合作战术可从单打独斗向强强联合转变，合作对象可从中小产油国向大型产油国转变，合作方式可从以贸易合作为主向以投资合作为主转变，合作优势可从政治优势向技术优势转变。①

3. 中国矿产企业的战略选择

（1）非洲矿产资源成为中国经济可持续发展的重要支撑。

从面积来看，非洲大陆仅次于亚洲。它南北长约 8100 千米，东西宽约 7500 千米，面积约 3020 万平方千米，约占世界陆地面积的 20%，约为中国面积的 3 倍。

在辽阔的非洲大陆上，蕴藏着丰富的矿产资源，金、金刚石、铂族金属、铝土矿、铀等重要矿产资源储量均居世界首位，铬、锰、钒、铜、镍等矿产资源也十分丰富。全世界铀和铬铁矿储量的 20%，锰矿和铝土矿储量的 30%，钒和钛储量的 20%以上、铂族金属储量的 90%、金资源类的 50%以上都集中分布在非洲。此外，铅、锌、锑等矿石资源储量也很可观。不仅如此，非洲的大多数矿床品位高、分布连续、易于开采。

非洲是重要的金属矿生产国和出口国，无论是从绝对数额还是从相对数额来看，中国从非洲进口的金属矿都占有比较重要的地位。中国从非洲的进口总额中，矿产资源所占的比重较大。

此外，中国对非洲有色金属矿的依赖程度较高，中国对非洲钴矿的依赖程度达到 90%以上，对钽铌钒矿的依赖程度超过 60%，对铬矿的依赖程度也超过了 40%。对铜矿的依赖程度虽不高，但进口的绝对额远大于其他有色金属矿。

可以说，非洲已成为中国经济可持续发展的重要支撑。

（2）中非矿石贸易创新模式。

中国与非洲的矿石贸易，可在充分发挥国有贸易公司优势的基础上，通过贸易融资，支持私营企业“走出去”获得非洲丰富的矿产资源，促进国内冶炼企业利用产能，实现产业链可持续发展，在政府鼓励企业“走出去”的大背景下，获得非洲丰富的矿产资源，实现中国的资源战略，促进中国经济的可持续发展，这也是促进中非互

① 彭薇．非洲能源新格局下中国石油企业的战略选择［J］．中外能源，2013（18）。

惠双赢经贸关系的一种贸易创新和尝试。①

2013 年，非洲区域一体化进程加速，非洲国家内部普遍实施积极的财政政策，加大了对基础设施建设的投入力度，这些因素均有利于推动非洲的经济发展。据渣打银行预测，未来中非贸易进一步扩大的空间巨大，2015 年中非贸易总额有望增长 50%，到 2030 年将达到 1.7 万亿美元。在此情况下，来自非洲的矿产原料将源源不断地输入中国，非洲也将成为中国经济可持续发展不可或缺的海外支撑。②

11.2.2 促进中非资源互补，优化中非贸易结构

分析中国出口非洲的产品可见，随着中非贸易规模的扩大以及中国工业化程度的提高，中国出口非洲的商品种类增多，如农产品、医药用品、机械制品、电信产品等都扮演着重要的角色。2013 年，中国出口非洲 SITC 分类产品主要为工业制成品，占中国出口非洲总额的 96.02%。其中，机械及运输设备 35.25%，按原料分类的制成品 30.30%，杂项制品 24.18%。

分析非洲的资源与贸易可见，一方面，近年来中国企业通过投资非洲的基础设施建设，促进了非洲国家的经济发展和产业结构调整。从长远来看，随着非洲国家经济发展水平的提高，非洲对华贸易的商品也将日益多元化，除了原材料外，高附加值的农、矿产品和工业制成品将日益增多。同样，中国通过产品展销以及零关税政策为非洲国家开拓市场，使越来越多的非洲国家有机会与中国建立更紧密的贸易联系。这些，都将使中非贸易集中于少数产品和少数国家的状况，逐步得到改观。但是，非洲国家的经济发展状况决定了中非贸易结构的优化短期内仍有一定的难度。非洲是世界上最贫困的大陆，经济结构单一，多数国家的工业水平相当落后，传统的低附加值消费品生产在制造业中仍占重要地位，需要进口国外的成熟工业品以及大量的资金来进行基础设施建设。

另一方面，非洲是矿产资源极为丰富的大陆，世界上最重要的 50 种矿产中，非洲至少有 17 种蕴藏量居世界之首。因此，在众多非洲国家，采矿业仍然重要的工业部门，出口产品仍然以资源为主。2013 年，非洲国家出口中国的产品，即中国自非洲进口的产品中，初级产品占比 62.54%。其中，矿物燃料、润滑油及有关原料占比 46%，非食用原料（燃料除外）占比 15.65%。这种状况短期内不可能改变太大。所以，中非贸易在可预见的将来还将延续这种产品结构和地区结构比较单一的历史性特点。中非贸易结构虽然将日趋优化，但是短期内难有较大改观。为了实施中非资源互补，优化中非贸易结构，中非双方必须制定长期发展战略。

---

① 具体操作可以是：私营海外公司依托灵活的公司机制，在非洲建立稳定的矿石来源渠道（通过贸易、建厂开矿等方式），获得较低成本的矿石原料；通过海运将矿石原料直接运输给国内冶炼厂，并将海运提单等单证提交国有贸易公司，国有贸易公司凭此向私营海外公司进行贸易融资；国内冶炼厂向国内贸易公司付款赎单，提取矿石原料；等等。

② 朱云玲．中非矿石贸易创新模式探析 [J]．世界有色金属，2013 (7)。

11.2.3 通过中非贸易，提升中非国际地位

中国和非洲国家经济的快速发展对中非贸易具有带动效应。非洲的市场规模将随之不断扩大，对各类商品的需求将不断增加，这将推动中国持续加强同非洲以及其他国家之间的贸易往来。中非贸易具有坚实的政治基础。中国是世界上最大的发展中国家，而非洲是全球发展中国家最集中的大陆，中非传统友谊深厚，近年来高层互访频繁，进一步加深了中非之间的政治互信，促进了双边的友好合作。这些，都为中非贸易持续、稳定的发展创造了良好的政治氛围和条件。

中非贸易在中非关系中的重要性日益突出。随着中非贸易规模的不断扩大，其对中非关系的推动作用将更加凸显。一方面，中非贸易将推动双方经济更快速、更稳定地发展。联合国非洲经济委员会和非洲联盟曾经指出，非洲与亚洲之间的经济联系不断增强，特别是与中印两国在贸易、投资以及经济援助等方面的合作，是促进非洲经济增长的重要因素之一。随着中非贸易的持续增长，这种作用将更加明显。从中国方面来说，随着中国经济总量的迅速上升和新兴产业的升级换代，中国急需扩大国内外两种市场，进口更多的原料和能源资源，实现销售市场和资源来源的多元化。加上中国产品在发达国家市场频遭反倾销、反补贴等制裁措施，非洲市场将成为中国实施市场多元化战略的重要地区之一。另一方面，中非贸易将大大提升中非双方的国际地位。随着中国国家实力的增强和国际影响力的提升，某些国家尤其是西方大国对此感到不安并施加遏制，但从与非洲经济贸易合作的过程中，中国找到了进一步拓展世界市场和提升国际适应能力的机会。中国对非贸易的发展强化了中非友好关系，不仅成为中国和平崛起的生动例证，有利于改变和优化中国的国际处境；而且作为中非合作的一个重要手段，改变了非洲国家在当代世界体系中的边缘化状态，使世界各个大国逐步意识到非洲的重要性，从而提升了非洲的国际地位。①

11.3 优化中国企业出口非洲产品的结构、质量与市场营销

11.3.1 调整中国出口非洲市场产品结构

随着中非经济贸易合作的发展，非洲为中国出口商品提供了广阔市场，但是向非洲等相对欠发展的国家和地区出口商品只是短期延长了低端产品生命周期，并不能解决长期存在的产品技术含量低、无品牌或品牌知名度低、缺乏国际竞争力等问题。因此，调整中国出口非洲市场产品结构的关键是优化出口产品结构、增加出口产品中高

① 邝艳湘．中国与非洲贸易的现状与反思［J］．现代国际关系，2010（10）；刘鸿武．当代中非关系与亚非文明复兴浪潮——关于当代中非关系特殊性及意义的若干问题［J］．世界经济与政治，2008（9）。

附加值和自主品牌产品的比例，占据更广阔的国际市场。

一般认为，优化出口产品结构就是变劳动密集型出口商品为资本密集型和技术密集型出口商品。其实，这种观点有其局限性，是一种超越中国现实的理想主义观点。主要理由：一是中国劳动密集型产业历史悠久，有一定的根植性，不可能说放弃就能放弃。二是中国中小企业资本短缺和研发薄弱是一个现实问题，不可能在短期内完全改变这种现状，一味地强调以资本和技术密集型出口商品完全替代劳动密集型出口商品不具有现实性。三是纵观国际贸易商品，除了极少数高科技商品外，大部分国际贸易商品是劳动、资本和技术密集的混合体，也就是说，大部分国际贸易商品都隐含劳动密集成分。因此，短时期内中国劳动密集型产品仍将是主要的出口产品，但必须通过提高中国出口产品的技术含量，加快高新技术向传统产业渗透，提高中国传统产品的质量档次，使劳动密集型产业转变为技术含量高、加工程度深、附加值高的新型产业。

当前，中国对非洲出口商品结构的优化应：

(1) 立足国内比较优势，发挥劳动力等资源的成本优势，通过提高劳动者素质、加大资本积累和技术研发等措施，优化中国要素禀赋结构，推进动态比较优势发展战略。同时，要关注并实现向竞争优势战略转变，避免出口增长的贫困化和陷入比较优势陷阱。

(2) 通过提高人力资本存量、鼓励技术研发、吸引高新技术投资和保护知识产权等措施，以及通过出口信贷、出口保险和出口退税等贸易政策，构建良好的技术开发环境，依靠技术进步和技术的溢出效应，实现产业结构优化，最终促进中非出口商品结构的转型升级。

(3) 从国家层面、地区层面和区域层面，从单一行业和多行业角度，从短期、中期和长期，全方位地优化出口商品结构。

总之，要切实采取措施，使中国出口非洲市场产品实现从传统劳动密集型的低附加值加工制成品向产业链高端的高附加值加工制成品转变，从主要出口传统产品向主要出口高新技术产品转变，逐步实现出口产品的高级化。

11.3.2 提升中国企业出口非洲市场产品质量

中国对非洲市场出口贸易，除上述产品结构外，产品质量也是至关重要的。非洲是发展中国家最集中的大陆，是促进世界和平与发展的一支重要力量。随着中国与非洲国家的贸易量不断攀升，为保障出口非洲产品质量，维护中国出口产品信誉，国家质检总局已经与塞拉利昂、埃塞俄比亚、埃及等国家签署了质检合作协议，实施出口产品装运前检验，与其他国家的质检合作协议也正在磋商中。

2004 年以来，中国国家质检总局与非洲国家开展了广泛的质量安全领域合作交流活动，对出口非洲检验检疫已成为检验检疫部门一个新的工作亮点。但是，前已述及，在对出口非洲产品实施检验检疫的过程中，经常遇到检验依据不确定、核价难准确、监装时间紧张、检验手段缺乏、安全、卫生、环保项目检测难等问题。而检验检疫工作直接影响到中国与非洲国家的友好关系和经济贸易，责任重大。虽然非洲地区经济水平普遍较低，中非贸易量与中国同其他国家和地区贸易量相比差距较大，但非洲是一个新兴市场，也是一个具有较大发展潜力的市场，更是中国拓展国际市场的一个重要区域。我们必须树立质量优先的意识，认真履行检验检疫职能，在对非产品出口检验检疫实践中严把质量关口，确保质量安全。尽管非洲国家对质量的要求与欧美发达国家和地区相比还有差距，但是作为为国把关履职的检验检疫人员，必须树立公正平等意识，认真把好产品质量控制关，本着对非洲消费者负责任的态度，公正公平地对待每一次检验检疫。

为此，必须积极探讨化解上述出口非洲产品检验检疫问题的突破口。

（1）着力化解检验依据不确定性问题。可以从两方面考虑：一方面是对一些大类品种设定一些基本要求，开展一些辅助性标准研究，例如《市场采购出口商品检验基本要求（试行）》就规定了一些出口非洲产品的最底门槛；另一方面是开展对出口非洲产品贸易和生产企业的培训工作，帮助它们在签订合同时对产品质量要求的条款进行细化和简化，使其更具有可操作性。实际工作中，可以根据《中非质检合作协议》的强制标准以及贸易合同（信用证）规定的标准，确定产品检测项目和判定产品的符合性。对于非洲国家没有强制性标准的产品，必须以国际标准化组织、国际电工委员会等国际组织的标准作为评定依据。另外，可以以中国国家标准和《市场采购出口商品检验基本要求（试行）》作为评定依据。

（2）着力化解核价难准确问题。按照《中非质检合作协议》要求，出口产品装运前需批批检验，批批签证。检验内容包括外观检验，安全、卫生、环保项目检测，核价和监装等，而检验检疫部门主要从事的是质量检验的技术工作，对产品的成本和核价等财务工作并不熟悉。为此，可以采取以下措施：加强对检验检疫人员的财务知识培训，增强他们的财务知识；考虑建立出口非洲产品的价格数据库；参照海关的一些做法，对出口产品的价格确立一些比对标准和基本价格，尽量使其具有简单性和可操作性。

（3）着力化解监装时间紧张问题。针对出口非洲国家的产品需要批批监装，存在检验检疫部门人员不足与工作要求较高的矛盾，现场监装工作还必须等出口企业集装箱装箱才可以进行，装箱的时间跨度长且具有不确定性，监装工作时间特别紧张。解决这个问题要从实际出发，参照检验检疫部门对出口产品的企业分类管理方法，对一些需要监装的企业进行分类管理，对诚信度高、管理水平高的企业采用抽检的方法，对一些诚信度低、管理水平差的企业则批批监装；利用现代科技手段，采用一些电子装置，进行无人在现场的电子监控，或采用现场录像代替工作人员的方法来解决。

（4）着力解决检验手段缺乏的问题。由于非洲国家经济不发达、资源较匮乏，进口产品不乏小品种、冷品种和偏品种，这对检验检疫人员提出了新要求。为此，一方面可以加大培训力度，增强综合检验管理能力，加强检验员举一反三能力，建立出口非洲产品检验论坛，让全国检验员在一个统一的平台上进行交流，共享数据和信息；另一方面，检验员可以通过加强自学，不断丰富自己的专业知识，加强交流，不断提高自己的见识，善于总结，在工作实践中不断积累和提升。

(5) 着力化解安全、卫生、环保项目检测难问题。出口非洲产品装运前需批批检验，批批签证。检验内容包括安全、卫生和环保项目，许多出口产品存在价格低但检测费用高的现象，一些企业甚至因出口非洲检测成本高昂而放弃出口。化解这些问题，一是要加强与出口企业的沟通，充分评估企业的信用度，在检测中可采取抽检的方法；二是要加强对出口非洲产品的安全、卫生、环保项目的调研，对以前经常出问题或国外反映比较多的产品加强检测，可以按照产品的风险程度，对一些风险较小的产品进行适时抽查，增强产品质量监控的适应性和有效性。①

11.3.3 实施中国企业出口非洲市场营销策略

中国出口非洲市场以民营中小企业为主。面对全球经济一体化的新形势，中小企业出口非洲市场必须依靠正确的出口营销战略为支撑，需要从营销观念、品牌营销、技术创新、优化结构等方面入手，把对非洲的出口营销引入科学发展的良性轨道。

特别是在营销观念上，要引进新的营销理念，树立全球化的营销视角，以世界眼光谋划新时期出口营销发展战略，实现从增长模式转为发展模式。

1. 树立全球营销观念

经济全球化使营销面对全球，要求企业在产品、价格、分销、促销、资本、人员、网络等方面进行全球性的思考。全球营销依次经过出口国际营销、跨国国际营销和全球营销三个发展阶段。当今一些发达国家的巨型企业，从20世纪80年代起就开始进入全球营销阶段，现在已逐步走向成熟，这都是中小企业的榜样，同时更是中小企业的强大竞争对手。因此，中国出口非洲企业在进入国际市场的过程中，可采用“追随者战略”或“补缺者战略”，仿效并联合强大的竞争对手来逐步实现包括非洲在内的全球营销，实力较弱的企业更应如此。

2. 树立竞争营销观念

出口营销的市场竞争十分激烈，对非洲出口企业应认真做好国际市场的调查、分析、预测，通过有效的市场研究找出最切合本企业发展及实际情况的区域开发重点和全球均衡出口战略。此外，可通过分析竞争者的营销活动来决定自身的营销方向，努力寻找市场空隙，瞅准时机，快速进入或扩大包括非洲在内的国际市场，积极应对包括非洲在内的国际贸易壁垒和摩擦，实现企业营销目标。

3. 树立绿色营销观念

随着科技的飞速发展和消费者理念的不断提升，全球性的绿色消费浪潮日益高涨，正形成一个庞大的绿色市场。中国出口非洲市场企业应抓住这一机遇，树立绿色营销观念，积极开发绿色产品，努力在环保方面主动适应非洲各层次消费者急剧增强

---

① 储红，王欣，李干荣．化解出口非洲产品检验五问题 [N]．中国国门时报，2010-05-10.

的环保意识，争取在激烈的市场竞争中占有一席之地。

4. 树立国际化经营观念

经济全球化的主要特征是贸易自由化、生产和金融国际化。出口非洲市场中小企业应努力使自己的营销策略更加符合国际标准和国际惯例，研究和突破非洲标准的规制限制，通过网络营销不断扩大包括非洲在内的国际市场范围。一些综合实力较强的企业更应加快实施“走出去”战略，积极发展境外加工贸易，大力推进境外资源能源开发合作。

11.4 出口非洲市场产品质量标准规制战略抉择

11.4.1 经济全球化浪潮把标准化推上国家战略地位

分析国际上的标准化组织、区域性标准化组织和一些工业发达国家纷纷制定并实施标准化战略的热潮，标准日益成为全球生产的前提、商品通用的基础以及国际市场竞争的焦点。特别是，中国出口非洲市场选择性地执行 ISO 标准、欧洲标准、美国标准、日本标准、英国标准、德国标准等，促使我们思考全球经济一体化背景下的标准化国家战略问题。

1. 标准化是全球化生产的前提条件

生产全球化的本质是生产国际化，其生产的组织方式是根据各国、各地、各企业的优势和成本，在全球范围内安排和组织生产，这就是一种建立在专业化和协作基础之上的分工。保证这种国际分工得以实现的前提是标准，“全球产品”的生产需要“全球标准”的支持。支持全球产品的生产和经营的标准，首推国际标准；在国际标准难以满足需求的情况下，出现了各国、各地区、各企业各式各样的事实上的全球标准。

2. 标准是产品全球通用的基础

全球产品有着各自的标准，标准规范着产品的生产和经营，使产品具备竞争力。产品是标准的载体，产品在占领各国市场的同时，也把标准推向世界各地。消费是人的天性，是纯粹个性化的行为。但是，在这一个性化的消费过程中，人们又都不约而同地选择价廉物美的产品，这种价廉物美的产品之中就包含着被消费者默认的产品的外观、性能、品质等最低质量标准的信息。

从政府角度来看，为了维护消费者的基本权益，满足全社会对产品的消费需求，需要设置一种产品的最低质量标准。全球所接受的产品和服务，一方面按照最低质量标准的要求创造新的消费时尚，并把这种时尚带向世界、实现全球化；另一方面，它们在提供事实上的全球通用产品和服务的同时，也在推行着事实上的全球标准。随着标准化产品的广泛流行，人们的消费时尚也逐渐全球化。

3. 标准是国际市场竞争的焦点

标准在国际市场上不仅充当着在交易双方之间建立信用度的作用，而且起着国际贸易活动游戏规则的作用。

在一些技术含量较高，有着广阔市场前景的产品开发领域，其标准一旦得到广泛认可，便有可能在产品的生产和销售过程中获得垄断性利润。因此，从这个方面讲，标准的竞争程度不亚于市场上的产品竞争。国外许多厂商在开发产品的同时，也在积极进行技术标准战略研究，开发和制定标准，并力争将其转化为国际标准。

当今国际间的竞争，实质就是技术竞争、专利竞争、标准竞争，而标准竞争已成为国家间经济、科技、综合实力竞争的重要内容，专利与技术标准相组合，已成为技术标准化发展的重要趋势，标准化已成为专利追求的最高体现形式。

4. 经济全球化浪潮把标准化推上战略地位

一些国际上的标准化组织、区域性标准化组织和工业发达国家纷纷制定并实施标准化战略，动作之大、影响之大，形成了 21 世纪的一股标准化战略热潮。产生这股热潮的直接原因是 WTO 推进的经济全球化。

当前，国际间的经济竞争、企业间的产品竞争，最终表现为标准之争。许多国家千方百计地在国际标准化活动中争取主动权、发言权，竭力在国际标准化中反映本国的要求，体现本国的利益。

各国的标准战略虽然内容不同，但有一点是相同的，即都有明显的针对性。

目前，国际标准化管理机构主要有：（1）三个国际标准化组织，即国际标准化组织（ISO）、国际电工委员会（IEC）和国际电信联盟（ITU）。（2）25 个具有制定国际标准职能的国际组织，如国际铁路联盟、世界卫生组织（WHO）等。（3）具有较大影响的区域标准化组织，如欧洲标准委员会、太平洋地区标准化大会等。

国际标准化与世界贸易息息相关，与世界贸易有关的两个重要协定是技术性贸易壁垒协定（WTO/TBT）、实施卫生和植物卫生措施协定（WTO/SPS）。在 WTO 的 23 个协定中，这两个协定直接涉及标准与贸易问题。

5. 近 10 年来，中国国际标准工作取得的巨大进步

首先，在争取国际标准化组织领导地位上我们取得了重大突破。2008、2011 年，中国先后成功担任 ISO 常任理事国、IEC 常任理事国及其标准化管理局常任成员；2013 年，接连成为 ISO 技术管理局常任成员，担任 IEC 副主席即市场战略局主席，更具里程碑意义的是，同年中国成功当选 ISO 主席，这是 ISO 自 1947 年成立 66 年来，中国首次担任最有影响的国际标准组织的最高领导职务（于立梅，2013）。

其次，中国主导制定的国际标准数量不断增加。中国提交的国际标准超过英、法、德、美等发达国家，国际标准提案数量在 ISO、IEC 成员中位居前列，由 10 年前每年仅几项增加到每年 30 多项。到 2013 年 9 月底，中国提出和主导制定的 ISO、IEC 国际标准，从 2001 年的 36 项增长到 298 项，增长了近 10 倍，已经正式发布的国际标准则达到了 141 项。

再者，中国国际标准化领域合作交流能力不断加强。中国已经与欧、美、东盟、东北亚、俄罗斯和上海合作组织等建立了对话机制。到 2013 年 9 月底，中国与英、美、德等 28 个重点国家和地区签署了 49 个协议，与美、英、德、韩、澳、新和欧盟等国家和地区建成了 7 个标准信息平台。

11.4.2 对欧盟、美国、日本等发达经济体标准化战略的借鉴

20 世纪 90 年代后期，特别是步入 21 世纪以来，为适应经济全球化、产业竞争、技术法规改革以及消费者价值观变化的需要，欧盟、美国和日本等发达经济体纷纷开展了标准化发展战略研究，制定了本组织或本国的标准化发展战略和相关政策，值得中国借鉴与重视。

特别是，在讨论非洲市场标准前，有必要先分析一下发达经济体的技术标准策略。

1. 发达国家技术标准国际竞争，策略与经验

（1）发达国家技术标准国际竞争策略实施成效

近些年来，主要发达国家实施技术标准国际竞争策略已经初见成效。

①承担国际标准化组织秘书处

截至 2011 年 12 月 31 日，在承担国际标准化组织秘书处工作方面，在 ISO 163 个成员国中，美、英、德、法、日 5 个国家承担的秘书处数量分别占总数的 16.1%、9.5%、19.1%、9.9%和 9.2%。在 IEC 82 个成员国中，美、英、德、法、日 5 个国家承担的秘书处数量分别占总数的 13.7%、11.4%、20%、13.7%和 13.1%。可以说，主要发达国家在 ISO、IEC 两大国际标准化组织中已经站在了制高点的位置。在承担 ISO、IEC 国际标准化组织秘书处的数量上有了较大幅度的提高，表明它们在这方面具有明显优势。

在 ISO 163 个成员国（截至 2011 年 12 月 31 日）中，美、英、德、法、日占秘书处总数的 63.8%；在 IEC 82 个成员国（截至 2011 年 12 月 31 日）中，美、英、德、法、日占秘书处总数的 71.9%；中国目前承担 ISO 和 IEC 国际标准化组织秘书处的数量为 58 个，占总数的 6.4%。

②主导制定国际标准

截至 2006 年，以主要发达国家为主起草的国际标准占 95%以上，发展中国家负责起草、主导制定的国际标准比例不到 5%。

③担当 ISO、IEC 主席和 ISO/TC 主席

美、日在争取担当 ISO、IEC 主席领导职务方面表现抢眼。特别是日本，顺利实现了近期的竞争目标。截至 2005 年，美、德、英、法、日 5 个国家共担当了 118 个 ISO/TC 主席职务，占秘书处总数的 63.1%。表明主要发达国家在制定国际标准中掌

握着大部分主动权。中国目前担当ISO、IEC技术机构主席职务数量33个。[①]

(2) 发达国家技术标准国际竞争的主要经验

发达国家技术标准国际竞争的主要经验：一是控制争夺战略制高点；二是科学确定并主攻战略重点领域；三是一体化推进科技开发、标准研制、国际市场开拓；四是强化企业的主体作用和培养人才。

2. 欧盟、美国、日本的标准化战略

(1) 欧盟的标准化战略模式

1998年10月，欧洲标准化委员会（CEN）和欧洲电工标准化委员会（CENEIEC）发布了CEN 2010年标准化战略和CENEIEC 2010年标准化战略。战略的核心是充分利用《维也纳协定》和《德累斯顿协定》制定国际标准。要点包括：①支持欧洲单一市场的形成；②增强欧洲产业在世界市场上的竞争力；③在国际标准化中形成欧洲统一地位；④重申《维也纳协定》和《德累斯顿协定》的重要性；⑤制定以欧洲标准（CEH标准）为基础的国际标准，争取将欧洲技术推广到全世界。1999年10月，欧盟通过了欧洲理事会《欧洲标准化战略》决议，其核心包括：①建立强大的欧洲标准化体系，对国际标准化产生更大的影响，进一步扩大欧洲标准化体系的参加国；②继续为欧洲标准化活动提供财政支持；③统一欧盟各国在国际标准化组织中的标准化提案。

(2) 美国的标准化战略模式

1998年9月，美国完成了国家标准化战略的制定工作。美国标准化战略的核心是加强国际标准化活动，使国际标准反映美国技术，承担更多的ISO、IEC秘书处工作，其战略的重点领域是健康、安全、环保方面的标准化。美国标准化战略包括12项战略要素、62项战略措施。战略实施要点包括：①建立政府采用自愿性标准的机制；②制定当前安全、卫生、环境保护领域需要的标准；③改进标准体系对消费者观点和需求的响应；④扩大美国标准体系的含义，把对标准体系做出贡献的所有组织都纳入标准体系；⑤更好地在标准中反映美国的观点和原则；⑥在世界范围协调标准；⑦制定向外界展示美国技术和标准的活动计划；⑧提高标准的一致性；⑨改进美国标准体系中各政府和非政府机构间的沟通；⑩向政府和非政府行业决策者宣传标准并指导它们如何从中受益；⑪建立稳定的标准化经费支持机制。

(3) 日本的标准化战略模式

2001年9月，日本公布了《标准化战略》，把标准化的重点放在三项课题上：①确保与市场的联系和效率。根据27个领域的标准化战略要求，各领域要具体制定细致而切实可行的标准。②推进战略性的国际标准化活动。日本针对国际标准化活动制定了20项措施，包括国际标准的对策、产业界提出的国际标准提案、创造良好的参加国际标准化活动的环境、培养国际标准化专家、推进亚太地区的国际标准化活动

① 王金玉. 主要发达国家技术标准国际竞争策略及实施成效研究［J］. 标准化研究，2008 (2)。

等。③推进标准化活动与研究开发的一体化。从研发政策和标准化政策（即研究开发政策与标准化政策、技术创新与实用化政策）两方面着手，建立标准化政策和产业技术政策一体化推进、支援标准化研究开发的体系，增加有关科学研究的预算经费。

可见，欧盟、美国、日本标准化战略的内容虽互有差别，但其共同点十分明显，即它们都有强烈的时代性，都是对 21 世纪经济全球化挑战的响应。这些组织和国家都意识到当前的标准化课题已不是技术问题和战术性问题，而是战略问题，标准化战略失误有可能影响国家的经济利益。

3. 欧盟、美国、日本标准化战略比较分析

欧盟、美国、日本的国际标准化战略具有很强的时代性和挑战性，体现了各国的国际标准化工作由工业化时代向经济全球化时代重大转移的战略思想。

（1）将国际标准化战略放在整个标准化发展战略的突出位置，积极参与国际标准化活动。

欧盟、美国、日本均把国际标准化战略放在整个标准化发展战略的突出位置。欧盟委员会与欧洲标准化组织合作，支持国际标准化机构（ISO、IEC、ITU 等）制定国际标准并推动标准的实施。欧洲标准化组织通过与国际标准化组织的合作，加强欧洲标准化机构在国际标准化组织中的影响，为欧盟在国际贸易中的优势地位奠定了基础。另外，欧盟各成员国积极参与区域和国际标准化活动。多年来，以英、法、德为主的欧盟国家一直将很多精力和时间放在国际和区域标准化活动上，企图长期控制国际标准化的技术大权，并且不遗余力地把本国标准变成国际标准。美国在几个主要技术领域重点承担或从事 ISO、IEC 秘书处的工作，积极参加所有国际标准化活动，努力制定出反映美国技术的国际标准。日本也在 ISO、IEC 中发挥着重要作用，积极参加 ISO、IEC 国际标准的审议。

（2）争夺国际标准主导权成为欧盟、美国、日本等发达地区和国家的战略选择。

在知识经济时代，一项具有战略意义的技术标准被国际性的标准化组织承认或采纳，往往可带来极大的经济利益。甚至能决定一个行业的兴衰，并影响国家的经济利益。在这种形势下，欧盟、美国、日本千方百计地在国际标准化活动中争取主动权、发言权，并竭力在国际标准中反映本国的要求，体现本国的利益。欧盟实施“控制”战略，在已取得国际标准竞争丰硕成果的基础上，进一步推行国际标准化战略，牢牢地占据国际标准的制高点；美国实施“控制、争夺”战略，凭借经济实力最大、技术能力最强的超级大国优势，在控制现有领导权的基础上，全力争夺国际标准的制高点；日本实施“争夺”战略，依靠强大的经济实力和技术能力，拼命争夺国际标准的制高点。

（3）政府财政支持与标准经费市场化运作有机结合。

标准化工作属于社会公益事业，欧盟、美国和日本等发达地区和国家每年都提供大量财政拨款及专项资金，主要用于支持与技术法规有密切关系的、保护消费者利益和环境等反映社会需求的公共性标准以及产业界通用的基础性标准。如欧盟安排标准化经费达 7 亿欧元，平均每项标准 10 万欧元；美国政府 2002 年仅给美国国家标准技

术研究院（NIST）的拨款就达7亿美元；日本政府每年标准化经费预算为60亿日元（约合4.5亿人民币），其中用于国际标准化活动的经费占60%。欧盟、美国和日本还在标准研制过程中将市场性较强的应用型标准引入市场机制，充分体现谁投资、谁受益的原则。欧盟、美国和日本的标准化机构和社团主要通过销售标准文本来获取经济回报，并提供产品认证、试验室认可和技术咨询等有偿服务，政府对标准的服务性收费实施减免税收等优惠政策等。日本规格协会自2002年4月1日起，将销售标准收入的10%用于支持参加标准化活动的企业。日本还有一些大的企业集团，如松下、东芝电器公司等，为了自身利益也积极投入人力、物力，主动参加标准化活动。

（4）与现行的或潜在的参与者建立伙伴和战略联盟关系。

强大的技术力量和区域联盟，是将技术标准推向国际标准的关键因素之一。欧盟标准化战略强调，要进一步扩大欧洲标准化体系的参加国，统一欧盟各国在国际标准化组织中的标准化提案。欧盟要利用其条件在国际标准化活动中确立欧洲的地位，增强欧洲产业在世界市场上的竞争力。美国则要与更多国家的政府标准化机构和标准化团体建立联盟，努力制定出反映美国技术的国际标准。日本也试图通过建立亚洲区域联盟将日本和亚洲的标准推向国际，与欧洲相抗衡。

（5）统一协调标准化政策和科技开发政策。

随着经济全球化的深入推进，国际标准对各国产业国际竞争的影响越来越大。欧盟、美国、日本在研发制定标准化战略的同时，对科技开发与标准化政策进行统一协调。例如，欧盟、美国对以标准化为目的的研发工作采取了积极的财政支持和通过国际标准将本国产业技术推向全世界的政策。日本在2000年4月制定的《国家产业技术总体战略》中提出，要把标准化作为通向新技术与市场的工具，深刻认识以标准化为目的的研发的重要性。

（6）战略实施中将重点放在与社会生活相关的领域。

在标准化战略实施上，欧盟、美国、日本将重点放在与社会生活相关的领域，如信息技术、环境保护、资源循环利用、制造技术和产业基础技术等。欧盟委员会在其产品总政策中指出，标准要用以支持经济社会和生态环境的可持续发展，呼吁标准化工作者要对环境给予更大关注。日本在信息技术标准化领域，优先实现支撑电子商务、电子政府等的安全管理技术、密码技术、IC卡、多媒体技术、文件处理和数据记述语言等的标准化。在环保标准化方面，建设“循环型经济社会体系”，以保证21世纪能够维持良好的环境和持续的经济增长。在制造业和产业基础技术标准化方面，重点致力于实现产业自动化技术的标准化、GPS（Geometrical Product Specification）标准化、机械安全的标准化。美国也将健康、安全、环境、贸易、产业基础技术等方面的标准化，作为标准化战略的重点领域。

（7）重视新型国际标准化人才的培养。

欧盟、美国、日本为了有效推进国际标准化活动，注重培养熟悉ISO、IEC国际标准审议规则和具有专业知识的人才，并对国际标准化人才的素质提出了很高的要求。首先，英语水平要高；其次，要有渊博的知识，光是该领域的技术或标准化的专家还不够，要掌握整个国际技术和经济状况的动向，以及与该技术有关的国外企业和产业的动向；再者，要熟悉该领域企业和产业的发展战略，以及有关国家政府的政策策略等。

11.4.3 中国出口非洲市场技术标准战略的抉择

非洲市场的技术标准与欧美发达经济体的技术标准相比，欧美技术标准具有全球主导作用，而非洲技术标准（除南非以外的）具有一定的追随性，甚至不健全性。所以，中国有必要采取措施筑牢中国的标准体系，这样才能置中国出口企业于主动地位。

1. 中国技术标准面临的挑战及参与国际标准竞争模式

中国应借鉴发达国家技术标准国际竞争策略，探讨出口非洲市场的技术标准国际竞争模式。

（1）中国技术标准面临的挑战

中国技术标准现状：①相当一部分国家标准落后于国际水平；②中国技术标准被国际市场认可的为数不多；③按照中国技术标准生产的产品附加值较低；④中国技术标准转化为国际标准的比例较低。

主要制约因素：①没有建立完善的国际和国外标准跟踪机制；②采用国际标准分析研究不够；③参与国际标准化活动能力低；④缺乏标准（事先、同步、事后标准）创新机制；⑤没有建立起战略伙伴关系；⑥没有充分建立培养、选拔国际型标准化人才的机制；⑦没有建立稳定的国际标准化活动经费筹集机制；⑧没有建立健全以企业为主体、产学研相结合的参与国际标准化活动机制。

产生的严重后果：①影响国际贸易发展；②制约产业国际竞争力的提高；③影响科技创新成果走向国际化。

（2）经济全球化将标准化推向国际市场竞争的前沿

经济全球化的浪潮已经将标准工作推向国际市场竞争的前沿，主要表现在：一是国际标准化工作向有效采用、重点竞争转变；二是国际标准化工作的重点内容之一是提高标准的竞争力；三是国际标准化工作采用的有效竞争策略成为提高各国产品、产业竞争力的重要策略。

国际上现有标准的竞争模式主要有：欧盟的控制型、美国的控制争夺型、日本的争夺型。

（3）中国的国际标准竞争模式：重点竞争型

中国采用了重点竞争型国际标准竞争模式，主要内容包括：有效采用国际标准，提高中国标准的整体水平和进入国际市场的能力；实质性参与国际标准化活动，使国际标准反映中国要求；重点突破，将中国有优势领域的标准转变为国际标准；逐步实现由国际标准本土化到本土标准国际化的转变。

2. 充分借鉴欧盟、美国、日本的标准化战略

随着经济全球化趋势的加快和国际贸易的迅速发展，标准的作用更加突出，尤其

是国际标准已成为全球市场的准入证。与此同时，世界各国之间的竞争不断加剧，谁先在标准上占有优势，谁就能在国际市场上占有一席之地。国际标准化大环境给中国的经济技术发展造成了巨大压力，也对中国的标准化工作提出了新的挑战。制定自己的标准化战略，以适应当前中国经济快速发展的需要，应对经济全球化和国际标准化竞争，走出中国技术标准受制于人的困境已是当务之急。

中国现行技术标准中，技术标准总体水平不高。在高新技术领域标准化方面，与发达国家相比存在明显差距。同时，中国参与国际标准化活动的能力较低，影响力较小。另外，标准的制定与科研、生产脱节，不能适应市场及技术快速变化和发展的需求，尤其是在高新技术领域。更重要的是，中国迄今为止尚无一个总体的国家标准化战略。通过对欧盟、美国、日本标准化战略的分析，以下几个方面值得中国借鉴。

（1）加大参与国际标准化活动的力度

一个国家只有通过国际标准化的交流与合作，使本国的标准化纳入世界标准化体系之中，及时学习工业发达国家的经验，才能提高本国的标准化水平，并在国际标准化中发挥作用。中国应通过直接参与国际标准的制定和修订，及时了解国际上相关产业发展的最新动向，将中国技术标准纳入国际标准，缩短与发达国家的标准化差距，加快实现标准化进程。

（2）建设与创新技术标准体系

中国应借鉴发达国家经验，建设与创新技术标准体系。认真研究中国技术标准与国际技术标准的差异，逐步接纳国际标准，按照产品性能制订产品技术标准，加速中国技术标准立足于国际市场的步伐。此外，应充分利用 WTO/TBT 条款，通过建立以自主知识产权为基础的标准，构筑技术标准门槛，增强出口产品国际竞争力。

（3）根据本国的国情决定标准化战略模式

国家经济实力、技术实力是选择国际标准竞争策略的基础。中国应根据不同产业的技术水平、竞争能力，制定不同的标准策略；应根据中国国情，选择重点竞争型的国际标准竞争模式。“重点竞争”即有重点地选择中国优势、特色领域，争取获得国际标准化活动的有利地位，使国际标准更多地反映中国的技术要求，确保中国重点领域在国际经济竞争中的优势，维护国家的经济利益，最终实现由国际标准的本土化到本土标准的国际化的转变。

（4）加大政府对标准化活动经费的投入

标准化活动经费的投入是实施标准化战略的必要保障。近年来，中国财政部标准补助虽然有所增加，但同实际需要还有差距。中国标准化经费改革应合理增加经费渠道、改变经费运行及管理机制。

（5）培养具有现代化科学水平的标准化人才

知识经济时代，经济发展对自然资源的依赖程度大大降低，人力资本和无形资产成为发展知识经济的第一要素，培养具有现代科学技术水平的标准化人才，是实现现代标准化具有战略意义的决策。中国应从高校学生、企业管理人员和技术人员、政府管理人员中培养出具有标准化专业知识、高超协调能力和突出个人素质的专家，鼓励他们参与国际标准化活动，为国家争取利益。①

3. 出口非洲市场标准化顶层设计的战略思考

（1）有针对性地实施技术标准战略方式

①技术标准战略及特点

这里的技术标准战略，即指围绕技术标准制定的使国家或企业在非洲市场的竞争中处于有利地位的总体谋划，主要有四个特点：垄断性、国际性、扩散性、防御性。

②实施技术标准战略的方式

根据非洲目标市场的特点，实施中国出口非洲市场的技术标准战略，采取“政府组织、分类指导、企业参与、多方联合”的方式。也即，将采标作为企业实施技术标准战略的重要内容，将研发、专利与标准化紧密结合，建立技术联盟是企业实施技术标准战略的有效模式，政府应大力支持并积极组织。

（2）建立整体性标准管理框架

建立整体性标准管理框架是政府管理创新进入顶层设计的一种重要模式，顶层设计指导未来发展、把握整体方向，出口非洲市场标准化顶层设计，就是要在把握标准化产品有形性、生产和消费的非同时性、制度及环境因素的不确定性等一般特征的基础上，明确出口非洲市场产品的个性化特征。为了解决目前出口目的地非洲市场标准化不足的困惑，必须在理念上解决标准公共性和政府主导性问题，并在规范上考虑由此而引发的经济影响因素、内在动力、协调成本等诸多操作性问题。②

中国应加强标准化建设改革，具体包括：推进强制性国家标准信息公开，更好地提供优质公共服务；开展企业标准自我声明公开制度试点，进一步激发市场活力；加快组织机构代码制度改革，切实推动简政放权。

（3）实施出口非洲市场技术标准战略

应进一步加快中国国家标准，特别是产品质量、安全、卫生、环保、高新技术和战略新兴产业有关技术标准制修订的步伐，积极采纳国际标准和国外先进标准，充分调动各方资源，在创新研发的同时推进中国技术优势标准的制定。

积极与包括非洲在内的主要贸易伙伴建立标准信息平台，方便中国企业及时准确地获取包括非洲各国在内的最新标准信息，以促进中国产品对非洲等市场的出口，提高中国出口非洲市场产品的竞争力。

在出口贸易目的地即非洲市场相关国家出现标准缺失时，建立快速反应机制，依次采用国际标准、中国标准或者增加贸易合同特别条款说明技术与质量要求，以避免产生不必要的贸易纠纷，有效规避非洲市场相关国家技术标准规制环境的不确定性给中国出口非洲企业带来的贸易风险。

---

① 参见中国宏观经济信息网，http://www.macrochina.com.cnfzzldgzl/20060829080556.shtml，2006-08-29。

② 卓越，张世阳，兰丽娟．公共服务标准化顶层设计的战略思考［J］．中国行政管理，2014（2）。

11.5 地缘经济发展战略视角的非洲市场深度开发

11.5.1 全球层次上拓展非洲潜在的地缘经济空间

中国经济在全球、亚洲地区和周边自然经济区域三个层次上都存在广阔的地缘经济空间，主要经济伙伴及其所在地区构成了中国地缘经济的现实空间，其他地区则是中国地缘经济可以拓展的潜在空间。中国地缘经济面临的挑战，主要表现在经济结构脆弱性和对主要经济伙伴的依赖性两个方面。中国经济在承受其他经济体外部性的同时，也在对外传递着自己的外部性，现实和潜在的经济冲突日渐增多。要成为世界经济强国，不仅需要从全球层次上考虑中国的经济发展，而且需要借助地区的力量，从亚洲地区层次和周边自然经济区域层次上着手，规划中国的总体地缘经济战略。总体上看，中国地缘经济发展应依托三环结构的地缘格局，遵循由近及远的战略思路，以周边自然经济区域的发展推动亚洲地区层次上的地缘经济整合，进而在全球层次上拓展潜在地缘经济空间。①

从全球贸易结构来看，2013 年，中国货物进出口总额为 4.16 万亿美元，其中出口额 2.21 万亿美元，进口额 1.95 万亿美元；这意味着 2013 年，中国超过美国，首次成为全球第一货物贸易大国。作为发展中国家，中国跃居世界第一货物贸易大国，这是中国对外贸易发展道路上新的里程碑，是中国坚持改革开放和参与经济全球化的巨大成就。改革开放 35 年来，特别是加入 WTO 以来，中国进出口贸易实现跨越式发展，有力推动了中国经济发展，也为世界经济做出了重要贡献。但是，几十年来中国的主要贸易伙伴并没有发生大的改变。欧盟、美国、日本、东盟、韩国和中国香港、中国台湾等一直是中国的主要贸易伙伴。从地缘经济的角度来看，中国的主要贸易伙伴大致可以划分为三个层次：欧盟和美国属于全球层次，日本、东盟和韩国属于亚洲地区层次，中国香港和中国台湾则属于周边自然经济区域层次，即大中华经济圈层次。中国的主要贸易伙伴同时也就是中国对外贸易的主要依赖对象。以 2013 年为例，在全球层次上，2013 年欧盟 27 国与中国货物进出口额为 5659.9 亿美元，中国为欧盟 27 国第三大出口市场和第一大进口来源地，中国对欧盟 27 国的贸易占中国贸易总值的 13.61%。另据美国商务部统计，2013 年美国与中国双边货物进出口额为 5624.5 亿美元，中国是美国第二大贸易伙伴、第三大出口市场和第一大进口来源地，中国对美国的贸易占中国贸易总值的 13.52%。具体见表 11-1。但除此之外，中国在独联体地区、拉丁美洲地区以及非洲地区都缺乏类似的贸易伙伴，尽管 2013 年非洲与中国货物进出口额达 2103 亿美元，占中国贸易总值的 5.06%。因此，这些包括非洲在内的地区应该成为中国今后努力拓展全球地缘经济空间的主要目的地。

---

① 潘忠岐，黄仁伟．中国的地缘经济战略 [J]. 清华大学学报（哲学社会科学版），2008（5）。

表 11-1　2013 年区域进出口贸易总额占中国进出口贸易总值比率

区域分类	进出口总额（亿美元）	占中国贸易总值比率（%）
中国货物进出口总额	41600	100
欧盟 27 国与中国货物进出口额	5659.9	13.61
美国与中国双边货物进出口额	5624.5	13.52
非洲与中国货物进出口额	2103	5.06

从全球经济制度结构来看，中国在国际货币基金组织、世界银行和 WTO 中的参与不断深化，不仅促进了自身的经济发展，拓展了全球经济空间，产生了积极的溢出效应，而且还反过来对世界经济发展和稳定做出了积极的贡献，提高了自身的发言权。但是，总体上，中国在全球经济制度中的作用空间还相当有限，所受制约还非常明显。尽管中国在国际货币基金组织中的基金份额和投票权有所提升，但仍远远落后于西方发达国家。在权力结构和表决权与国际货币基金组织相类似的世界银行中，在以协商一致为决策机制的 WTO 中，中国的地位也差不多。因此，在国际经济制度结构中，中国可以拓展的空间还很大。这种空间的拓展可能仍然需要中国依赖非洲等第三世界发展中国家的力量。

可见，北美地区和欧盟地区是中国在全球层次上的主要地缘经济空间，中国经济的成长在很大程度上得益于改革开放以来中国在这些空间中从贸易、投资、金融、制度等角度与全球经济体系的积极互动。欧洲独联体地区、拉丁美洲地区和非洲地区则最有可能成为中国在全球层次上进一步拓展的主要地缘经济空间，中国经济的进一步成长要求中国在稳固现实地缘经济空间的基础上，积极拓展这些潜在的地缘经济空间，从贸易、投资、金融、制度等角度与独联体、拉美和非洲这些转型经济体和发展中经济体进行更加积极的互动。

11.5.2　中国地缘经济的主要挑战与威胁

中国的地缘经济空间具有鲜明的层次性，全球层次、亚洲地区层次和周边自然经济区域层次构成了中国地缘经济空间的三环结构。在每一环节上，中国的地缘经济空间都面临着各种各样的挑战和威胁，有些挑战和威胁是某个层次独有的，有些则是所有层次共有的。它们可以从中国地缘经济发展的脆弱性、外部性和冲突性来加以概括，并从地缘经济空间的角度进行具体分析。

1. 中国地缘经济的脆弱性

中国经济的成长虽然对世界经济的发展贡献卓著，对亚洲经济的推动能力突出，并使中国不断走向世界经济的中心舞台，但不论从全球层次上看，还是从亚洲地区层次和周边自然经济区域层次上看，中国经济都具有明显的脆弱性。在一定意义上，可以说中国经济的成长过程中伴随着对外贸易依存度的增强。① 总体上，中国经济在贸易、投资、金融和制度等方面都对国际或地区经济体系存在着较强的结构性依赖。西蒙·库兹涅茨认为贸易依存度与一国的经济规模呈负相关。经济规模越小，贸易依赖度就越大，反之则反是。然而，尽管中国也属于国内市场广阔、经济规模较大的经济体，但中国经济的外贸依存度却远远超过了正常水平，成为世界上唯一具有小国贸易依赖特征的大国。具体如表 11-2 所示。

表 11-2　2004—2013 年中国经济的对外贸易依存度

指标	2004	2005	2006	2007	2008	2009	2010	2011	2012	2013
国内生产总值（亿元人民币）	159878.34	184937.37	216314.43	265810.31	314045.43	340902.81	401512.80	473104.05	519470.10	568845.21
进出口总额（亿元人民币）	95539.10	116921.80	140974.00	166863.70	179921.47	150648.06	201722.15	236401.99	244160.21	258168.89
外贸依存度（%）	59.76	63.22	65.17	62.78	57.29	44.19	50.24	49.97	47	45.38

资料来源：笔者根据中华人民共和国国家统计局统计资料整理计算所得。

这种独特的结构性依赖说明，中国出口贸易的持续增长主要是靠数量增长而不是靠质量优势来维系的。尽管中国在经济总量上继成为全球第二大经济体、最大外汇储备国和最大出口国②之后，2013 年又成为世界第一货物贸易大国，但中国在贸易、投资、金融和制度结构等方面都与世界传统经济强国存在很大差距。中国经济的有限竞争力说明中国要成为经济强国尚任重道远。由于存在着较高的对外贸易依存度和较低的经济竞争力，中国经济抵御其他经济体外部性的能力较弱，对世界经济和地区经济的波动较为敏感。

但是，也有学者认为，自 2001 年以来，随着中国加入 WTO，中国经济全球化进一步加深，对外贸易对中国经济增长的作用日益明显。2004 年，中国进出口贸易总额历史性地突破万亿美元大关，超过日本，名列世界第三位，对外贸易的增长速度远远高于中国国内生产总值的增长和世界贸易的增长速度。中国对外贸易依存度快速增加，2002 年突破 50%，2005 年已经高达 63%，2006 年更是达到 65%的高点，此后受中国经济转型、内外需结构调整以及国际金融危机的影响，从 2007 年开始对外贸易依存度逐步回落，2008 年为 57%，到 2013 年更是低至 45%。另据有关学者分析，中国已经跻身中等贸易依存度国家行列，即贸易依存度集中在 30%～100%之间，如法国、意大利、英国、韩国、德国等国。

---

① 对外贸易依存度反映一国对国际市场的依赖程度，也是衡量一国对外开放程度的重要指标。其计算公式参见本书 3.1.2 节。

② 资料来源：中国新闻网，http://www.chinanews.com，2014-03-01。

2. 中国地缘经济的外部性

中国经济的脆弱性使之容易遭受其他经济体外部性的消极影响，当然，中国经济也在对其他经济体产生外部性。不论是在全球层次上，还是在亚洲地区层次和周边自然经济区域层次上，中国经济都对其他经济体在贸易、投资和金融领域形成了冲击，并在资源、环境和人口领域带来了压力。由于中国制造的产品主要是通过劳动密集优势和价格优势占领国际市场的，因此中国经济外部性的突出表现之一是产品的冲击。经济外部性的另一个重要表现是投资的冲击。由于长期以来中国一直实行人民币紧盯美元的相对固定汇率政策，因此当世界各国在感受中国产品冲击和投资冲击时，明显体会到这些冲击背后更为根本的人民币汇率冲击。

中国经济的发展迄今为止主要依靠于廉价劳动力密集型优势与资源密集型优势，因此贸易的数量扩张是以耗费大量的廉价劳动力和宝贵资源为代价的。中国的劳动力耗费，除了会对发达国家的就业产生有限的影响之外，可能不会产生严重的外部性，但资源耗费必定会产生严重的外部性；长期来看，这种外部性对国内为负，对国外为正。中国经济发展给世界带来的还有环境和人口压力。如果按照当前的增长方式和增长速度，那么中国经济发展很快就会到达环境和资源的极限，并可能与世界其他经济体产生更多的经济冲突。

3. 中国地缘经济的冲突性

中国经济的外部性使之必然与其他经济体存在着这样或那样的冲突，包括产品冲突、贸易冲突、投资冲突、汇率冲突、资源冲突、环境冲突、人口冲突，等等。其中，伴随中国经济增长而来的与世界主要经济体的竞争、中外贸易纠纷和资源争夺是中国经济冲突性的主要体现。在全球层次上，中国的主要竞争对手首推欧盟和美国。中国与这两大经济伙伴之间的竞争主要是一种主导地位之争。在亚洲地区层次上，中国与日本、东盟和韩国之间的竞争主要是一种发展模式之争。在周边自然经济区域层次上，中国与邻近经济体之间则主要是在一种依赖关系（增加依赖与减少依赖）的竞争。

WTO统计数据显示，中国已经连续18年成为全球遭受反倾销调查和被实施反倾销措施数量最多的国家，连续8年遭遇反补贴调查最多的国家，中国仍然是贸易保护主义的最大受害国。[①] 在全球层次上，欧盟和美国是中国的主要贸易纠纷对象。另据商务部统计，WTO成立至今，中国遭受非洲国家的反倾销及保障措施案共计49起。在亚洲地区层次上，与中国存在贸易纠纷的主要是印度、日本、澳大利亚和韩国。相对而言，在中国周边自然经济区域层次上，除了中国台湾地区数量有限的反倾销调查之外，中国没有与其他经济体发生明显的贸易摩擦。中国经济与其他经济体之间的资源争夺愈演愈烈，尤其是在能源领域。在全球层次上，欧盟和美国是中国获取石油资源的主要竞争对手。在亚洲地区层次上，中国的能源需求面临着与日本和韩国

① 资料来源：中国新闻网，http://www.finace.chinanews.com，2004-01-16。

展开激烈竞争的严峻挑战。相比而言，中国在亚洲地区层次上并没有与其他经济体存在严重的能源冲突，在周边自然经济区域层次上更是如此。

概而言之，中国经济是脆弱的，而且是结构性的脆弱。但中国经济在面临和承受其他经济体外部性的同时，也在对外传递着自己的外部性。中国经济在与其他经济体互动过程中存在着很多现实和潜在的冲突，并且往往在冲突中处于不利地位。中国经济的冲突性在一定程度上是由中国经济的外部性引发的，而中国经济的外部性归根结底又植根于中国经济的脆弱性。

11.5.3 中国地缘经济的战略选择

中国要成为世界经济强国，不仅需要从全球层次上考虑自身的经济发展，而且需要从亚洲地区层次和周边自然经济区域层次上着手，规划中国的总体地缘经济战略。

1. 拓展全球地缘经济空间

中国要成为真正的世界经济强国，就必须减少因结构性依赖而形成的脆弱性，增强自主性。由于中国经济的发展依然离不开西方发达经济体的市场和投资，因此中国的战略选择不应是削减与欧盟和美国的贸易关系，不应走排斥欧盟和美国的道路，而应在现有贸易和投资结构的基础之上，寻找新的增长点，拓展新的地缘经济空间。具体路径就是，在独联体地区、拉丁美洲地区和非洲地区等潜在的地缘经济空间上增加对外直接投资，发展跨国企业，而这也正是西方发达经济体在中国拓展地缘经济空间的基本战略。中国应该学习西方的做法，在西方以外的地区拓展自己的地缘经济空间。这一战略选择需要中国将部分过剩的外汇储备转化为对外直接投资，并鼓励私人资本到海外寻找投资机会。

中国要成为真正的世界经济强国，就必须在国际金融体系中占有一席之地，拥有更大的发言权。战略选择应该积极推动人民币的国际化，争取在多元化的国际货币体系中成为其中的重要一员，借此不断改善中国在国际金融结构中的地位，为进一步建设经济强国提供货币支撑。地缘经济空间层次的努力方向应该是中国金融影响力比较大但汇率冲击比较小的地区，即独联体地区、拉丁美洲地区和非洲地区。但人民币国际化是一个漫长的过程，并且需要从周边和亚洲地区层次开始推进。

中国要成为真正的世界经济强国，还必须借助主要国际经济制度的力量，在其中发挥举足轻重的作用。为此，中国的战略选择应该是积极参与和影响主要国际经济制度的发展，为其添加更多的中国元素，进而促进世界经济体系的稳定有序，为中国经济的进一步发展营造有利的国际制度环境。

2. 整合亚洲地缘经济空间

中国要成为真正的世界经济强国，必须借助亚洲地区的力量，将中国崛起与亚洲复兴结合起来，形成一种良性互动。正如西欧各国通过地区一体化进程建立欧洲联盟，从而成为世界经济体系中的一支重要力量，中国也需要通过进一步深化地区经济合作来提升自身的国际地位。为此，中国的战略选择应该是，借助东盟舞台，完善

“10+3”机制，深化地区经济合作，在亚洲地区层次上拓展潜在的地缘经济空间，推动亚洲崛起。

中国要借助亚洲地区的力量成为世界经济强国，必须致力于维持和增加亚洲经济的稳定性。主要战略选择应该是积极参与亚洲地区的经济制度建设，帮助建立亚洲共同货币体系。致力于进一步提高人民币的地区影响力，扩大人民币的使用和流通范围，从战略高度积极推进人民币的区域国际化。同时，中国还需要在周边自然经济区域层次上推进“大中华经济圈”的货币整合和金融中心整合。

中国要借助亚洲地区的力量成为世界经济强国，还必须致力于解决与亚洲各国的潜在冲突，消除它们对中国崛起的疑惧，提升中国的吸引力和凝聚力。战略选择可以是以南海和东海为重点，联合开发有争议地区，变冲突点为合作点，并形成一定的示范效应，在亚洲地区层次上加强中国的吸引力和影响力。

3. 发展周边自然经济区域

中国必须在巩固现有周边自然经济区域的基础上，进一步开展新的潜在的地缘经济空间上的跨界区域经济合作，创建更多的经济联合体和市场共同体。这一战略选择需要中国结合“振兴东北战略”和“西部大开发战略”，大力推进东北地区、西南地区和西北地区的自然经济区域建设。与此同时，中国还必须致力于进一步整合“大中华经济圈”。中国的战略选择可以是，尽量避免政治因素的干扰，充分利用经济互补性，借鉴中国内地与中国港、澳、台地区之间“更紧密的经贸关系安排”的成功经验，在世界贸易组织的框架下建立大中华自由贸易区。

中国还必须加强交通和能源网络建设。战略选择可以是从战略高度，大力加强西南和西北地区的基础设施建设，尤其是交通和能源网络建设，为促进周边自然经济区域的发展奠定基础。而且，这种战略选择不能单纯着眼于周边自然经济区域的发展，还要着眼于中国在亚洲地区层次上对潜在地缘经济空间的拓展，如建设中国—南亚自由贸易区和上海自由贸易区等。

自二战后，通过武力征服实现经济扩张的传统地缘经济逻辑已经一去不复返了，取而代之的是通过国际合作实现经济共享增长的新逻辑。尽管借助武力进行经济扩张的现象并未消失，今后也不会完全绝迹，但这种做法已经不是主流趋势，而且与当今时代的主流国际规范是完全相悖的。因此，在全球化和地区化迅猛发展的大背景下，中国的地缘经济战略必须根据中国在全球层次、亚洲地区层次和周边自然经济区域层次上地缘经济空间的不同特点，推动符合时代要求的转型。

鉴于中国的大国诉求和崛起为世界经济强国的基本目标，中国的地缘经济战略应注重在各个层次上拓展潜在的地缘经济空间，改善国际经济环境，应对各种挑战和威胁，以促进中国经济的持续稳定发展。鉴于中国在不同层次上地缘经济空间的不同特点，中国地缘经济发展应依托三环结构的地缘格局，遵循由近及远的战略思路：以周边自然经济区域的发展推动亚洲地区层次上的地缘经济整合，进而在全球层次上拓展潜在的地缘经济空间，即包括传统的北美地区、欧盟地区这些全球主要的地缘经济空间，以及新兴的非洲地区需要进一步拓展的全球地缘经济空间。

通过本章对提升中国出口非洲市场产品竞争力策略的探讨，笔者认为中国应该：

(1) 拓展中非经济合作领域，构建区域性产业价值链。充分利用中非经济互补互惠，营造中非贸易合作双赢局面；拓展中国在全球产业价值链上的升值空间。

(2) 实施中非贸易资源战略，提升中非国际地位。在非洲资源新格局下，帮助中国企业作出合理的战略选择；促进中非资源互补，优化中非贸易结构；通过中非贸易，提升中非国际地位。

(3) 优化中国企业出口非洲产品的结构、质量与市场营销。调整中国出口非洲市场产品结构；提升中国企业出口非洲市场产品质量；实施中国企业出口非洲市场营销策略。

(4) 在出口非洲市场产品质量标准规制的战略抉择上，借鉴发达国家技术标准国际竞争的策略与经验，研究中国技术标准面临的挑战及参与国际标准竞争模式的抉择，选择中国出口非洲市场技术标准战略。

(5) 推动地缘经济发展战略视角下非洲市场的深度开发。认清全球层次上拓展非洲潜在地缘经济空间的意义；研究中国地缘经济的主要挑战与威胁；从拓展全球地缘经济空间、整合亚洲地缘经济空间、发展周边自然经济区域三个层次，实施中国地缘经济的战略选择。

12 总结与展望

12.1 主要结论

中国和非洲均为发展中国家的成员，但是，由于中国改革开放以来经济的迅速发展以及中国巨大的市场容量，中国在世界上的地位已超越其他发展中国家，成为任何国家都不能忽视的经济实体。改革开放之初的 1978 年，中国进出口贸易总额为 206.4 亿美元，2013 年已达到 41600 亿美元。

20 世纪 80 年代初，中国出口工业制成品比例不到 50%，2013 年工业制成品出口比例已达到 95.14%。在中国的对外贸易中，除了传统的贸易伙伴欧盟、美国、日本外，非洲等新兴市场也得到了不断开拓。在与这些国家和地区的贸易中，中国主要出口劳动密集型制成品，主要进口资本相对密集、技术含量较高的产品以及原材料和能源产品。

20 世纪 90 年代以来，随着大量外资涌入和加工贸易的发展，中国逐渐开始了较多的垂直型产业内贸易，即中国进口一部分产品的零部件，加工装配后再出口该产品。

承袭与依赖二战前宗主国与殖民地之间垂直型国际分工的模式，随着二战后国际分工形式由垂直型向水平型过渡，非洲自中国进口的产品结构有所变化。非洲自中国进口的主要产品为工业制成品，其次为燃料和食品；非洲出口至中国的主要产品为燃料，其次为制成品和食品。

在国际政治经济体系转型的过程中，非洲地位不断上升。非洲的崛起是资源性崛起，即非洲的作用和地位本身是以其丰富的自然资源为支撑的。随着国际竞争的日益加剧，非洲的资源性优势越来越显著，引起正在崛起的发展中大国的普遍关注，印度、俄罗斯、韩国、巴西、土耳其等国家的商品纷纷进军非洲。

而中非贸易历经 50 年的发展，中国已连续 5 年成为非洲第一大贸易伙伴国。中非双边贸易额 1965 年只有 2.5 亿美元，到 2013 年已突破 2000 亿美元，达到 2103 亿美元。得益于中国出口市场多元化战略，对非洲等新兴市场出口的持续增长，缓解了过度依赖欧美等传统市场导致的贸易失衡。但随着非洲等新兴市场的开拓，如何提高中国出口非洲市场产品国际竞争力已成为亟待研究的课题。本书在前人研究的基础上，做了以下探索：

1. 中国出口非洲市场产品结构

从对中国出口南非、埃塞俄比亚、塞拉利昂和埃及产品结构的分析可见：

（1）中国出口非洲市场产品主要为工业制成品，具有种类多、价格低的特点。

2013年，中国出口南非按金额排序的前三类产品机电产品、纺织品和贱金属及制品分别为73.9亿美元、15.9亿美元和12.9亿美元，分别占中国出口南非总额的46.2%、9.9%和8.1%。

2013年，中国出口埃塞俄比亚按金额排序的前三类产品依次为机电产品、金属材料及制品和化工产品，分别占中国出口埃塞俄比亚总额的69.44%、11.58%和8.72%。

2013年，中国出口塞拉利昂按金额排序的前三类产品依次为机电产品、金属材料及制品和化工产品，分别占中国出口塞拉利昂总额的52.50%、9.49%和9.07%。

2013年，中国出口埃及按金额排序的前三类产品依次为机电产品、化工产品和轻工产品，分别占中国出口埃及总额的48.13%、11.06%和10.73%。

（2）中国出口非洲市场的工业制成品结构反映了中国出口非洲市场的劳动力要素、资本要素以及知识、技术等的要素配置状况。

（3）对非洲出口企业的投资、生产和市场营销首先是从本国需求来考虑的，对非洲出口企业依靠从本国需求出发建立起来的生产方式、组织结构和营销策略开拓了非洲需求市场，反映出这些对非洲出口企业具有一定的国际竞争力。

2. 中国出口非洲产品市场份额

对中国出口南非、埃塞俄比亚、塞拉利昂和埃及产品市场份额的分析可见：

（1）中国产品在非洲市场的占有率是非洲市场对中国产品需求的反映。

2012年，中国同非洲进出口贸易额居前三位的国家（地区）分别是南非、安哥拉和尼日利亚，其贸易额分别为600亿美元、376亿美元和106亿美元，占中非贸易总额比率分别为30.21%、18.94%和5.32%。

其中，中国出口南非产品市场占有率为15.9%，中国出口埃塞俄比亚产品市场占有率为12.09%，中国出口塞拉利昂产品市场占有率为15.85%，中国出口埃及产品市场占有率为11.88%。

（2）中国出口非洲产品市场占有率越高，表明中国产品在非洲市场的同类产品中拥有的消费者认知价值也越高。

（3）中国出口非洲产品市场的占有率，是世界同类产品在非洲市场竞争结果的最直接体现。

3. 中国出口非洲产品质量状况

从对中国出口南非、埃塞俄比亚、塞拉利昂和埃及产品质量状况的分析可见：

（1）质量反映企业研发水平，研发能力是企业在国际市场上的核心竞争力。

（2）中国产品要在国外市场战胜竞争对手，出口企业必须实施长期的质量战略。

（3）中国出口非洲市场产品凭借其产品质量在非洲市场确立了明显的竞争优势。

（4）中国出口非洲产品总体质量稳定，实施装运前检验对进一步提高中国出口非洲产品质量、净化出口非洲产品市场、有效遏制国外通报退货不无裨益。

（5）以下方面的产品质量问题仍值得重视：

出口南非的中国机电产品售后服务明显不如发达国家，而且存在恶性竞争。

出口埃塞俄比亚产品：部分中小企业质量管理水平参差不齐；部分产品质量存在安全隐患，安全、卫生、环保项目不合格现象时有发生；部分产品档次偏低，产品技术含量不高；部分企业缺乏诚信，高价低报现象时有发生。

出口塞拉利昂产品：电气安全、机械安全、机械防护、产品标识、产品质量、规格型号不合格。

出口埃及产品：既有外观、功能、性能、品质等客户直接关注的质量问题，也有安全、卫生、环保等理化项目不合格问题，还有高价低保、假冒伪劣、侵犯知识产权等方面违法行为问题。

4. 中国出口非洲产品案例分析

通过对中国出口南非、埃塞俄比亚、塞拉利昂和埃及产品的案例分析，可以反映中国出口非洲市场产品的质量经济特性。

（1）质量反映了国际分工以及产业价值链上产品所处的位置。

质量范畴反映了社会经济关系，质量经济性反映了用尽可能少的劳动资本等消耗，提供更能满足用户需要的产品质量，以获得尽可能多收益的特征。质量经济效益分析反映了以最少的人力、物力和财力，生产出尽可能多的质优价廉产品，创造尽可能大的质量经济效益。

（2）企业、消费者和社会从事质量经济学分析的目的有所偏重。

对于进出口贸易企业而言，从事质量经济分析的目的是以最小的投入生产出能够满足消费者质量需求的产品。对于消费者来说，从事质量经济分析的目的是寻找既满足自身对产品的需求，又使购置费用（价格）和使用费用（价格）最小的产品。而从社会角度观察，从事质量经济分析的目的是使生产者供给的产品给社会带来最大的经济效益，保障消费者在产品的使用过程中满足不同的需求，并使产品在生产、使用和报废处理各环节所带来的损失最小化。

（3）从产业价值链视角思考产品质量等竞争概念，有助于取得生产体系和上下游活动最密切配合的优势。

每家企业都处在产业链中的某一环节，一家企业要赢得和维持竞争优势，不仅取决于其内部价值链，而且取决于在其价值系统（即产业价值链）中，其价值链同其供应商、销售商以及顾客价值链之间的连接。

企业要提高产业竞争力，就要进行技术创新，向产业链中高端环节延伸。产业价值链当中的企业不断地进行链式创新，从而使整个产业价值链处于良性循环的状态。

可以说，在产业一体化、产业全球化的趋势势不可挡的形势下，产业的发展及其竞争力的提升已成为一个国家和地区能否在竞争中获得优势的关键。

5. 非洲技术性贸易措施的比较制度分析

由本部分关于非洲技术性贸易措施这一制度环境及其对中国出口产品竞争力的影响分析可见：

(1) 南非的技术性贸易措施体系相对于其他非洲国家而言比较完善，但是，南非的技术性贸易壁垒却对中国出口南非市场产品的竞争力造成了一定的影响。

(2) 埃塞俄比亚和塞拉利昂的技术性贸易措施体系相对于南非而言比较落后。中国出口埃塞俄比亚和塞拉利昂的产品，一方面面临着装运前检验等繁琐的检验检疫程序，另一方面则面临着埃塞俄比亚和塞拉利昂滞后的标准。因此，埃塞俄比亚和塞拉利昂的技术性贸易壁垒对中国出口埃塞俄比亚和塞拉利昂市场产品的竞争力也造成了一定的影响。

(3) 埃及的技术性贸易措施体系虽不及南非的技术性贸易措施体系健全，但相对于埃塞俄比亚、塞拉利昂及其他一些非洲国家而言可以认为是比较完善的。因此，埃及的技术性贸易壁垒对中国出口埃及市场产品的竞争力同样具有一定的影响。

(4) 随着经济全球化和贸易自由化的发展，关税、配额、许可证等传统贸易保护措施逐步削弱，技术性贸易措施对贸易的负面影响日益突出。这些技术性贸易措施给中国传统的民生产业及新兴的高科技产业造成了很大的影响。

(5) 在2008年席卷全球的金融危机背景下，国际贸易保护主义甚嚣尘上，各国都试图通过形式多样的保护措施降低金融危机对本国的冲击。但是，20世纪30年代经济大萧条的历史教训警示我们，一味地实行贸易保护主义只会延长经济的萧条期，唯有摈弃贸易保护主义、推行贸易自由化政策，才能使全球经济和国际贸易步入平衡发展的轨道。非洲作为中国的重要贸易伙伴，在长达半个多世纪的发展历程中发挥了重大的作用，尽管期间产生了一些摩擦，但并不影响中非双方经贸关系的长远发展。在跨越21世纪第一个10年之后，中非双方经贸关系迈上了一个更高的台阶，继续保持这种态势方可为中非双方人民创造更大的福利。

6. 中国对非洲市场出口贸易风险分析

通过本部分关于中国对非洲市场出口贸易风险的分析可见：

(1) 面对全球经济的不确定性，国际市场格局不断变化，国外市场需求有所减少、欧美市场复苏缓慢等，国内出口企业开始转换思路，开拓非洲等新兴市场，试图通过与非洲等新兴市场的贸易增长来弥补与发达经济体市场的贸易缺口，借助市场多元化减小全球经济不确定性所带来的风险。然而，由于非洲新兴国家和地区大部分政局不稳、经济落后，加之法律制度不够完善，信用环境普遍偏低，导致出口贸易风险概率增加，风险出现的国家较为分散，风险种类也多种多样。

(2) 通过风险分析发现，由于非洲地区各国政治经济发展的不平衡性、中国出口非洲市场的低规模比重性、产品结构的单一性、贸易伙伴的高度集中性，以及中非贸易摩擦的多发性等，对中国出口非洲市场产品带来了一定的风险。这种风险会直接影响中国出口非洲市场产品的竞争力。

（3）必须提高对中国出口非洲市场产品贸易风险的认识，实现风险可预测、风险可控制、风险可规避、风险可防范的目标，切实提升中国出口非洲市场产品的竞争力。

7. 中国出口非洲产品竞争力综合评价

通过本部分对中国出口非洲产品的竞争力评价与分析可见：

（1）中国对非贸易深刻反映出国内经济结构、资源配置和国际市场的需求。

（2）产业内贸易指数越大，说明产业内贸易程度越高。

2004 年 1 月至 2014 年 11 月间，中非产业内贸易总指数在［0.86，0.99］区间内变化，说明中国对非洲进口与出口贸易基本持平。中国在对非洲的进出口贸易中：①“SITC 0～4 类：初级产品”IIT 在 0.1 以下，具有明显的产业间贸易特征；②“SITC 5～9 类：工业制品”IIT 从 0.33 略有回落之后升高到 0.58，处于产业内贸易与产业间贸易形式并存，但产业内贸易超过产业间贸易的正常产业内贸易状况。特别是，2012 年 11 月至 2014 年 11 月的工业制成品产业内贸易指数分别达到 0.66、0.66 和 0.58，说明中国对非洲的工业制成品产业内贸易程度较高。

（3）贸易竞争力是国际竞争力的重要构成。如果贸易竞争力指数大于零，则说明该国该产品的出口大于进口，该国具有很强的国际竞争力。

1997—2012 年间，中国进出口贸易竞争力指数均大于零，出口多于进口，说明总体上中国产品具有较强的竞争力。但是，中国出口非洲市场产品的贸易竞争力指数在 2002—2012 年间在［－0.14，0.14］区间小幅振荡，近期略有下滑，值得关注。此外，由对中国 2004 年 1 月至 2014 年 11 月的 SITC 分类产品对非洲贸易竞争力指数（TC）的测算与分析可见，中国对非洲的初级产品出口不具有比较优势，而中国对非洲的工业制品出口具有比较优势。中国对非洲出口的工业制品中，特别是机械及运输设备、杂项制品、化学品及有关产品，具有很高的比较优势。

（4）国际市场占有率的变化是贸易结构的变化或产业竞争力变化的结果。

纵向比较发现，1999—2013 年间，中国出口非洲市场产品国际市场占有率逐年递增，从 1999 年的 3.47％上升至 2013 年的 14.78％，上升了 11.31％。特别是 2010、2011、2012 和 2013 年，分别达 12.19％、12.83％、13.90％和 14.78％。自 2008 年国际金融危机以后，中国出口非洲市场产品国际市场占有率一直保持在 10％以上，中国出口非洲市场产品国际市场占有率（MS_c）与时间变量（T）呈线性相关，相关系数为 0.84。被解释变量（MS_c）随着解释变量（T）的增加而增加。中国出口非洲市场产品国际市场占有率越高，表明中国出口产品在非洲市场的国际竞争力越强。

横向比较发现，2012 年，在非洲市场上，欧洲市场占有率 32.7％，美国市场占有率 6.0％，日本市场占有率 2.2％，发达经济体总的市场占有率 42.7％，欧美发达国家长期占据着非洲高达一半左右的市场。2012 年，转型经济体出口产品在非洲市场的占有率为 2.9％，同年中国出口产品在非洲市场的占有率为 13.99％，横向数据比较反映出中国在非洲的国际市场占有率与欧盟、美国、日本等发达经济体相比较还存在着一定的差距。

(5) 质量竞争力指数按照特定的数学方法生成，反映中国制造业质量竞争力整体水平。

中国出口非洲市场产品质量竞争力指数分析表明：产品结构、市场份额、产品质量、技术性贸易措施规制环境与出口风险因素及其相互和交互作用，对中国出口非洲市场产品质量竞争力产生了一定的影响。

2013 年，中国出口非洲市场产品中，分大类的机械电子制造业质量竞争力指数居于高位，分行业的计算机、通信和其他电子设备制造业进入较强竞争力发展阶段，说明中国出口非洲市场的主要产品具有较高的竞争力。

(6) 国际竞争力也表现在价格竞争力上，价格指数和出口价格变动指数都是评价一国产品国际竞争力的指标之一。

中国出口商品贸易同比价格指数变动为：2010 年 10 月至 2013 年 10 月期间，出口商品价格总指数在 [97.7，111.4] 区间波动；2011 年 2 月，出口商品价格总指数为区间的最高值，达 111.4；2013 年 7 月，出口商品价格总指数为区间的最低值，为 97.7；2012 年 8 月以后，出口商品价格总指数基本在 100 左右小幅平稳波动。

中国制造业出口商品同比价格指数变动情况为：2010 年 10 月至 2013 年 9 月期间，中国制造业出口商品同比价格指数在 [97.8，111.3] 区间波动；2011 年 2 月，中国制造业出口商品同比价格指数为区间的最高值，达 111.3；2013 年 7 月，中国制造业出口商品同比价格指数为区间的最低值，为 97.8；2012 年 8 月以后，中国制造业出口商品同比价格指数基本在 100 左右小幅平稳波动；2010 年 10 月至 2013 年 9 月期间，中国制造业出口商品同比价格指数变动与前述中国出口商品贸易同比价格指数变动基本相一致，这与中国工业制成品出口占比的逐年升高状况基本相符。

中国制造业进口商品同比价格指数变动情况为：2010 年 9 月至 2013 年 9 月期间，中国制造业进口商品同比价格指数在 [92.8，111.0] 区间波动；2011 年 5 月，中国制造业进口商品同比价格指数为区间的最高值，达 111.0；2012 年 5 月，中国制造业进口商品同比价格指数为区间的最低值，为 92.8；2012 年 2 月以后，中国制造业进口商品同比价格指数基本在 100 左右小幅平稳波动；2010 年 9 月至 2013 年 9 月期间，中国制造业进口商品同比价格指数变动与前述中国制造业出口商品同比价格指数相比较，前者波动幅度比后者大，前者略比后者平稳，后者呈下滑态势，但近期有所回升。

可以说，近 3 年以来，中国工业制成品的出口价格指数总体上趋稳并略有回落，而制造业进口商品同比价格指数亦有下降的趋势，但下降趋势较为平缓，反映出中国尚需进一步提升产品在国际市场上的竞争力。

12.2 政策建议

从对中非贸易前人研究成果的综述，到对中国出口非洲市场产品结构、市场份额、产品质量、经典案例的特点分析以及非洲市场技术性贸易措施的比较制度分析，再到对中国出口非洲市场产品的风险分析，特别是对中国出口非洲市场的竞争力研究，最后的落脚点必然聚焦于中国出口非洲市场产品竞争力的政策抉择，这也是本书的研究重点。

通过对提升中国出口非洲市场产品竞争力策略的探讨，本书认为应：

1. 拓展中非经济合作领域，构建区域性产业价值链

（1）充分利用中非经济互补互惠，创造中非贸易合作双赢局面

非洲各国迫切期望实现经济发展，非洲消费者对中国商品有着旺盛的需求，这是中非贸易发展的内在动力。非洲国家经过一定的困难时期之后，政治局面相对稳定。中非经济具有较高的互补性，世界经济环境的变化为中非经贸合作提供了新的机遇和挑战。中国经过 30 多年的改革开放，具备了一定的经济贸易实力。因此，充分利用中非经济的互补互惠，才能创造中非贸易合作的双赢局面。

（2）拓展中国在全球产业价值链上的升值空间

中国经济已从总有效供给不足转变为总有效需求不足，中国企业只有把具有比较优势的供给过剩能力转移到包括非洲市场在内的国际市场，积极主动地参与国际竞争，在经济全球化中占据有利地位，才能继续发展壮大。而目前的非洲国家普遍存在工业制成品短缺，以及资金、技术、人才匮乏等问题，它们迫切希望中国增进对非洲经贸领域的合作。从可持续发展的角度来看，中国许多原材料和能源目前是结构性短缺，这些原材料和能源又都能在非洲找到。此外，多数非洲国家的技术水平在国际产业链中处于下游。因此，中国企业需积极拓展在全球产业价值链上的升值空间，构建区域性产业价值链。

2. 实施中非贸易资源战略，提升中非国际地位

（1）非洲资源新格局下中国企业的战略选择

非洲大陆具有丰富的矿产资源，是中国境外资源合作的主要区位之一。

近年来，非洲油气资源探明储量快速增长，油气产量前景广阔；非洲在全球能源格局中的地位大幅提升，市场竞争也日趋激烈。中国石油企业的合作战略要从国际化向本土化转变，合作战术要从单打独斗向强强联合转变，合作对象要从中小产油国向大型产油国转变，合作方式要从以贸易合作为主向以投资合作为主转变，合作优势要从政治优势向技术优势转变。

非洲是重要的金属矿生产国和出口国，无论是从绝对数额还是从相对数额来看，中国从非洲进口的金属矿都占有比较重要的地位。中国要在充分发挥国有贸易公司优

势的基础上，通过贸易融资，支持私营企业“走出去”获得非洲丰富的矿产资源，促进国内冶炼企业利用产能，实现产业链的可持续发展。在政府鼓励企业“走出去”的大背景下，获得非洲丰富的矿产资源，实现中国的资源战略，促进中国的可持续发展。这也是促进中非互惠双赢经贸关系的一种贸易创新和尝试。

（2）促进中非资源互补，优化中非贸易结构

一方面，近年来，中国企业通过投资非洲的基础设施建设，促进了非洲国家的经济发展和产业结构调整。随着非洲国家经济发展水平的提高，非洲对华贸易的商品日益多元化，除了原材料外，高附加值的农矿产品和工业制成品也日益增多。另一方面，非洲是矿产资源极为丰富的大陆，世界上最重要的50种矿产中，非洲至少有17种蕴藏量居世界之首。因此，在众多非洲国家，采矿业仍是重要的工业部门，出口产品仍以资源为主。中非贸易结构优化、资源互补，必须制定和实施长期发展战略。

（3）通过中非贸易，提升中非国际地位

中非贸易在中非关系中的重要性已经日益突出，随着中非贸易规模的不断扩大，其对中非关系的推动作用将更加凸显。中非贸易将推动双方经济更快速、更稳定地发展，中非贸易还将大大提升中非的国际地位。

3. 优化中国企业出口非洲产品的结构、质量与市场营销

（1）调整中国出口非洲市场产品结构

随着中非经济贸易合作的发展，非洲市场为中国出口商品提供了广阔市场，但是向非洲相对欠发展的国家和地区出口商品只是短期延长了低端产品的产品生命周期，并不能解决长期存在的产品技术含量低、无品牌或品牌知名度低，以及缺乏国际竞争力等问题。关键是优化出口产品结构，增加出口产品中高附加值和自主品牌产品的比例，占据更广阔的国际市场。使中国出口非洲市场产品实现从传统劳动密集型的低附加值加工制成品，向产业链高端的高附加值加工制成品的转变；最终从主要出口传统产品向主要出口高新技术产品转变，逐步实现出口产品的高级化。

（2）提升中国企业出口非洲市场产品质量

随着中国与非洲国家的贸易量不断攀升，为保障中国出口非洲商品的质量，维护中国出口产品信誉，国家质检总局已经与塞拉利昂、埃塞俄比亚、埃及等国家签署了《质检合作协议》，实施出口产品装运前检验，与其他国家的《质检合作协议》也正在磋商中。对出口非洲产品的检验检疫已成为检验检疫部门一个新的工作亮点，其有效保障了中国出口非洲商品的质量，使中国制造的形象有了显著提升。针对存在的问题，还必须：着力化解检验依据不确定性问题；着力化解核价难准确问题；着力化解监装时间紧张问题；着力解决检验手段缺乏问题；着力化解安全、卫生、环保等项目检测难问题。

（3）实施中国企业出口非洲市场营销策略

中国出口非洲市场以民营中小企业为主。面对全球经济一体化的新形势，中小企业出口非洲市场营销的跨越发展背后必须靠正确的出口营销战略来支撑，需要从营销观念、品牌营销、技术创新、优化结构等方面入手，把对非洲的出口营销引入科学发

展的良性轨道。特别是在营销观念上，要引进新的营销理念，树立全球化的营销视角，以世界眼光谋划新时期出口营销发展，实现从增长模式向发展模式的转变。

4. 对出口非洲市场的产品质量标准规制的战略抉择

（1）经济全球化浪潮把标准化推上国家战略地位

分析国际上的标准化组织、区域性标准化组织和一些工业发达国家纷纷制定并实施标准化战略的热潮，标准日益成为全球生产的前提、商品通用的基础以及国际市场竞争的焦点。特别是，中国出口非洲市场国家有选择性地执行ISO标准、欧洲标准、美国标准、日本标准、英国标准、德国标准等，促使我们思考经济一体化背景下的标准化国家战略问题。对此，必须充分认识到：标准化是全球化生产的前提条件；标准是商品全球通用的基础；标准是国际市场竞争的焦点；经济全球化浪潮已经把标准化推上战略地位；以及近10年来中国国际标准工作已经取得突飞猛进的发展。

（2）对欧盟、美国、日本等发达经济体标准化战略的借鉴

20世纪90年代后期，特别是跨入21世纪以后，为适应经济全球化、产业竞争、技术法规改革以及消费者价值观变化的需要，欧盟、美国和日本等发达经济体纷纷开展了标准化发展战略研究，制定了本组织或本国的标准化发展战略和相关政策，值得中国借鉴与重视。此外，在讨论非洲市场标准前，也很有必要分析一下发达国家（地区）技术标准的国际竞争策略与经验。应充分认识到：欧盟、美国、日本的国际标准化战略具有很强的时代性和挑战性，体现了各自的国际标准化工作由工业化时代向经济全球化时代进行重大转移的战略思想。

（3）中国出口非洲市场技术标准战略的选择

非洲市场的技术标准与发达经济体欧美的技术标准相比较，欧美技术标准具有全球主导作用，而非洲技术标准（除南非以外的）具有一定的追随性甚至是不健全性。所以，筑牢中国的标准体系，才能使中国出口企业取得主动地位：一是中国技术标准面临的挑战及参与国际标准竞争的重点竞争型模式选择。二是借鉴欧盟、美国、日本的标准化战略设计，加大参与国际标准化活动的力度，建设与创新技术标准体系，根据本国的国情决定标准化战略模式，加大政府对标准化活动经费的投入，培养具有现代化科学水平的标准化人才，有针对性地实施技术标准战略方式。三是在对出口非洲市场标准化顶层设计的战略思考上，首先要积极建立整体性标准管理框架。国外经验显示，建立整体性管理框架是政府管理创新进入顶层设计的一种重要模式，顶层设计指导未来发展、把握整体方向，出口非洲市场标准化顶层设计，就是要在把握标准化产品有形性、生产和消费的非同时性、制度及环境因素的不确定性等一般特征的基础上，明确出口非洲市场产品的个性化特征。为了解决目前出口目的地非洲市场标准化不足的困惑，必须在理念上解决标准公共性问题，解决政府主导性问题，并在规范上考虑因此而引发的经济影响因素、内在动力、协调成本等诸多操作性问题。其次，实施出口非洲市场技术标准战略。进一步加快中国国家标准，特别是产品质量、安全、卫生、环保、高新技术和战略新兴产业有关技术标准制修订的步伐，积极采纳国际标准和国外先进标准，充分调动各方资源，在创新研发的同时推进中国技术优势标准的

制定；积极与包括非洲在内的主要贸易伙伴建立标准信息平台，方便中国企业及时准确获取包括非洲国家在内的最新标准信息，以促进中国产品对非洲等市场的出口，提高中国出口非洲市场产品的竞争力；在出口贸易目的地即非洲市场相关国家出现标准缺失时，建立快速反应机制，依次采用国际标准、中国标准或者增加贸易合同特别条款说明技术与质量要求，以避免不必要的贸易纠纷产生，有效规避非洲市场相关国家技术标准这一规制环境的不确定性带给中国出口非洲企业的贸易风险。

5. 地缘经济发展战略视角下非洲市场的深度开发

（1）全球层次上拓展非洲潜在地缘经济空间

北美地区和欧盟地区是中国在全球层次上的主要地缘经济空间，中国经济的成长在很大程度上得益于改革开放以来中国在这些空间中贸易、投资、金融、制度等方面与全球经济体系的积极互动。独联体地区、拉丁美洲地区和非洲地区则最有可能成为中国在全球层次上进一步拓展的主要地缘经济空间，中国经济的进一步成长要求中国在稳固现实地缘经济空间的基础上，积极拓展这些潜在地缘经济空间，在贸易、投资、金融、制度等方面与发展中地区进行积极互动。

（2）中国地缘经济的主要挑战与威胁

中国的地缘经济空间在全球、亚洲和周边自然经济区域层次三环结构的每一环节上，都面临着各种各样的挑战和威胁，中国地缘经济发展存在着脆弱性、外部性和冲突性。中国经济是脆弱的，而且是结构性的脆弱。但中国经济在面临和承受其他经济体外部性的同时，也在对外传递着自己的外部性。中国经济在与其他经济体互动过程中存在着很多现实和潜在的冲突，并且往往在冲突中处于不利地位。中国经济的冲突性在一定程度上是由中国经济的外部性引发的，而中国经济的外部性归根结底又植根于中国经济的脆弱性。

（3）中国地缘经济的战略选择

中国经济面临的挑战和威胁说明，中国必须寻找恰当、有效的地缘经济战略加以应对。中国已经是世界经济大国，但还不是世界经济强国。要成为世界经济强国，中国不仅需要从全球层次上考虑自身的经济发展，而且需要借助地区的力量，从亚洲地区层次和周边自然经济区域层次上着手，规划中国的总体地缘经济战略。也即，中国应积极拓展全球地缘经济空间，整合亚洲地缘经济空间，发展周边自然经济区域。

6. 准确预测和定位非洲市场，有效规避贸易壁垒

此外，在市场定位、市场预测以及规避贸易壁垒方面，还应该：

（1）准确定位市场

非洲大陆的 56 个国家经济水平差异巨大，不能等同视之。根据 2014 年的统计数据，全世界 48 个不发达国家中，非洲占 34 个。此外，按照世界银行关于高、中、低收入国家的 2012 年划分标准，非洲国家中属于低收入水平国家和地区有 18 个，属于高收入国家和地区有 3 个，分别是赤道几内亚、塞舌尔和加蓬，其余为中等收入家和地区。针对不同收入水平的国家，应选择不同的出口策略。

(2) 准确预测市场容量

根据分析，中国对非洲国家的出口量取决于其经济规模。随着全球经济发展态势企稳回升，非洲作为重要的原料出口市场，贸易条件势必会得到改善，GDP也会保持较快的增长，从而使非洲国家进口需求旺盛，非洲消费者也会增加对中国产品的需求。

(3) 规避贸易壁垒，推进中非区域经济合作

从上述分析可见，非洲某些贸易伙伴国的贸易壁垒是造成中国对非洲国家出口不足的部分原因。出于对本国产业的保护，非洲的贸易伙伴国对中国产品并不是来者不拒，而是设置了各式各样的贸易壁垒。因此，我们必须深入研究地缘经济发展战备，规避技术性贸易壁垒等因素造成的风险，深入开发非洲市场，大力推进中非区域经济贸易合作的长足发展。

12.3 研究展望

随着世界经济的温和复苏，新兴发展中经济体呈现出超过发达经济体的发展势头。非洲的对外贸易总额屡创历史新高。在贸易规模增加的同时，非洲对外贸易占世界的比重也呈逐年增加态势。非洲与其他新兴发展中经济体的双边贸易亦呈现出超过与发达经济体的双边贸易的发展势头，其他新兴发展中经济体在非洲对外贸易中的比重也越来越高。中非贸易更是发展迅速，2013年，中非贸易总额再创历史新高，达到2103亿美元，快速发展的中非贸易给中国和非洲带来了实实在在的好处。未来的非洲对外贸易以及中国与非洲之间的贸易额仍将呈现出快速增长的态势，中非贸易占中国和非洲对外贸易的比重也将进一步上升。①

1. 中非经贸关系符合非洲各国政治经济利益

(1) 西方大国对非洲政策的调整

近年来，西方大国重新关注非洲，认为它是“全球新兴市场的最后一块处女地”，纷纷调整对非洲政策，对非洲关系的重点从政治转向经济，从援助转向贸易和投资。作为世界上最大发展中国家的中国，应在中非友好关系的基础上，进一步发展与非洲国家的经贸关系。这不仅符合中国和非洲各自经济发展的需要，而且有利于促进“南南合作”，建立公正合理的世界政治经济新秩序。

(2) 中非经贸合作关系的意义

加强中国与非洲国家的友好关系具有十分重要的现实意义。中国与非洲都属发展中国家，过去有着友好交往的历史，今天在反对霸权主义和强权政治、捍卫主权和发展民族经济的共同目标下，双方更需要互相支持，这是保持和发展中非传统友谊的基

---

① 梁明．中非贸易：2012年分析与2013年展望，新能源资讯网，http://www.ysxng.com/。

础。中非经贸关系是中非关系的一个重要组成部分，经贸关系的进一步发展必将促进双方在其他领域的团结与合作。

（3）非洲需要中国的产品、技术和投资，中国需要非洲的市场

对于非洲来说，中国不仅具有适合非洲市场需要的商品和技术，而且中国一直以来也在向非洲提供力所能及的经济援助。此外，日益增长的对非洲投资，对于资金短缺严重的非洲国家来说弥足珍贵。相应地，中国经济的高速发展更需要进一步开拓外部市场，以转移国内过剩的生产能力，并通过市场作用调节产业结构，解决经济发展与资源、市场紧张的矛盾。非洲将日益显示出作为中国海外资源供应来源地和商品销售市场的战略地位。中非发展经贸关系符合非洲国家维护政治主权和经济独立的重大利益。

（4）非洲外贸走势及增长后劲

2013 年，非洲对外贸易总额出现下降，这是继 2008 年国际金融危机之后的再一次下降。因此，非洲对外贸易的前景并不乐观，增长后劲可能不足。一是在贸易伙伴方面，欧美大国表现黯淡，占非洲外贸比重持续下降，新兴经济体表现抢眼，占比快速上升，中国已超过美国成为非洲第一大出口目的国及非洲进出口双向第一大贸易伙伴。二是在贸易商品结构方面，非洲出口商品结构持续优化，能源出口占比大幅下降，工业制成品占比大幅上升。三是在中非贸易方面，2013 年，中非贸易再创历史新高，突破 2000 亿美元大关，达到 2103 亿美元，同比增长 5.9%。虽然中非贸易总额再创新高，但同比增速却持续走低，这或许在一定程度上预示着中非贸易增长后劲乏力。

因此，我们必须充分认清中非经贸领域合作的机遇与挑战，研究中非经贸合作的发展前景，促进中非战略伙伴关系稳步发展，推动中非双方合作不断深化。

2. 中非经贸合作带来的机遇

（1）良好的政治基础

中国与非洲虽然相距遥远，但中非人民的友好交往源远流长。新中国成立以来，中国与非洲人民同命运、共患难，在反对殖民主义、种族主义和霸权主义，捍卫国家主权和尊严，维护发展中国家权益，促进世界和平与发展的共同斗争中，相互同情，相互支持。这是中非经贸关系稳定健康发展的重要基础。

在经贸等领域合作中，西方发达国家与非洲国家的经贸关系常常附有政治条件，而中国与非洲国家经贸关系是建立在平等的、不附加任何条件的基础上的，这无疑对非洲国家具有特殊的魅力。因此，中国与非洲国家结下了深厚的友谊。

2000 年中非合作论坛的创立以及 2006 年 11 月中非合作论坛北京峰会暨第三届部长级会议的召开，充分显示出中国与非洲良好的政治互信关系。

（2）较强的经济互补

中国是世界上最大的发展中国家，非洲是世界上最不发达国家最集中的大陆，中非双方经济发展的互补性很强。

对中国而言，非洲国家拥有中国经济持续发展所需要的资源和市场优势。中国虽

然地大物博，人均资源却相当匮乏，资源短缺已成为中国经济可持续发展的严重瓶颈。然而，非洲大陆却素有“世界资源宝库”之称。统计资料表明，目前全球最重要的50多种矿产中，非洲有17种蕴藏量居世界第一位，非洲还拥有丰富的动植物资源，且地理分布集中。此外，非洲是拥有56个国家10亿多人口的大市场，并且随着非洲各国经济改革进程的加快，非洲经济连续多年保持增长势头，日益显现出巨大的市场潜力。①

对非洲国家而言，尽管拥有非常丰富的矿产和农林资源，但长期遭受的殖民统治，使非洲大多数国家经济发展落后、基础工业薄弱，大部分商品需依靠进口，它们迫切希望通过开发资源积累资金，也希望通过吸引外资促进自身的经济发展。中国不仅拥有适合非洲国家经济发展的商品、技术和管理优势，而且，中国不断增长的对非投资，对促进非洲国家发展、解决资金短缺问题发挥出日益重要的作用。

因此，中非经贸合作可以将中国的技术、管理和人力资源优势等与非洲的自然资源优势相结合，通过多种形式，共谋多领域的合作与开发，促进非洲各国经济和对外贸易的发展。

（3）日益改善的非洲投资环境

非洲国家为了适应经济全球化的发展需要，不断推行经济改革和实施对外开放政策，发展市场经济，建立和完善市场机制，制定并不断完善吸引外资的政策。一些非洲国家还通过设立经济开发区或工业园区，制定一系列配套优惠政策，以吸引外商投资。中国企业可以充分利用这些优惠政策，根据当地经济发展需要，积极进行对外投资。

（4）值得非洲借鉴的中国发展经验

中国实施改革开放30多年，经济发展取得了巨大成就，其中的经验，特别是农业和农村的发展经验，吸引外资和人力资源开发的经验等，对非洲许多国家都有很好的借鉴作用。通过借鉴中国的成功经验，非洲国家可以少走弯路，尤其是中国成功脱贫的经验，对非洲国家摆脱贫困很有借鉴意义。

展望未来，中国与非洲仍然有巨大的发展潜力，双方未来经贸合作发展具备许多有利因素。当然，中国与非洲经贸合作不仅面临机遇，还将面临许多挑战。

3. 中非经贸合作面临的挑战

（1）中非经贸合作面临发达国家的挑战

中非合作面临的最大挑战是大国对非洲资源和市场的争夺有加剧的趋势，其表现为：美国对非洲石油和其他战略矿产资源的高度重视和投入；欧洲国家利用其传统的影响、语言优势以及资金和技术优势，千方百计巩固与非洲的经济关系；一些新兴工业化国家也非常关注非洲，通过扩大与非洲的贸易与投资，增强其在非洲大陆的影响力。因此，未来中国与非洲国家的经贸合作将面临日益激烈的国际竞争。

① 参见中国新闻网，http://www.ce.cn，2014-05-05。

不仅如此，中国与非洲经贸合作的迅速发展，使一些发达国家认为威胁到了它们在非洲的利益，一些西方舆论甚至将中国在非洲的做法称为“新殖民主义”。这种舆论上的不实宣传，对中国与非洲国家经贸合作造成了不利的影响。

（2）中国对非洲贸易面临激烈的市场竞争

随着非洲市场潜力为世界各国所认识，发达国家调整了对非洲的外贸发展战略，增加援助并将贸易与投资结合起来，推动本国企业开拓非洲市场。而且，在过去的很长一段时期内，非洲市场的65%为发达国家所占领，其中的一些西方发达国家利用原来的宗主国地位和资金优势，占据着非洲市场，给中国企业进入非洲市场带来很多困难。近年来，其他一些发展中国家也开始加强了开拓非洲市场的力度，对非洲市场的竞争更加激烈。

（3）中国对非洲贸易面临的不平衡问题

中非贸易结构存在很大的不平衡性，受非洲国家经济发展的制约，这种不平衡短期内难以改变，其增加了中非贸易发展的不确定性。同时，贸易对象也存在很大的不平衡性，中国对非洲贸易集中在少数国家。如2012年，中国同非洲进出口居前10位国家的进出口总额为1528亿美元，占中国同非洲进出口总额的比率为76.95%，这使中国对非洲的进出口商品结构较难充分地实行多样化。

（4）贫困阻碍着中非经贸合作发展

由于历史上长期受殖民统治的原因，非洲地区仍然是世界最贫穷落后的地区，在联合国公布的世界上最不发达的48个国家中，非洲就占了34个。这些国家贫穷落后、人均国民收入很低、教育落后，普遍存在经济结构单一、工业基础薄弱、商品短缺、人口增长过快等问题，陷入了难以挣脱贫困的恶性循环中。因此，中非经贸合作因非洲贫困问题而面临较大的障碍。

（5）中非贸易摩擦屡有发生

由于中国纺织品、服装、鞋类、摩托车等商品大量涌入非洲，对一些非洲国家的相关产业产生很大冲击，同时，非洲有一定竞争力的产品如纺织服装等也面临中国产品的激烈竞争，削弱了非洲的出口能力，间接损害了非洲相关产业，影响了国际资本对非洲的直接投资。因此，一些非洲国家对中国产品提起反倾销及保障措施，双方出现了一些贸易摩擦。据不完全统计，自WTO成立至2006年，中国遭受非洲国家的反倾销及保障措施案共计48起。特别需要指出的是，由于对中国提起反倾销及保障措施案的国家都是有影响的非洲大国，它们持续对中国产品提起反倾销调查，不可避免地会影响到中国产品在其他国家的贸易发展。一些非洲国家因此可能会效仿这些国家的做法，对来自中国的产品进行限制，出现贸易摩擦的概率也可能会随着中非贸易发展而不断增加。

（6）文化差异对中非经贸合作提出挑战

非洲大陆长期受西方殖民统治，既接受了部分欧洲国家的现代文化，又受本土传统文化的影响，因此，非洲大陆不同地区、不同国家的文化存在较大的差异，导致人们形成不同的思维方式和价值观念，增加了贸易投资的复杂性。对多数中国企业来讲，非洲仍是一块陌生而神秘的大陆，因此，中国企业在非洲国家进行贸易与投资，如何融入当地文化是一个非常大的挑战。

（7）政局不稳和民族矛盾给中非合作带来挑战

由于历史和现实的原因，非洲地区政治发展不平衡，许多国家都存在部族、宗教矛盾，地区冲突、反政府武装等时有发生，刑事犯罪率居高不下，治安状况日益恶化，一些非洲国家还出现恐怖活动。近年来，中国员工多次被当地反政府武装绑架勒索，甚至还发生了袭击中国石油勘探公司的恶性事件，严重危及中国在非洲员工的生命和财产安全。因此，如何保证中国企业在非洲的投资安全是未来面临的重要挑战。

未来中非经贸合作机遇与挑战并存，机遇大于挑战。中国政府已经并还将为继续推动中非经贸合作采取一系列政策措施。同时，中国与非洲大陆经济将继续保持较快的发展速度，市场规模将不断扩大，合作领域将不断拓宽，合作空间将更加广阔，合作水平将日益深入。因此，中国与非洲国家在经贸合作方面必将获得更大的发展。

4. 中国与非洲贸易的前景展望

在全球经济复苏缓慢的背景下，非洲作为中国重要的新兴市场仍具有极大的发展潜力，但无论是双方的贸易地位、贸易对象还是产品结构等方面，又都呈现出不同于其他市场的新特点。

（1）非洲贸易规模将持续扩大

始于2008年的金融危机给非洲大陆带来了严重的影响，但由于非洲金融深化的程度有限，其受到的影响程度也有限。因此，非洲经济复苏的态势明显好于发达国家和世界的总体水平。

（2）中非贸易数额将持续上升

2012年7月，中非合作论坛第五届部长级会议审议通过了《北京宣言》和《北京行动计划（2013—2015年）》。而《北京行动计划》决定进一步向非洲开放市场，在“南南合作框架”下，逐步给予与中国建交的非洲最不发达国家97%的税目的产品零关税待遇。与非洲国家一道建立零关税原产地磋商机制并完善零关税实施合作机制，保证零关税待遇的有效实施。实施“对非贸易专项计划”，适时派出赴非洲投资贸易促进团，扩大非洲进口产品，增加从非洲进口非资源类产品的规模。帮助非洲国家改善海关、商检设施条件，为非洲国家提高贸易便利化水平提供支持。积极向非洲国家提供经贸援助，为非洲农产品和工业原材料的深加工提供技术支持，鼓励中国企业以投资方式提高非洲初级产品附加值，帮助非洲增加高附加值产品出口。帮助非洲建设一体化基础设施，支持非洲实现互联互通和一体化，提高非洲整体的对外经贸合作水平。随着一揽子对非经贸合作政策的实施，中非贸易规模必将再创历史新高。

（3）非洲对外贸易产品结构短期内不会发生变化

虽然近年来中国一直致力于扩大从非洲进口非资源性产品的规模，帮助非洲国家提高产品深加工能力，支持非洲高附加值产品的生产和出口，但是非洲以能源、资源和大宗原材料为主的出口结构短期内不会发生大的变化，中国与非洲之间的贸易结构短期内也不会发生大的变化。中国从非洲进口的能源和资源为非洲提供了经济发展的资金，使其变资源优势为资金优势，在一定程度上促进了非洲的经济发展。随着美国国内油气资源的勘探和开发，美国从非洲进口的原油量大幅减少，2012 年以来中国已经超过美国成为非洲原油的第一大消费国。中国稳定进口的原油也为非洲经济发展的稳定起到了积极的作用。未来一段时间，中国从非洲的原油进口将呈现出稳中有升的态势，中非之间的能源合作也将进一步深入。

(4) 非洲对外贸易的国别结构将发生较大变化

近年来，互利共赢的中非经贸关系得到了非洲国家的广泛好评。中国与非洲国家的经贸合作坚持以互利共赢为原则，对非洲国家的经贸援助不附加任何政治条件。中非之间的经贸合作方式颠覆了以往欧美殖民国家和非洲之间的合作方式，促进了非洲的自我发展能力。随着中国和非洲之间经贸合作的不断深入，以中国为主的发展中国家在非洲对外经济关系中的比重也将越来越重要，欧美国家的作用则会持续弱化。

5. 中非关系将开拓新领域、迈向新高度

平等、互利和双赢的中非关系不但经受了历史的洗礼，而且在国际金融危机中经受了考验。中非经贸合作征程中的中非关系表现出的强大生命力，必将有力地推动中非关系开拓新的合作领域，迈向新的合作高度。

展望未来，随着全球经济一体化进程的加快，同为发展中国家的中国和非洲国家（地区），将为“南南合作”作出典范，中国和非洲的经贸关系必将朝着互惠互利、共同发展的方向前进。

参考文献

[1] Abbas J. Ali. How to Manage for International Competitiveness [M]. International Business Press, New York, 1992.

[2] Ashok Kumar, Kathryn E. Stecke, Jaideep Motwani. A Quality Index-Based Methodology for Improving Competitiveness: Analytical Development and Empirical Validation [D]. University of Michigan Business School, 2002.

[3] Balassa, B. Trade Liberati on and Revealed Comparative Advantage [J]. The Manchester School of Economic and Social Studies Journal, 1965, 33 (2).

[4] Balassa, B. Intra-industry Trade and the Integration of Developing Countries in the World Economy [C]. H. Glersch (eds.) On the Economics of Intra-industry Trade , Tubingen , Germany: J. C. B. Mohr. 1979.

[5] Balassa, B. The Purchasing Power Parity Doctrine: A Reappraisal [D]. Centre Paper No. 56, Yale University Economic Growth Center, 1965.

[6] Carmichael, E. A. Canada's Manufacturing Sector: Performance in the 1970s [J]. Canadian Study, 1978 (51).

[7] C. A. Van den Beld, D. Van der Werf. A Note on International Competitiveness [M]. Rapport présentéà la reunion del'Associationd'Instituts Européans de Conjoncture Economique, Berlin, 1965.

[8] Cho, Dong-Sung. Adynamic Approach to International Competitiveness: The Case of Korea [J]. Journal of Far EasternBusiness. 1994, 1 (1).

[9] Claes Fornell. Boost Stock Performance, Nation's Economy [J]. Quality Progress, 2003.

[10] Daniel F Burton Jr. Competitiveness: Here to Stay [J]. The Washington Quarterly, 1994.

[11] Donald G. McFetridge. Competitiveness: Concepts and Measures [C]. Departmentof Economics, Garleton University, Occasional Paper, 1995.

[12] Ekanayake. E. M. Determinants of Intra-industry Trade : The Case of Mexico [J]. The International Trade Journal, 2001.

[13] Grubel, H. Lloyd, P. Intra-industry Trade: The Theory and Measurement of International Trade in Differentiated Products [M]. New York: John Wiley & Sons. 1975.

[14] Hausmann, R. Hwang, J. Rodrik, D. What You Export Matters [J]. Journal of Economic Growth, 2007.

[15] Helen B. Junz, Rudolf R. Rhomberg. Prices and Export Performance [C]. Proceedings of the Business and Economic Statistics Section. American Statistical Association, 1964.

[16] Inving B. Kravis, Robert E. Lipsey. Price Competitiveness in World Trade [J]. NBER Studies in International Economic Relations. New York and London: Columbia University Press for The National Bureau of Economic Research, 1971 (6).

[17] Jan Fagerberg. Europe at the Crossroads: The Challenge from Innovation-based Growth [C]. ERC/METU International Conference in Economics IV, Sep. 13-16, 2000, Aukara, Turkey.

[18] Joy M. McGreenhan. Competitiveness: A Survey of Recent Literature [J]. The Economic Journal, 1968, 78 (310).

[19] Kate Greenan, Paul Humphreys, Ronan Mclvor. The Green Initiative: Improving Quality and Competitiveness for European SMEs [J]. European Business Review, 1997, 97 (5).

[20] Lall Sanjaya, John Weiss, Zhang Jinkang. The "Sophistication" of Export: A New Trade Measure [J]. World Development, 2006.

[21] Markusen J. Productivity, Competitiveness, Trade Performance and Real Income: The Nexus Among Four Concepts [M]. Ottwa: Supply and Services Canada. 1992.

[22] Martine Durand, Christophe Madaschi, Flavia Terrible. Trends in OECD Countries' International Competitiveness: The Influence of Emerging Market Economies [C]. Economics Department Working Papers No. 195.

[23] Michael W. Dugan. Measuring Quality in the Department of Defense [J]. Quality Progress, 2002.

[24] Michael E. Porter. Enhancing The Microeconomic Foundations of Prosperity: The Current Competitiveness Index [J]. Quality Progress, 2002.

[25] Paul Mylonas, Dimitris Malliaropalos. Competing on Quality, Greek Service Exports Gain Market Share [C]. National Bank of Greece, 2003.

[26] Peter J. Brust, Frank M. Gryna. Quality and Economics: Five Key Issues [J]. Quality Progress, 2002.

[27] Peter J. Buckley, Buckley Pass, Prescott, E. Measure of International Competitiveness: A Critical Survey [J]. Journal of Marketing Management, 1998 (4).

[28] Hoyer, R. W. , Brooke, B. Y. Hoyer. What Is Quality? Learn How Each

of Eight Well-known Gurus Answers This Question [J]. Quality Progress, 2001.

[29] Rodrik, D. What Is So Special about China's Exports? [J]. China and the World Economy, 2006 (14).

[30] Sanjaya Lall. The Technological Structure and Performance of Developing Country Manufactured Exports, 1985—1998 [J]. Oxford Development Studies, Taylor and Francis Journals, 2000, 28 (3).

[31] Smirlock M. Evidence on the Relationship between Constructions and Profitability in Banking [J]. Journal of Money, Credit and Banking, 1985. (1): 152-176.

[31] Tookey, D. A. Factors Associated with Success in Exporting [J]. The Journal of Management Studies, 1964.

[32] 鲍晓华．技术性贸易壁垒的经济效应和政策选择——基于发展中国家视角的分析 [M]. 上海：上海财经大学出版社，2007.

[33] 保罗·克鲁格曼．国际经济学 [M]. 北京：中国人民大学出版社，2002.

[34] 曹秋菊．提升中国外贸竞争力的新思路 [J]. 商业时代，2004 (17).

[35] 曹远征，孙安琴．国际竞争力概念翻新，世界龙虎榜重新排名 [N]. 经济日报，1995-08-23.

[36] 陈春宝．中国高技术产业发展与产品外贸竞争力 [M]. 大连：东北财经大学出版社，1997.

[37] 程春梅．加快产业升级 提高外贸竞争力 [J]. 对外经贸实务，2000 (10).

[38] 程春梅，邸彦彪，姜健．实施名牌战略，提高产品外贸竞争力 [J]. 技术经济，2001 (4).

[39] 程鉴冰．最低质量标准政府规制研究 [J]. 中国工业经济，2008 (2).

[40] 程鉴冰．政府技术标准规制对经济增长的实证研究 [J]. 数量经济技术经济研究，2008 (12).

[41] 程鉴冰．技术性贸易壁垒的比较制度分析——以欧美日非出口市场为例 [M]. 北京：中国质检出版社、中国标准出版社，2012.

[42] 程鉴冰．技术标准市场竞争与政府规制 [M]. 北京：中国质检出版社、中国标准出版社，2014.

[43] 陈丽丽．中国出口产品的国际竞争力和竞争路径：演进和国际比较 [J]. 国际贸易问题，2013 (7).

[44] 储红，王欣，李干荣．化解出口非洲产品检验五问题 [N]. 中国国门时报，2010-05-10.

[45] 崔日明，李兵．新形势下中美贸易摩擦加剧的理论与问题研究 [M]. 北京：经济科学出版社，2011.

[46] 杜修立，王国维．中国出口贸易的技术结构及其变迁 [J]. 经济研究，2007 (7).

[47] 樊纲，关志雄，姚枝仲．国际贸易结构分析：贸易品的技术分布 [J]. 经

济研究，2006（8）.

[48] 裴长洪．利用外资与产业竞争力［M］．北京：社会科学文献出版社，1998.

[49] 裴长洪，王镭．试论国际竞争力理论概念与分析方法［J］．中国工业经济，2002（4）.

[50] 宫云平．中非贸易及其模式分析和对策［D］．北京林业大学硕士学位论文，2008.

[51] 郭鹏辉．中国机电产品出口竞争力及制约因素分析［J］．经济研究导刊，2012（33）.

[52] 国防大学中国特色社会主义理论体系研究中心．认清西方“民主人权输出”的实质［N］．人民日报，2012-05-25.

[53] 蒋新梅．技术性贸易壁垒与中国外贸企业的应对措施［J］．理论探索，2005（3）.

[54] 贾继锋．重构优势：入世后中国外贸的国际竞争力［M］．上海：上海社会科学院出版社，2001.

[55] 金碚．中国工业国际竞争力：理论、方法与实证研究［M］．北京：经济管理出版社，1997.

[56] 金广荣，汪彩君．出口产品结构仍需优化［J］．浙江经济，2011（15）.

[57] 李俊．产业内贸易理论及其验证［J］．财贸经济，1998（9）.

[58] 李克辛．技术性贸易壁垒的特征及应对措施［J］．国际经济合作，2004（9）.

[59] 李哲，郭丽峰．金融危机背景下的国际贸易观察［J］．太原科技，2010（3）.

[60] 李玉萍．外贸竞争力文献研究综述［J］．中州大学学报．2006（1）.

[61] 刘斐．埃塞俄比亚的商检政策［J］．国际经济合作，1999（4）.

[62] 林贵军，张玉芹．中国贸易条件恶化与贫困化增长［J］．国际贸易问题，2007（1）.

[63] 卢现详．新制度经济学［M］．武汉：武汉大学出版社，2003.

[64] 鲁明泓．中国产业内贸易指数的测算与评估［J］．国际贸易，1995（4）.

[65] 罗佳，张敏．技术性贸易壁垒对中国出口贸易的影响原因及应对措施［J］．商场现代化，2007（4）.

[66] 马一可．金融危机下技术性贸易壁垒对中国出口贸易的影响与对策［J］．黑龙江对外经贸，2010（1）.

[67] 毛凤霞，冯宗宪．新贸易格局下中国农产品竞争力分析［J］．国际贸易问题，2007（6）.

[68] 潘洋、李京宁．国际技术性贸易壁垒的发展动态与对策［J］．中国商贸，2012（17）.

[69] 朴英姬．中国对非洲出口产品潜力分析［J］．西亚非洲，2003（6）.

[70] 朴英姬．中国对非洲有潜力的出口产品分析［J］．亚非纵横，2004（2）.

[71] 彭薇．非洲能源新格局下中国石油企业的战略选择 [J]．中外能源，2013 (8).

[72] 彭文斌，张先林．竞争优势理论下的中西部外贸竞争力分析 [J]．内蒙古科技与经济，2004 (14).

[73] 潘忠岐，黄仁伟．中国的地缘经济战略 [J]．清华大学学报（哲学社会科学版），2008 (5).

[74] 乔娟．中国肉类产品国际竞争力研究 [M]．北京：中国农业出版社，2002.

[75] 秦贞奎．技术性贸易壁垒与检验检疫 [J]．中国检验检疫，1999 (10).

[76] 施炳展．中国出口产品的国际分工地位研究——基于产品内分工的视角 [J]．世界经济研究，2010 (1).

[77] 宋玉华，胡培战．直面非关税壁垒扩大中国出口——理论、策略与应对平台 [M]．北京：中国社会科学出版社，2004.

[78] 舒运国．当前非洲发展的特点及中非合作 [J]．亚非纵横，2010 (3).

[79] 舒运国．中非关系与欧非关系比较 [J]．西亚非洲，2008 (9).

[80] 舒运国．非洲经济一体化：渐入佳境 [J]．当代世界，2013 (3).

[81] 唐海燕，张会清．产品内国际分工与发展中国家的价值链提升 [J]．经济研究，2009 (9).

[82] 童生华．非洲国家电信设备的市场准入要求概况 [J]．技术壁垒与市场准入，2010 (4).

[83] 黄伟，张阿玲，张晓华．中国区域间产业竞争力比较研究 [J]．商业经济与管理，2005 (9).

[84] 王小顺．对产品国际竞争力指标正确运用的思考 [J]．科技经济市场，2010 (1).

[85] 汪素芹．中国工业制成品出口贸易结构与竞争力实证分析 [J]．国际贸易问题，2005 (6).

[86] 吴进红，闫浩，张为付．长江三角洲外贸竞争力的现状分析及提升途径 [J]．上海经济研究，2002 (6).

[87] 许继琴，金贤锋．中国主要出口商品国际竞争力的实证分析 [J]．经济体制改革，2006 (3).

[88] 薛荣久．国际贸易 [M]．北京：对外经济贸易大学出版社，2003.

[89] 薛选登．国际贸易 [M]．南京：南京大学出版社，2008.

[90] 许统生．布兰德—克鲁格曼产业内贸易模型及扩展 [J]．世界经济，2000 (7).

[91] 姚洋，章林峰．中国本土企业出口竞争优势和技术变迁分析 [J]．世界经济，2008 (3).

[92] 杨汝岱，姚洋．有限赶超与经济增长 [J]．经济研究，2008 (8).

[93] 尹翔硕．国际贸易教程 [M]．上海：复旦大学出版社，2006.

[94] 尹世久，王小楠，陈默．对不同食品认证标签的消费者信任研究及其政策启示：以有机食品为例 [J]．中共宁波市委党校学报，2013 (6).

[94] 叶耀明，戚列静．利用外国直接投资与提升中国外贸竞争力 [J]．上海经济研究，2002 (3).

[96] 张春．"发展—安全关联"：中美欧对非政策比较 [J]．欧洲研究，2009 (3).

[97] 张金昌．国际竞争力评价的理论和方法 [M]．北京：经济科学出版社，2002.

[98] 张小蒂，孙景蔚．基于垂直专业化分工的中国产业国际竞争力分析 [J]．世界经济，2006 (5).

[99] 张玮．国际贸易 [M]．北京：高等教育出版社，2006.

[100] 赵彦云，李静平．当代国际竞争力理论及其应用 [J]．中国人民大学学报，1985 (5).

[101] 郑丹青，赵克．产品国际竞争力评价体系构建分析 [J]．现代商贸工业，2010 (3).

[102] 郑理明、王雷．关于中国产业内贸易的研究 [J]．企业经济，2003 (8).

[103] 周星，付英．产业国际竞争力评价指标体系探究 [J]．科研管理，2000 (3)．

[104] 朱云玲．中非矿石贸易创新模式探析 [J]．世界有色金属，2013 (7).

[105] 朱刚体．产业内贸易、公司内贸易和公司竞争优势 [J]．国际贸易问题，1993 (7).

[106] 卓越，张世阳，兰丽娟．公共服务标准化顶层设计的战略思考 [J]．中国行政管理，2014 (2).

[107] 中华人民共和国国家质量监督检验检疫总局．全国进出口重点商品质量分析报告（2010—2013 年）[EB / OL]．http://www.aqsiq/bmwl/.2011-04-12/2014-05-26.

索　引

B

北非　4，39，66，70，208，261

比较优势理论　6，7

C

出口业绩相对指数（IREP）　14，17

出口市场占有率　16，66，70，242

D

东非　66，70，261

对外贸易产品结构　298

对外贸易依存度　28，279

F

发达经济体　59，60—63，66，70，211，212，226，245，270，281，287—289，292，294

发展中经济体　29，32，59，66，70，246，258，278，294

G

国家竞争优势理论　6，8

国际贸易　3，5，6，7，13，28，38，88，177，201，204，205，227，274，287

国际竞争力　3—19，177，232，233，235，240—244，250，251，257—259，274，275，285，288，289，291

国际分工　6，18，22，23，32，38，176，268，284，286

国际货物贸易　28，201

国际服务贸易　201

国际市场占有率（IMS）　14，16，17，212，235，241—246，258，288，289

H

宏观视角的国际竞争力　6

J

加工货物　59，63

进口贸易　59，74，187，239

局部均衡　3，200

M

贸易顺差　74，107，222

贸易逆差　32，74，88，106，107，120，121，207，222，237，247

贸易竞争力指数（TC）　3，11，14—17，232，235—241，257，258，288

N

南部非洲　4，66，70，90，207，261

Q

区域经济一体化　202，203

S

生产可能性边界（PPF）3，220
撒哈拉沙漠以南的非洲（大陆）66，70
市场多元化　2，226，264，284，287

W

微观视角的国际竞争力　2，226，264，284，287
无差异曲线　3，212，213

X

西非　4，66，70，190，191，261
显示性比较优势指数（RCA）11，14—18，20，235，241

Y

要素禀赋理论　7
一般均衡　3，200

Z

中观视角的国际竞争力　7
转型经济体 59—63，66，70，245，278，288

后 记

自2008年国际金融危机爆发以来，中国出口市场实施多元化战略，对非洲等新兴市场出口持续增长，缓解了过度依赖欧盟、美国、日本等传统市场导致的贸易失衡。中非政治互信、经济互补、经贸合作成绩斐然，颠覆了以往欧美殖民国家和非洲之间的合作方式，促进了非洲的自我发展能力，拓展了中国在全球的地缘政治经济空间。随着中非高层互访，中非政治经济战略合作伙伴关系必将得到更大的提升。

但在非洲市场的不断开拓过程中，中国出口非洲市场产品既面临着发达经济体的挑战，也面临着其他经济体的激烈国际竞争，贸易摩擦时有发生；同时，贸易不平衡、贫困与文化差异等，也对中非贸易带来了一定的影响；此外，非洲已成为中国"一带一路"国家战略的主干道之一。这些都要求我们更深入地认识中国出口产品在非洲市场的国际竞争力。

自1995年开始，笔者有幸从事包括出口非洲在内的产品质量检验检疫工作，促使笔者一直关注中国出口非洲市场产品竞争力研究，试图对政府宏观政策研究、企业微观生产以及理论工作者有一定的参考价值。

回顾本书整个撰写历程，主观动因：一是，2009—2012年，笔者有幸参与浙江省及全国出口非洲产品装运前检验质量分析工作，对中国出口非洲市场产品竞争力有了连续性的分析与思考；二是，在日常性的技术性贸易措施管理工作中，有关非洲区域进出口产品质量、标准法规的特性也引起了笔者的注意，相应地为本书的素材及研究完成了一些积累性的工作；三是，至今为止，对非洲进出口贸易进行的系统性跟踪研究、归纳与整理为本书打下了理论基础。

2012年以来，国家对《法检目录》进行了调整，笔者一边构思申报立项浙江省重点软科学项目，一边对本书的结构和主要内容进行重新定位并再三推敲，最终形成了本书的基本框架和主要内容。

为本书顺利完成提供客观帮助的有：首先，是《浙江省科学技术厅关于下达2013年度省软科学研究计划项目的通知》（浙科发计〔2013〕183号）文件中将《浙江省出口非洲市场产品竞争力研究：以埃塞俄比亚、塞拉利昂和埃及为例》（计划编号：2013C25092）列入《2013年度省软科学研究计划项目》，并列入"2013年浙江省重点软科学研究项目"，使笔者有机会对中国出口非洲市场产品竞争力作一比较全面系统的研究。其次，是浙江省科技厅对《浙江省出口非洲市场产品竞争力研究：以埃塞俄比亚、塞拉利昂和埃及为例》项目的资助，为本书的研究和出版提供了财力支持。再者，笔者在浙江师范大学担任兼职教授期间，与非洲学院该研究领域专家教授的合作与理论探讨，也使笔者受益匪浅。

特别值得一提的是，本书在构思、立项、撰写以及修改定稿的过程中，得到了上海师范大学人文学院教授、博士生导师、中国亚非学会副会长、中国非洲史研究会副会长舒运国的热情指导，得到了浙江大学金祥荣教授和浙江大学严建苗教授的鼎力帮助，得到了国务院发展研究中心魏际刚研究员、中国社会科学院李富强教授和商务部梁明副研究员的大力支持。在本书的数据采集和资料收集等过程中，还得到了浙江省科技厅宋志恒副厅长和杭州海关盛卓禾处长的热心帮助。在出版过程中，又得到了浙江大学出版社陈丽霞博士的耐心指点。笔者在此一并表示衷心的感谢！

由于笔者知识积淀不够、理论深度不足，本书难免存在有待进一步完善之处，恳请广大读者批评指正。

程鉴冰

2015 年 1 月 5 日

于杭州西溪

图书在版编目(CIP)数据

中国出口非洲市场产品竞争力研究 / 程鉴冰著.
—杭州：浙江大学出版社，2015.6
ISBN 978-7-308-14724-8

Ⅰ.①中… Ⅱ.①程… Ⅲ.①出口商品—市场竞争—研究—中国②外贸市场—市场竞争—研究—非洲
Ⅳ.①F752.62②F754.061

中国版本图书馆 CIP 数据核字(2015)第 105839 号

中国出口非洲市场产品竞争力研究
Study on the Competitiveness of China's Export Products in the African Market
程鉴冰 **著**

策划编辑 陈丽霞
责任编辑 姜井勇
封面设计 周 灵
出版发行 浙江大学出版社
(杭州市天目山路 148 号 邮政编码 310007)
(网址：http://www.zjupress.com)
排　　版 浙江时代出版服务有限公司
印　　刷 浙江日报报业集团盛元印务有限公司
开　　本 787mm×1092mm 1/16
印　　张 20.25
字　　数 444 千
版 印 次 2015 年 6 月第 1 版 2015 年 6 月第 1 次印刷
书　　号 ISBN 978-7-308-14724-8
定　　价 52.00 元

浙江大学出版社发行部联系方式 (0571)88925591；http://zjdxcbs.tmall.com